6

7

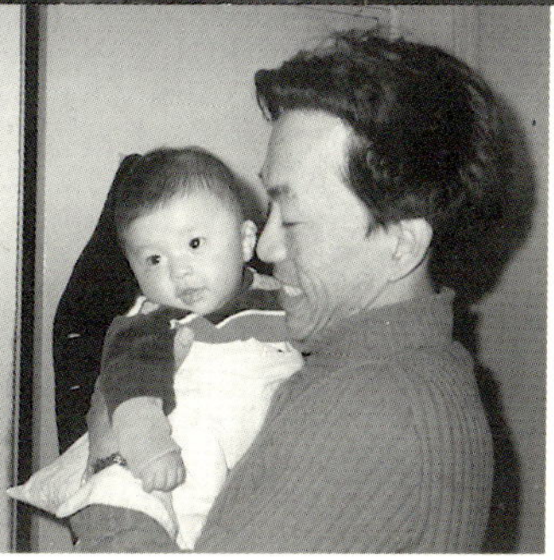

8

Meine chinesische Familie

Petra Häring-Kuan

Meine chinesische Familie

Dreißig Jahre Wandel in China

Scherz

www.fischerverlage.de

Erschienen bei Scherz, ein Verlag
der S. Fischer Verlag GmbH, Frankfurt am Main

Satz: H & G Herstellung, Hamburg
Druck und Bindung: GGP Media, Pößneck
Printed in Germany

ISBN 3-502-15291-8

Am 1. Oktober 1949 wird durch Mao Zedong die Gründung der Volksrepublik China ausgerufen. Es beginnt eine Phase der sozialistischen Umgestaltung und damit einhergehend die Zeit der politischen Kampagnen, die die Bevölkerung in Atem hält, etwa im Jahr 1957, als die Hundert-Blumen-Bewegung zu gesellschaftlicher Kritik an der Partei aufruft. Viele Menschen, die diesem Aufruf folgen, fallen der anschließenden Anti-Rechts-Kampagne zum Opfer. An die 550 000 Personen, hauptsächlich Mitglieder der Bildungselite, werden verfolgt und bestraft, weil sie angeblich mit ihrer Kritik dem neuen sozialistischen System schaden wollten.

Einen Höhepunkt findet diese Entwicklung in der 1966 beginnenden Großen Proletarischen Kulturrevolution, der bisher dunkelsten Periode in der Geschichte des «neuen China». Sie endet 1976 mit der Verhaftung der «Viererbande», einer kleinen Gruppe um Jiang Qing, die Witwe Mao Zedongs; der Gruppe werden verheerende Verbrechen an Volk und Land vorgeworfen.

Aufbruch in Hongkong (Januar 1981)

Stürmisches Klingeln reißt mich aus dem Schlaf. Es dauert einige Sekunden, bis ich begreife, dass ich im Gästebett einer Freundin in Hongkong liege. Neben mir rührt sich Yuqian. «Was ist denn los?», murrt er schlaftrunken. Aus dem Klingeln wird heftiges Klopfen. Ich schaue auf den Wecker und bin mit einem Schlag hellwach: neun Uhr. Verschlafen!

«Wir verpassen unseren Zug!»

Nun dämmert es auch Yuqian, wer da an der Wohnungstür krakeelt. Mit einem Satz springt er aus dem Bett und öffnet seinem Freund Li die Tür, der uns Punkt neun zum Bahnhof bringen soll. So jedenfalls war es abgemacht.

Li schaut uns entgeistert an: «Wieso liegt ihr noch im Bett? Ich denke, ihr wollt nach Kanton fahren.»

«Wollen wir ja auch», gebe ich patzig zurück.

Für eine Morgentoilette bleibt keine Zeit. In Windeseile kleiden wir uns an. Ich stopfe unsere Schlafanzüge, Wasch- und Schminkutensilien in eine Plastiktüte und ziehe noch schnell das Bettzeug glatt, damit die Freundin, die uns freundlicherweise für ein paar Tage ihre Wohnung überlassen hat, nicht gleich angesichts der Unordnung in Ohnmacht fällt. Yuqian und Li hantieren derweil an unseren sieben Gepäckstücken herum: zwei Koffer, zwei Reisetaschen, ein Karton, ein Netz und eine riesengroße Plastiktasche – ein wahrer Albtraum und zu zweit gar nicht zu handhaben. In den letzten Tagen haben wir halb Hongkong leer gekauft: alles Geschenke für Verwandte und Freunde in China. Anfangs glaubte ich an einen Scherz, als Yuqian vorschlug, nicht direkt von Deutschland nach Peking, sondern wegen der Einkäufe über Hongkong zu reisen. In Hongkong sei alles billiger. Außerdem könnten wir von dort aus mit dem Zug nach Peking fahren, dann hätten wir mit dem Gepäck keine Gewichtsprobleme. Beim Blick auf seine Einkaufsliste schwanden mir fast die Sinne. Chinesische Familien sind groß. Yuqian zählt allein vierzig Personen zur näheren Verwandtschaft, ganz abgesehen von vielen guten Freunden und Bekannten, denen er auch eine Kleinigkeit mitbringen will. «Müssen wir denn jedem etwas schenken?», fragte ich ungläubig. Dann wären wir ja gleich pleite. Daran führte kein Weg vorbei, erwiderte er, und chinesische Freunde bestätigten das: «Volle Taschen sind ein absolutes Muss, wenn man wie Yuqian nach so vielen Jahren das erste Mal nach Hause fährt.» Einige Verwandte hatten auch schon spezielle Wünsche angemeldet. Der Mann einer Cousine sandte uns eine ganze Liste. Wir sollten ihm eine Leica mitbringen, natürlich das neueste Modell, und einen Farbfernseher mit einem soundso viel Zoll großen Bildschirm. Außerdem könnten wir auch gleich die Antragsformulare für einen Studienplatz an der Universität Hamburg mitbringen, denn er beabsichtigte, eine oder zwei seiner drei Töchter zu uns zum Studium zu schicken. Yuqian strich ihn aus Protest von der Liste.

Nach drei Tagen Einkaufsschlacht in Hongkong sind alle Geschenke beisammen: ein Farbfernseher für den Bruder, Armbanduhren für Schwester und Schwägerin, eine Schreibmaschine mit englischer Tastatur für die Halbschwester, Fotoapparate für den Halbbruder und einen Neffen, mehrere Radiowecker für diverse Cousinen, und dann noch Rasierapparate, Taschenrechner, Küchengerätschaften, Kugelschreiber, Feuerzeuge, Strumpfhosen, etliche Tuben Gesichtscreme und ebenso viele Flaschen Haarshampoo. Dazu kommen noch stapelweise Schokolade, die wir aus Hamburg mitgebracht haben, eine französische Kaffeekanne samt Kaffee für den Vater, der seit seinem Studium in Frankreich für französischen Kaffee schwärmt, sowie einige abgelegte Wintersachen, die in China – davon ist Yuqian überzeugt – glückliche Abnehmer finden werden. Koffer und Taschen quellen buchstäblich über. Noch am Vorabend habe ich gesagt, dass wir das alles ganz unmöglich schleppen können. Schon der sperrige Karton mit dem Fernseher ist eine reine Katastrophe. Wie kann man bloß mit solchen Gepäckmassen auf Reisen gehen, vor allem Yuqian, der immer behauptet, dass er am liebsten nur mit einem kleinen Köfferchen unterwegs ist! Doch er war wie immer optimistisch. Es wird schon gehen, meinte er, Li hilft uns.

«Petra, beeil dich!», ruft Yuqian ungeduldig und tritt mit Li in den Flur hinaus. Wie ich diese Worte hasse! Immer soll ich mich beeilen, nie geht es ihm schnell genug.

Ich greife nach Netz, Plastiktüte und Handtasche. Nur nichts vergessen! Ein letzter prüfender Blick, dann schnell die Wohnung verschließen und hinein in den Fahrstuhl.

Ich bin schweißgebadet. Zwar ist es in diesen Tagen nicht besonders warm, nur etwa zwanzig Grad, doch die Luftfeuchtigkeit beträgt weit über neunzig Prozent. «Das Hongkonger Klima ist wirklich unerträglich», schimpfe ich. «Mir kleben die Kleider schon wieder am Körper.»

«Wärst du früher aufgestanden, hättest du noch duschen können», knurrt Li, als hätte ich ihn persönlich beleidigt. «Ich verstehe nicht, wie man an einem solchen Tag verschlafen kann.»

Das verstehe ich auch nicht. Ich hatte den Wecker auf sechs Uhr gestellt, um in aller Ruhe die letzten Vorbereitungen zu treffen. Die Haare wollte ich mir waschen, meine lange naturkrause Mähne glatt ziehen, die sich in der feuchten Hongkonger Luft in alle Himmelsrichtungen kräuselt. Wie sehe ich bloß aus! Struppig wie ein Straßenköter. Und so soll ich vor meine chinesische Verwandtschaft treten? Schrecklich! Beim ersten Besuch will man doch einen guten Eindruck machen. Tagelang habe ich zu Hause überlegt, was ich an Kleidung mit auf die Reise nehmen soll. Meine feinsten Sachen wanderten in den Koffer, bis mir einfiel, dass ich damit bei den «blauen Ameisen» wohl zu aufgedonnert wirken könnte. Also flog alles wieder zurück in den Schrank, und ich holte Jeans, T-Shirts und Pullover heraus, was ich ohnehin lieber trage. «Zu schlampig», befand Yuqian, als ich ihn um seine Meinung bat. «Zieh dir etwas Ordentliches an.» «Was ist ordentlich?», fragte ich entnervt und entschied mich schließlich für hanseatischen Schick: dunkelblauer Blazer, dunkle Hosen, passend dazu ein Wollpullover und helle Sportblusen.

«Hoffentlich gibt es unterwegs keinen Stau», stöhnt Li, «dann verpasst ihr nämlich garantiert euren Zug.» Er verstaut den größten Teil unseres Gepäcks im Kofferraum seiner Mercedes-Limousine. Die beiden Reisetaschen quetscht er auf den Beifahrersitz, Netz und Plastiktasche wandern hinten auf die Rückbank und lassen Yuqian und mir kaum noch Platz.

Der gute, alte Li! Seit er vor sechs Jahren aus Deutschland zurückkehrte, hat er sich kaum verändert, abgesehen von einer Dauerwelle, die sein glattes Haar in kräftige Locken legt. Li ist in schnelle, teure Autos vernarrt. Schon damals in Hamburg fuhr er einen knallroten Flitzer, ich glaube, es war ein MG. Seine Eltern konnten es sich leisten, ihren einzigen Sohn mit einem dicken Scheckbuch ins Ausland zu schicken. Mehr als das trockene Studium der Betriebswirtschaftslehre interessierte ihn damals der Handel mit Perücken, die in Deutschland gerade hochmodern waren. Immer wieder versuchte er seinen Busenfreund Cheng zu überreden, mit ihm zusammen ein florierendes Import-Export-Geschäft aufzubauen, denn damit würde man garantiert schnell reich werden. Doch dem lieben Cheng erschien sein Medizinstudium aussichtsreicher. Außerdem wollte seine Freundin Dörte lieber die Frau eines Chirurgen werden als die eines Perückenhändlers, weshalb sie Lis Überredungskünste entschieden torpedierte. Daraufhin gab Li Studium und Perückenträume auf und kehrte nach Hongkong zurück, um fortan erfolgreich mit Leder und Textilien zu handeln.

In der Wartehalle des Hongkonger Bahnhofs herrscht heilloses Durcheinander. Mit prall gefüllten Taschen, Körben, Koffern und Plastiktüten schubsen und drängeln wahre Menschenmassen zu den Zügen. Dabei machen sie ein mordsmäßiges Geschrei, als würden sie alle miteinander im Streit liegen. Li findet das lustig: «So sind sie nun mal, die Hongkonger, laut und temperamentvoll. Die fahren alle zum Frühlingsfest zu ihren Verwandten nach Kanton, deshalb sind sie schon in Festtagsstimmung.»

Ich stehe kurz davor, in Panik zu geraten: «Wie sollen wir hier mit unseren Gepäckmassen durchkommen?»

Doch Li schnappt sich die beiden Koffer und bahnt sich seinen Weg durch das Getümmel. Mit Sack und Pack folgen wir ihm. Wenig später haben wir die sieben Gepäckstücke in den Zug verfrachtet.

«In Kanton verlasst ihr bitte nicht den Bahnsteig», schärft er uns mit erhobenem Zeigefinger ein. «Mein Bekannter vom staatlichen Reisebüro wird euch direkt vom Zug abholen und euch die Tickets für den Express nach Peking geben.»

Es ist schwer, so kurz vor dem chinesischen Frühlingsfest an Fahrkarten zu kommen. Doch da Li über beste Beziehungen verfügt und tausend Leute kennt, war es für ihn ein Kinderspiel, unsere Reiseorganisation zu übernehmen.

Yuqian ist skeptisch: «Wie findet uns dein Bekannter bei diesen vielen Menschen?»

«Er hält ein Schild mit deinem Namen in den Händen. Sei unbesorgt, das hat bisher immer geklappt. Außerdem ...», er schlägt mir recht unsanft auf die Schulter, was so seine Art und nicht böse gemeint ist, «mit einer Langnase an deiner Seite fällst du sowieso gleich auf.»

Der Zug fährt pünktlich ab. Erleichtert lehnen wir uns in die Sitze zurück. Eine Schaffnerin mittleren Alters betritt den Waggon.

«Was ist denn das?», keift sie los, als sie unsere Gepäckmassen entdeckt. «Gehört das alles Ihnen?»

«Ja», bestätigt Yuqian.

«Das ist zu viel! Nur zwanzig Kilo sind pro Person erlaubt.»

Nur zwanzig Kilo? Ich kann das nicht glauben. Hier befördert doch jeder Reisende Unmengen an Gepäck.

Yuqian ist genauso überrascht wie ich: «Seit wann sind im Zug nur zwanzig Kilo erlaubt? Dann kann man ja gleich fliegen.»

«Wenn Sie diese Bestimmung nicht kennen, ist das Ihr Problem», faucht sie ihn an. «Nur weil Sie aus dem Ausland kommen, glauben Sie wohl, gegen unsere Regeln verstoßen zu dürfen.»

Yuqian schaut sie an, als hätte er nicht recht verstanden. «Wie bitte?», fragt er und sein Gesicht rötet sich. Die Augen blitzen. Jetzt explodiert er, da bin ich mir ganz sicher. Doch er bleibt seltsam ruhig. Bedauernd hebt er die Schultern: «Das sind zwanzig Kilo pro Person», behauptet er mit einer Entschiedenheit, die keinen Zweifel zulässt. Finde ich jedenfalls. Sie wohl nicht.

«Ha!», giftet sie ihn an. «Das sieht doch jeder, dass das wesentlich mehr ist.»

«Dann holen Sie doch eine Waage und beweisen Sie es!», zischt Yuqian.

Sie hat keine Waage. Gott sei Dank! Sprachlos schaut sie uns an, schnappt noch einmal nach Luft und zieht wütend von dannen.

«Das kann ja heiter werden», sage ich und hole tief Luft. Wer weiß, was uns in Peking noch alles erwartet.

Schon während unser Zug in den Bahnhof von Kanton einläuft, entdecken wir Lis Bekannten unter den vielen Abholern. Mit ausgestreckten Armen hält er einen großen Bogen Papier in die Höhe, auf dem Yuqians Name in schwarzen Zeichen prangt. Yuqian winkt ihm aus dem geöffneten Fenster zu, und dieser kommt lachend herbeigeeilt, um beim Ausladen des Gepäcks zu helfen.

«Ich heiße Liu», ruft er fröhlich, ein junger Mann, dünn wie eine Bohnenstange, aber wohl über ungeahnte Kräfte verfügend, denn er wuchtet mit unseren Koffern und Taschen herum, als wären es Fliegengewichte. Endlich stehen wir beide neben unseren sieben Gepäckstücken auf dem Bahnsteig und sind glücklich, dass alles so gut geklappt hat. Doch der fröhliche Liu schaut plötzlich ganz besorgt drein. «Sie reisen zu zweit?», fragt er. «Davon hat Li nichts gesagt. Ich habe nur ein einziges Ticket besorgt.»

«Nur ein Ticket? Das muss ein Missverständnis sein», ruft Yuqian entsetzt. «Dann müssen wir eben noch schnell ein zweites besorgen.»

«Ein zweites? Wie stellen Sie sich das vor? Der Express ist längst ausgebucht. Heute, morgen und übermorgen auch. Nächste Woche ist doch Frühlingsfest, haben Sie das vergessen? Alle fahren nach Hause. Sie doch auch. Halb China ist unterwegs.»

«Aber eine einzige Karte wird es doch noch geben», melde ich mich unglücklich. Im Geiste sehe ich Yuqian schon allein nach Peking fahren mit all unseren sieben Gepäckstücken. Und ich? Soll ich hier in Kanton bleiben?

Liu schüttelt traurig den Kopf. «Es ist wirklich alles ausgebucht. Ich kann höchstens versuchen, Fahrkarten für den Fernzug zu besorgen, der heute Nacht um elf abfährt. Der braucht allerdings fünf Stunden länger als der Express und ist auch nicht so komfortabel.»

«Hauptsache, wir kommen heute noch weg», findet Yuqian. «Können wir das gleich hier im Bahnhof erledigen?»

«Nein. Fahrkarten für die erste Klasse können Ausländer nur über das staatliche Reisebüro kaufen, und das befindet sich beim Dongfang-Hotel.»

«Warum sollen wir erste Klasse fahren?», frage ich. «Zweite oder dritte Klasse geht doch auch.»

Liu winkt ab. «Die billigeren Plätze sind längst ausgebucht. Wenn überhaupt, dann ist höchstens in der ersten Klasse noch etwas frei, weil dort nur Ausländer und einheimische Privilegierte reisen dürfen.»

Yuqian hebt resigniert die Arme: «Na gut! Dann warten wir hier auf Sie.»

«Ich weiß doch gar nicht, ob ich noch Fahrkarten bekomme. Am besten fahren wir zusammen ins Dongfang-Hotel. Dann können Sie dort übernachten, wenn es keine freien Plätze mehr gibt.»

Mit vereinten Kräften schleppen wir unser Gepäck zum Taxistand, wo sich ein schlecht gelaunter Fahrer weigert, uns mitzunehmen.

«Zu viel Gepäck», schreit er, als hätten wir ihm etwas getan. «Sie brauchen zwei Taxis.»

Zurzeit steht aber nur eins dort. Yuqian schiebt ihm ein Trinkgeld in die Jackentasche. Jetzt geht es plötzlich, auch wenn die Klappe des Kofferraumes sperrangelweit offen bleibt und mit einer Schnur festgezurrt werden muss. Schon wenig später sitzen wir in der ungemütlichen Lobby des Dongfang-Hotels und harren der Dinge. Nach einer Stunde kommt Liu wieder angerannt. Er überreicht uns freudestrahlend zwei Tickets für den Fernzug nach Peking. Na also! Dann geht es heute ja doch noch los.

Hundemüde kommen wir gegen zehn Uhr abends mit unserem

Gepäck zurück zum Bahnhof. Liu hat es sich nicht nehmen lassen, uns zu begleiten, denn Lis Freunde seien auch seine Freunde. Oder ist es nur das schlechte Gewissen? Vielleicht geht das fehlende zweite Ticket ja doch auf sein Konto. Er verspricht sogar, Yuqians Familie telegrafisch über die veränderte Ankunftszeit zu informieren.

Die Wartehalle ist schwarz vor Menschen. Endlich wird die Sperre zum Bahnsteig geöffnet, und wie die Wahnsinnigen rennen alle zum Zug.

An der Tür zum Schlafwagen wacht eine hübsche junge Zugbegleiterin, die uns die Fahrkarten abnimmt. Sie wirft einen prüfenden Blick auf unser Gepäck. Mir stockt der Atem. Jetzt gibt es wohl wieder Ärger.

«Sie fahren offenbar nach Hause», stellt sie freundlich fest. Mir wird ganz warm ums Herz. Endlich mal jemand, der sich nicht an unseren Gepäckmassen stört.

«Ja», bestätigt Yuqian.

«Wohl lange nicht mehr dort gewesen.»

«Das kann man wohl sagen.»

«Na, dann kommen Sie mal.» Sie schnappt sich eine unserer Taschen und führt uns in ein Abteil, das auf den ersten Blick ziemlich schmuddelig wirkt, aber was macht das schon bei einem so netten Empfang! Im Handumdrehen ist unser Gepäck verstaut. Zufrieden lasse ich mich auf der gepolsterten Sitzbank nieder und inspiziere meine Umgebung. Das Kopfpolster ist mit einer verstaubten Durchbruchstickerei geschmückt. Ebenso verstaubt ist die Spitzengardine, die vor dem schmutzigen Fenster hängt. Eine blümchenverzierte Lampe mit himmelblauem Schirm steht auf dem Abstelltisch und darunter auf dem Boden, in einem Haltering, eine altmodische hellgrüne Thermosflasche. Der Teppichläufer ist grau und mit Flecken übersät. Barfuß möchte man nicht darauf treten. Auf den beiden oberen Liegen türmen sich vier Haufen mit zerknülltem Bettzeug. Yuqian schlägt eine Decke auf.

«Wer weiß, wie viele Leute da schon drin geschlafen haben», schimpft er.

«Macht nichts! Hauptsache, es geht jetzt endlich los.»

In diesem Moment schiebt die Zugbegleiterin unsere Tür auf und lässt einen weiteren Fahrgast eintreten: einen stattlichen älteren Herrn in Militäruniform. Der stutzt, als er mich sieht, murmelt dann einen kurzen Gruß und setzt sich neben Yuqian. Sein Gepäck lässt er im Gang stehen.

«Soll ich Ihnen mit dem Gepäck helfen?», fragt Yuqian höflich. Wo will er das denn hinstellen? Die Gepäckablage über der Tür ist doch längst voll.

«Das eilt nicht», sagt der Herr. «Das können wir später erledigen.»

Er muss ein höherer Dienstgrad sein, denn die Fahrt in der ersten Klasse ist ja nur hochrangigen Kadern und Ausländern gestattet, wie Liu uns gesagt hat. Der Herr setzt sich, holt etwas umständlich eine rote Zigarettenschachtel der teuren Marke «China» aus seiner Jackentasche und bietet Yuqian eine Zigarette «auf Chinesisch» an: Er zieht sie mit spitzen Fingern am Mundstück aus der Packung und überreicht sie ihm. Yuqian nimmt das Angebot dankend an, und beide rauchen ein paar Züge.

«Sie leben in Hongkong?», fragt der Herr.

«Nein, in Deutschland.»

«Ah, Deutschland.» Mit einem leichten Kopfnicken weist er in meine Richtung. «Ist sie eine Deutsche?»

«Ja, sie ist meine Frau.»

Er schenkt mir ein flüchtiges Lächeln und fragt, an Yuqian gewandt: «Wohin fahren Sie?»

«Zu meiner Familie nach Peking, und Sie?»

«Auch nach Hause. Nach Hengyang.»

Mit prüfendem Blick mustert er unser Abteil. «Warum fahren Sie nicht mit dem Express? Alle Ausländer fahren mit dem Express.»

«Das wollten wir auch», bekennt Yuqian, «aber der war leider ausgebucht.»

«Der Express ist sauber und bequem. Wir blamieren uns ja, wenn wir Ausländer in solch schmutzigen Zügen fahren lassen.» Die erste Zigarette ist noch gar nicht zu Ende geraucht, da steckt er sich schon eine zweite an. Wunderbar: ein Kettenraucher in unserem Abteil! Fragt sich nur, wie man bei dieser Luft schlafen soll.

«Sicher blamieren wir uns vor den Ausländern», bestätigt Yuqian. «Aber haben wir Chinesen nicht auch ein Recht auf saubere Züge? Warum unterscheiden wir zwischen Ausländern und Inländern? Warum dürfen die einen in sauberen Zügen fahren, während man die anderen in verdreckte steckt? Wir machen uns ja in unserem eigenen Land zu Menschen zweiter Klasse.»

Die Worte scheinen dem Herrn nicht zu gefallen. Mit finsterer Miene rutscht er auf seinem Platz hin und her. «Vergessen Sie nicht: China ist ein armes Land», sagt er.

«Was hat Armut mit Sauberkeit zu tun?», pariert Yuqian. «Außerdem sind wir ja nicht arm an Menschen. Es gibt genug Arbeitskräfte, die Fenster und Teppiche putzen und die Bettwäsche wechseln könnten.»

Wie sinnlos von ihm, mit diesem Fremden über die Sauberkeit chinesischer Züge zu debattieren! Ich denke, ich sollte da eingreifen. «Es ist mir gleich, ob der Zug sauber ist oder nicht, Hauptsache, er bringt uns schnell nach Peking.»

Der Herr ist überrascht. «Ihre Frau spricht ja Chinesisch!»

«Ja», bestätigt Yuqian stolz. Doch das scheint dem Herrn unangenehm zu sein. Glaubt er denn, mir wäre der Schmutz erst durch dieses Gespräch aufgefallen?

Die Zugbegleiterin kommt vorbei und stellt drei porzellanene Deckeltassen zur Teezubereitung auf unseren Abstelltisch. «Teeblätter gefällig?», fragt sie und hält uns ein paar weiße Tütchen entgegen. Wir kaufen ihr einige ab. Als sie wieder in den Gang hinaustritt, folgt ihr der Herr. «Gibt es in einem anderen Abteil noch Platz?», raunt er ihr zu, aber ich kann es trotzdem hören. «Hier ist es ein wenig unpassend für mich.»

«Sie können ins Nachbarabteil gehen», meint sie. «Da sitzen aber schon drei Personen.»

Der Herr nimmt ihren Vorschlag sofort an, nickt Yuqian noch einmal zu und verschwindet.

Der hat etwas gegen Ausländer, das ist eindeutig, oder war ihm Yuqian zu aufmüpfig?

«Fang bloß nicht wieder an, alles zu kritisieren», ermahne ich ihn. «Eine Ausländerin im Abteil war für diesen Kerl wahrscheinlich schon schlimm genug, aber dann noch so ein Meckerfritze …»

«Ach, ist doch wahr», murmelt Yuqian verärgert.

Na ja, mir soll es recht sein, das Viererabteil für uns zu haben. Besser hätten wir es doch gar nicht treffen können! Ich schaue aus dem Fenster und versuche etwas zu erkennen. Der Zug fährt durch die spärlich beleuchteten Außenbezirke von Kanton, mitunter ist ein langes Pfeifen zu hören, und obwohl das Fenster geschlossen ist, kann ich den Rauch der Dampflokomotive riechen. «Das muss ja ein uralter Zug sein. Hörst du die Lokomotive?»

Yuqian nickt lächelnd. «Mit solchen Zügen bin ich schon in den fünfziger Jahren durch China gereist. Die Waggons stammen meist aus ostdeutscher Produktion.»

Er rückt zwei Deckeltassen auf dem Abstelltisch zurecht und prüft sie auf Sauberkeit.

«Lass uns noch ein wenig Tee trinken.»

«Es ist schon spät. Wie können wir schlafen, wenn wir jetzt noch Tee trinken?»

«Ich nehme nur einige wenige Blätter.»

Yuqian und sein Tee! Wenn andere zu Bier und Wein greifen, genießt er lieber Tee, am liebsten den grünen, der Geist und Seele entspannt.

Die Tassen scheinen seinem kritischen Blick nicht standzuhalten, denn er verlangt nach einem Desinfektionstuch. Vorsorglich habe ich mehrere Stapel davon mitgebracht. Während er die Gefäße sorgfältig putzt, scheint er mit seinen Gedanken weit fort zu sein.

Ich schaue in sein Gesicht, dieses Gesicht, das ich so gut kenne. Jeder Millimeter ist mir vertraut. Wie oft habe ich es gestreichelt, geküsst und mein Gesicht an seines gepresst, um seine Wärme und seinen Atem zu spüren. Doch plötzlich erscheint es mir fremd, als hätte es sich verändert. Was mag in ihm vorgehen, jetzt, so kurz vor seiner Rückkehr nach Peking? Im Frühjahr 1968 ist er vor dem Terror der Kulturrevolution geflüchtet. Dreizehn Jahre sind seitdem vergangen, dreizehn Jahre, in denen ihn Heimweh und Schuldgefühle manchmal um den Verstand zu bringen drohten. Was ist aus seinen Angehörigen geworden, dem Vater, den Geschwistern? Bis vor kurzem war jeglicher Kontakt unmöglich. Seine Flucht erregte damals viel Aufsehen, denn nur wenigen gelang es, sich direkt aus der Machtzentrale Peking ins Ausland abzusetzen.

Yuqian streut einige Teeblätter in die Becher und gießt sie mit dem heißen Wasser aus der Thermosflasche auf.

«Woran denkst du?», frage ich.

«Es scheint sich nicht viel verändert zu haben in den letzten dreizehn Jahren. Die Thermosflasche, die Teebecher, selbst der Geruch in den Zügen – alles ist wie früher. Ich bin gespannt, ob sich wenigstens die Menschen verändert haben, vor allem meine ehemaligen Kollegen und Vorgesetzten. Wer weiß, wie sie reagieren, wenn sie von meiner Rückkehr erfahren, vor allem jene, die mich damals fertig machen wollten. Noch heute bekomme ich eine Gänsehaut, wenn ich daran denke, wie sie immer wieder ‹Nieder mit Guan Yuqian!› brüllten. Womöglich werden sie versuchen, mir Schwierigkeiten zu machen.»

Für einen Moment setzt mein Herzschlag aus, und ich fühle mich wie vor den Kopf gestoßen. «Schwierigkeiten?» Darüber hat er vor unserer Abreise nie gesprochen. «Was kann man dir jetzt noch für Schwierigkeiten machen? Die Kulturrevolution ist doch längst vorbei.»

Keine Antwort. Stattdessen steckt er sich eine Zigarette an und raucht ein paar Züge.

Ich verstehe das nicht. Haben nicht alle gesagt, China habe sich verändert? Seit Beginn der Reform- und Öffnungspolitik hat man reihenweise Leute rehabilitiert, die in den letzten zwanzig Jahren irgendwelchen politischen Kampagnen zum Opfer gefallen sind. Nur deshalb war es doch für Yuqian überhaupt möglich, ein Visum zu bekommen! Mitarbeiter der chinesischen Botschaft in Bonn haben es ihm in seinen deutschen Pass gestempelt und ihm eine gute Reise gewünscht. Zwar gilt seine Flucht noch immer als schwerer politischer Fehler, aber da sie innerhalb der zehn chaotischen Jahre erfolgte – so nennt man inzwischen die Kulturrevolution –, scheint sie verziehen. Was also soll passieren?

«Kannst du mir bitte endlich sagen…», versuche ich nachzuhaken, doch Yuqian unterbricht mich: «Mach dir keine Sorgen! Es wird schon gut gehen.»

Es wird schon gut gehen? Sehr beruhigend klingt das nicht. Ein merkwürdiges Gefühl der Beklemmung macht sich in mir breit. Haben wir denn die Situation falsch eingeschätzt? Ist die Zeit der Unterdrückung noch gar nicht vorbei? Mag sein, dass dies nur vom Ausland aus betrachtet so erscheint. Wie oft hat Yuqian mir von den Schrecken der politischen Kampagnen erzählt, die ihm jahrelang das Leben zur Hölle machten. Im sicheren Hamburg hat das alles sehr unwirklich geklungen, wie Schauergeschichten aus einer fremden Welt, und nur die Albträume, die ihn immer wieder nachts aufschreien ließen und aus dem Schlaf rissen, verrieten mir, dass seine Erzählungen wohl nicht übertrieben waren. Kann er wirklich Probleme bekommen? Und wenn ja, was soll ich dann tun? Aber selbst wenn man ihn in Ruhe lässt: Wie werden seine Verwandten reagieren, zum Beispiel Bruder und Schwester, die seinetwegen schwerste Unterdrückung erleiden mussten? Vielleicht wollen sie ihn gar nicht sehen. Oder sein Vater, die Cousins und Cousinen, ob auch sie gelitten haben? Sippenhaft hat Tradition in China. Wenn jemand in Ungnade fällt, müssen «alle neun Sippen büßen», wie man in China sagt. Das heißt, dass die gesamte verzweigte und angeheiratete Verwandtschaft in Mitleidenschaft gerät.

An Schlaf ist in dieser Nacht nicht zu denken. Voller Unruhe wälze ich mich hin und her, geplagt von den schlimmsten Befürchtungen. Das beklemmende Gefühl weicht dumpfer Angst. Vielleicht ist das alles nur ein Trick von der chinesischen Botschaft. Sie stellt ihm ein Visum aus, und schon tappt er in die Falle. Yuqian, der Rechtsabweichler, der Konterrevolutionär, der Verräter und was man ihm sonst noch alles angehängt hat: Endlich können sie ihn schnappen und einsperren. Wieso habe ich nie an diese Möglichkeit gedacht, sie nie in Erwägung gezogen? Was hat mich denn nur so sicher gemacht? Welch ein Leichtsinn, in dieses Land zu fahren! Die Worte meiner Mutter fallen mir wieder ein, als sie mich vor einer Beziehung mit Yuqian warnte: «Und wenn er irgendwann einmal nach China zurückkehren will, was machst du dann? Gehst du mit zu diesen Kommunisten?» «Freiwillig kehrt er niemals dorthin zurück», dachte ich nur. Elf Jahre ist das her, und doch scheint es mir, als wäre es gestern gewesen.

Eine Geburtstagsparty verändert mein Leben (Oktober 1970)

In der Welt, in der ich groß geworden bin, lernte ein Mädchen einen Beruf und heiratete mit Anfang zwanzig. So hatte es meine Mutter gemacht und meine Schwester ebenfalls. Dass auch ich diesem Beispiel folgen würde, daran bestand für mich kein Zweifel.

Ich war erst zwanzig, konnte mir also noch zwei, drei Jahre Zeit lassen, obwohl meine Ausbildung bereits abgeschlossen und meine Aussteuer komplett war. Seit meinem vierzehnten Lebensjahr bekam ich zu jedem Geburtstag und zu Weihnachten Handtücher,

Bettzeug und Silberbesteck geschenkt. Ich wusste schon gar nicht mehr, wohin mit all den Sachen. Ein Porzellan war auch schon ausgesucht. Es kam aus England und hieß «Chinese Rose».

Ich hatte Außenhandel gelernt und fuhr mit dem Zug jeden Morgen brav zur Arbeit nach Hamburg und jeden Abend hundemüde wieder zurück zu meinen Eltern in eine norddeutsche Kleinstadt. Die acht, neun Stunden, die dazwischen lagen, verbrachte ich damit, für eine Exportfirma riesige Mengen deutscher Industrieketten nach Übersee zu verschiffen, keine sehr spannende Aufgabe, denn es waren nur unzählige Papiere auszufüllen und Telefonate mit Spediteuren und Schiffsmaklern zu führen. Nicht auszudenken, diese langweilige Tätigkeit bis an mein Lebensende verrichten zu müssen! Ich wollte etwas Anregendes, Interessantes machen, hatte aber keine klaren Vorstellungen. Mein Vater tröstete mich: «Wenn du erst einmal verheiratet bist und Kinder hast, ist sowieso Schluss mit dem Berufsleben. Du musst dir eben nur einen Mann suchen, der eine Familie ernähren kann.» Wenn es nach mir gegangen wäre, hätte ich alles hingeworfen, mich wieder auf die Schulbank gesetzt, das Abitur gemacht und irgendetwas studiert. Aber diese Idee schien völlig abwegig, denn sie bewirkte bei meinen Eltern und meinen Freunden nur verwundertes Kopfschütteln. «Du willst noch einmal sieben, acht Jahre pauken? Und dann? Willst du denn keine Familie gründen?»

«Natürlich will ich das. Aber die Arbeit soll doch auch Spaß bringen.»

«Spaß?», fragte meine beste Freundin. «Dazu ist die Freizeit da. Die Arbeit dient nur dem Geldverdienen.»

Im Sommer 1970 nahm ich in Schottland an einem Sprachkurs teil. Unter den ausschließlich deutschen Kursteilnehmern befand sich Martin, ein stämmiger, temperamentvoller Pädagogikstudent, der wie ich aus Hamburg angereist war. Im Herbst lud er mich zu seiner Geburtstagsparty ein, die in seinem Elternhaus in Hildesheim stattfinden sollte. Ich verspürte wenig Lust, dorthin zu fahren. Mir war die Anreise mit dem Zug zu umständlich. Als er dann noch sagte, er habe über hundert Leute, darunter die halbe Uni Hamburg eingeladen, winkte ich gleich ab. «Da komme ich mir ja verloren vor.» Doch Martin blieb hartnäckig. «Keine Sorge! Es kommen auch einige Teilnehmer aus unserem Sprachkurs. Für Übernachtung habe ich auch gesorgt.»

Also fuhr ich hin. Martins Eltern hatten wohlweislich die Flucht ergriffen, bevor ihr Sohn das Erdgeschoss und den Keller ihrer herrschaftlichen Villa in eine Diskothek verwandelte und wilde Popmusik aus mehreren Lautsprechern dröhnen ließ. Die Party war schon in vollem Gange, als ich etwas verspätet eintraf. Martin hatte seinen gesamten Bekanntenkreis eingeladen: Schulfreunde, Kommilitonen, Mitbewohner aus seinem Hamburger Studentenwohnheim und ein paar zackige Kameraden aus der Bundeswehrzeit. Ich war erleichtert, als ich in dem geräumigen, bunt geschmückten Kellerraum die vertrauten Gesichter meiner Schottlandfreunde entdeckte. Sie saßen etwas abseits an einem runden Tisch und empfingen mich mit fröhlichem Hallo. Ein, zwei Stunden lang feierten wir unser Wiedersehen. Immer mehr Gäste strömten in den Partykeller. Einige tanzten, was Martin veranlasste, die Musik noch lauter zu stellen. Andere ließen sich auf Sesseln und Matratzen nieder und schwatzten, soweit dies bei der dröhnenden Musik überhaupt möglich war. Unter lautem Applaus eröffnete er das Büfett, das seine Mutter spendiert hatte. Es fand reißenden Absatz. Mit der Zeit wurde es ruhiger an meinem Tisch. Niemand schien mehr Lust zu haben, ständig gegen die Musik anzuschreien. Mir brummte buchstäblich der Schädel, und ich wäre am liebsten nach Hause gefahren. Wie benommen saß ich da und schaute den Leuten zu, die auf der provisorischen Tanzfläche wild und ausgelassen herumhüpften. Meine Gedanken schweiften ab. Nach einer Weile tauchte das Bild eines Asiaten vor meinen Augen auf, der mit gekreuzten Beinen auf dem Boden saß und meditierte – ein Bild der Ruhe und der Harmonie. Ich verlor mich ganz in diesen Anblick, der Lärm um mich herum schien für einen Moment zu verstummen, dann brach er wieder über mich herein, und ich glaubte aus einem Traum zu erwachen. Was hatte ich da eben gesehen? Noch einmal schloss ich kurz die Augen und schaute dann genauer hin. Tatsächlich! Auf der anderen Seite des Raumes saß ein Asiat mit gekreuzten Beinen auf einer Matratze, doch er meditierte nicht, sondern aß von einem Teller, der wie eine Schale auf seiner linken Handfläche ruhte. Er aß langsam und mit Bedacht. Den Kopf hielt er gesenkt, das schwarze Haar fiel ihm in die Stirn, er schien tief in Gedanken versunken, ein Anblick der Stille inmitten dieses höllischen Lärms. Welch ein sonderbarer Kontrast!

«Hast du noch nie einen Chinesen gesehen?», posaunte mir Martin ins Ohr und erschreckte mich fast zu Tode. Ich hatte gar nicht bemerkt, dass er an unseren Tisch getreten und anscheinend meinem Blick gefolgt war.

«Das da drüben ist Yuqian, mein Zimmernachbar aus dem Studentenwohnheim. Er kommt aus China. Ein netter Kerl. Möchtest du ihn kennen lernen?»

«Kennen lernen?», fragte ich verdutzt und kam dabei ins Stottern. Mir war seine unvermittelte Frage peinlich. Ich wusste auch gar nicht, ob ich jenen Menschen dort drüben wirklich kennen lernen wollte. Doch Martin wartete meine Antwort gar nicht erst ab. «Ich hole ihn. Du musst aber Englisch mit ihm sprechen. Er kann noch kein Deutsch.» Und schon lief er davon.

«Ach, lass das lieber», rief ich hinterher, aber wohl nicht laut genug.

Der Chinese schreckte zusammen, als Martin ihm auf die Schulter klopfte. Doch dann lachte er und forderte ihn auf, sich neben ihn zu setzen. Martin zeigte stattdessen zu uns herüber und sagte etwas, woraufhin der Chinese sich erhob und ihm leichten Schrittes an unseren Tisch folgte. Er war groß und schlank und überragte Martin um einen ganzen Kopf. Einen Moment später saß er mir gegenüber. Ich schaute in sein Gesicht. Es gefiel mir. Ich hatte noch nicht viele Asiaten gesehen. In meiner Kleinstadt gab es keine, und in Hamburg begegnete man ihnen nur gelegentlich auf der Straße. Auf jeden Fall hatte ich mir Chinesen immer mit runden Gesichtern, platten Nasen und Schlitzaugen vorgestellt. Der hier aber hatte große Augen mit buschigen Augenbrauen, ein schmales, fein geschnittenes Gesicht und eine wohl geformte Nase.

Martin legte ihm seinen Arm um die Schultern und verkündete auf Englisch: «Darf ich vorstellen: Das ist Yuqian.» Dann wies er mit ausladender Handbewegung auf uns und sagte: «Das sind meine Freunde aus Schottland. Sie sprechen alle hervorragend Englisch.»

Meine Mitstreiter wehrten protestierend ab.

«Vor allem Petra», fügte Martin hinzu und zeigte augenzwinkernd auf mich. «Ich gehe und stelle die Musik etwas leiser, damit ihr euch besser unterhalten könnt.»

«Nun bist du dran», flüsterte mein Tischnachbar. «Du wolltest ja, dass er kommt.» Die anderen schienen derselben Meinung zu sein, denn sie nickten mir auffordernd zu.

Am liebsten wäre ich in den Boden versunken. Was sollte ich denn auf Kommando so schnell sagen? Und dann noch zu einem Chinesen auf Englisch.

«Frag ihn doch mal, wo er herkommt und was er studiert», half mir mein Nachbar.

Aus China, lautete die prompte Antwort, genauer gesagt: aus Peking. Er wolle Orientalistik studieren, müsse aber vorher noch Deutsch lernen. Yuqian sprach fließend Englisch. Wo er das gelernt hätte? In China natürlich, meinte er lachend, als hätten wir uns das denken können. Hat er denn nie in England oder Amerika gelebt, noch nicht einmal für kurze Zeit? Nein. Wie peinlich! Warum sprachen wir so ein holpriges Englisch, obwohl wir alle schon zumindest in Schottland gewesen waren? Yuqian stellte nun seinerseits Fragen, die Unterhaltung verlief jedoch nur schleppend. Als sie ganz ins Stocken geriet, fragte er mich, ob ich Lust hätte zu tanzen. Hatte ich eigentlich nicht, aber immerhin war das besser, als an diesem Tisch herumzudrucksen, und schon stand ich auf und marschierte vorneweg zur kleinen Tanzfläche. Die Rolling Stones hämmerten gerade ihren besten Song durch die Lautsprecher. Doch Yuqian schien die Musik nicht sonderlich zu mögen, er zuckte nur lustlos mit den Armen und Beinen herum.

«Tanzt du nicht gern?», fragte ich.

«Doch, aber nicht nach dieser Musik. Ich mag Standardtänze lieber.»

Bei dem Gedanken an einen Walzer drehenden Chinesen musste ich lachen und fragte: «Was denn zum Beispiel?»

«Tango.»

«Tango? So etwas tanzt man in Peking?»

«Ja. Ich habe als Student sogar einen Preis im Standardtanz gewonnen.»

Die Musik zog immer mehr Paare auf die Tanzfläche, die wild gestikulierend um uns herumhopsten. An eine Unterhaltung war nicht mehr zu denken.

«Lass uns ins Erdgeschoss gehen», schlug Yuqian vor. «Dort ist es ruhiger.»

Zwar herrschte auch im Erdgeschoss ein furchtbares Gedränge, aber die Leute plauderten miteinander, weshalb die Musik nur gedämpft eingestellt war. In einer kleinen Ecke fanden wir Platz und setzten unsere Unterhaltung fort. Es dauerte nicht lange, da entdeckte ich in Yuqian einen putzmunteren, charmanten Mann, der scherzte und lachte und unbekümmert Fragen stellte, die ich ebenso unbekümmert beantwortete. Von jener meditativen Versunkenheit, die ich anfangs an ihm beobachtet hatte, war nichts mehr zu spüren. Er sprühte vor Temperament, konnte wunderbar flirten, ohne aufdringlich zu sein, und war schon im nächsten Moment wieder ernst und empfindsam. Ein ungewöhnlicher Mann, fand ich und fasste sofort Vertrauen.

Yuqian erzählte von seinen Hobbys, von seiner Liebe zur europäischen Literatur. Viele berühmte russische und englische Romane hatte er im Original gelesen. Konnte er denn neben Englisch auch Russisch? Sicher, sagte er, er sei früher Russischdolmetscher gewesen.

Musikalisch war er auch. Anscheinend kannte er sich in der europäischen klassischen Musik bestens aus. Violinkonzerte höre er am liebsten, sagte er, vor allem die von Tschaikowski, Mendelssohn-Bartholdy und Bruch.

«Magst du klassische Musik?», fragte er mich, und als ich das bejahte, wollte er meinen Lieblingskomponisten wissen.

«Beethoven», sagte ich, mit dem konnte man nichts falsch machen. Ich kannte mich nämlich nicht so gut aus.

«Was zum Beispiel?»

«Was?» Wollte er mich prüfen? Skeptisch schaute ich in sein freundliches Gesicht. Es schien ihn wirklich zu interessieren.

«Zum Beispiel die fünfte Sinfonie», erwiderte ich zögernd. Ich war mir nicht sicher, ob ich nicht eigentlich das fünfte Klavierkonzert meinte.

«Die fünfte Sinfonie?», fragte er und summte ein paar Takte. Nein, das klang anders. Ich hatte mich geirrt.

«Ich meine eigentlich das fünfte Klavierkonzert», korrigierte ich mich. Und wieder summte er ein paar Takte. Tatsächlich, genau das war's.

«Wieso kennst du dich so gut aus? Bist du Musiker?»

Er winkte lachend ab. «Nein, die Musik ist nur ein Hobby. Ich spiele ein bisschen Klavier, Geige und auch Akkordeon. Singen kann ich auch. Ich habe früher im Kirchenchor gesungen.»

«Im Kirchenchor? Bist du Christ?»

«Zumindest war ich es einmal. Ein amerikanischer Missionar hat mich auf den Namen Peter getauft. Da war ich fünfzehn, sechzehn Jahre alt.»

Ein Chinese, der in einem Kirchenchor singt, der Geige, Klavier und Akkordeon spielt, mehrere Sprachen spricht und wer weiß was sonst noch alles kann – irgendwie passte der nicht in mein vages Chinabild.

«Ist das normal bei euch, so viel zu musizieren und verschiedene Sprachen zu sprechen?»

«Für die großen Städte wie Peking und Shanghai ist das nichts Ungewöhnliches. Ich glaube, im Westen macht ihr euch ein ganz falsches Bild von uns Chinesen. Wie stellst du dir China eigentlich vor?»

«Na ja ...», begann ich zögernd und brach gleich wieder ab. Mir fiel nichts Passendes ein, das Land lag ja auch wahnsinnig weit weg, ich war noch nicht einmal aus Europa herausgekommen. Aus der Schulzeit wusste ich nicht viel über das Reich der Mitte, und im Fernsehen hatte ich nur Berichte über die Große Proletarische Kulturrevolution gesehen, was immer das sein mochte. Da liefen Menschenmassen im militärischen Einheitslook mit zornigen Gesichtern durch die Gegend und schwenkten Maos rotes Büchlein. Irgendwelche politischen Losungen skandierten sie. Besonders sympathisch fand ich diese Leute nicht. Von großen Ideen war die Rede, die auch in Deutschland begeisterte Anhänger fanden. Mehrmals hatte ich Studenten mit Mao-Plakaten durch die Hamburger Innenstadt ziehen sehen. Irgendwann hatte ich mich genauer informieren wollen und mir ein Buch über das «neue China» gekauft, es aber schon nach kurzem Durchblättern so langweilig gefunden, dass ich es meiner Schwester zum Geburtstag schenkte. Politik interessierte mich nicht sonderlich, schon gar nicht die chinesische. Und nun saß so ein «neuer Chinese» neben mir, war flott angezogen mit weißem Rollkragenpulli und grauer Flanellhose, tanzte Tango und kannte sich in westlicher Literatur und Musik besser aus als so mancher Europäer. Wie passte denn das zusammen?

«Kommst du wirklich aus Peking?»

Er schaute mich überrascht an. «Natürlich! Aufgewachsen bin ich allerdings in Shanghai.»

«Macht das einen Unterschied?»

«Aber sicher! Shanghai ist das Paris Chinas.»

«In China gibt es so etwas wie ein Paris? Das hätte ich ja nicht gedacht, nach all dem, was ich in letzter Zeit über die – wie nennt ihr sie noch? – Große Proletarische Kulturrevolution gesehen habe.»

Sein eben noch fröhliches Gesicht verfinsterte sich. Hatte ich etwas Falsches gesagt?

«China macht im Moment eine schreckliche Zeit durch», murmelte er, «doch irgendwann wird sich die Lage normalisieren. Dann kann China wieder das sein, was es wirklich ist: eine große Kulturnation.»

Wie traurig er plötzlich aussah! Hätte ich bloß nicht die Kulturrevolution erwähnt! Schließlich schien er sich einen Ruck zu geben, und schon im nächsten Moment lächelte er wieder.

«Erzähl ein wenig von dir! Gehst du noch zur Schule?»

«Zur Schule? Ich bin zwanzig. Ich stehe schon mitten im Berufsleben.»

Yuqian schien tief beeindruckt. Dann erzählte ich ihm von meiner Arbeit und meinem täglichen Frust.

«Warum studierst du nicht?», fragte er erstaunt.

«Ich habe kein Abitur.»

«Kannst du es nicht nachholen?»

«Das könnte ich schon, aber dafür bin ich zu alt.»

«Zu alt? Aber du bist doch erst zwanzig!»

«Wenn ich drei Jahre zur Abendschule gehe und anschließend noch Medizin studiere, bin ich dreißig, bis ich anfangen kann zu arbeiten.»

«Na und? Was soll ich denn sagen. Ich bin schon über dreißig und fange trotzdem noch einmal von vorn an. Ich muss sogar eine neue Sprache lernen, um überhaupt an der Universität aufgenommen zu werden. Und dennoch freue ich mich über diese Chance.»

Er war schon über dreißig? Ich hätte ihn glatt zehn Jahre jünger geschätzt. Nun kam ich mir mit meinen zwanzig Jahren reichlich albern vor.

«Hast du denn nicht in China studiert?», fragte ich.

«Doch, Russisch. Aber was kann ein Chinese mit Russisch in Deutschland anfangen? Außerdem habe ich während meines Studiums viel Zeit durch politische Kampagnen verloren. Es gibt so vieles, was ich jetzt noch lernen möchte: Sprachen, Literatur, Kunst...»

«Aber irgendwann muss man doch mal anfangen zu arbeiten.»

«Natürlich! Aber wenn dir dein Beruf keinen Spaß bringt, solltest du das ändern. In China wird dir der Studienplatz zugewiesen und schließlich auch der Arbeitsplatz. Du musst nehmen, was man dir zuteilt, ob es dir passt oder nicht. Aber hier könnt ihr euren Weg selbst bestimmen. Ich glaube, ihr wisst gar nicht, wie glücklich ihr seid. Du bist noch so jung. Mit deinen zwanzig Jahren stehen dir alle Möglichkeiten offen. Lern etwas Neues oder bau auf dem Vorhandenen auf! Warum fehlt dir dazu der Mut?»

Das wusste ich selber auch nicht. Seine ernsten Worte gefielen mir und machten mich nachdenklich. Wenn er mit seinen über dreißig Jahren einen Neubeginn wagte, warum sollte ich es dann nicht mit zwanzig tun? Immer nur frustriert herumzumeckern, bringt doch nichts. Man muss das Schicksal selbst in die Hand nehmen.

«Du hast Recht», sagte ich schließlich. «Ich werde eine Fortbildung machen oder mir etwas anderes ausdenken. Gleich nächste Woche kümmere ich mich darum.»

«Gratuliere!», rief er strahlend. «Der erste Schritt ist getan.»

«Weißt du eigentlich, wie gut es tut, sich mit dir zu unterhalten?»

«Wirklich? Dann sollten wir das öfter tun.»

Nichts lieber als das. Aber hat er denn keine Freundin oder Frau, die eifersüchtig wird, wenn wir uns häufiger sehen? Na wenn schon, das ist seine Sache!

«Bist du eigentlich verheiratet?», platzte ich heraus und war entsetzt. Wie konnte mir dieser Satz über die Lippen kommen?

«Getrennt», gab Yuqian gelassen zurück. Meine neugierige Frage schien ihn nicht zu irritieren.

Getrennt? Das war auf jeden Fall besser als verheiratet, wenn auch schlechter als geschieden.

«He, Yuqian», rief jemand. «Flirtest du schon wieder?» Ein Mann mit lockigem braunem Haar tauchte vor uns auf. Eine Frau trat hinzu und drohte Yuqian augenzwinkernd: «Du scheinst dich ja bestens zu unterhalten?»

Yuqian sprang auf und machte uns miteinander bekannt. Es war ein befreundetes Lehrerehepaar aus Braunschweig, bei dem er übernachten wollte.

«Wir müssen leider aufbrechen», sagte der Lockenkopf und tippte auf seine Uhr. «Unser Babysitter will nach Hause.»

Kurz darauf nahmen Yuqian und ich Abschied voneinander.

«Werden wir uns wiedersehen?», fragte er.

«Auf jeden Fall.»

Schon am nächsten Montag sollte er um fünf Uhr nachmittags im Stadtzentrum Hamburgs auf mich warten. Ab sofort wollten wir uns regelmäßig zum Sprachaustausch treffen. Yuqian hatte sich auf eine Deutschprüfung vorzubereiten und brauchte dringend jemanden, der mit ihm deutsche Grammatik paukte. Dafür würde er sich revanchieren und mit mir englische Konversation üben. Ich fand die Idee ausgezeichnet. Es hatte mir gefallen, den ganzen Abend Englisch zu sprechen. Ich fühlte mich sprachlich richtig fit.

Am Montagmorgen schminkte ich mich besonders sorgfältig und zog mir etwas Hübsches an. Nie zuvor hatte ich mich fürs Büro so fein gemacht. Meine Mutter rieb sich verwundert die Augen: «Gehst du zur Arbeit oder ins Theater?»

Wie langsam der Vormittag verging! Die Zeit schien zu kriechen. Endlich Mittagspause! Ich ging ins gegenüber liegende Kaufhaus und stöberte in der Bücherabteilung herum. Da sah ich plötzlich Yuqian. Konnte er die Zeit bis zum Abend nicht erwarten, dass er schon jetzt in der Nähe unseres Treffpunktes herumstromerte? Und was machte die hübsche Asiatin an seiner Seite? Er hatte mich noch nicht bemerkt. Sollte ich ihn einfach ansprechen? Ich nahm meinen ganzen Mut zusammen und tippte ihm auf die Schulter: «Hallo! Nice to meet you again.»

Der Mann schaute mich überrascht an und lächelte dann verlegen. «Entschuldigung, ich spreche kein Englisch», sagte er in fließendem Deutsch. Wo hatte er das denn so schnell gelernt? Ich erstarrte vor Schreck. War das denn gar nicht Yuqian? Hatte ich ihn verwechselt?

«Kommen Sie nicht aus China?», fragte ich verlegen.

«Aus China?» Der Herr schüttelte verärgert den Kopf. «Nein, ich bin Koreaner. Südkoreaner.»

Als wenn man das so genau sehen könnte! Ich entschuldigte mich und machte, dass ich fortkam.

Eine Minute vor fünf sprang ich von meinem Schreibtisch auf. Meine Kollegen schauten verdutzt auf ihre Uhr. «Tschüss!», rief ich. Wahrscheinlich fiel diesen Schlafmützen erst jetzt auf, wie hübsch ich heute aussah. Aber da war ich auch schon fort. Die Bürotür flog hinter mir ins Schloss, ich drückte auf den Fahrstuhlknopf, der Fahrstuhl kam jedoch nicht gleich, also sauste ich die sechs Stockwerke zu Fuß hinunter. Außer Atem unten angekommen, trat ich aus dem Haus und sah ihn auf der anderen Straßenseite am vereinbarten Treffpunkt stehen: Yuqian. Kein Zweifel! Eine tiefe Freude überkam mich. Das Herz schlug mir bis zum Hals, und die Knie zitterten.

Lebhafter Feierabendverkehr zog an mir vorbei. Auf der zweispurigen Straße fuhren Autos und Busse im Schritttempo, auf den breiten Fußwegen eilten die Menschen in Scharen ihrer Wege. Ich musste nur die Straße kreuzen, um zu Yuqian zu kommen, doch seltsamerweise entwickelten meine Füße ein Eigenleben. Sie stolperten einfach hinter den anderen Menschen her, immer geradeaus in Richtung Bahnhof, wo der Zug wartete, der mich nach Hause bringen würde. Ich schaute zu Yuqian hinüber. Er hatte mich noch nicht entdeckt. Was ist denn los? Wieso überquere ich nicht die Straße? Ich lief wie auf Eiern, bekam kaum noch Luft, so sehr raste mein Herz. Du bist verliebt, schoss es mir durch den Kopf. Aus welchem anderen Grund hast du dich heute so herausgeputzt? Doch nur, weil du ihm gefallen willst. Du möchtest ihn als Freund und nicht als Lehrer oder Schüler. Sprachaustausch, lächerlich, das ist doch nur ein Vorwand!

Die plötzliche Erkenntnis machte mir Angst. Was würden meine Eltern sagen, die Freunde und die Nachbarn? Petras Freund kommt aus China. Ganz Oldesloe, so hieß das Nest, in dem ich wohnte, hatte noch nie einen Chinesen gesehen, jedenfalls keinen in natura. Sicherlich würde ich zum Stadtgespräch werden. Meine Eltern würden entsetzt sein. Da war ich mir ganz sicher. Ein Ausländer, ein Chinese! Ich biss mir auf die Lippen, drüben auf der anderen Straßenseite, keine fünfzig Meter von mir entfernt, wartete Yuqian. Ich war verzweifelt. Warum schaut er nicht zu mir herüber? Wenn er mir zuwinken würde, könnte ich nicht weglaufen. Doch so lief ich einfach weiter. Aus fünfzig Metern wurden hundert, dann konnte ich ihn nicht mehr sehen. In einem Pulk von Menschen erreichte ich den Bahnhof, rannte zum Bahnsteig, sprang in den Zug und ließ mich erschöpft auf den nächstbesten Platz fallen. Der Zug fuhr ab, und noch bevor er das Bahnhofsgelände verlassen hatte, überfiel mich tiefe Reue. Ich Idiot! Wie bin ich feige! Kann man sich denn nicht einmal mit einem Chinesen treffen? Wer behauptet denn, dass es mehr als ein Sprachaustausch wird? Zugegeben, ich bin verliebt, aber das heißt doch noch lange nicht, dass Yuqian es ebenfalls ist. Vielleicht ist er wirklich nur an Sprachaustausch interessiert. Welch eine Dummheit! Wie soll ich jetzt Kontakt mit ihm aufnehmen? Wir haben weder Adressen noch Telefonnummern ausgetauscht. Ich werde ihn nie wieder sehen. Es sei denn, ich bitte Martin um Hilfe. Na, der wird Augen machen.

Kerzengerade saß ich auf meinem Platz und schaute aus dem Fenster. Die letzten Häuser der Hamburger Innenstadt zogen an mir vorbei. Ich hätte heulen können.

Den ganzen nächsten Tag brütete ich im Büro darüber nach, wann und wie ich mit Yuqian in Kontakt treten sollte. Vielleicht hatte er gar kein Interesse mehr, mich zu treffen. Da rief er abends von selbst an. Martin hatte ihm meine Telefonnummer gegeben. Wieso wir uns verfehlt hätten, wollte er wissen. Ich erzählte etwas von Überstunden. Yuqian zeigte Verständnis. Am darauf folgenden Abend trafen wir uns. Diesmal rannte ich nicht davon. Alle Zweifel waren verflogen.

Von nun an holte er mich ab, wann immer er Zeit hatte. Wenn er nicht kam, war ich traurig. Stundenlang paukten wir Grammatik. Der Aufwand lohnte sich. Schon nach wenigen Wochen bestand er die Sprachprüfung und konnte mit seinem Studium beginnen. Nun ließ sich unser Sprachaustausch auch auf andere Weise gestalten, zum Beispiel bei Standardtänzen in altmodischen Tanzcafés, von denen es in Hamburg noch einige gab. Yuqian tanzte wirklich gut. Da konnte ich überhaupt nicht mithalten. Tango, Rumba, Samba – von jedem Tanz beherrschte er gleich mehrere Schrittkombinationen. Neben ihm kam ich mir manchmal vor wie ein Tanzbär.

Yuqian wohnte in einem Studentenwohnheim, fuhr einen klapprigen VW und hielt sich mit Gelegenheitsarbeiten über Wasser. Sein kleines Zimmer war spartanisch eingerichtet. Nur ein paar alte Sprachlehrbücher lagen herum, und in seinem schmalen Kleiderschrank war noch viel Platz. Kam ich spontan zu Besuch, gab es nur Toastbrot und Marmelade. Meldete ich mich an, dann hatte er Gemüse und Fleisch besorgt und kochte für mich. Im Handumdrehen verwandelte er die karg eingerichtete Gemeinschaftsküche in ein fernöstliches Restaurant, aus dem die wunderlichsten Gerüche drangen, die mir das Wasser im Mund zusammenlaufen ließen. Und das mir, die ich mit dem Essen und erst recht mit dem Kochen schon immer auf Kriegsfuß stand! Die typisch deutsche Küche mit ihrem weich gekochten Gemüse und den deftigen Fleischgerichten war nichts für mich. Von klein auf war ich als schlechter Esser in meiner Familie verschrien. Es wurmte meine Mutter, dass ich immer untergewichtig und anfällig für jede Krankheit war, deshalb rutschte ihr auch manchmal die Hand aus, wenn ich als Dreikäsehoch am Essen herummäkelte und es nicht hinunter bekam. Allein die Verpflichtung, alles aufessen zu müssen und keine Reste auf dem Teller liegen lassen zu dürfen, verdarb mir den Appetit. Nein, das Thema Essen hatte mir bisher nur Kopfschmerzen bereitet. Einmal luden mich Schwester und Schwager in ein Chinarestaurant ein, von denen es damals in Hamburg noch nicht viele gab. Ich bestellte Schwein, meine Schwester Rind, der Schwager Ente. Alle drei Gerichte sahen ziemlich gleich aus: klein geschnitten und sojasaucenbraun. Ich kämpfte gegen meine Portion an. Mir wurde fast übel. «Chinesisches Essen ist wirklich mächtig», sagte ich schließlich. Ab sofort war für mich die chinesische Küche abgehakt. Welch eine Überraschung, als Yuqian mir zum ersten Mal chinesische Hausmannskost servierte! In der Mitte des Tisches standen drei Gerichte: knallrot geschmorte Tomaten mit goldgelben Rühreiflocken, leuchtend grüner Brokkoli und daneben weiße Zwiebelringe mit dunklem, haschiertem Rindfleisch – ein Fest der Farben.

«Das soll chinesisches Essen sein?» Ich erzählte ihm von meiner Erfahrung aus dem Chinarestaurant. Er schüttelte nur den Kopf. «Ich habe es in Chinarestaurants erlebt, dass drei Deutsche an einem Tisch sitzen und alle dasselbe Gericht bestellen. Wir Chinesen essen immer gemeinsam von verschiedenen Speisen, die wir aufeinander abstimmen. Unsere Küche basiert auf dem Prinzip der Ausgewogenheit, aber das haben viele Ausländer nicht begriffen.»

Er drückte mir eine Schale mit gekochtem, ungewürztem Reis in die Hand und füllte mir von jedem Gericht etwas auf. Zum ersten Mal in meinem Leben balancierte ich mit Stäbchen Reiskörner in den Mund. Der Brokkoli war knusprig, die Tomaten saftig, das Fleisch scharf gewürzt, und es zerging auf der Zunge. Mein Leben lang hatte ich noch nie so viel gegessen wie an diesem Tag. Während ich ständig nachnahm, führte Yuqian mich in die chinesische Ernährungslehre ein, eine wahre Wissenschaft.

«Ein ausgewogenes Essen basiert auf fünf verschiedenen Geschmacksrichtungen und fünf Farben», erklärte er mir und erzählte von der uralten Lehre der fünf Elemente. «Gerade diese Vielfalt wirkt sich positiv auf unsere Organe aus und hält uns gesund.»

«Hört sich ziemlich kompliziert an. Hast du dich mit dem Thema näher befasst?»

«Nein, das sind Erfahrungen, die bei uns von einer Generation zur nächsten weitergegeben werden.»

Schneller, als es mir bewusst wurde, entwickelte ich mich vom Suppenkasper zur Feinschmeckerin. Ich lernte sogar kochen, Chinesisch natürlich.

An manchen Wochenenden nahm mich Yuqian mit zu seinen chinesischen Freunden. Die meisten von ihnen waren Auslandschinesen, das heißt, dass ihre Familien schon seit ein, zwei oder mehreren Generationen in Ländern außerhalb Chinas lebten. Bei solchen Treffen gab es immer ein gutes Essen. Chinesen kommen nicht einfach nur auf ein Glas Bier oder Wein zusammen.

«Für uns ist das Essen ein Kommunikationsmittel», sagte Yuqian. «Kein Treffen unter Verwandten, Freunden, Kaufleuten oder Politikern ohne gutes Essen. Selbst hier in unseren Studentenbuden so fern der Heimat steht es im Mittelpunkt. Das war schon immer so. Selbst Konfuzius hat gesagt: Das Wichtigste im Leben ist Essen und Sex.»

«Das hat er gesagt? Der hat schon von Sex gesprochen?» Das hätte ich Konfuzius nicht zugetraut.

«Nun, er hat sich etwas anders ausgedrückt, aber gemeint hat er dasselbe.»

Meistens gingen diese Treffen schon nachmittags los. Jeder brachte etwas mit, Gemüse gab es immer im Überfluss, Fleisch und Fisch dagegen nur begrenzt, denn das verzehrt man nur in geringen Mengen. Aus den einfachsten Zutaten zauberten sie die schönsten Gerichte, die schließlich alle in der Mitte des Tisches standen und von denen sich jeder nach Lust und Laune bedienen konnte. Doch bevor die gemeinsame Kocherei losging, tranken wir erst einmal Tee und knabberten Melonen- und Sonnenblumenkerne. Dabei wurde in einem unglaublichen Tempo diskutiert, lamentiert, gescherzt und gelacht, und der Lustigste von allen war Yuqian. Saßen wir dann später beim Essen, ging es weiter. Um in Stimmung zu kommen, brauchen Chinesen weder dröhnende Musik noch Alkohol. Sie trinken ihren Tee, sind dabei ausgelassen und veranstalten ein Mordsgeschrei. Jeder redet laut und deutlich, und wenn das alle tun, kann man sich das Ergebnis ja vorstellen. Manchmal geht die Unterhaltung auch quer über den Tisch und über viele Köpfe hinweg. Ich glaube, zehn alkoholisierte Deutsche sind nichts gegen vier, fünf Tee trinkende Chinesen, die sich angeregt unterhalten.

Nie zuvor hatte ich solche vergnügten Gesellschaften erlebt. Ich fühlte mich wohl in dieser Runde, auch wenn ich nicht viel verstand, denn hauptsächlich wurde Chinesisch gesprochen. Yuqian übersetzte, so gut es ging, doch häufig musste er passen, oder er sagte, etwas sei nur auf Chinesisch witzig und könne nicht übersetzt werden. Anfangs glaubte ich, dass es sich dann immer um erotische Witze handelte und ihm deshalb die Übersetzung peinlich war. Das war jedoch weit gefehlt, denn irgendwann begriff ich, dass viele chinesische Witze gar nicht besonders witzig sind, jedenfalls nicht, wenn man sie auf Deutsch hört. Da ist zum Beispiel die Sache mit dem Kreisvorsteher, dessen Bezirk bekannt ist für seine Pantoffelhelden. Eines Tages ruft er alle verheirateten Männer zusammen und fragt, wer von ihnen keine Angst vor seiner Frau habe. Sofort teilt sich die Menge in zwei Lager. Auf der Seite der Furchtlosen steht aber nur ein einzelnes Männchen. «Endlich jemand, der keine Angst hat», frohlockt der Kreischef und fordert das Männchen auf, von seinen Erfahrungen zu berichten. Der meint jedoch nur kleinlaut: «Meine Alte hat mir verboten, mich den anderen Männern anzuschließen.» Enttäuscht kehrt der Kreischef heim. An der Haustür erwartet ihn seine Frau mit einem Besen in der Hand. «Wieso kommst du erst jetzt nach Hause?», schreit sie. «Was hast du wieder angestellt?» Und schon schlägt sie auf ihn ein. Der Mann flüchtet ins Haus, die Frau hinterher. Mit knapper Not verkriecht er sich unter seinem Bett, und sie bleibt mit erhobenem Besen davor stehen: «Komm da raus!», kreischt sie. «Nein!», ruft der Mann. «Du sollst da rauskommen!», brüllt sie noch einmal. Doch der Mann gibt Kontra: «Ich bin ein Mann! Und wenn ich sage, ich bleibe unterm Bett, dann bleibe ich!»

Was ist daran witzig? Yuqian und seine Freunde konnten sich über derlei Witze kugeln vor Lachen.

Merkwürdig und ziemlich gewöhnungsbedürftig bei den gemeinsamen Mahlzeiten war das laute Schlürfen. Die Freunde behaupteten, dass Suppen und Nudeln nur schmecken, wenn man sie schlürft. Spaghetti werden nicht etwa mit der Gabel aufgewickelt, sondern man steckt sich mit den Stäbchen einige in den Mund und zieht den Rest nach. Der Perückenhändler Li behauptete, der Mund einer wunderschönen Chinesin müsse so klein sein, dass nur eine einzige Nudel hineinpasst und beim Schlürfen die Sauce an den Lippen hängen bleibt. Ernst war das wohl nicht gemeint, vielmehr handelte es sich wohl wieder um so einen chinesischen Witz.

Geschlürft wird auch der Tee, aber das ist auch notwendig, weil er viel zu heiß getrunken wird. Durch Yuqian lernte ich die wunderbarsten Teesorten kennen, den Jasmintee, den grünen Drachenbrunnentee und sein Lieblingsgetränk, den herb duftenden Wulongtee. Tee wird immer pur getrunken, ohne den Zusatz von Zucker oder Zitrone. Er muss in der Kanne oder im Glas schwimmen, damit er sein Aroma entfalten kann, und darf nicht in ein Teeei oder Netz gezwängt werden. Es sei denn, man bereitet den starken Gongfutee aus Südchina zu. Dann füllt man nämlich mehr als die Hälfte eines kleinen braunen Teekännchens voller Blätter und trinkt mehrere Aufgüsse davon – der absolute Wachhalter.

Ich fand es unglaublich, wie viel Interessantes ich in so kurzer Zeit über eine fremde Kultur gelernt hatte. So erfüllt war ich von den vielen neuen Eindrücken, dass ich mit Freunden und Kollegen über nichts anderes sprechen wollte. Doch die schüttelten nur ratlos den Kopf. Niemand verstand, warum ich mich ausgerechnet in diesen Mann verliebt hatte. «Sei vernünftig! Das kann doch gar nichts werden mit euch. Er kommt aus einem fremden Kulturkreis. Der denkt und fühlt doch ganz anders als wir.»

Das hätte ich vor meiner Bekanntschaft mit Yuqian vielleicht auch gedacht. Doch inzwischen schien mir, dass sich Chinesen und Deutsche in ihrem Wesen weit weniger unterscheiden, als es die große Entfernung der beiden Länder vermuten lässt. Wie albern das Klischee vom undurchschaubar lächelnden Asiaten doch ist! Auf Yuqian und seine Freunde traf es jedenfalls nicht zu, und dass sie unter den vielen Millionen Chinesen eine Ausnahme bilden sollten, konnte ich mir auch nicht vorstellen. Ich fand sogar, dass die Deutschen im Vergleich zu den spontanen Chinesen ziemlich emotionslos sind. Wenn Yuqian sich freut, dann lacht er laut und herzlich heraus. Ist er wütend, verfärbt sich sein Gesicht krebsrot, die Augen sprühen Feuer und er schimpft wie ein Rohrspatz. Yuqian empfindet die meisten Deutschen als kühl und distanziert. Am schlimmsten sei es in den Zügen. Da könne man richtig Angst vor den vielen schweigenden Mitreisenden bekommen.

«Stundenlang sitzt du mit irgendwelchen Menschen in einem Abteil und keiner sagt etwas. Das ist richtig unheimlich. In China kommt man sofort ins Gespräch. Jeder möchte wissen, mit wem er es zu tun hat.»

Yuqian

Meine Eltern schlugen fassungslos die Hände über dem Kopf zusammen, als sie von meiner Eroberung hörten. Ein Ausländer und dann noch aus dem fernen Asien! Und nicht etwa aus Hongkong oder Taiwan, sondern aus «Rotchina»! Wahrscheinlich war er Kommunist. Waren nicht alle Chinesen Kommunisten? Meine Eltern hassten die Kommunisten. Der Krieg hatte ihnen die schlesische Heimat genommen. Jahre später trennte sie der Eiserne Vorhang von dem Rest der im Osten lebenden Familie, und daran waren die Kommunisten schuld. Und überhaupt: «Wieso kommt dieser Mensch nach Deutschland?»

«Zum Studium», sagte ich.

«Aus was für einer Familie stammt er?»

«Aus einer alten Pekinger Beamtenfamilie. Sein Vater ist Professor, seine Mutter Lehrerin.»

«Ist er verheiratet? Mit über dreißig wäre das ja nichts Ungewöhnliches.»

«Ich hänge mich doch an keinen verheirateten Mann.»

«Was weißt du überhaupt über ihn?»

«Alles.»

Auf ihre vielen Fragen gab ich nur spärlich Antwort. Ich hütete mich, ihnen die Wahrheit zu sagen, wohl wissend, dass diese zu noch größerem Protest geführt hätte. Für mich stand fest: Niemand in meiner Familie sollte etwas über seine komplizierte Vergangenheit und die ungewisse Zukunft erfahren. Ich musste allein damit fertig werden.

Yuqian sprach nur ungern über sein Leben in China und das Unrecht, das ihm dort widerfahren war. Er meinte immer, es sei besser zu vergessen, als an alten Wunden zu rühren. Aber kann man politische Unterdrückung, Verfolgung und Flucht vergessen? Ich bemerkte, dass er häufig unter entsetzlichen Kopfschmerzen und schweren Schlafstörungen litt, gelegentlich bekam er Herzrhythmusstörungen, und ein Magengeschwür plagte ihn auch. Wenn ich ihn darauf ansprach, lachte er nur und sagte beschwichtigend: «Nicht der Rede wert! Das sind nur Überbleibsel aus den politischen Kampagnen.» Einen regelrechten Schock bekam ich, als er während einer der ersten Nächte, die ich mit ihm verbrachte, schreiend aus einem Albtraum erwachte. Noch völlig verwirrt erzählte er, man hätte ihn schon wieder der Konterrevolution bezichtigt. Er sei beschimpft und geschlagen worden. Es dauerte lange, bis er sich beruhigte und die Bilder, die ihn ängstigten, verblassten. Nach und nach gewöhnte ich mich an solche nächtlichen Störungen, die mit jedem neuen Tagesanbruch vergessen schienen, denn dann war er wieder der optimistische, fröhliche Mann, wie ihn alle kannten. Dennoch fürchtete ich diese Schatten der Vergangenheit, die bei ihm tiefe Verzweiflung und fürchterliches Heimweh hervorriefen. Langsam begann er dann doch zu erzählen. Vieles von dem, was ich erfuhr, klang fremd und unfassbar. Manchmal brauchte ich Tage, um die Information zu verdauen. Manches hätte ich am liebsten gleich wieder vergessen. Aus was für einem Land kam er eigentlich? Das konnte doch nicht jenes «neue China» sein, für das alle Welt schwärmte, weil man dort den interessanten Versuch unternommen hatte, eine bessere Gesellschaft aufzubauen! Er erzählte von jahrelanger Unterdrückung durch die Kommunistische Partei, von der Willkür kaltblütiger Funktionäre und von Denunziantentum unter Freunden und Verwandten.

Yuqian hatte seine Kindheit und Jugend im westlich geprägten Shanghai verlebt, in jenen Tagen wohl die westlichste und aufregendste Metropole Asiens. Die Eltern bekannten sich zum Christentum, weshalb ihre drei Kinder in diesem Sinne erzogen wurden. Yuqian besuchte eine französische Jesuitenschule und später ein amerikanisch geprägtes Gymnasium. In seiner Freizeit sang er im Schüler- und Studentenchor einer christlichen Kirchengemeinde, sah amerikanische Filme und tanzte auf Partys westliche Standardtänze. Nach der Revolution von 1949 und dem Machtantritt der Kommunisten wollte er an der Pekinger Fremdsprachenhochschule Englisch studieren, wurde aber zum Russischstudium vergattert. Kaum hatte er das Studium begonnen, ging es seiner westlich beeinflussten Denkweise an den Kragen. In endlosen Umerziehungskampagnen versuchte die Partei, die Studenten auf Linie zu bringen und sie zu gefügigen Instrumenten zu machen. Nach dem Studium wurden die Studenten auf verschiedene Arbeitseinheiten verteilt. Yuqian interessierte sich für den diplomatischen Dienst, stattdessen landete er im Finanzministerium, wo er für russische Wirtschaftsexperten dolmetschen musste. Mit seinem sprühenden Temperament war er für die emotionalen Russen ein echter Lichtblick. Sie arbeiteten gern mit ihm zusammen. Zwei Vorgesetzte neideten ihm den Erfolg und empörten sich über seine unkomplizierte Art, die ihrer Meinung nach typisch sei für den dekadenten Shanghaier Lebensstil.

Im Jahr 1957 rief Mao Zedong zur Kritik an der Partei auf, angeblich um Korruption, Verschwendung und Bürokratismus aufzudecken. In Wirklichkeit wollte er unliebsame Gegner ausfindig machen. Als es schließlich vor Kritik nur so hagelte und die Unzufriedenheit mit dem kommunistischen System immer deutlicher wurde, rief Mao zu einer Gegenkampagne auf, die alle Kritiker zu Rechtsabweichlern erklärte. Davon betroffen waren vor allem Akademiker. In jeder Einheit und Organisation musste ein bestimmter Prozentsatz an Abweichlern gefunden werden. Die Partei hatte das so vorgegeben. Wenn man nicht genügend Personen fand, wurden Einzelne kurzerhand zu Rechtsabweichlern erklärt, nur um die Quote zu erfüllen. Mehr als fünfhunderttausend Intellektuelle fielen dieser so genannten Anti-Rechts-Kampagne zum Opfer. Sie wurden verfolgt, degradiert, mit Berufsverbot belegt und zur Umerziehung in Arbeitslager oder in die Verbannung geschickt. Mancher renommierte Akademiker verbrachte auf diese Weise zwanzig Jahre bei elender Knochenarbeit. Auch in Yuqians Abteilung suchte man nach Rechtsabweichlern. Als die Quote nicht erreicht wurde, erklärten die dafür zuständigen Parteimitglieder, eben jene beiden Vorgesetzten, Yuqian zum Konterrevolutionär. Bald darauf wurde er in die entlegene Provinz Qinghai, das gefürchtete «chinesische Sibirien», verbannt, wo er unter härtesten Bedingungen arbeiten musste.

Keine zwei Jahre zuvor hatte er Meizhen geheiratet, eine junge hübsche Frau, die wie er in Shanghai aufgewachsen war und in Peking Russisch studiert hatte. Sie arbeitete als Dozentin am Pekinger Fremdspracheninstitut. Ihren gemeinsamen Sohn Xin gaben sie wegen ihrer ungewissen Zukunft in die Obhut von Meizhens Mutter in Shanghai. Das war nichts Ungewöhnliches. Viele Kinder in China wuchsen bei ihren Großeltern auf, weil ihre Eltern beruflich überfordert waren. Als Yuqian nun in die Verbannung geschickt wurde, blieb Meizhen in Peking. Doch später wurde auch sie Opfer der Quote und als Rechtsabweichlerin an eine Provinzuniversität strafversetzt. So lebten die drei jahrelang an drei verschiedenen Orten.

Yuqian geriet im fernen Qinghai infolge der katastrophalen Versorgungslage und der Willkür einiger skrupelloser Funktionäre mehrmals in Lebensgefahr. Nach vier Jahren kehrte er mit Hilfe seines einflussreichen Vaters nach Peking zurück. Von nun an arbeitete er im Friedenskomitee, einer Organisation, die unter anderem die Besuchsprogramme ausländischer Staatsgäste organisierte. Dabei kam er mit interessanten Ausländern und den höchsten politischen Führern Chinas zusammen.

Xin, sein Sohn, war inzwischen sechs Jahre alt, ein lebhafter Junge, dem seine Großmutter nicht mehr gewachsen war. Deshalb holte Yuqian ihn zu sich nach Peking, ebenso seine eigene Mutter, die fortan das Kind betreuen sollte. Für Meizhen hatte es sich unterdessen gerächt, dass sie Yuqian nicht in die Verbannung gefolgt war, denn nun durfte sie auch nicht mit ihm nach Peking zurückkehren. Die allmächtige Partei entschied, wo man zu leben und zu arbeiten hatte, und in ihrem Fall hieß es, dass sie an jener Provinzuniversität unabkömmlich sei. Nur ein-, zweimal im Jahr konnte sie nach Peking kommen und Mann und Sohn besuchen, doch wenn sie kam, gab es immer Streit. Ihr missfiel die Anwesenheit von Yuqians Mutter. Diese musste dann bei ihrer Tochter Minqian unterkommen, obwohl deren Familie zu fünft in zwei kleinen Zimmern wohnte. Meizhens Verhalten kränkte Yuqian. Er fand sie undankbar gegenüber seiner Mutter, denn wenn die sich sonst nicht um den Sohn kümmerte, wer dann? Nach zehn Jahren getrennten Lebens hatten sich die beiden einander weitgehend entfremdet. Yuqian sprach von Scheidung, Meizhen war einverstanden, stellte aber eine Bedingung: Er sollte zuerst ihre Versetzung nach Peking zustande bringen.

1966 entfachte Mao die Kulturrevolution, die in ihren Ausmaßen die vielen anderen vorangegangenen politischen Kampagnen an Schrecken in den Schatten stellte. Mao forderte die permanente Revolution. Alle Kader, die angeblich einer bürgerlichen Ideologie folgten und den kapitalistischen Weg gingen, sollten bekämpft werden. Wieder ging es eigentlich nur um die Ausschaltung unliebsamer Gegner. China versank im politischen Terror. In dieser Situation eskalierte Yuqians Streit mit Meizhen. Er forderte endgültig die Scheidung. Meizhen vermutete hinter seiner Entschlossenheit eine Geliebte und denunzierte ihn bei seinen Vorgesetzten. Daraufhin geriet Yuqian ins Zentrum eines politischen Linienkampfes innerhalb seiner Organisation. Eheprobleme waren ein dankbares Thema: Man konnte dem Betreffenden moralisches Versagen vorwerfen und dies politisch begründen. Zwar lag Meizhen mit ihrer Vermutung falsch, doch das interessierte in jener politisch aufgeheizten Zeit niemand. Ähnlich wie zehn Jahre zuvor drohten Yuqian erneut Degradierung und Verbannung. Kein zweites Mal würde er das durchhalten. Da fasste er spontan den Entschluss, mit einem japanischen Pass, der sich in seiner dienstlichen Obhut befand, zu fliehen. Sein Plan war äußerst riskant und eigentlich zum Scheitern verurteilt. Doch als hätten höhere Kräfte ihre schützende Hand über ihn gehalten, gelang ihm die Flucht. Er landete mit einer pakistanischen Maschine in Kairo, wo ihn die ägyptischen Behörden als politischen Flüchtling in ein Zuchthaus sperrten zu Mördern, Drogenhändlern, Dieben und unliebsamen Oppositionellen. Yuqians Fall wurde zu einer internationalen Affäre. China verlangte seine Auslieferung, Ägypten verweigerte dies auf Druck von Russland. Die USA wollten ihn haben, doch Yuqian bat um Ausreise in ein Land, das nicht mit China verfeindet war. Er fürchtete, in den USA von der CIA als Informant angeheuert zu werden. Bemühungen in dieser Richtung hatte es schon gegeben. Deshalb wehrte er entschieden ab: «Ich habe mit der chinesischen Regierung gebrochen, nicht mit dem Land. China ist meine Heimat. Dort leben meine Verwandten und Freunde. Wie könnte ich unser Land jemals verraten!» Erst nach einem Jahr holte ihn das Internationale Flüchtlingskommissariat der UNO aus dem Gefängnis und brachte ihn nach Westdeutschland, allerdings mit dem Hinweis, dass die Bundesrepublik nur eine Zwischenstation sei. Man wolle ihm ein Einwanderungsvisum vorzugsweise für Kanada oder die USA besorgen. Yuqian fand Kanada attraktiv, weil er sich dort aufgrund seiner guten Englischkenntnisse bessere Startmöglichkeiten versprach als in Schweden oder in der Schweiz, wohin er auch gern gegangen wäre.

Die Reaktion meiner Eltern

Eigentlich gab es in Yuqians verworrenem Leben keinen Platz für mich. Und doch spürte ich schon nach einigen Wochen, dass er genau der Mann war, an dessen Seite ich leben wollte. Manchmal kam er mir wie ein vertrauter Freund vor, den ich nach langem Suchen wiedergefunden hatte. In seiner Nähe fühlte ich mich wohl. Er war ein zärtlicher Geliebter, ein wunderbarer Kumpel und ein inspirierendes Vorbild. Es gab plötzlich so vieles, was ich anpacken und verändern wollte.

Natürlich war mir klar, dass Yuqian alles andere war als der Mann, den sich meine Eltern für mich erträumt hatten: ein Ausländer, ein Chinese, und dann noch ein Flüchtling mit ungewisser Zukunft, zudem nicht Anfang, sondern, wie er mir gestand, Ende dreißig, also fast zwanzig Jahre älter als ich.

Meine Eltern verfolgten mit zunehmendem Unmut die häufigen Verabredungen mit Yuqian. Plötzlich befürchteten sie eine gewisse schicksalhafte Vorbestimmung: Mein Vater soll einen Schock bekommen haben, als ich ihm nach meiner Geburt in die Hände gelegt wurde. «Das ist ja eine Chinesin!», rief er entsetzt. Meine Haut hatte sich aufgrund einer Hepatitis gelblich verfärbt, und da ich wohl auch noch die Augen zusammenkniff, sah ich genauso aus, wie er sich ein chinesisches Baby vorstellte. Erst nach zwei Wochen nahm ich seiner Meinung nach europäische Züge an. Wir hatten über diese Geschichte immer herzlich gelacht, doch nun sahen sie alle in einem ganz anderen Licht.

Weihnachten rückte heran, eine geeignete Gelegenheit, wie meine Schwester meinte, Yuqian nach Hause einzuladen. Sie hatte ihn bereits kennen gelernt und für gut befunden. Nun sollten ihn auch unsere Eltern treffen, meinte sie. Mit gemischten Gefühlen willigte ich ein. Yuqian sagte sofort zu, er ahnte nichts von den Vorbehalten meiner Eltern. So kam er – mit einem großen Blumenstrauß für meine Mutter und einer Schallplatte für mich: das fünfte Klavierkonzert von Beethoven.

«Sie kommen aus Rotchina?», fragte ihn mein Vater interessiert.

«Nein», erwiderte Yuqian. «Aus China.»

Mein Vater verstand nicht recht. «Ist das nicht dasselbe?»

«Rotchina ist ein Begriff, den die Amerikaner benutzen, um uns als Kommunisten abzustempeln», erklärte Yuqian.

«Die Amerikaner machen sowieso, was sie wollen», murrte meine Schwester und erntete den strafenden Blick meiner Mutter.

Wenig später präsentierte mein Vater voller Stolz seine ansehnliche Schallplattensammlung, denn ich hatte ihm erzählt, dass Yuqian sich in klassischer Musik gut auskannte. Das nahm mein Vater für sich ebenfalls in Anspruch. Er ging zum Plattenspieler, und kurz darauf erklang Musik. Von wem und was das sei, wollte er wissen. Von Tschaikowski natürlich, antwortete Yuqian prompt, und es sei Schwanensee.

«Aber wissen Sie auch, welche Ballettszene sich hinter dieser Musik verbirgt?», fragte nun seinerseits Yuqian meine verblüfften Eltern. Sie wussten es nicht. Daraufhin begann er, den gesamten Ablauf des Balletts zu kommentieren. Er kannte jede Szene. Wo er Schwanensee gesehen habe? In Peking, und nicht nur einmal. Das Moskauer Bolschoi-Ballett habe dort mehrmals gastiert, sogar mit der berühmten Primaballerina Ulanowa. Meine Eltern staunten nicht schlecht.

Yuqian gefiel es in meiner Familie, vor allem fand er es sympathisch, dass meine Großmutter bei uns lebte. Drei Generationen unter einem Dach, das sei ja wie in China. Dort würden die Alten nicht in Altersheime abgeschoben, wie er es in Deutschland beobachtet hatte, sondern lebten bei ihren Kindern.

Als sich Yuqian zu später Stunde verabschiedete, wusste ich, dass er die Sympathien aller Familienmitglieder gewonnen hatte. Vor allem meine kleine runde Großmutter war begeistert. Zum Abschied umarmte sie ihn sogar, und kaum war er aus dem Haus, verkündete sie feierlich: «Ich hätte nichts dagegen, wenn Petra ihn zum Mann nimmt.»

Mein Vater erstarrte, meine Mutter schwankte, und ich – ich wäre meiner Großmutter am liebsten um den Hals gefallen. Wie gut sie mich doch verstand! Doch stattdessen protestierte ich energisch: «Aber Omi! Wer denkt denn an so etwas.»

Meine Großmutter sah mich zweifelnd an: «Ich meine es ernst. So ein feiner Mann! Den muss man doch lieb haben.»

Meine Mutter meinte schließlich nachdenklich: «Zu schade, dass er ein Chinese ist.»

«Was hast du gegen Chinesen?», rief ich empört.

«Gar nichts, aber wenn du ihn heiratest und er irgendwann einmal nach China zurückkehren will, was machst du dann? Gehst du mit zu diesen Kommunisten?»

«Kann man denn nicht einmal einen chinesischen Freund mit nach Hause bringen? Wieso denkt ihr gleich an eine ernste Beziehung.» Beleidigt ging ich ins Bett.

Die Lage spitzt sich zu

Nur kurze Zeit später bekam Yuqian an der Universität eine Stelle als wissenschaftliche Hilfskraft. Von dem kargen Honorar konnte er leben und brauchte keine Aushilfsarbeiten mehr anzunehmen, die nur viel Zeit kosteten, aber wenig Geld einbrachten. Von nun an unterrichtete er deutsche Studenten in chinesischer Sprache und Literatur, eine Arbeit, die ihm Freude und Anerkennung brachte. Die Studenten waren begeistert, und sein Vorgesetzter meinte, er sei der geborene Lehrer und solle eine akademische Laufbahn einschlagen. Davon hatte Yuqian schon in China geträumt.

Trotz dieser erfreulichen Entwicklung blieb sein Fall problematisch. Die Kanadier ließen sich Zeit mit einer Reaktion auf seinen Einwanderungsantrag, die Deutschen verlängerten sein Visum immer nur um weitere drei Monate. Seine Zukunft blieb ungewiss. Die Vertreter des UNO-Flüchtlingskommissariats sagten, er könne nicht langfristig in Deutschland bleiben. Dem widersprachen Mitarbeiter der Universität. Zumindest könne ihn niemand zwingen, sein Studium abzubrechen.

Als wäre die Situation nicht schon kompliziert genug gewesen, schien Yuqian zu meinem Leidwesen an einer festen Beziehung überhaupt nicht interessiert zu sein. Beklagte ich mich, versuchte er mir zu erklären, dass ihm in seiner Situation gar keine andere Wahl blieb: «Ich weiß doch gar nicht, wie es mit mir weitergeht. Vielleicht schickt man mich schon morgen nach Kanada oder sonst wohin. Oder ich kehre nach China zurück, wenn sich dort eine politische Wende vollzieht. Alles in meinem Leben ist ungewiss. Wie kann ich mich da binden? Nicht in dieser Situation. Verstehst du das nicht?»

Nein. Solche Argumente stießen bei mir auf taube Ohren. Ich hatte mich längst entschieden. Ganz gleich ob in Deutschland, Kanada oder China: Ich wollte mit ihm zusammenbleiben, auch wenn mir klar war, dass ein Leben an seiner Seite nicht so verlaufen würde, wie ich mir früher meine Zukunft mit einem Mann vorgestellt hatte. Yuqian passte nicht in die Welt, aus der ich kam, eine Welt, die mir nun selbst zu eng erschien. Er passte auch nicht zu meinen Freunden, die ganz andere Themen und Interessen hatten und deren Leben in vorgezeichneten, viel ruhigeren Bahnen verlief. Yuqians Leben war geprägt von Unsicherheit und einer enormen Intensität. Jede Minute, jede Stunde zählte für ihn, und er wollte sie bewusst nutzen. Für mich war dieses Gefühl ganz neu.

Die nächsten Wochen erhöhten meine Eltern ihren Druck. «Wir haben nichts persönlich gegen Yuqian», stellten sie klar. «Er ist ein netter Mann. Aber er passt nicht zu dir. Du solltest an deine Zukunft denken und dich von ihm trennen.»

Manchmal war es nicht zum Aushalten: auf der einen Seite die Eltern, die ihn nicht akzeptierten und für die jede neue Verabredung mit ihm eine zu viel war, auf der anderen Seite Yuqian, der mich nicht in sein Leben einplanen wollte. Warum lassen wir den Dingen nicht ihren freien Lauf?, fragte ich mich. Manchmal regeln sie sich doch von selbst. Soll die Zeit entscheiden, was aus uns wird!

Dann, an einem grauen Februarmorgen, begann ich ein neues Leben. Mein einundzwanzigster Geburtstag: volljährig! Nun konnte ich selbst entscheiden, wie es mit meinem Leben weitergehen sollte. Ich packte meinen Koffer und ließ mich von einem Freund abholen. Alles war bestens geplant. Ich hatte mir in Hamburg ein Zimmer gesucht. Meine Eltern fielen aus allen Wolken. Auch Yuqian ahnte nichts von meinem Coup. Als ich ihn nachmittags anrief und ihm stolz meine neue Adresse durchgab, war er entsetzt: «Ich möchte nicht, dass du dich meinetwegen von deinen Eltern trennst.

Das könnte ich nicht ertragen. Was würde ich drum geben, mit meiner Familie zusammenzukommen, und du hast sie an deiner Seite und wendest dich von ihr ab.»

«Aber sie akzeptieren dich nicht.»

«Dann lass ihnen Zeit!»

«Ich bin volljährig. Ich kann jetzt machen, was ich will. Und wenn ich sage, ich ziehe aus, dann mache ich das auch. Das nennt man Abnabelung und nicht Trennung.»

Ich konnte es nicht fassen. War es denn so schwer zu verstehen, dass ich endlich selbstständig sein wollte?

Er kam sofort vorbei, redete mit mir eine Stunde, zwei Stunden, drei Stunden. Ich hatte ihn noch nie so erlebt. Die Trennung von meinen Eltern löste bei ihm eine wahre Krise aus. Längst ging es nicht mehr um mich, sondern nur noch um ihn, um die Trennung von seinem Sohn, von seiner Mutter und den Geschwistern. Nie wieder werde ich das Wort «Trennung» in den Mund nehmen, schwor ich mir. Vor genau zwei Jahren habe er China verlassen und bis heute wisse er nicht, was aus seinen Verwandten geworden sei. Haben sie unter seiner Flucht leiden müssen? Hat man ihnen etwas angetan? Briefe an die Familie blieben unbeantwortet. Telefonieren ging auch nicht, es gab keine privaten Telefonanschlüsse. Die Unsicherheit mache ihn verrückt. Manchmal überlege er sogar, nach China zurückzukehren, nur um endlich Klarheit zu bekommen, obwohl er dann wahrscheinlich sofort verhaftet werden würde.

Mehr um ihn zu beruhigen als aus Überzeugung ließ ich mich breitschlagen. Er schnappte sich meinen Koffer und fuhr mich zu meinen Eltern zurück. Diese standen noch ganz unter dem Schock meines Auszugs, da fielen sie über meinen unverhofften Einzug erneut aus allen Wolken. Kein Wort fiel zwischen uns über das Vorgefallene. Doch von Stund an gab es keinen Druck mehr. Sie gaben sich geschlagen. Ein gutes Jahr später begann ich, neben meiner Arbeit das Abendgymnasium zu besuchen. Um alles zeitlich unter einen Hut bringen zu können, musste ich nach Hamburg ziehen. Diesmal waren es meine Eltern, die mich mit Sack und Pack in mein neu angemietetes Zimmer brachten.

Später zogen Yuqian und ich dann zusammen. Er hatte inzwischen sein Studium abgeschlossen und am Chinaseminar eine feste Lektorenstelle bekommen. Daraufhin wurde seine Aufenthaltsgenehmigung großzügig verlängert. Er konnte in Deutschland bleiben. Von einer Ausreise nach Kanada war keine Rede mehr, obwohl die Kanadier seinem Einwanderungsantrag längst zugestimmt hatten. Endlich kehrte Ruhe und Stabilität in sein Leben ein, und während er sich an eine Doktorarbeit setzte, machte ich mein Abitur. Alle Wege standen mir nun offen. Was sollte ich studieren? Ursprünglich hatte ich an Medizin gedacht, doch nun entschied ich mich für Sinologie. China stand im Mittelpunkt meines Interesses, Chinas Kultur und Geschichte. Ich wollte endlich die Sprache lernen. Mehrere Anfänge hatte ich bereits unternommen, doch mit wenig Erfolg. Chinesisch ist keine Sprache, die man so im Handumdrehen nebenbei aufschnappen kann.

Meine erste Chinareise (Herbst 1975)

Das erste Semester hatte noch nicht begonnen, da kam ein überraschender Anruf: «Hast du Lust, mit nach China zu reisen?»

«Wie bitte? Wohin?»

Für Jutta von der Gesellschaft für deutsch-chinesische Freundschaft schien die Anfrage etwas ganz Alltägliches zu sein, so, als würde sie mir eine Mitfahrgelegenheit nach Berlin anbieten.

«In einer unserer Reisegruppen ist ein Platz frei geworden. Wenn du willst, kannst du einspringen.»

Seit einiger Zeit organisierte die Freundschaftsgesellschaft Reisen nach China. Den einen oder anderen Vortrag darüber hatte ich mir schon angehört. Dennoch war ich nie auf die Idee gekommen, dass ich selbst an einer solchen Reise teilnehmen könnte. Ich soll nach China reisen? Ohne Yuqian? Ausgeschlossen.

«Wann soll es denn losgehen?», fragte ich und wunderte mich selbst über mein Interesse.

«In drei Wochen. Zunächst macht ihr eine Tour durch Nordchina, dann geht es mit der Transsibirischen Eisenbahn von Peking nach Moskau und von dort über Berlin zurück nach Hamburg.»

«Wahnsinn!»

Lust hätte ich schon, Zeit auch. Aber was wird Yuqian sagen? Wird er nicht traurig sein, wenn ich ohne ihn fahre? Fünf Jahre waren wir nun schon zusammen, fünf Jahre, in denen ich so viel über dieses Land gehört und gelesen hatte, und dennoch schien es mir immer ferner als das Ende der Welt zu sein, unerreichbar, ein Land, aus dem keine Nachrichten kamen, jedenfalls keine für Yuqian. Manchmal hatte ich das Gefühl, seine Familie existiere nur in seiner Fantasie. Trotzdem musste ich mich mit ihr auseinander setzen, musste einen Kampf gegen sie führen, denn sie war es, nach der er sich sehnte und die sein Heimweh immer wieder aufs Neue entfachte.

Yuqian war sofort einverstanden. «Diese Gelegenheit darfst du dir auf keinen Fall entgehen lassen!», rief er begeistert.

Ich war selig. Vielleicht war diese Reise sogar eine Fügung des Schicksals? Womöglich konnte ich bei dieser Gelegenheit für ihn den Kontakt zur Familie wiederherstellen?

«Ich werde natürlich deine Familie besuchen», sagte ich und war bei dieser Vorstellung ganz überwältigt vor Freude.

Yuqian schüttelte den Kopf. «Nein, das ist ausgeschlossen.»

«Wie bitte? Aber das ist doch mit ein Grund, warum ich überhaupt hinfahre.»

«Du sollst meine Heimat kennen lernen, nicht meine Verwandten. Dafür ist es zu früh.»

«Zu früh? Wieso denn das?»

«In China können Kontakte zu Ausländern gefährlich sein, jedenfalls waren sie es zu meiner Zeit. Wie kann ich es da wagen, eine Ausländerin zu meinen Verwandten zu schicken, zumal ich annehmen muss, dass sie durch meine Flucht eine Menge Probleme bekommen haben? Ich weiß nicht, was aus ihnen geworden ist, ob sie überhaupt noch alle leben. Nein, das geht wirklich nicht. Du musst das verstehen.»

Immer soll ich alles verstehen! Ich war enttäuscht und voller Zweifel. Gab es vielleicht einen anderen Grund, warum ich die Familie nicht besuchen durfte? Wollte er ihr vorenthalten, dass er eine ausländische Freundin hat?

«Lass mich Postbote spielen. Ich gehe einfach hin und liefere einen Brief von dir ab. Ich kann ja sagen, ich sei eine Studentin von dir.»

«Es geht doch nur darum, dass meine Geschwister durch den Besuch einer Ausländerin als Spione verdächtigt werden könnten.»

«Wieso als Spione? Was habe ich mit Spionage zu tun? Ich bin eine harmlose Touristin, eine Chinafreundin. Aber ich könnte ja auch abends hingehen, wenn es dunkel ist. Dann sieht mich keiner. Versteh doch bitte! Du hast mir so viel von deiner Familie erzählt. Da ist es doch klar, dass ich sie endlich kennen lernen möchte.»

«Nein, das geht wirklich nicht. Vielleicht ist meine Vorsicht übertrieben, ich weiß es nicht. Aber ich will kein Risiko eingehen. Ich darf sie nicht in Gefahr bringen.»

Mein Besuch sollte die Familie in Gefahr bringen? Ich verstand das nicht. Aber der Herr blieb stur. Noch ein paar Mal versuchte ich ihn umzustimmen, doch es blieb dabei: kein Besuch bei seiner Familie. Zu guter Letzt beschrieb er mir aber doch, wo ungefähr seine Schwester und Mutter wohnten, sodass ich mir zumindest das Viertel anschauen konnte.

Die letzten zwei Nächte vor dem Abflug bekam ich vor Aufregung kaum noch ein Auge zu. Yuqian ging es ähnlich. Auch er war voller Unruhe. Als wir am Flughafen Abschied nahmen, kam es uns vor wie eine verkehrte Welt: Yuqian blieb in Deutschland, und ich flog nach China.

Es war Spätnachmittag, als ich in Peking landete. Ich trat aus dem Flugzeug, angenehm warme Luft schlug mir entgegen, und ein atemberaubender Sonnenuntergang färbte den Himmel orangerot. Wahnsinn! Für einen Moment blieb ich stehen. Welch ein faszinierender Anblick! Das Herz schlug mir bis zum Hals. Endlich in China, wenn auch ohne Yuqian! Aber trotzdem: Ich war glücklich. Ich atmete die warme Luft ein und schaute mich um. Viel los schien nicht zu sein auf diesem Flughafen. Es waren nur einige wenige Flugzeuge zu sehen.

«Schaut doch mal!», schrie eine Frau aus meiner Reisegruppe ganz verzückt und zeigte auf einen Soldaten der Volksbefreiungsarmee, der in strammer Haltung unten an der Gangway stand, in grüner Uniform und mit einem großen roten Stern auf seiner Mütze. Er verzog keine Miene, schaute nur starr geradeaus, ähnlich wie die Leibgardisten Ihrer Majestät in London. Ein Soldat der Bundeswehr wäre vor Neid erblasst, hätte er die Begeisterung gesehen, die der Anblick dieses forschen jungen Mannes bei unseren Chinafreunden auslöste. Entzückt griffen alle zum Fotoapparat und schossen ihr erstes Chinabild. Ich fand das irgendwie peinlich. Was würden wir Deutsche denken, wenn eine Gruppe chinesischer Touristen am

Frankfurter Flughafen beim Anblick eines Grenzschützers so ausflippte? Also schoss ich kein Foto. Hinterher fand ich das jedoch schade.

Fast ehrfürchtig setzte ich meinen Fuß auf chinesischen Boden. Das also war Yuqians Heimat! Unerreichbar bisher, und plötzlich lag sie vor mir. Noch vor wenigen Wochen hätte ich es für ausgeschlossen gehalten, so bald nach China zu kommen. Und nun war ich da. Ich konnte es noch immer nicht glauben. Auf wackligen Füßen folgte ich den anderen zum Flughafengebäude. Dort wartete eine schlanke Chinesin mittleren Alters auf unsere Gruppe und begrüßte alle fünfzehn Chinafreunde per Handschlag.

«So ist das unter Freunden», triumphierte unser Reiseleiter. «Die Neckermänner werden bestimmt nicht so herzlich begrüßt.»

«Die fahren ja auch nicht nach China», meinte unsere Veteranin, eine etwa fünfzigjährige Landwirtin aus Bayern.

Die Chinesin stellte sich als Frau Cong und unsere Dolmetscherin vor. Sie beeindruckte mit hervorragendem Deutsch und resolutem Auftreten. Selbstverständlich würde sie alle Einreiseformalitäten für uns erledigen, sagte sie. Aber das dauerte. Merkwürdig: Es war doch nur ein Gruppenvisum abzustempeln, und viele Neuankömmlinge waren auch nicht zu sehen. Vielleicht lag es am Gepäck, denn das trudelte erst nach einer Ewigkeit ein. Endlich bestiegen wir einen Bus und fuhren los.

Die freundliche Dolmetscherin griff zum Mikrofon und stellte einen unrasierten dicken Herrn mit Bürstenschnitt vor, einen Vertreter des staatlichen Reisebüros, der uns nun offiziell willkommen hieß. Er sprach Chinesisch, und Frau Cong übersetzte. Wie elegant diese zierliche Frau in ihrem dunkelbraunen Hosenanzug neben diesem ungepflegten Klotz aussah, dessen Begrüßungsrede kein Ende nehmen wollte! Er informierte uns über die gewaltigen Veränderungen seit der «Befreiung» im Jahre 1949 und über die Errungenschaften der Großen Proletarischen Kulturrevolution. Niemand hörte zu. Alle schauten hinaus in die Dämmerung. Peking im September. Wie warm es noch war! Und dann dieses laute Zirpen der Zikaden. Unser Bus zuckelte eine endlose zweispurige Pappelallee entlang, der Fahrer hupte sich den Weg frei und zog vorbei an einem Strom gelassen dreinblickender Radfahrer, die im gleichmäßigen Trott ihres Weges radelten, manche mit einem Bündel Gemüse an der Lenkstange, andere mit einem Kind auf dem Gepäckträger. Auch sie wollten freie Fahrt haben und klingelten um die Wette. Wie laut die chinesischen Fahrradklingeln tönen! Ich muss mir unbedingt eine besorgen, am besten gleich zwei, für Yuqian auch eine.

Wir kamen an einstöckigen alten Häusern vorbei. Trübe Glühbirnen baumelten dort von der Decke herab, während in modernen, schmucklosen Wohnblocks Neonröhren hingen. «Warum benutzt du so gerne Kerzen?», hatte mich Yuqian manchmal gefragt. «In China sind wir heilfroh, dass wir sie endlich los sind.» Es dauerte lange, bis ich ihn von der Gemütlichkeit des Kerzenlichts überzeugen konnte. Doch bei Kerzenschein zu essen, war noch immer nicht drin. «Ich will doch sehen, was auf dem Tisch steht», hieß es dann. Am liebsten würde er über unserem Esstisch eine Neonröhre installieren. Neonlicht sei so schön, alles werde so hell und klar. Nur über meine Leiche, habe ich gesagt.

Anscheinend hatte man die Balkone der Wohnblocks zu Küchen und Abstellräumen umfunktioniert, denn auf allen stand irgendwelches Gerümpel, und hier und da sah man Leute mit Töpfen hantieren. Von Topfpflanzen oder Blumenkästen keine Spur. Zierpflanzen seien dekadent, hat Yuqian mal gesagt, so wurde es wenigstens zu Beginn der Kulturrevolution propagiert.

Unter den Straßenlaternen kauerten Menschen in Grüppchen und plauderten oder spielten chinesisches Schach. Andere bummelten gemächlich die Straßen entlang. Kinder rannten lachend umher, Jugendliche spielten Federball, schüchterne Pärchen saßen abseits unter Bäumen. Wie friedlich das wirkte! Obwohl ich alles zum ersten Mal sah, schien es mir doch vertraut. Ich fühlte mich wie in einem Traum. Als würde ich irgendwohin zurückkehren, wo ich zuvor noch nie gewesen war. Identifizierte ich mich schon so sehr mit Yuqian, dass ich mit seinen Augen sah?

Was hatte ich mir nicht alles vorgenommen: Weite Spaziergänge wollte ich machen, das Wohnviertel von Yuqians Familie erkunden, mir das Gebäude anschauen, in dem er früher gearbeitet hatte. Und nun? Mit der Genauigkeit eines Schweizer Uhrwerks spulten wir das volle Besuchsprogramm ab, jede Minute war verplant, von morgens acht bis abends neun Uhr waren wir unterwegs, hetzten von einer Sehenswürdigkeit zur nächsten. Für individuelle Erkundungen blieb keine Zeit. Doch niemand in unserer Gruppe rebellierte. Niemand setzte sich von dem offiziellen Besuchsprogramm ab und marschierte auf eigene Faust los, schließlich waren wir ja disziplinierte Chinafreunde, die einen guten Eindruck hinterlassen wollten.

Auf dem Stadtplan hatte ich längst das Viertel von Yuqians Schwester ausgemacht, es lag eine ganze Strecke von unserem Hotel entfernt, zu Fuß viel zu weit, und Taxis hatten in Peking Seltenheitswert. Es waren kaum welche zu sehen. Da kam mir ein Besuch im Pekinger Freundschaftsladen gerade recht, denn der lag nur einen Katzensprung von jener Siedlung entfernt. Doch plötzlich murrte die Gruppe. Sie wollte dort einfach nicht hin. Dabei hatte die Dolmetscherin den Laden als absolutes Muss angekündigt, denn dort gebe es das beste Angebot an Kunstgewerbe, Textilien und Souvenirs. Außerdem sei einheimischen Chinesen der Zutritt verboten, weshalb man ganz ungestört einkaufen könne. Das klang natürlich nicht gut in den Ohren wahrer Chinafreunde. War das möglich, dass einheimische Chinesen in ihrem eigenen Land bestimmte Geschäfte nicht betreten dürfen? Dasselbe hatten wir schon in unserem Hotel beobachtet. Zwei Aufpasser kontrollierten jeden Chinesen, der eintreten wollte, während Ausländer unbehelligt passieren konnten. So etwas kannte ich nur aus Yuqians Erzählungen über das koloniale Shanghai, als dort die Engländer und Franzosen das Sagen hatten. Jetzt sollte das unter den Kommunisten genauso sein? Merkwürdig.

«Wir wollen mit der Bevölkerung zusammenkommen», maulten die Chinafreunde. «Können wir nicht in ein normales Kaufhaus gehen?»

«Da kommen wir auch noch hin», beruhigte die Dolmetscherin. Also ging es doch in den Freundschaftsladen. Ich war erleichtert, und während die anderen zum Einkaufen gingen, schlich ich mich davon.

Yuqians Schwester Minqian wohnte in einer Siedlung der Akademie der Wissenschaften, an der ihr Mann als Forscher tätig war. In China gehörte jeder Mensch irgendeiner Einheit an. Das konnte eine Brigade sein, eine Fabrik, ein Krankenhaus, ein Institut oder sonst etwas. Die Einheit kümmerte sich um alle Belange ihrer Mitarbeiter, um die privaten ebenso wie um die arbeitstechnischen. Wenn man heiraten wollte, musste die Einheit zustimmen, wollte man sich scheiden lassen, auch, und wünschte man die Arbeit zu wechseln, dann erst recht. Auch eine Wohnung, einen Kindergartenplatz oder Bezugsscheine für bestimmte Nahrungsmittel und Materialien bekam man über die Einheit. Sie bildete das soziale Netz und ersetzte in gewisser Weise die Großfamilie. Yuqian sagt, die Einheit sei der verlängerte Arm der Partei. Nichts entgeht ihr, alles steht unter ihrer Kontrolle.

Die Wohnsiedlung der Schwester bestand aus mehreren großen Höfen, die durch eine hohe Mauer von der Straße abgeschirmt wurden. In regelmäßigen Abständen führten breite Tore in die insgesamt zwölf Höfe, die sich von Norden nach Süden aneinander reihten. Die Schwester wohnte im zehnten Hof. Ich durchstreifte die ersten drei, sie waren staubig und ungepflastert, genau wie die Straße, die als blanke Lehmpiste außen an der Mauer entlang führte. Ein Hof sah aus wie der andere, in der Mitte jeweils eine verwahrloste Grünanlage, auf den vier Seiten fünfstöckige eintönige Wohnblocks. Und doch kam mir die Atmosphäre nach längerer Betrachtung richtig idyllisch vor. Das mag an den alten Frauen gelegen haben, die auf niedrigen Bambushockern in der milden Nachmittagssonne saßen und strickten, Gemüse putzten oder miteinander schwatzten. Hier und da stand eine Großmutter mit einem Kind auf dem Arm und schaute den anderen zu. Im Stillen hoffte ich, ich würde auf wundersame Weise Yuqians Mutter begegnen. Ich musste es mir nur stark wünschen, dann würde es sicher geschehen. Jahrelang hatte ich ein kleines Passfoto von ihr auf Yuqians Schreibtisch stehen sehen. Also würde ich sie bestimmt erkennen. Mit klopfendem Herzen ging ich weiter.

Endlich erreichte ich den zehnten Hof: Hier also lebte ein Teil von Yuqians Familie, seine Schwester mit Mann und drei Kindern und seine Mutter. Ein kleines Grüppchen von Kindern folgte mir seit dem zweiten Hof. «Ausländer!», schrien sie hinter mir her und wollten sich halb totlachen. Die Erwachsenen hielten inne und schauten mich interessiert an. Wie freundlich ihre Gesichter waren! Ich konnte es nicht glauben, dass mein Besuch Yuqians Familie in Gefahr bringen sollte. Er war wohl schon zu lange fort und konnte die Situation nicht richtig einschätzen, vermutete ich. Angestrengt hielt ich Ausschau nach der Mutter, doch niemand glich ihr. Zu schade, dass ich ihre genaue Adresse nicht kenne, dachte ich ärgerlich. Oder sollte ich einfach mal nach ihr fragen? Den Namen kannte ich ja. Darf ich das? Gegen Yuqians Willen? Nein, ich wagte es nicht. Ich kehrte um und schlenderte zurück. Wie schön dieses Viertel war! Hier war Yuqian einmal die Woche zu seiner Schwester gefahren, hier liefen seine Verwandten auch heute noch herum, vielleicht sogar sein Sohn, wer weiß. Zufrieden kehrte ich zum Bus zurück.

Drei Wochen lang reiste ich mit der Gruppe auf vorgeschriebener Route durch das Land. Mir kam es vor wie eine Ewigkeit. Die Begleiter zeigten uns alles, was wir sehen sollten. Wir gingen in Schulen und Kindergärten, besuchten Bauernfamilien auf dem Lande und Einwohnerkomitees in den Städten, wir besichtigten mit fachmännischem Auge landwirtschaftliche Produktionsbrigaden und Volkskommunen, wanderten durch Textil-, Porzellan- und Maschinenfabriken, sahen uns Industrieausstellungen an und den Kohletagebau in der Mandschurei – ähnliche Stätten hatte ich in Deutschland nie gesehen. Wir ließen ermüdende Einführungen über uns ergehen. Um nicht einzuschlafen, notierte ich mir die vielen Informationen. Auch was es über den erfolgreichen Aufbau des Sozialismus unter der Herrschaft des Proletariats zu berichten gab, schrieb ich in groben Zügen mit. Vieles klang widersprüchlich und unlogisch, aber ich verstand sowieso nichts davon. Mir schwirrte der Kopf. Das war mir alles zu abstrakt. Mit der «Befreiung» von 1949 konnte ich noch etwas anfangen. Damals setzte die Revolution der bäuerlichen Massenverelendung ein Ende, gebot dem Einfluss ausländischer Mächte Einhalt und machte China zu einem unabhängigen Land. Aber die Kulturrevolution? Mit Kultur hatte die nicht viel zu tun. Vor allem die Idee vom revolutionären «neuen Menschen», der selbstlos für ein «neues China» kämpft und sich der Gemeinschaft kompromisslos unterordnet: Da kam ich nicht mehr mit. Dachten die Leute denn nie an ihr eigenes Leben? Sich immer nur für das Land abzurackern, sechs Tage die Woche, ohne Urlaub, das war nichts für mich. Aber wahrscheinlich machte mir mein europäischer Individualismus diese Selbstlosigkeit so unverständlich. Die Leute hier waren anders. Oder nicht? War das vielleicht alles nur Propaganda? Denn wenn es hier wirklich so toll wäre, warum ist Yuqian dann geflüchtet? Merkwürdigerweise kamen mir immer nur dann Zweifel, wenn mir die langweiligen Reden der Offiziellen auf die Nerven gingen. Sobald sie ihren Mund hielten und ich in die freundlichen, neugierigen Gesichter der Menschen auf den Straßen schaute, wenn ich durch Park- und Palastanlagen streifte und die Landschaft vom Bus und Zug aus betrachtete, spürte ich, welche Faszination China auf mich ausübte. Ja, es gefällt mir hier. Welch ein seltsames, wunderbares Land! Diese freundlichen Menschen, diese Heiterkeit selbst unter armseligsten Lebensbedingungen! Ich komme wieder. Da bin ich mir ganz sicher. Ich möchte mehr von diesem Land sehen, mehr über seine Menschen wissen.

Nach vier Wochen kehrte ich begeistert heim. Yuqian schloss mich überglücklich in seine Arme. «Hat es dir gefallen?», fragte er gespannt.

«Ja! Es war umwerfend. Wann immer du nach China zurückkehren willst, ich komme mit.»

Yuqian war gerührt, doch mit einer Rückkehr hatte er es denn doch nicht so eilig. «Solange die politische Lage unklar und brieflicher Kontakt mit meiner Familie unmöglich ist, bleiben wir lieber hier.»

Der helle Wahnsinn: Ich lerne Chinesisch

Wie häufig hatte ich Yuqian mit seinen Freunden Chinesisch sprechen hören! Der melodische Singsang war mir längst vertraut, und deshalb glaubte ich auch, Chinesisch zu lernen, sei eine leichte Übung. Doch schon nach wenigen Tagen wurde ich eines Besseren belehrt. Das ist der helle Wahnsinn, dachte ich, als ich mit schwarzer Tusche meine ersten Schriftzeichen aufs Papier pinselte. Manche Zeichen bestehen aus vier, fünf Strichen, andere aus zehn, zwanzig und mehr. Wenn man da den einen oder anderen Strich vergisst oder an falscher Stelle platziert, ist das ganz, ganz schlecht. Aber selbst jene Zeichen, die nur aus einem einzigen Strich bestehen, sind mühsam zu Papier zu bringen, weil es schwierig ist, den richtigen Schwung herauszubekommen. Immer hatte es so leicht und elegant ausgesehen, wenn Yuqian die Schriftzeichen auf weißes Reispapier zauberte. Er schrieb die Zeichen konzentriert und in einem Fluss. Jeder Strich muss sitzen, eine Korrektur ist nicht möglich. Nur wer das von klein auf geübt hat, kann darin Meisterschaft erlangen.

Langsam wurde mir klar, welchen Vorteil Sprachen bieten, deren

Notation auf einem Alphabet basiert, sodass man Wörter zumindest aussprechen kann, auch wenn man ihre Bedeutung nicht versteht. Chinesisch ist da knallhart: Kennt man das Zeichen nicht, kann man es auch nicht aussprechen.

Jedes chinesische Zeichen steht für eine Silbe und ist oft ein ganzes Wort, zum Beispiel *shang* für «oben» oder *xia* für «unten». Wörter können auch aus mehreren Silben gebildet werden, wie *qi che*, Dampf + Wagen = Auto, oder *dian nao*, Strom + Gehirn = Computer. Die einzelnen Schriftzeichen gehen auf alte Bilder und Symbole zurück, deren ursprünglicher Sinn kaum noch erkennbar ist. Allein dreitausend Zeichen muss man beherrschen, um eine Tageszeitung lesen zu können. Ich wusste überhaupt nicht, wie ich diese Menge in meinem armen Kopf speichern sollte. Insgesamt soll es fünfundzwanzigtausend Zeichen geben, aber die kann sich wohl niemand alle merken.

In den ersten Unterrichtsstunden hatte ich manchmal das Gefühl, meine Zunge würde gleich einen Knoten schlagen. Da übten wir nämlich sonderbare Zischlaute wie ci, zi, chi, zhi, ce, ze, che, zhe, qi, qin, qing und so weiter. Früher war mir gar nicht aufgefallen, dass die Chinesen so viel zischen. Wieso tun wir es dann in den ersten Unterrichtsstunden? Will man uns abschrecken? Dann gingen wir über zu den vier Tönen, denn jede Silbe kann in verschiedenen Tonhöhen gesprochen werden, und entsprechend ändert sich ihre Bedeutung. Beim ersten Ton bleibt man auf ein und derselben Tonebene, beim zweiten Ton zieht man die Silbe nach oben, beim dritten zieht man sie von oben nach unten und wieder hoch, beim vierten fällt sie ab. So kann *tang* im ersten Ton «Suppe» heißen, im zweiten «Zucker», im dritten «liegen» und im vierten «heiß».

So manches Mal hatte ich mich über Yuqians Fehler im Deutschen gewundert. Wieso verwechselte er zuweilen «er» und «sie»? Konnte er denn nicht zwischen Mann und Frau unterscheiden? Jetzt begriff ich: Im Chinesischen heißen beide einfach *ta*. Da lässt sich nicht heraushören, um wen es geht. Nur im geschriebenen Wort wird entsprechend differenziert.

Zwei Jahre lang paukte ich modernes und klassisches Chinesisch und gewann Einblicke in Chinas Geschichte, Philosophie und Literatur. Kein anderes Land dieser Erde besitzt eine solche Kontinuität in seiner Kultur. Mit Begeisterung las ich Texte, die vor zwei oder drei Jahren oder auch vor ein oder zwei Jahrtausenden geschrieben wurden und von Liebe, Leid, Treue und Verrat erzählten. Nur langsam und mit Hilfe von Lehrern war dies möglich, und dennoch erfuhr ich so viel über das Denken und die Mentalität der Menschen dieses Landes. Eine Sprache ist wirklich das Fenster in eine fremde Kultur. Eine ganz neue Welt tat sich mir auf. Ich verstand immer mehr von den Gesprächen, die Chinesen miteinander führten, ich entdeckte plötzlich die Leidenschaft, mit der sie diskutieren können, wie großzügig sie über- und untertreiben, wie höflich und witzig sie sind und wie überaus derb sie fluchen können. Doch ich merkte auch, wie schwer es ist, eine so fremde Sprache in deutscher Umgebung zu lernen. In Yuqians Gegenwart wagte ich kaum den Mund aufzumachen, jedenfalls nicht, wenn ich Chinesisch sprechen sollte. Schließlich gehörte er inzwischen zu meinen Lehrern, und da war es mir peinlich, wenn er meine Lücken bemerkte.

«Vielleicht solltest du für ein paar Monate nach Taiwan gehen», sagte er eines Tages. Viele seiner Studenten machten das nach dem zweijährigen Grundstudium mit meist großem Erfolg. Für mich war das wohl auch nötig. Zu hoch lag die Hemmschwelle, aufs Geratewohl auf Chinesisch loszuplappern. Also arrangierte ich mit Hilfe chinesischer Freunde einen halbjährigen Studienaufenthalt in Taipei. Doch bevor ich dorthin ging, machte ich noch einen Abstecher nach China, wieder mit einer Gruppe der deutsch-chinesischen Freundschaftsgesellschaft.

Kaum in Peking angekommen, reizte es mich, mal mein Chinesisch auszuprobieren. Zwei Jahre intensiven Studiums mussten doch etwas gebracht haben. Also ging ich zum großen Kaufhaus in der Einkaufsmeile Wangfujing, wo es einen herrlichen Teestand gab, an den ich mich noch vom letzten Mal erinnerte.

Ein junger Mann stand dort am Tresen und strahlte mich an.

«Ich möchte bitte Tee kaufen», sagte ich in geschliffenem Hochchinesisch. Den Satz hatte ich mir auf dem Weg dorthin zurechtgelegt. Keine Reaktion. Hatte ich *cha* – so heißt Tee auf Chinesisch – im falschen Ton gesagt?

«Ich möchte Tee kaufen», wiederholte ich und zog dabei den Ton von *cha* nach unten.

Fehlanzeige! Der Kerl verstand mich nicht. Ich probierte es mit dem dritten Ton, dann mit dem ersten. Nun hatte ich alle Töne durch und es nützte immer noch nichts. Inzwischen hatte sich um mich herum eine Menge Schaulustiger gebildet, die interessiert meinen Sprechversuchen zuhörte und darüber diskutierte, was ich wohl meinte.

«Sie will Tee kaufen», rief ein anscheinend hellsichtiger junger Mann aus der hintersten Reihe. Kunststück: Es gab an diesem Stand nichts anderes.

«Ach so», rief der Verkäufer erleichtert. «Ich verstehe nämlich kein Englisch.»

Wieso Englisch?

«Was für Tee möchten Sie denn kaufen?», fragte er mich im Pekinger Platt.

Ich zeigte auf einen Stapel blauer Dosen mit Jasmintee. Die kannte ich aus Hamburg. Fragte sich nur, warum ich sie dann in Peking kaufen und durch halb China schleppen sollte. Aber ich hatte keinen Mut mehr, meine Teewünsche weiter zu spezifizieren.

Wie es der Zufall wollte, begleitete diese Reise im Juni 1977 derselbe unrasierte dicke Herr mit Bürstenschnitt, der schon zwei Jahre zuvor meine Gruppe betreut hatte. Doch wie sich seine Kommentare unterschieden, die er nun von sich gab! Ich traute meinen Ohren nicht. Mao Zedong war ein Jahr zuvor gestorben, und die «Viererbande», angeführt von seiner Witwe, saß im Gefängnis. Die Ideen und Errungenschaften der «Großen Proletarischen Kulturrevolution» galten nicht mehr; der «neue Mensch»: eine Farce. Nichts von dem, was unser Begleiter zwei Jahre zuvor in den höchsten Tönen gepriesen hatte, stimmte mehr. Sie seien alle Opfer gewesen, Mao Zedong sowieso, aber auch er, unser Bürstenkopf, sei von der Viererbande belogen und betrogen worden. Diese allein sei für alles Leid verantwortlich, das den Menschen in den letzten zehn Jahren widerfahren war. Er berichtete von Gefängnissen und Arbeitslagern, von verfolgten Intellektuellen und politischen Gefangenen. Aus Yuqians Erzählungen kannte ich diese Geschichten. Doch nun, sagte der Bürstenkopf, sei Schluss mit der extrem linken Politik. China sei frei und alles würde wieder in Ordnung kommen. Hoffentlich! Ich glaubte ihm kein Wort. Es schien mir sinnvoller, mich an die Realität zu halten. Und die Realität in meinem speziellen Fall ließ noch immer keinen Besuch bei Yuqians Familie zu. Erst wenn man Menschen wie Yuqian rehabilitiert, erst dann – mein lieber Herr Bürstenkopf – wird alles in Ordnung kommen, dachte ich, blieb jedoch stumm.

Hochzeit in Hongkong

Die letzte Station dieser Reise war Hongkong. Dort verließ ich die Gruppe, die nach Deutschland zurückflog, und wenig später traf Yuqian ein. Vor meinem Taiwan-Aufenthalt wollten wir noch eine Tour durch Südostasien machen. Er hatte gerade seinen Doktor gemacht und meinte, eine solche Reise sei eine angemessene Belohnung.

Hongkong heißt übersetzt: Duftender Hafen. Irgendwann befand sich dort mal ein Umschlagplatz für Dufthölzer zur Weihrauchherstellung. Heute duftet der Hafen nicht mehr so gut, dafür beeindruckt er mit einer atemberaubenden Lage, denn er wird gesäumt von zwei Stadtzentren, der Halbinsel Kowloon im Norden und der Insel Hongkong im Süden. Wer von einem Stadtzentrum ins andere gelangen will, schippert am besten mit der «Star Ferry» quer durch den Hafen, eine Seefahrt von zehn Minuten, die uns damals ein tägliches Vergnügen war. Dabei fiel uns in der Nähe des Hongkonger Anlegers ein modernes weißes Gebäude auf, vor dem häufig Gruppen fein gekleideter Menschen standen. Neugierig geworden, schauten wir nach einer Woche dort vorbei. Ein Standesamt! Wenn das nicht ein Wink des Himmels ist, dachte ich. Mein Herz schlug sofort ein paar Takte schneller.

Yuqian und ich kannten uns nun bereits sieben Jahre. Einer Heirat stand schon lange nichts mehr im Wege, nachdem Yuqian von dem chinesischen Botschafter erfahren hatte, dass sich seine Frau nach seiner Flucht hatte scheiden lassen. Trotzdem bestand für uns kein Grund zur Eile, was unsere Heirat anging. Wir lebten sowieso zusammen, alle kannten uns als ein Paar. Außerdem war es in Studentenkreisen unpopulär zu heiraten. Meine einzige verheiratete Kommilitonin ließ sich gerade scheiden. Aber meine Eltern drängten. Deshalb waren wir irgendwann doch einmal zu einem Hamburger Standesamt gegangen, um uns über die Heiratsformalitäten zu informieren. Die Auskunft war niederschmetternd. Alle Papiere, die man zum Heiraten brauchte, fehlten. Yuqian besaß noch nicht einmal eine Geburtsurkunde. «Ich bin mit dem Pass eines Japaners geflüchtet. Wie konnte ich da Papiere mitführen, die mich eindeutig als Chinese auswiesen?» Irgend so ein farbloser Beamter zuckte nur bedauernd die Achseln und erklärte, ohne die Papiere sei eine Heirat nicht möglich. Yuqian müsse die chinesischen Behörden um Hilfe bitten. Das konnte er als ehemaliger Flüchtling natürlich vergessen. Wir sollten uns dann eben an einen Notar wenden, meinte der Beamte, und mit dem beraten, wie wir an die nötigen Dokumente kämen. Das war uns zu umständlich und kostspielig. Also vertagten wir die Hochzeit auf unbestimmte Zeit.

«Hongkong ist doch eine britische Kronkolonie. Da müsste man doch nach britischem Recht heiraten können. Bei uns fahren die Leute ja auch oft ins schottische Gretna Green und lassen sich dort trauen, nur um dem bürokratischen Firlefanz zu entgehen. Was meinst du? Sollen wir nicht mal reingehen und fragen?»

Yuqian wollte nicht so recht, kam dann aber doch mit.

«Ganz richtig», bestätigte eine reizende Standesbeamtin meine Vermutung. «Hier heiraten Sie nach britischem Recht. Allerdings müssen zwischen dem Aufgebot und der Trauung drei Wochen liegen. So will es das Gesetz.»

«Dann hat es sich erledigt», meinte Yuqian erleichtert und wollte schon wieder hinaus.

«Wieso?», fragte die Beamtin interessiert.

«Weil wir schon in zwei Wochen nach Singapur fliegen. Die Flüge sind fest gebucht, außerdem läuft mein Visum ab.»

«Wirklich?»

Yuqian zog seinen Reisepass aus der Tasche und hielt ihr das Visum unter die Nase.

«Warten Sie einen Moment», sagte die Standesbeamtin und schnappte sich das Dokument. «Vielleicht können wir eine Ausnahme machen. Ich muss meinen Vorgesetzten fragen.» Und schon verschwand sie.

Ich schaute zu Yuqian: «Wie nett die Leute hier sind. Da können sich die Hamburger Standesbeamten eine dicke Scheibe von abschneiden.»

Ein paar Minuten später kehrte die Frau freudestrahlend zurück. «Wir machen eine Ausnahme. Sie können in zehn Tagen heiraten.»

Das ist ja unglaublich! So schnell und so unkompliziert? Sie legte einige Formulare auf den Tisch. Die sollten wir ausfüllen, gleich auf der Stelle. Ich musste laut loslachen. «Das gibt's doch gar nicht.» Yuqian wirkte ein wenig fahrig, das kam ja auch alles ein bisschen plötzlich. Nur Ruhe bewahren, alter Junge, das kriegen wir schon hin! Ein Papier nach dem anderen wurde ausgefüllt, alles ganz einfach. Noch etwas? Nein. Ach ja, Sie müssen zwei Trauzeugen mitbringen, sagte die Beamtin. Kein Problem, die werden wir auch noch finden.

Und dann standen wir wieder draußen. Und nun? Neben dem Standesamt befand sich eine kleine Grünanlage. Dort setzten wir uns erst einmal auf eine Bank und erholten uns von dem Schreck.

«Sagst du deinen Eltern Bescheid?», fragte Yuqian. «Glaubst du, dass sie kommen?»

«Das glaube ich nicht. So spontan fliegen sie nicht um die halbe Welt. Aber einverstanden sind sie sicher. In letzter Zeit haben sie ja immer wieder gedrängt, dass wir endlich heiraten.»

«Wem sollen wir dann Bescheid sagen?»

Ich überlegte hin und her. «Eigentlich ist diese standesamtliche Trauung ja nur die Legalisierung eines schon bestehenden Zustandes. Warum dann so viel Aufhebens machen?»

«Aber wir müssen doch feiern! Eine Hochzeit ohne Feier ist keine richtige Hochzeit.»

«Das können wir ja in Hamburg nachholen.»

«Also gut», beschloss Yuqian. «Dann erledigen wir hier nur die notwendigen Formalitäten und erklären den Tag unseres Hamburger Festes zum offiziellen Hochzeitstermin. Für uns Chinesen zählt sowieso nur die Feier als wirkliche Hochzeit.»

Zehn Tage später kehrten wir zum Standesamt zurück mit einem deutschen und einem chinesischen Trauzeugen; beide waren uns buchstäblich über den Weg gelaufen. Zuerst Li, der Perückenfreund aus vergangenen Hamburger Tagen. Schon seit fünf, sechs Jahren lebte er wieder in Hongkong, doch wir hatten den Kontakt verloren. Aber dann bummelten wir die Uferpromenade entlang, als jemand mit einem merkwürdigen Watschelgang an uns vorbeizog. «Das muss Li sein», schrie Yuqian. Niemand sonst hatte einen so auffälligen Gang. Li hörte den Ausruf und glaubte an ein Wunder, als wir vor ihm standen. Und dann Klaus, ein deutscher Sinologe aus Berlin und zudem ein guter Freund. Er verbrachte gerade sein Freisemester in Hongkong, was wir gar nicht wussten. Wir liefen ihm in der Hongkonger Universität in die Arme. Beide waren sofort einverstanden, die würdige Aufgabe eines Trauzeugen zu übernehmen.

David, der vierjährige Sohn von Klaus, drückte mir einen Strauß lila blühenden Klees in die Hand, den er auf dem Weg zur Fähre gepflückt hatte. «Für dich», piepste der kleine Bengel und strahlte übers ganze Gesicht. Einen schöneren Brautstrauß konnte ich mir gar nicht vorstellen. Mit großem Hallo tauchte die Familie von Bobby auf. Bobby war ein Hongkonger Freund, der zu jener Zeit gerade in München studierte. Vater, Mutter, Schwester, Nichte, Neffe, zwei Brüder, eine Schwägerin, alle kamen, um Bobby angemessen zu vertreten. Außerdem erschienen noch drei Redakteure eines Hongkonger Verlages. Wir passten kaum in den Raum hinein, in dem die Trauung stattfinden sollte. Als endlich alle saßen, wurde es richtig feierlich. Ein herausgeputzter Standesbeamter hielt eine kurze Rede auf Englisch und auf Hochchinesisch, Letzteres war ungewöhnlich, da die offizielle Amtssprache neben Englisch Kantonesisch war. Es war einfach nur eine nette Geste von ihm, um Yuqian, der wie ich kein Kantonesisch verstand, eine Freude zu machen. Schließlich gaben wir uns das Jawort. Wir waren verheiratet.

Am Abend luden wir die ganze Hochzeitsgesellschaft zu einem feierlichen Essen ein, und als dieses nach mehreren Stunden vorüber war, folgten uns alle Gäste mit großem Geschnatter in unser Hotel. Irgendwie irritierte mich das. Wieso ging niemand nach Hause?

«Das ist so üblich bei chinesischen Hochzeiten», erklärte Yuqian. «Man folgt dem Brautpaar bis ins Hochzeitszimmer, um ihm mit derben Späßen und anzüglichen Witzen die Angst vor der Hochzeitsnacht zu nehmen.»

«Unsere Hochzeitsnacht haben wir doch längst hinter uns.»

«Das macht nichts. Das wissen ja auch alle. Aber trotzdem halten sie an diesem Brauch fest. Einfach so aus Spaß.»

Spaß hatten sie wirklich in unserem bescheidenen Hotelzimmer, vor allem als sie merkten, dass wir sie endlich los sein wollten. Das interpretierten sie völlig falsch. Mit Kichern und Gelächter verabschiedeten sie sich schließlich. Wir warteten noch einen Moment, bis die Luft rein war, dann verließen wir das Zimmer und stürmten in die Bar eines großen Hotels, wo ein deutscher Freund bereits seit einer Stunde auf uns wartete. Gerade aus Peking eingetroffen, wollte er schon am nächsten Tag nach Deutschland weiterfliegen. Mit ihm verplauderten wir unsere gesamte Hochzeitsnacht, allerdings ahnte er nichts von unserem großen Tag.

Nach einem halben Jahr, das ich in Taiwan verbracht hatte, kreuzten wir wieder beim Hamburger Standesamt auf. Derselbe Standesbeamte, der uns gesagt hatte, dass eine Heirat mit Yuqian eigentlich unmöglich sei, betrachtete skeptisch unsere schöne Hongkonger Heiratsurkunde, doch an der gab es nichts zu deuteln. Sie war sogar vom deutschen Generalkonsulat in Hongkong beglaubigt worden. Ob er wollte oder nicht, musste er uns ein Familienbuch ausstellen.

«Nachname Ihres Vaters?», fragte er Yuqian.

«Guan.»

«Nachname Ihrer Mutter?»

«Yan.»

«Sie meinen: Guan, geborene Yan», korrigierte ihn der Beamte.

«Nein, sie heißt Yan. In China behalten die Frauen auch nach der Eheschließung ihren Mädchennamen.»

Der Mann schlug in einem dicken Buch nach. «Das steht hier aber nicht drin. Also, wenn Ihre Mutter Yan heißt, dann wurden Sie unehelich geboren.»

Ich konnte es nicht fassen. Diese Ignoranz! Yuqian kratzte haarscharf an einem Wutausbruch vorbei. Gut, dass wir die übrigen Formalitäten in Hongkong erledigen konnten. Nicht auszudenken, wenn wir hier in die Mühlen der Bürokratie geraten wären! Warum ist in Deutschland alles so kompliziert und bei den Briten so einfach? Machen die es deshalb schlechter?

Und dann luden wir zu einem großen Fest ein: Verwandte, Freunde, Kollegen und Studenten, Chinesen und Deutsche, mehr als zweihundert Gäste kamen. Wir hatten die Räume eines Studentenklubs angemietet, den Yuqians Studenten mit knallbuntem Krepppapier und Girlanden schmückten. Der Chefkoch eines Chinarestaurants stellte für uns ein üppiges Büfett zusammen, zwei Doktoranden übernahmen die Bar, zwei andere sorgten für flotte Tanzmusik. Ein acht Meter langer Drache wirbelte durch die Räume. Unter den langen Stoffbahnen seines farbenprächtigen Körpers tanzten einige künstlerisch begabte Studenten, die ihn in mühseliger Arbeit gebastelt hatten. Viele lustige Reden wurden gehalten, Sketsche und Spiele von Studenten aufgeführt und bis in die frühen Morgenstunden zünftig gefeiert. Noch Jahre später sprachen unsere Freunde begeistert von dieser Feier.

Ab 1978 beginnt unter dem reformorientierten Deng Xiaoping eine Politik der Liberalisierung und Öffnung nach außen. Nicht mehr Revolution und Klassenkampf stehen nun im Mittelpunkt, sondern die Modernisierung Chinas. Im Verlauf dieser neuen Politik werden fast alle Opfer der Anti-Rechts-Kampagne und der Kulturrevolution rehabilitiert.

Nachrichten aus China

«Bei euch ist immer etwas los», sagten meine Freundinnen häufig. «Was du da neben deinem Studium führst, ist kein Haushalt, sondern ein Hotel- und Restaurantbetrieb.» Das war zwar ein bisschen übertrieben, aber ein wahrer Kern steckte schon in dieser Bemerkung. Ständig kam Besuch: Studenten, Kollegen, Freunde, manche angemeldet, andere schneiten einfach so herein. Ganze Völkerscharen wurden von uns durchgefüttert, die Studenten zum Beispiel, die meist jahrgangsweise anrückten. Zum Glück waren die Jahrgänge bei den Sinologen von bescheidener Größe. Mir gefiel Yuqians Gastfreundschaft. Ich genoss die lebhafte Atmosphäre und das unkomplizierte Kommen und Gehen. Es machte unser Leben interessant und abwechslungsreich.

Mit der Zeit besuchten uns auch mehr und mehr Leute aus China, denn dort begann eine ganz sensationelle Entwicklung. 1978 kam mit Deng Xiaoping ein Pragmatiker an die Macht, der umfangreiche Reformen einleitete. China öffnete sich dem Westen, das bedeutete, dass nicht nur Westler in Massen nach China fuhren, sondern Chinesen auch verstärkt ausreisen durften. Was diese im westlichen Ausland an Wohlstand, Fortschritt und Chancenreichtum entdeckten, übertraf ihre kühnsten Erwartungen. Entgegen der jahrelangen staatlichen Propaganda hatte der Westen eine enorme Entwicklung durchgemacht, während die Kommunistische Partei im selben Zeitraum mit ihren mörderischen Politkampagnen China an den Rand des Ruins katapultiert hatte.

Schriftsteller, Maler, Wissenschaftler, Kaufleute, Journalisten und Beamte kamen zu uns nach Hause. Yuqian zog diese Leute förmlich an: einer der Ihren, der ins Ausland geflüchtet war und sich mit Erfolg eine neue Existenz aufgebaut hatte! Wie hatte er das geschafft? Für Yuqian waren diese Besuche die beste Medizin gegen sein Heimweh. Alle waren uns willkommen, und da wir ein offenes Haus führten, riss der Besucherstrom auch nicht ab. Manchmal führte ich Tagebuch und notierte, wer uns wann für wie lange besucht hatte. Wenn ich dann später die Eintragungen durchlas, wurde mir manchmal ganz schwindelig.

Leider verursachten die vielen chinesischen Besucher hohe Kosten, denn da sie kaum Devisen in der Tasche hatten, half Yuqian ständig aus, schenkte hier und dort eine Kleinigkeit und steckte diesem und jenem etwas zu. «Es sind schließlich meine Landsleute», erklärte er achselzuckend.

Mittwochnachmittags um drei Uhr findet bei uns immer die «Teestunde» statt. Das ist ein fester Termin, den alle Sinologiestudenten kennen. Zu dieser Zeit servieren wir Tee und Gebäck. Alle dürfen kommen, allerdings nur unter der Bedingung, dass sie Chinesisch sprechen. Yuqian möchte seinen Studenten die Gelegenheit bieten, in gelöster Atmosphäre chinesische Umgangssprache zu üben. An einem solchen Nachmittag warf eine Studentin ganz unvermittelt einen Vorschlag in die Runde: «Lasst uns doch mal gemeinsam nach Hongkong fahren!»

Alle waren begeistert und schauten Yuqian und mich erwartungsvoll an. «Was ist? Macht ihr mit?», fragten sie uns. Yuqian stimmte sofort zu. Wenn es ums Reisen geht, ist er immer dabei.

«Und von dort machen wir einen Ausflug nach Kanton», meldete sich eine andere Studentin. Wieder folgte Beifall.

«Nach Hongkong komme ich gern mit», sagte Yuqian. «Aber nach Kanton nicht. Ich bekomme als ehemaliger Flüchtling gar kein Visum.»

«Du besitzt doch inzwischen die deutsche Staatsangehörigkeit», rief jemand.

«Trotzdem gelte ich offiziell noch immer als Konterrevolutionär. Die chinesische Botschaft weiß über mich genau Bescheid.»

«Dann beantragen wir das Visum eben nicht in Deutschland, sondern in Hongkong», meinte ein pfiffiger Student. «Dort kann man beim staatlichen chinesischen Reisebüro Kurzreisen nach China buchen und auch gleich das Visum beantragen, eine Sache von ein, zwei Tagen. Wenn wir als Gruppe der Universität Hamburg auftreten und gemeinsam die Reise buchen, wirst du mit deinem deutschen Pass gar nicht auffallen.»

Mir gefiel die Sache nicht. Wir sollten nach China fahren, ohne dass Yuqian rehabilitiert war? Wenn nun die chinesischen Behörden dahinter kamen, wer da mit deutschem Pass einreiste: ein ehemaliger Flüchtling, ein Konterrevolutionär? Nein, lieber nicht, dachte ich.

Yuqian war da ganz anderer Meinung. «Das machen wir», rief er begeistert.

«Wir müssen uns das noch einmal überlegen», wandte ich ein. Vor den Studenten wollte ich nicht darüber debattieren, denn die meisten wussten nur sehr wenig über seinen Fall. Kaum waren sie gegangen, machte ich Yuqian heftige Vorwürfe: «Du bist wahnsinnig. Wie kannst du ein solches Risiko eingehen.»

Doch Yuqian hatte sich schon entschieden. «Niemand kennt mich in Hongkong. Und so schnell wird es sich bis nach Peking nicht herumsprechen, dass ich eingereist bin. Wir bleiben ja nur zwei, drei Tage.»

Mir war bei der ganzen Sache nicht wohl. Trotzdem reisten wir ein paar Wochen später, im März 1979, nach Hongkong und kurz darauf nach Kanton. Das Visum gab's im Handumdrehen. Acht Studenten und Mitarbeiter der Universität Hamburg? Kein Problem. Als wir an die Grenze kamen, war Yuqian nervös. Sein Gesicht war blass und angespannt. Doch nichts geschah. Unser Gruppenvisum wurde anstandslos abgestempelt. Alles in Ordnung. Wir atmeten auf. Zwei Vertreter des staatlichen Reisebüros erwarteten uns schon. Mit einem Minibus ging es nach Kanton. Das Wetter war miserabel. Es regnete, stürmte und war kalt. Die Stadt wirkte öde und traurig, wenige Geschäfte, kaum Restaurants waren zu sehen, die Menschen auf den Straßen trugen dunkle Einheitskleidung.

«Welch ein Unterschied zu Hongkong!», rief eine Studentin enttäuscht.

Wir begannen mit dem offiziellen Besuchsprogramm, wurden durch Museen, Park- und Tempelanlagen geführt. Yuqian war entsetzt. Er kannte die Stadt aus früheren Zeiten. So hatte er sie nicht in

Erinnerung. Ein wenig schämte er sich sogar vor seinen Studenten, vor allem in den schmutzigen Restaurants, in die wir geführt wurden und die zu den renommiertesten der Stadt gehörten, ebenso in einem staatlichen Buchladen, den wir spontan besuchten und wo es außer Werken von Marx, Engels, Lenin, Stalin und Mao kaum anderes zu kaufen gab.

«Dreißig Jahre Revolution, und den Menschen geht es noch genauso schlecht wie früher», stellte er resigniert fest. «Die ganze Stadt ist heruntergekommen.»

Unsere chinesischen Reisebegleiter konnten Yuqian nicht einordnen. Sein klares Hochchinesisch identifizierte ihn als Nordchinesen und seine Ausdrucksweise als Chinesen aus der Volksrepublik. Auf ihre neugierigen Fragen, wann und unter welchen Umständen er China verlassen hätte, gab er nur vage Antworten, was zu noch größerer Neugier führte. Ob sie misstrauisch wurden? Meldeten sie diesen mysteriösen Gast vielleicht ihrem Vorgesetzten, der die Information dann nach Peking weitergab?

«Wir hätten nicht kommen sollen», meinte plötzlich auch Yuqian, was in mir fast eine Panik auslöste.

Dann begann er Briefe an seine Verwandten zu schreiben.

«Wozu?», fragte ich. «Es antwortet dir ja doch niemand.»

«Post aus dem Inland erweckt weniger Aufsehen. Ich könnte mir vorstellen, dass die Briefe, die ich meinen Verwandten aus dem Ausland geschickt habe, gar nicht angekommen sind, weil sie sofort auffielen und abgefangen wurden. Ein Brief aus Kanton ist unauffällig.»

Fünf Briefe schrieb Yuqian, vier gingen an Verwandte nach Peking, einer nach Shanghai. Als Kontaktadresse gab er die Anschrift unserer Hongkonger Freundin an, bei der wir noch zwei weitere Wochen wohnen würden. Schon nach einer Woche kam Antwort. Ein Brief von einer Cousine aus Peking. Endlich Nachricht von zu Haus! Wir konnten es kaum fassen. Yuqian nahm den Brief mit zitternden Händen entgegen und verschwand in unserem Schlafzimmer. Ich blieb mit der Freundin zurück. Ein mulmiges Gefühl beschlich mich. Was mochte in dem Brief stehen? Kurz darauf hörte ich einen Schrei. Ich stürzte sofort zu Yuqian ins Zimmer. Er saß auf dem Bett, die Hände vors Gesicht geschlagen.

«Was ist los? Was steht in dem Brief?»

Er schien mich überhaupt nicht wahrzunehmen. Er schluchzte, schrie, geriet völlig außer sich. Ich redete auf ihn ein, umarmte ihn, es nützte nichts, im Gegenteil, es wurde immer schlimmer. Ich bekam Angst. Vielleicht hatte er einen Schock erlitten oder einen Nervenzusammenbruch? Wie konnte ich ihn beruhigen? Ich umklammerte ihn, presste mein Gesicht an seinen Kopf. Eine Ewigkeit verging. Endlich fasste er sich.

«Was steht in dem Brief?»

«Sie ist tot», flüsterte er.

«Wer?»

«Meine Mutter. Vor einem halben Jahr ist sie gestorben. Ich werde sie nie wiedersehen.»

Ist das grausam! Jahrelang keine Nachrichten von zu Haus und dann so etwas. Schon immer hatte er gefürchtet, seine Mutter nicht wiedersehen zu können. Nun war es Wirklichkeit geworden. Weil sich erbarmungslose Funktionäre in Peking anmaßen, über das Schicksal anderer Menschen zu bestimmen, werden Familien auseinander gerissen, gehen Ehen kaputt, verlieren Kinder ihre Mütter und Väter. Was hatte Yuqian getan, dass er noch nicht einmal mit seinen engsten Familienangehörigen in Briefkontakt stehen durfte? Wie viel Menschenverachtung und Angst muss in den Köpfen der Pekinger Machthaber stecken! Das ist politisch nicht begründbar, es ist brutale Willkür, mehr nicht. Selbst zwischen Ost- und Westdeutschland ist Briefverkehr erlaubt und sind Familienbesuche möglich, obwohl es genügend Konflikte und Spannungen gibt. Warum lässt man in China nicht Ähnliches zu? Ich schaute Yuqian an, sah die Verzweiflung in seinem Gesicht. Ich umarmte ihn, trocknete seine Tränen

Kaum waren wir zurück in Deutschland, kamen weitere Briefe von den Geschwistern, von Cousinen und Cousins. Sie alle waren von seinem Brief aus Kanton überrascht worden.

Die Nachrichten übertrafen Yuqians schlimmste Befürchtungen. Bruder und Schwester waren nach seiner Flucht verhaftet worden. Der Bruder saß seinetwegen über sechs Jahre im Gefängnis, die Schwester stand ein Jahr lang unter Hausarrest. Danach wurde sie zur Konterrevolutionärin erklärt. Jahrelang musste sie schwere Landarbeit verrichten.

«Und was ist mit deinem Sohn?», fragte ich. «Schreibt denn niemand etwas über ihn?»

«Nein, niemand. Mag sein, dass sie nichts über ihn wissen. Vielleicht wollen sie mir auch etwas verschweigen.»

In den nächsten Monaten reisten mehrere Bekannte, Freunde und Studenten nach China, manche zum Studium, andere, um dort als Lehrer zu arbeiten. Jeder bekam Geschenke für die Familie mit. Irgendwann ging ein Lehrer für mehrere Jahre an eine Schule nach Peking und zog mit einem ganzen Container um. Er habe noch ein wenig Platz, verriet er Yuqian, und der ließ sich das nicht zweimal sagen. Kurz entschlossen schnappte er sich unsere Sesselgarnitur und gab sie als Geschenk für seine Schwester mit. Langsam bekam ich Angst, wenn er sich mit großen Augen in unserer Wohnung umsah und nach etwas Passendem für seine Verwandten suchte. Schon drei Fotoapparate waren auf diese Weise nach China gewandert, ebenso etliche Kleidungsstücke, zwei Kassettenrekorder und ein Fernseher. Yuqian meinte, wir hätten sowieso zu viel Krempel im Haus.

Eines Tages traf ein Brief von Yuqians Nichte Lei ein, dem jüngsten der drei Kinder seiner Schwester Minqian. «Die Viererbande hat die Jugendzeit meiner Generation vergeudet», schrieb sie. Bedingt durch die politischen Wirren habe sie nur eine lückenhafte Schulbildung genossen. Außerdem sei Kindern von Klassenfeinden der Abschluss der Höheren Mittelschule verwehrt gewesen, ebenso der Eintritt in die Universität. Nun sei sie als ungelernte Fabrikarbeiterin tätig. Doch seit neuestem gebe es eine interessante Sonderregelung. Wer studieren wolle, könne auch ohne Abitur an der Aufnahmeprüfung für die Universität teilnehmen. Das habe sie getan. Nun warte sie auf das Ergebnis. Ihr Traum wäre jedoch, im Ausland zu studieren. Vielleicht sogar in Deutschland?

«Was ist das für eine Nichte? Du hast nie von ihr erzählt. Ist sie nett?»

«Ich kenne das Mädchen kaum. Als ich fortging, war sie acht, neun Jahre alt.» Yuqian schüttelte ratlos den Kopf. «Mein armer Sohn! Als Sprössling eines Konterrevolutionärs hat er sicher auch nicht viel gelernt. Wie gern würde ich ihn zu uns holen. Wenn ich doch nur wüsste, was aus ihm geworden ist!»

Ein weiterer Brief von Nichte Lei traf ein. Sie habe die nötige Punktzahl verfehlt. Nun müsse sie wohl für immer in ihrer Fabrik bleiben. Es sei denn, wir würden ihr helfen, denn sie wolle unbedingt studieren. Wenn wir sie für drei, vier Jahre nach Deutschland holten, könne sie Deutsch lernen und nach ihrer Rückkehr als Dolmetscherin oder Deutschlehrerin arbeiten.

Ich schüttelte nur den Kopf: «Wie kann sie ohne Abitur an einer deutschen Universität studieren? Das geht doch gar nicht.»

Doch Yuqian wusste Rat. «Sie könnte als Gasthörerin am Unterricht teilnehmen. Wenn ich mit den Kollegen bei den Germanisten spreche, wäre das sicher möglich.»

«Oder wir schicken sie zu einer privaten Sprachenschule.»

«Drei, vier Jahre lang?»

Tatsächlich wäre das eine lange Zeit. Bei dem Gedanken an Schulgebühren, Versicherung, Taschengeld und was sonst noch alles an Kosten anfallen würde, drehte sich mir fast der Magen um. Und wo soll sie wohnen? Die ganze Zeit bei uns? Wir haben doch gar keinen Platz.

«Kannst du ihr die Hilfe verweigern?»

«Eigentlich nicht. Einem Neffen oder einer Nichte ein Studium zu finanzieren, ist für uns Chinesen ganz normal. Die Familie muss zusammenhalten, gerade wenn es um die Ausbildung ihrer Kinder geht. Bei mir war es auch der Onkel, der meine Ausbildung bezahlte. Außerdem bin ich es meiner Schwester schuldig. Durch mich hat sie großes Unrecht erlitten, da kann ich mich dem Hilferuf ihrer Tochter nicht verweigern.»

«Du bist doch gar nicht schuld an dem, was deinen Geschwistern widerfahren ist. Ohne die Kulturrevolution wärst du nie geflüchtet.»

«Das sieht meine Schwester vielleicht anders. Wenn ich in China geblieben wäre, hätte man sie und meinen Bruder nicht eingesperrt.»

«Dann hättest du aber die Kulturrevolution möglicherweise nicht überlebt.»

«Das stimmt.» Er überlegte kurz und setzte sich dann an seinen Schreibtisch. «Ich werde meiner Schwester schreiben. Wer weiß, ob sie mit Leis Plänen überhaupt einverstanden ist.»

Lei wurde ungeduldig. Die Mutter unterstütze ihren Wunsch, schrieb sie in einem weiteren Brief. Wir möchten sie doch nun bitte nach Deutschland holen. Ihre Mutter schrieb dann allerdings, dass sie die Tochter nur sehr ungern ins Ausland gehen ließe. Erst vor wenigen Monaten sei ihr ältester Sohn gestorben. «Noch ein Kind will ich nicht verlieren. Das überlebe ich nicht.»

Wieso verliert sie ihre Tochter, wenn diese für drei, vier Jahre nach Deutschland kommt? Fürchtet sie, dass sie hier bleibt?

«Was passiert, wenn Lei sich in Deutschland verliebt und bleiben möchte?», fragte ich Yuqian. Der runzelte nur ratlos die Stirn. «Das weiß ich auch nicht. Aber du hast es ja gelesen. Meine Schwester könnte das nicht ertragen.»

Mir gefiel allmählich die Idee, eine chinesische Verwandte in meiner Nähe zu haben. Auf jeden Fall wäre es eine spannende Erfahrung und für Yuqian sicher auch sehr beruhigend. Vielleicht hätte er dann weniger Heimweh.

Ich schrieb Lei spontan einen Brief, das heißt: Der Entschluss war spontan gefasst, die Ausführung ungleich mühseliger. Stundenlang bastelte ich an einem schönen Text und pinselte ihn schließlich mit großer Mühe nieder. Es war das erste Mal, dass ich an eine chinesische Verwandte schrieb, an Yuqians Nichte, die ja nun auch meine Nichte war. Ich wolle mehr über sie wissen, schrieb ich, und dass ich mich freuen würde, wenn ich sie bald kennen lernen würde. Die Antwort ließ nicht lange auf sich warten. Lei war begeistert von ihrer ausländischen Tante. Sie schickte Fotos und erzählte von sich. Und damit hatte sie mich voll auf ihre Seite gezogen. Ich war genauso begeistert wie sie. Wir mussten ihr einfach helfen. Was für Chancen hatte sie sonst in China? Gar keine.

«Lass uns nicht länger warten», bat ich Yuqian. «Wir sollten nun endlich ein Visum für sie beantragen.»

Yuqian nahm Kontakt zur Ausländerpolizei auf. Die Leute dort lachten sich halb tot. Eine Aufenthaltsgenehmigung für drei, vier Jahre? Ausgeschlossen! Drei bis sechs Monate, mehr sei nicht drin. Und wenn sie studieren will, warum beantragt sie dann keinen Studienplatz an einer Universität?

Die Sache schien schwieriger zu werden als angenommen. Wir schrieben einen langen Brief und begründeten, warum wir der Nichte helfen müssten, und wieso sie keinen Studienplatz an einer Universität beantragen, sondern nur eine Sprachenschule besuchen konnte und so weiter und so fort. Es wurde ein richtiger Aufsatz.

Wieso sie so lange bleiben wolle, fragte der zuständige Beamte. Er hatte es immer noch nicht kapiert. Also schrieben wir einen zweiten Brief und wiederholten die Gründe, die wir vorher so ausführlich dargelegt hatten. Ich hätte am liebsten die Flinte ins Korn geworfen, aber Yuqian war da anders. Der kämpfte und sprach mit den Beamten so lange, bis er sie davon überzeugt hatte, dass unser ganzes Lebensglück von der dreijährigen Aufenthaltserlaubnis für dieses Mädchen abhing. Wir bekamen die kostbare Genehmigung, allerdings musste Lei in der deutschen Botschaft in Peking eine Erklärung unterschreiben, dass sie ihre Ausbildung nach spätestens drei Jahren beenden und nach China zurückkehren würde. Na wenn schon, mehr wollten wir ja gar nicht. Wir feierten unseren Sieg. Doch man soll sich ja nie zu früh freuen. Ein Teil der Unterlagen ging auf dem Dienstweg verloren. Wir mussten erneut die Ausländerbehörde einschalten, das Bundesverwaltungsgericht, die deutsche Botschaft, ein ewiges Hin und Her. Die Korrespondenz füllte allmählich einen ganzen Aktenordner.

Unterdessen räumten wir unsere Wohnung um, denn wenn Nichte Lei kommen sollte, brauchte sie ihr eigenes Zimmer, und das bedeutete, dass Yuqian sein Arbeitszimmer hergeben musste.

«Und wo soll ich arbeiten?», fragte er unglücklich.

«Im Schlafzimmer! Wir bauen ein Hochbett, unter das wir deinen Schreibtisch und die Regale stellen.» Begeistert war er nicht, aber eine bessere Lösung fiel ihm auch nicht ein. Tagelang schleppten wir Berge von Büchern hin und her und rumpelten mit unseren Möbeln von einem Zimmer ins andere, bis alle einen neuen Platz gefunden hatten. Unserem Nachbarn ein Stockwerk tiefer, einem Freund und Kollegen von Yuqian, ging der Lärm gehörig auf die Nerven, aber er schimpfte nicht. Er meinte nur mit besorgter Miene: «Hoffentlich habt ihr euch das auch reiflich überlegt! Drei Jahre sind eine lange Zeit.»

Dann kam ein weiterer Brief. Er erreichte Yuqian an der Universität. Als Yuqian blass und zittrig nach Hause kam und ihn aus der Tasche zog, rutschte mir das Herz gleich ein paar Etagen tiefer. Eine neue Horrormeldung? «Von wem ist der Brief?»

«Von Xin, meinem Sohn.»

«Von deinem …» Ich musste mich setzen. Nach so vielen Jahren ein erstes Lebenszeichen, das war unglaublich! Wie alt war der Junge überhaupt? Elf war er, als Yuqian China verließ, dann musste er jetzt dreiundzwanzig sein.

«Was schreibt er?»

«Wenig», sagte Yuqian bekümmert und setzte sich ebenfalls. Er faltete den Brief auseinander und las ihn vor. Ob Yuqian sich erinnere, in China einen Sohn zu haben.

Mir stockte der Atem. Was war das für ein Ton?

Eine Tante mütterlicherseits lebe in den USA und habe sich bereit erklärt, ihn zum Studium nach San Francisco zu holen. Doch dazu brauche er finanzielle Unterstützung. Ob Yuqian ihm Geld für das Flugticket schicken könnte.

Yuqian faltete den Brief wieder zusammen.

«Warum liest du nicht weiter?»

«Das war alles.» Wie zum Beweis zeigte er mir den kurzen Brief.

«Ziemlich knapp, wenn man bedenkt, dass ihr zwölf Jahre nichts voneinander gehört habt. Ein wenig mehr hätte er schon von sich erzählen können. Wo er zum Beispiel die vielen Jahre verbracht hat, was aus ihm geworden ist und überhaupt ... In diesem Brief geht es nur ums Geld. Ob er dir auch geschrieben hätte, wenn er deine Hilfe nicht brauchte?»

«Ach!», winkte Yuqian ab. «Diesen Brief hat ihm bestimmt seine Mutter diktiert, da bin ich mir ganz sicher. Mein kleiner Xin würde nie so schreiben.»

«Dein kleiner Xin ist inzwischen ein erwachsener Mann.»

«Trotzdem!» Yuqian ließ sich nicht beirren. «Seltsam ist nur, dass er den Brief an die Universität geschickt hat und nicht an meine Privatadresse. Hat er denn keinen Kontakt zu meinen Geschwistern? Und wenn nicht, woher weiß er dann, dass ich an der Universität Hamburg arbeite?»

«Was willst du ihm antworten?»

Yuqian runzelte die Stirn und schaute mich unsicher an. «Ich weiß es nicht. Was meinst du?»

Was ich meine? Ich schaute ihn an. Wie blass er war! Der Brief hatte ihn ziemlich getroffen. Wieder gingen mir die Worte durch den Kopf: Ob er sich erinnere, in China einen Sohn zu haben. Schön klang das nicht. Merkwürdig: Der Sohn hatte für mich nie eine Rolle gespielt. Es gab weder Fotos noch Briefe, und erzählt hatte Yuqian auch nie viel von ihm. Es machte ihn immer sehr traurig. So war er bei mir langsam in Vergessenheit geraten und hörte schließlich ganz auf zu existieren. Nun fiel er plötzlich vom Himmel.

«Es ist dein Sohn, der dich um Hilfe bittet. Du solltest ihm das Geld schicken.»

Mit einem Schlag hellte sich Yuqians Gesicht auf, und er umarmte mich. «Danke, dass du mich unterstützt. Ich werde ihm sofort antworten.»

Zwei Wochen später kam ein zweiter Brief von Xin, drei Seiten lang und aus jeder Zeile sprach die Freude über den wiedergefundenen Vater.

«Siehst du?», triumphierte Yuqian. «Diesen Brief hat er selbst geschrieben.»

Yuqian schickte ihm das Geld, und nur wenige Wochen später traf Xin in San Francisco ein. Er rief sofort seinen Vater an. Es schien, als wollte er ihm in aller Ausführlichkeit erzählen, was in den letzten zwölf Jahren geschehen war. Yuqian unterbrach ihn nach zehn Minuten.

«Bist du morgen zu Hause? Wenn ja, dann komme ich dich besuchen.»

Der Flug war längst gebucht. Xin geriet total aus dem Häuschen.

«Es war, als hätten wir uns nie getrennt», erzählte Yuqian nach seiner Rückkehr aus den USA. «Er ist mir unglaublich ähnlich, nicht nur äußerlich, auch in seinem Temperament gleicht er mir.» Er sei ein wunderbarer Junge. Man könne mit ihm über alles sprechen. «Ich wünsche mir so sehr, dass du ihn bald kennen lernst.»

Das wünschte ich mir auch, aber daraus wurde vorerst nichts. Denn nun rückte Nichte Lei an.

«Wir müssen nach Frankfurt fahren und sie vom Flughafen abholen», sagte Yuqian.

«Kann das nicht einer deiner Frankfurter Freunde machen? Sie einfach abholen und in den nächsten Zug nach Hamburg setzen?»

«Nein, lieber nicht. Vielleicht verläuft sie sich im Labyrinth des Flughafens und verpasst den Abholer. Schließlich ist es ihre erste Auslandsreise, und nicht nur das: Selbst aus Peking ist sie nie herausgekommen. Ich denke, es ist wirklich besser, wenn wir sie abholen.»

Also sausten wir mit dem Auto nach Frankfurt und standen am frühen Nachmittag pünktlich in der Ankunftshalle. Ich war wahnsinnig aufgeregt. Zum ersten Mal traf ich ein Mitglied aus Yuqians Familie. Ein neuer Lebensabschnitt begann. Das spürte ich ganz deutlich. Früher gab es nur Yuqian. Keine Schwiegermutter, keinen Schwiegervater, keine Schwäger und Schwägerinnen. Er war immer allein. Das änderte sich nun. Plötzlich gab es einen Xin, eine Lei, einen Bruder, eine Schwester und viele andere Verwandte, eine ziemlich große Familie.

Yuqian legte seinen Arm um meine Schulter. Er war unruhig, trat von einem Bein aufs andere und fixierte den Ausgang, durch den sie kommen würde. Plötzlich stürmte er vor, winkte einer jungen Frau zu und brüllte: «Kleine Lei!»

Da sah ich sie. Sie war so groß wie ich, spindeldünn, mit lockigem Haar. Sie flog ihrem Onkel um den Hals, lachte und weinte, Worte sprudelten aus ihrem Mund. Yuqian schob sie sanft in meine Richtung. «Das ist Petra», sagte er. Da fiel sie auch mir um den Hals.

Während der langen Rückfahrt war sie putzmunter, obwohl sie schon seit Tagen vor Aufregung nicht mehr richtig hatte schlafen können. «Ich habe immer Angst gehabt, dass ihr vielleicht doch Xin und nicht mich zu euch holt.»

Lei fühlte sich wie in einem Traum. Alles war neu für sie: die wenigen Menschen auf den Hamburger Straßen (in Peking sind überall Massen unterwegs), die vielen Bäume, die gute Luft. Dann unsere Wohnung: Sie kam sich vor wie in einem Palast. Und das bei nur fünfundsiebzig Quadratmetern. Hier könnte glatt noch eine zweite Familie wohnen, urteilte sie. Kein Wunder: Bisher hatten sie und ihre Angehörigen zu fünft, zeitweise auch zu sechst in einer Zweizimmerwohnung gelebt. Zum ersten Mal in ihrem Leben bekam sie ein eigenes Zimmer. Dann entdeckte sie die flotten Sachen, die die Mädchen hier trugen. Zwar hatte sie sich in Peking neu eingekleidet, doch ließ sie das meiste in ihrem Koffer liegen, weil es ihr plötzlich altbacken vorkam.

«Du kannst dir von mir ein paar Sachen nehmen», sagte ich und führte sie an meinen Kleiderschrank. Sie trug dieselbe Größe, konnte also problemlos einen Teil meiner Kleidung übernehmen.

Wie verzaubert wanderte sie durch Einkaufsstraßen, Kaufhäuser und Supermärkte. Dieses Warenangebot! So etwas hatte sie noch nie gesehen. Und dann die Baumärkte, zu denen Yuqian sie mitnahm! Die waren nämlich sein großes Steckenpferd. Jeder chinesische Besucher, ob er wollte oder nicht, musste mit ihm dorthin gehen und schauen. So etwas brauchen wir in China auch, verkündete er dann immer. Ob er da bei Nichte Lei an der richtigen Adresse war, bezweifelte ich. Trotzdem schaute sie sich interessiert Bohrmaschinen, Sägen, Tapeziertische, Zangen und Nägel an.

Durch Lei erfuhr Yuqian, was sich in den letzten Jahren in der Familie seiner Schwester zugetragen hatte.

«Als du fortgegangen bist, wurde Mutter sofort unter Arrest gestellt.»

«Aber sie wusste doch gar nichts von meiner Flucht. Ich hatte niemanden eingeweiht.»

«Das hat man ihr aber nicht geglaubt. Erst nach anderthalb Jahren kam sie frei, weil man ihr nichts nachweisen konnte.»

«Sie saß anderthalb Jahre meinetwegen in Haft?»

«Ja, aber es kam noch schlimmer. Als sie entlassen wurde, war die Kulturrevolution noch in vollem Gang. In allen Einheiten und Organisationen bekämpften sich unterschiedliche Fraktionen. Jedenfalls suchten Mutters politische Gegner sofort nach Gründen, wie man sie zur Konterrevolutionärin abstempeln konnte.»

«Und diese Gründe fanden sie sicher schnell», stellte Yuqian bitter fest. «Schließlich hatte sie in Shanghai an einer protestantischen Universität studiert und in der studentischen Kirchengemeinde eine wichtige Rolle gespielt.»

«Ja, das reichte, um sie zur Konterrevolutionärin zu erklären. Sie wurde aus der Partei ausgeschlossen und zur körperlichen Arbeit aufs Land geschickt. Jahrelang haben wir nicht mit ihr zusammenleben können. Sie wurde erst im letzten Jahr rehabilitiert.»

«Wieso so spät?»

Lei druckste ein wenig herum. «Mein Vater …»

«Ja?»

«Mein Vater hatte inzwischen eine Geliebte. Tante Ming.»

«Tante Ming? Aber das ist doch die Frau meines Bruders», rief Yuqian entsetzt.

«Nachdem du geflüchtet bist, kam dein Bruder Diqian für mehr als sechs Jahre ins Gefängnis. So passierte es dann: Mutter auf dem Land und Onkel Diqian im Gefängnis. Da wurden mein Vater und Diqians Frau ein Paar. Wir Kinder bekamen das genau mit, denn die beiden schlossen sich immer im Schlafzimmer ein. Mein ältester

Bruder hat das alles in sein Tagebuch geschrieben. Mutter hat es nach seinem Tod gelesen.»

Leis ältester Bruder hatte jahrelang in einer Chemiefabrik arbeiten müssen. Während der Kulturrevolution schickte man die Jugendlichen statt in die Schule zur körperlichen Arbeit in die Landwirtschaft und in Fabriken, häufig weit entfernt von zu Hause. Der Bruder kam in den äußersten Nordosten Chinas. Dort wurde er krank. Er soll nicht der Einzige gewesen sein, der nach seiner Rückkehr aus jener Chemiefabrik an Leukämie starb.

«Nach Maos Tod und dem Fall der Viererbande sollte Mutter nach sechs Jahren endlich rehabilitiert werden. Doch mein Vater tat alles, um das zu verhindern. Er hatte Angst, dass sie ihn wegen seines Ehebruchs anschwärzen würde. Die Partei vertritt ja hohe moralische Werte, da hatte er als Parteimitglied natürlich schlechte Karten. Deshalb behauptete er, Mutter hätte schon immer konterrevolutionär gedacht, schon seit ihrer Jugend. Diese Gedanken würden ihr sozusagen im Blute stecken. Dadurch gelang es ihm, ihre Rehabilitation um drei Jahre zu verzögern. Mutter ist daran fast zugrunde gegangen. Erst letztes Jahr kehrte sie endlich auf ihre alte Position in den Frauenverband zurück, und inzwischen sind die beiden auch geschieden.»

Manchmal fürchtete sich Yuqian regelrecht vor den Antworten, die ihm die Nichte auf seine Fragen geben würde. Ich hörte mir das alles an, schaute in das Gesicht dieser jungen Frau, sah die Tränen, die sie weinte, wenn sie von den Qualen ihrer Mutter berichtete. Dreiundzwanzig Jahre war sie alt. Was hatte sie schon alles gesehen und miterlebt! Gut, dass wir sie zu uns geholt haben, nun würde sich ihr Leben ändern. Sie hatte endlich eine Perspektive.

Yuqian darf nach Hause

Eines Tages bekommt das Chinaseminar der Universität Hamburg hohen Besuch: eine Delegation der Chinesischen Akademie der Sozialwissenschaften. Yuqian fällt fast in Ohnmacht, als er den Namen des Delegationsleiters hört: Professor Du Ganquan, Generalsekretär der Akademie und einer der besten Freunde seines Vaters. Zwischen den beiden kommt es zu einem dramatischen Gespräch. Yuqian will nicht länger akzeptieren, dass er noch immer als Konterrevolutionär gilt. Hat die neue Regierung in Peking nicht längst die Kulturrevolution als großen Fehler kritisiert? Sind die Opfer des politischen Terrors nicht inzwischen rehabilitiert worden? Warum er noch nicht? Auch er sei ein Opfer, und er möchte endlich seine Familie besuchen. Für seine Mutter sei es zu spät, aber der Vater, soll er den auch nicht mehr wiedersehen dürfen?

Der väterliche Freund bringt beim anschließenden Besuch der chinesischen Botschaft in Bonn Yuqians Fall zur Sprache. Der Mann genießt hohes Ansehen. Innerhalb der Funktionärshierarchie kommt seine Position der eines Ministers gleich. Sein Wort hat Gewicht, und es bleibt auch in Bonn nicht ungehört. Die Botschaft schickt einen Bericht an das chinesische Außenministerium. Yuqian soll nach China zurückkehren dürfen. Ein Jahr lang hören wir nichts, doch dann, kurz vor Weihnachten 1980, kommt plötzlich ein Anruf aus Bonn: Yuqian könne jederzeit nach Hause fahren. Es ist das schönste Weihnachtsgeschenk, das er je erhalten hat. Um ganz sicher zu gehen, fährt er sofort nach Bonn und lässt sich ein Besuchsvisum in seinen deutschen Pass stempeln. Nun besteht kein Zweifel mehr. Dreizehn Jahre sind seit Yuqians Flucht vergangen, dreizehn Jahre, in denen er bei den chinesischen Behörden als Konterrevolutionär und Verräter galt. Jetzt darf er endlich heimkehren.

«Besuchen Sie Ihren Vater», sagen ihm die chinesischen Beamten, «und schauen Sie sich China an. Es hat sich viel verändert in den letzten Jahren.»

Yuqian kann es kaum erwarten. Lieber heute als morgen möchte er aufbrechen, und ich soll mitkommen. Endlich werde ich sie alle kennen lernen: den Vater, die Geschwister, Onkel und Tanten, Cousins und Cousinen, Neffen und Nichten – meine ganze chinesische Familie.

Ankunft in Peking

«Sehr geehrte Fahrgäste, in Kürze erreichen wir Peking, die Hauptstadt der Volksrepublik China ...» Eine freundliche Frauenstimme gibt über die Lautsprecheranlage Informationen zu der Geografie, der Geschichte und den Sehenswürdigkeiten Pekings. Als hätte die

Stimme das Zeichen zum Aufbruch gegeben, kommt plötzlich Leben in den Waggon. Abteiltüren werden aufgeschoben, Mitreisende treten auf den Gang hinaus, recken und strecken sich unter lautem Gähnen. Ist vorher nur gedämpftes Gemurmel zu hören gewesen, wird nun auf einmal laut gesprochen, gescherzt und gelacht. Nach fast vierzig Stunden und rund 2300 Kilometern sind die anderen wohl genauso froh wie wir, dem Ziel so nah zu sein. Obwohl noch mindestens zwanzig Minuten bis zur Ankunft in Peking bleiben, hält uns nichts mehr auf den Plätzen. Wir angeln die vielen Gepäckstücke von der Ablage herunter und ziehen unsere Mäntel an. Mit Puderdose und Lippenstift versuche ich meinem müden Gesicht ein frisches Aussehen zu geben. Yuqian glaubt mit Nikotin denselben Effekt erreichen zu können und geht zum Rauchen auf den Gang, wo ein paar andere Mitreisende schon an den offenen Fenstern stehen und qualmen. Er nickt ihnen freundlich zu, und diese beantworten seinen Gruß mit einem erleichterten «Bald sind wir da, nur noch zwanzig Minuten!». Ein stattlicher Herr mittleren Alters in dunkelbrauner, wattierter Jacke gesellt sich zu ihm und bietet ihm eine Zigarette an: «Hier, nehmen Sie mal eine von unseren chinesischen Zigaretten. Sie rauchen doch sonst nur ausländische, oder?»

Woher weiß er das? Hat es sich inzwischen herumgesprochen, dass Yuqian aus dem Ausland kommt? Ein Blick hinaus auf den Gang klärt mich auf. Da steht mein lieber Yuqian mit schwarzer Baskenmütze und dunkelgrünem Lodenmantel. In dieser Aufmachung muss er ziemlich exotisch auf die anderen wirken, die alle einheitlich geschnittene dunkelgraue Wollmäntel oder wattierte dunkelblaue Steppjacken tragen.

Yuqian nimmt die Zigarette dankend an und wirft einen interessierten Blick auf die Packung, die ihm sein Gegenüber stolz hinhält. Es ist wohl wieder eine jener chinesischen Edelmarken.

«Die ausländischen Zigaretten sind mir zu stark», sagt der freundliche Herr und gibt Yuqian Feuer. Beide rauchen und schauen eine Weile aus dem Fenster. Unter klarem blauem Himmel und bei strahlendem Sonnenschein liegt die nordchinesische Landschaft in tiefem Frost.

«Schon seit mehreren Monaten hatten wir hier keinen Niederschlag», sagt der Mann, «weder Regen noch Schnee.»

In einiger Entfernung verläuft parallel zum Schienenstrang eine staubige Landstraße, auf der reger Betrieb herrscht. Lastwagen fahren mit unserem Zug um die Wette. Sie hupen sich den Weg frei von kleinen Traktoren, Mauleselgespannen, Radfahrern und Fußgängern. Die Menschen sind eingemummelt in Jacken und Mäntel, die Männer tragen Fell- und Schiebermützen, die Frauen schützen ihren Kopf mit Wolltüchern und Schals. Einige haben zum Schutz vor der kalten Luft einen weißen Mundschutz angelegt.

«Der Himmel ist ungerecht», seufzt Yuqian. «Ich lebe in Deutschland, und dort regnet es ständig.»

Wie kann man nur so übertreiben!

Der Mann betrachtet Yuqian mit großer Bewunderung. «Sie sprechen unsere Sprache wirklich ausgezeichnet.»

«Wie meinen Sie das?», fragt Yuqian irritiert.

«Na ja, ich meine, dass Sie ausgezeichnet Chinesisch sprechen.»

«Aber ich bin Chinese.»

«Ach!» Der Mann vergisst für einen Moment, den Mund zu schließen, doch dann fasst er sich wieder. «Sie sehen aber irgendwie ausländisch aus.»

«Unsinn!», sagt Yuqian und tippt sich auf die Nase. «Sieht so ein Ausländer aus?»

«Nein, eigentlich nicht», gibt sein Gegenüber kleinlaut zu. «Aber Sie sagten doch selbst, dass Sie in Deutschland leben und», mit einer Kopfbewegung deutet er auf mich, «ist das dort nicht Ihre Frau?»

«Ja, und?», fragt Yuqian, doch er kommt nicht weiter. Die Zugbegleiterin taucht plötzlich mit einem feuchten Mopp auf und feudelt den Teppichläufer, der sich über den langen Gang erstreckt. Schon vor einer guten Stunde hat sie mit den Aufräumarbeiten begonnen. Bei Ankunft in Peking müsse der Waggon sauber sein, erklärte sie uns. Zuerst putzte sie mit viel heißem Wasser die Toiletten an beiden Enden des Ganges und schloss sie dann sinnigerweise ab. So bleiben sie bis zur Ankunft sauber, sagte sie. Das scheint so üblich zu sein, denn niemand protestiert. Zum Glück verspüre ich kein entsprechendes Bedürfnis, obwohl mich der Gedanke, nicht mehr zur Toilette gehen zu können, ziemlich nervös macht. Nach der Toilettenarie sammelte sie das Bettzeug und den Müll zusammen und fegte schließlich mit einem Strohbesen den Boden.

«Glauben Sie, dass der Teppich dadurch sauberer wird?», fragt Yuqian etwas provokant.

«Das machen die immer so», erklärt sein neuer Bekannter.

«Natürlich wird er dadurch sauber», sagt die junge Frau und lacht entwaffnend. «Sonst würde ich es doch nicht tun.»

Yuqian kommt kopfschüttelnd ins Abteil zurück. Mit einem Seufzer lässt er sich auf die Sitzbank fallen: «Ich bin gespannt, wer uns vom Bahnhof abholt. Meine Schwester und mein Bruder kommen bestimmt. Die haben immer zu mir gehalten. Aber die anderen?»

«Die anderen können dir egal sein.»

Yuqian schüttelt lächelnd den Kopf. «Aber nein, einige von ihnen stehen mir sehr nahe.»

Jene anderen sind zwei Halbgeschwister und sieben Cousins und Cousinen väterlicherseits, die er ebenfalls Geschwister nennt, was mich anfangs immer verwirrt hat. «Wart ihr denn zwölf Kinder zu Haus?», fragte ich ihn, als er sie einmal alle aufzählte: Yingqian, Jingqian, Minqian, Diqian, Zhiqian, Shenqian und so weiter.

«Wir waren nur zu dritt», erklärte er mir. «Schwester Minqian, Bruder Diqian und ich als der Jüngste. Doch mein Vater hat mit seiner zweiten Frau noch zwei weitere Kinder bekommen. Die anderen sieben *-qian* sind die Kinder meines Onkels.»

Nach alter Sitte haben alle Kinder einer Generation denselben Generationsnamen, hier: *-qian*. Wo immer jemand auftaucht, der den Familiennamen *Guan* und den persönlichen Namensbestandteil *-qian* trägt, kann es sich eigentlich nur um ein Mitglied von Yuqians Familie und seiner Generation handeln.

«Ob dein Vater zum Bahnhof kommt?»

«Mein Vater? Aber nein», sagt er fast ein wenig vorwurfsvoll, als hätte ich etwas Unmögliches verlangt. «Wie kann der Vater zum Sohn kommen! Ich muss zu ihm gehen.»

Da haben wir es wieder: Der Vater ist stockkonservativ. Ich werde also doch einen Kotau machen müssen, genau wie es Yuqians Freund Chuan in Hongkong gesagt hat.

Chuan ist ein großer, kräftig gebauter Nordchinese mit schmalen Lippen und herabhängenden Mundwinkeln. Er lud uns in Hongkong in ein Dimsum-Restaurant ein. Dimsum sind eine Art Vorspeisen, die in kleinen Portionen zum Tee serviert werden und mit denen man ein ganzes Mittagessen bestreiten kann. Ich liebe es,

Dimsum zu essen, doch an jenem Tag in Hongkong zusammen mit Chuan verging mir der Appetit.

«Weißt du, dass du vor deinem Schwiegervater einen Kotau machen musst?», fragte er mich ganz unvermittelt, woraufhin ich mich fast an einer Krabbe verschluckte. Sollte das ein Witz sein? Sicher: In alter Zeit gehörte der dreimalige Kotau des Brautpaares vor den Eltern des Bräutigams zum Hochzeitsritual. Doch diese Zeiten sind längst vorbei.

«Einen Kotau? Du willst mich wohl auf den Arm nehmen. So etwas macht man doch heute nicht mehr. Außerdem sind wir schon seit einigen Jahren verheiratet und kein Brautpaar mehr.»

«Trotzdem!», beharrte Chuan. «Dein Mann entstammt einer alten konservativen Beamtenfamilie. Da ist es üblich, dass die Schwiegertochter bei der ersten Begegnung einen Kotau macht, zumindest muss sie niederknien.»

Yuqian winkte ab: «Erzähl keinen Unsinn! Einen Kotau macht man vielleicht noch auf dem Land, aber nicht in Peking. Außerdem ist mein Vater ein alter Revolutionär. Der hat schon die Studentenbewegung von 1919 mitgemacht. Der will von traditionellen Bräuchen nichts mehr wissen.»

«Dann wart's mal ab», konterte Chuan. «Ich kenne doch deinen Alten. Revolution hin, Revolution her – tief im Herzen ist er stockkonservativ. Er ist nur nach außen hin Revolutionär. Wie ein Radieschen, außen rot und innen – na ja, eben ein echter Konfuzianer. Ich wette, du wagst es bis heute nicht, ihn zu siezen, geschweige denn zu duzen, oder?»

Yuqian druckste ein wenig herum, bis er schließlich zugab, seinen Vater nur in der dritten Person anzusprechen.

«Siehst du», triumphierte Chuan, «hab ich es nicht gesagt? Stockkonservativ sind die Nordchinesen.»

«Wie kann man jemanden in der dritten Person anreden?», wunderte ich mich.

«Ganz einfach», meinte Yuqian. «Ich frage ihn: Wie geht es Vater? Möchte Vater etwas essen?» Er zuckte ein wenig ratlos mit den Schultern. «So ist es eben üblich.»

«Also, du kannst dich schon mal seelisch auf deinen Kotau vorbereiten», sagte Chuan und grinste schadenfroh. Ich wusste nicht, ob ich ihm glauben sollte.

So nahe an Peking geht mir der Kotau nicht mehr aus dem Sinn. Wie macht man den überhaupt? Einen Knicks – ja, den hatte ich als Kind gelernt, aber meine Spezialität war das Knicksen nie. Und nun einen Kotau, das ist wirklich das Letzte! Da fährt man voller Freude nach Peking, und plötzlich soll man sich seinem Schwiegervater vor die Füße werfen. Wie im Mittelalter. Nein, ausgeschlossen! Das werde ich nicht machen. Außerdem ist der Vater ein alter Revolutionär, das hat Yuqian jedenfalls immer behauptet. Der wird sicher keinen Kotau von seiner Schwiegertochter verlangen. Oder doch? Vielleicht ist er im Alter wieder rückständig geworden. So etwas kann ja passieren. Immerhin ist er schon fünfundachtzig Jahre alt. Als unsere Freunde Cheng und Dörte nach Indonesien fuhren, passierte denen auch etwas Seltsames. Der Vater schien sich über den Besuch des frisch verheirateten Paares riesig zu freuen, jedoch strahlte er immer nur seinen Sohn an, während er Dörte keines Blickes würdigte. «Ich existierte für meinen Schwiegervater überhaupt nicht», beklagte sie sich nach ihrer Rückkehr. «Erst als ich ihm kurz vor unserem Abflug noch einmal zuwinkte, da lachte er mich plötzlich an. Wahrscheinlich war er froh, dass ich endlich abflog.» Yuqian wollte sich totlachen über diese Geschichte. «Dein Schwiegervater scheint ein echter Konfuzianer zu sein. Der darf dich gar nicht direkt anschauen. Das wäre unanständig.»

Nur noch wenige Minuten bis zur Ankunft! Kerzengerade sitzen wir auf unseren Plätzen und schauen wortlos aus dem Fenster. Ich spüre Yuqians Erregung und merke, wie sie auch auf mich übergeht. Tausend Gedanken schwirren mir durch den Kopf. Wie mich die Familie wohl aufnehmen wird? Plötzlich kommt so eine ausländische Schwiegertochter anspaziert. Vor vier Jahren fand Yuqian es noch zu gefährlich, als ich seine Familie besuchen wollte, und nun soll es ungefährlich sein? Vielleicht lassen sie mich gar nicht zu sich ins Haus? Wer weiß, was sie von Europäern überhaupt halten. Gut, dass ich keine Engländerin oder Französin bin. Der deutsche Kolonialismus war in China glücklicherweise nur von kurzer Dauer. Engländer und Franzosen haben da viel mehr auf dem Kerbholz. Von daher können sie mich eigentlich nicht ablehnen. Aber vielleicht finden sie es ganz allgemein unangenehm, eine Ausländerin in ihre Familie aufnehmen zu müssen. Wie oft habe ich mich in Hamburg über chinesische Eltern amüsiert, weil diese meistens hoffen, dass ihre Kinder sich chinesische Ehepartner suchen. Sie meinen, Ausländer würden das Familienleben kompliziert machen. Allein schon, dass sie «ausländisch» sagen, bringt mich jedes Mal auf die Palme. «Wir sind in Deutschland, wieso sprecht ihr da von den Deutschen als Ausländern?!» Aber so sind sie, die Chinesen. Wo immer sie sich aufhalten, sind stets die anderen die Ausländer. Deutsche seien zu individualistisch, zu egoistisch, sagte mir erst kürzlich eine chinesische Bekannte, die für ihren Sohn dringend eine chinesische Frau sucht. Leider gefallen dem Sohn deutsche Mädchen besser, was sie kreuzunglücklich macht. «Was sollen wir tun, wenn wir alt sind? Deutsche haben doch keinen so ausgeprägten Familiensinn wie wir», klagte sie. «In chinesischen Familien kümmern sich die Kinder um ihre alten Eltern. Die meisten leben mit ihnen unter einem Dach und unterstützen sie finanziell. Wird das eine deutsche Schwiegertochter akzeptieren, und wird sie ihre alte chinesische Schwiegermutter pflegen? Sicherlich nicht.» Also ist klar, dass es für manche chinesischen Eltern nichts Schlimmeres gibt, als ein ausländisches Familienmitglied zu bekommen. Warum sollte das bei den Guans anders sein? In den deutschen Familien ist es doch ähnlich. Meine Eltern waren ja auch nicht gerade begeistert, als ich ihnen einen Ausländer präsentierte.

Langsam fährt der Zug in den Pekinger Hauptbahnhof ein. Yuqian springt auf, tritt auf den Gang hinaus und zieht mit zitternden Händen das Fenster herunter, das die Zugbegleiterin erst kurz zuvor geschlossen hatte.

«Sei vorsichtig!», rufe ich ihm zu, als er seinen Kopf hinausstreckt. Doch dann stelle ich mich neben ihn und mache es genauso. Der Bahnsteig ist schwarz von Menschen, die erwartungsvoll auf den einfahrenden Zug schauen. Einige laufen lachend und winkend nebenher, anscheinend haben sie schon ihre Leute entdeckt, die sie abholen wollen. Das Herz klopft mir bis zum Hals und meine Knie zittern vor Aufregung. Ein junger Mann fällt mir auf. Wie ein Ball hüpft er in die Luft und schwenkt stürmisch seine Mütze. Er lacht und weint und schreit aus voller Kehle: «Kleiner Onkel, kleiner Onkel!» Mir stockt der Atem. Der schaut in unsere Richtung. Der meint uns! Noch bevor ich etwas sagen kann, hat auch Yuqian ihn entdeckt, streckt beide Arme aus dem Fenster und ruft einen Namen, den ich so schnell nicht einordnen kann. Mit einem Mal kommt Bewegung in die blau, grau und schwarz gekleidete Gruppe, die den jungen Mann umgibt. Etwa zwanzig, dreißig Personen reißen ihre Arme in die Höhe und schreien: «Yuqian! Yuqian! Seht doch! Da ist er! Da ist er!» Sie rennen los, laufen neben unserem Fenster her, rufen seinen Namen und greifen nach seinen Händen.

«Yuqian!»

«Kleiner Bruder Yuqian!»

«Großer Bruder Yuqian!»

«Kleiner Onkel!»

«Großer Onkel!»

«Großer Schwager!»

Du großer Gott! Mir wird ganz schwindelig. Wie war das noch? Großer Onkel, kleiner Onkel? Alle meinen sie doch ein und dieselbe Person. Allein durch die verschiedenen Bezeichnungen, mit denen sie nach Yuqian rufen, müsste ich ableiten können, ob es sich um jüngere oder ältere Verwandte mütterlicher- oder väterlicherseits handelt. Die chinesische Sprache unterscheidet da ganz präzise nach dem Verhältnis, in dem eine Person zur anderen steht: Zum Beispiel ist ein Bruder eben nicht nur ein Bruder, sondern entweder ein jüngerer *didi* oder älterer Bruder *gege;* ein Onkel mütterlicherseits heißt *xiaojiu*, wenn er jünger ist als die Mutter, ist er älter, heißt er *dajiu*, stammt er aus der väterlichen Linie und ist jünger als der Vater, heißt er *xiaoshu*, ist er älter, wird er *dabo* genannt. Ich habe die Begriffe alle gelernt, doch in diesem Durcheinander verliere ich den Überblick.

Endlich hält der Zug. Der junge Mann reißt die Tür zu unserem Waggon auf und zwängt sich an den Fahrgästen vorbei. Weinend fällt er Yuqian in die Arme.

«Kleiner Feng!», schreien die anderen draußen auf dem Bahnsteig. «Reich das Gepäck heraus!» Das Gepäck aus dem Fenster hieven? Ich schaue mich um. Tatsächlich sind einige andere Fahrgäste schon dabei, Koffer und Taschen durch die Fenster zu schieben.

«Schnell!» Yuqian löst sich aus der Umarmung und schlägt dem jungen Mann lachend auf die Schulter. «Hilf mir mit dem Gepäck!»

Ruck, zuck verschwindet ein Stück nach dem anderen durch das Fenster und wird von den Verwandten in Empfang genommen. Nur der Karton mit dem Fernseher – wie man ihn auch dreht und wendet, er passt einfach nicht hindurch.

«Lass nur, den trage ich hinaus», sagt der junge Mann und arbeitet sich mit dem Karton in Richtung Ausgang vor. Wir folgen ihm, steigen aus dem Zug und wühlen uns durch die Menschenmassen zu den Verwandten, wo Yuqian in einer Woge von Umarmungen verschwindet. Die einen weinen, die anderen lachen, manche tun beides. Ich merke, dass auch mir die Tränen in die Augen steigen. Jetzt bloß die Fassung bewahren! Vor Aufregung zittere ich am ganzen Körper. Ich komme mir verloren vor, niemand kümmert sich um mich, alle konzentrieren sich auf Yuqian, ich fühle mich richtig fehl am Platze. Doch da taucht der junge Mann wieder auf, greift mit beiden Händen nach meiner Hand und schüttelt sie kräftig.

«Ich bin Feng», ruft er mit überschwänglicher Freude, und es klingt wie eine Verkündung, als hätte ich nun den wichtigsten Teil der Familie kennen gelernt. Seine großen Augen strahlen, und das von Aknenarben zerfurchte Gesicht glänzt unter einem Schleier aus Schweiß und Tränen. Feng – ja richtig, das ist Yuqians Neffe, der zweite Sohn seiner Schwester Minqian. Er kann vor Begeisterung gar nicht aufhören, meine Hand zu schütteln: «Ich bin so glücklich, dass ihr endlich da seid», sagt er schon zum dritten Mal.

Nun kommen auch die anderen, umkreisen mich und reden alle durcheinander:

«Petra, how do you do!»

«Welcome to Peking!»

«Ni hao!»

Meine Hand wandert von einer Hand zur anderen. Yuqian drängt sich heran, in seinem Arm eine ältere schlanke Frau, deren Kopf er zärtlich an seine Wange drückt.

«Das ist Minqian, meine Schwester», sagt er.

Die ältere Schwester! Wie stolz er immer von ihr erzählt hat! Sie sei die Beste gewesen in der Schule, an der Universität und im Berufsleben auch. Ihr Englisch soll fantastisch sein. Ich schaue in ihr blasses, etwas verhärmt wirkendes Gesicht. Da schenkt sie mir ein strahlendes Lächeln: «Petra! Welcome to our family!», ruft sie und umarmt mich. Doch schon im nächsten Moment nimmt sie wieder eine straffe Haltung ein.

«Weißt du, wer ich bin?», drängelt sich eine Frau mit Lockenkopf und spitzbübischem Lächeln an meine Seite und tippt sich auf die Nase.

Ich ahne es. Gut, dass Yuqian mir so viel von seinen Verwandten erzählt hat und ich mir ihre Namen und kleinen Marotten merken konnte.

«Ja, klar: Zhiqian», pariere ich, und da fällt mir auch ihr Spitzname ein. «Schwesterchen!» Anscheinend hätte ich der Cousine keine größere Freude machen können. Doch schon wird sie von einer jungen, resolut wirkenden Frau zur Seite geschubst.

«I am Yiqian, Yuqian's younger sister. Just call me Yilla.» Flott in ihren Bewegungen und zackig im Ton, hätte sie eigentlich nur noch zu salutieren brauchen. Ein fester Händedruck und ein pfiffiger Gesichtsausdruck, genau so habe ich mir Yuqians jüngere Halbschwester vorgestellt. Ich muss lachen, will gerade etwas zu ihr sagen, da drängen schon die Nächsten heran. Eine ältere Frau, an deren Seite zwei junge Mädchen mit langen Zöpfen kleben, ergreift meine Hand. Tränen kullern ihr über das Gesicht, vor Rührung bringt sie kein Wort heraus.

«Das ist Huishan», übernimmt sogleich Halbschwester Yilla die Vorstellung der Cousine und ergänzt, auf die beiden Mädchen weisend: «Das sind ihre Töchter Jingjing und Honghong, und dieser Herr …», dabei schlägt sie schnippisch lachend einem großen kräftigen Mann auf die Schulter, «ist Schwager Weidong.»

Ich habe diesen Schrank von einem Kerl schon bemerkt, der mit seiner Größe alle anderen überragt und sich jetzt vor mir aufbaut.

«Unglaublich, was Yuqian für ein Glück hat! So eine hübsche Frau!», schmettert er in die Runde und schüttelt mir die Hand. Ich fühle mich richtig geschmeichelt.

«Guten Tag, Weidong», sage ich höflich, und da fällt mir ein, dass er es war, der uns die lange Wunschliste geschickt hatte. Eigentlich wirkt er ganz nett. «Ich habe schon viel von dir gehört.»

«So? Weißt du denn überhaupt, wer ich bin?», fragt er lachend.

«Sicher! Du bist der Mann von Cousine Huishan, der Vater von Jingjing und Honghong.»

«Nun hört euch das an! Sie spricht ja fließend Chinesisch!», poltert Weidong los und rollt mit den Augen. Welch unglaublich lautes Organ er hat! Yuqian schiebt ihn ungeduldig zur Seite, den Arm um die Schultern eines schmalen Mannes geschlungen, dem es in seinem etwas schäbig wirkenden blauen Mao-Anzug sichtlich unangenehm ist, in den Vordergrund geschoben zu werden. Als Weidong die beiden sieht, tritt er respektvoll zur Seite. Ich schaue in ein fein geschnittenes, unrasiertes Gesicht. Auf der Nase sitzt eine durchsichtig gerahmte Brille, auf dem Kopf eine tief in die Stirn gezogene blaue Schiebermütze.

«Das ist Diqian, mein Bruder», sagt Yuqian. Für einen Moment halte ich die Luft an. Mehr als sechs Jahre hat dieser Mann im Gefängnis gesessen, weil man glaubte, er hätte Yuqian zur Flucht verholfen. Dabei war er völlig ahnungslos gewesen.

«Ich bin sehr glücklich, dass ihr endlich nach Hause kommt», sagt der Bruder leise und reicht mir lächelnd seine Hand. Ich spüre seinen festen Händedruck. Ja, ich glaube, er meint es ehrlich. Er ist tatsächlich glücklich, dass sein Bruder endlich heimkehrt.

Diqian tritt zurück und macht höflich einem anderen Herrn Platz.

«Ich bin Shenqian, Yuqians Cousin», stellt sich dieser mit einer Verbeugung vor.

«Ich bin Daqian», kommt der Nächste, ein schlanker, hoch gewachsener Mann. Ganz klar, das muss auch ein Cousin sein, wie das *-qian* in seinem Namen verrät.

Ein junger spindeldünner Mann, der nicht so recht weiß, wohin mit seinen Händen, tritt an mich heran. Er macht eine steife Verbeugung und lächelt schüchtern: «Ich bin Bao'er.»

Bao'er? Himmel! Wer war das noch?

«Ich bin Yuqians jüngerer Bruder», kommt er mir zu Hilfe und tritt unruhig von einem Bein auf das andere. Richtig! Der Halbbruder, und der einzige von den Geschwistern ohne den Generationsnamen. Beim letzten Kind hatte der Vater genug von den alten Traditionen und nannte seinen Sohn Paul, chinesisch: *Bao'er*, nach der Heldengestalt in Ostrowskis Roman «Wie der Stahl gehärtet wurde». Das Buch soll ihn total begeistert haben.

«Das ist Yaping», stellt Bao'er eine junge Frau vor, die neben ihm steht. Sie hat leicht gewellte halblange Haare, lustige Augen und ein strahlendes Lächeln. Mit forschendem Blick schüttelt sie meine Hand. Wer ist das bloß? Sie gefällt mir auf den ersten Blick. Doch ihren Namen habe ich noch nie gehört.

«Yaping und Bao'er haben gerade geheiratet», verkündet Schwester Minqian. Aha, also ist sie meine Schwägerin.

Von rechts, von links, von vorn und von hinten drängen sich weitere Menschen heran und begrüßen mich, einige herzlich, andere zurückhaltend und schüchtern. Die Cousinen und Cousins haben anscheinend auch alle ihre Kinder mitgebracht, das Händeschütteln will kein Ende nehmen, und ich verliere den Überblick, wen ich schon begrüßt habe und wen nicht, jedenfalls habe ich allmählich das Gefühl, dass ich manche Hand schon zum zweiten Male schüttle. Endlich bläst Halbschwester Yilla zum Aufbruch: «Lasst uns gehen!», ruft sie, woraufhin sich die riesige Gesellschaft in Richtung Ausgang bewegt.

Yuqian schaut mich glücklich an: «Ist das nicht herrlich? Sie sind alle gekommen. Alle!»

«Bis auf deinen Vater.»

«Ja, aber das habe ich dir ja schon erklärt.» Er tippt seiner Halbschwester auf die Schulter. «Wann sehen wir Vater?»

Yilla wirft einen prüfenden Blick auf ihre Uhr. «Vater erwartet euch heute Abend um sieben. Wir müssen uns ranhalten. Zuerst bringen wir euch ins Gästehaus des Staatsrates. Dort hat Vater für euch ein Zimmer gemietet und auch schon für fünf Uhr das Abendessen bestellt.»

Vor dem Bahnhofsgebäude warten ein Minibus und mehrere Pkws auf uns. Cousin Daqian arbeitet als Mechaniker bei den Pekinger Busbetrieben. Es war für ihn angeblich ein Leichtes, diese kleine Karawane zu organisieren. Schon kurz darauf fahren wir in einer Kolonne vom Bahnhof in den Nordwesten der Stadt.

Unser Zimmer im Gästehaus des Staatsrates entpuppt sich als verstaubte Suite mit der Gemütlichkeit eines Wartesaals. In dem hellblau gestrichenen Wohnzimmer macht sich eine klobige Sesselgarnitur breit, deren hellbraune baumwollene Schonbezüge an den Kopf- und Armlehnen mit weißen Spitzendeckchen verziert sind. Auf der Glasplatte des niedrigen Couchtisches stehen vier hohe Deckeltassen, eine Teedose und zwei Thermoskannen. Dunkle dicke Teppiche schlucken das Geräusch eines jeden Schrittes. Im Schlafzimmer funkeln silbriggrüne Tagesdecken auf den Betten, zwischen den Kopfenden steht ein Nachttisch mit rosa Schirmlämpchen, vor dem Fenster ein Schreibtisch mit Stuhl, der auch wieder einen Schonbezug trägt.

«Gemütlich, nicht?», ruft Halbschwester Yilla begeistert. Erwartungsvoll öffnet sie die Tür zum Bad.

«Vater meint, seine ausländische Schwiegertochter brauche unbedingt eine Badewanne mit fließend heißem und kaltem Wasser, sonst hättet ihr nämlich auch bei uns wohnen können; aber leider verfügen wir über keine angemessenen sanitären Anlagen.»

Schwester Minqian drückt mich sanft, aber energisch in einen Sessel: «Ruh dich erst einmal aus!»

«Nicht nötig. Ich konnte mich zwei Tage lang im Zug ausruhen.»

Doch sie lässt nicht locker: «Das war eine anstrengende Reise. Du musst dich ausruhen.»

Ich bin viel zu aufgeregt, als dass ich jetzt stillsitzen könnte. Aber es hilft nichts. Ausruhen ist angesagt. Minqian schaut freundlich, aber streng.

Yuqian verteilt derweil die restlichen Sitzplätze und schickt zwei Neffen hinaus, um Stühle zu organisieren, was schnell getan ist. Ein Zimmermädchen betritt den Raum mit einem Tablett voller Tassen mit dampfendem Tee. Sie stellt das Tablett auf den Tisch und will die Tassen verteilen. Doch Bruder Diqian nimmt ihr die Arbeit ab. Das Mädchen verlässt den Raum, und für einen Moment herrscht Stille, unterbrochen nur von dem lauten Schlürfen, mit dem wir den heißen Tee trinken. Ich schlürfe längst genauso gut wie jeder Chinese, mitunter sogar noch lauter.

Neffe Feng fühlt sich für das Fotografieren zuständig und meint, dass jetzt unbedingt die ersten Erinnerungsfotos geschossen werden müssen. Er knipst jedoch nicht einfach drauflos, wie Yuqian es machen würde, der immer sagt: Je natürlicher eine Szene, desto besser. Nein, bei Feng sollen wir uns in Positur setzen, und zwar auf möglichst engem Raum, damit auch alle auf das Bild passen. Die klobigen, schweren Sessel sind dafür denkbar ungeeignet. Also stehen wieder alle auf, verschieben die sperrigen Möbel, reihen die Stühle auf und beratschlagen, wer wo sitzen soll. Endlich hocken die Jüngsten auf dem Boden vor den Älteren, die sich auf den Stühlen steif in Positur setzen, und dahinter stehen die Großen.

Punkt fünf Uhr geht es zum Abendessen in einen schlecht beleuchteten, eiskalten Speisesaal. Zum Glück haben wir alle unsere

Mäntel dabei, sonst könnte man sich glatt den Tod holen. Anscheinend gibt es keine weiteren Gäste in diesem Gästehaus, denn es herrscht gähnende Leere. Von den vielen runden Tischen sind nur zwei gedeckt. Halbschwester Yilla weist Yuqian und den Geschwistern, Cousinen und Cousins einen der beiden Tische zu, an den anderen soll ich mich mit den Kindern setzen, unter denen sofort ein lautstarkes Gerangel um die Plätze losgeht. Kichernd versuchen sie sich gegenseitig auf die beiden Ehrenplätze zu meiner Seite zu bugsieren. Endlich einigen sie sich, und ich entdecke links von mir Nichte Zhihong, jüngste Tochter von Cousine «Schwesterchen», und rechts Neffe Fan, der in Vertretung von Cousine Yingqian, seiner Mutter, extra aus dem fernen Shanghai angereist ist.

Zwei mürrisch dreinschauende Kellnerinnen schlurfen heran und knallen fünf Flaschen Limonade und zwei Flaschen Bier auf den Tisch. Mit ihren weißen Kitteln und Mützen erinnern sie an Krankenhauspersonal. Offenbar sind sie recht ungehalten darüber, dass sich ein paar Gäste in ihren großen Speisesaal verirrt haben.

«Was willst du trinken, Tante?», fragt mich Fan, springt von seinem Stuhl auf und greift nach einer Flasche Limonade.

«Warte!», ruft Feng. «Die Tante kommt aus Deutschland und trinkt bestimmt lieber Bier. Alle Deutschen mögen Bier, stimmt's?»

«Klar!», antworte ich. Bier ist mir wirklich lieber als süße Limonade.

Fan gießt mein Glas randvoll, ohne die Schaumbildung zu bedenken. Prompt schäumt das Bier über den Rand hinweg und verursacht eine kleine Überschwemmung. Blitzschnell beuge ich mich vor und trinke hastig ein paar Schlucke, um weiteres Überlaufen zu verhindern. Die beiden Nichten mit den langen Zöpfen staunen. «Echt stark, wie die Tante trinken kann!», platzt Jingjing, die jüngere von beiden, heraus.

Am Nachbartisch erhebt Schwester Minqian das Glas: «Lasst uns auf Yuqians Rückkehr anstoßen!»

Alle stehen auf und erheben ihr Glas.

«Wie oft habe ich mich danach gesehnt, noch einmal mit euch allen an einem Tisch zu sitzen!», sagt Yuqian.

«Vor zwei, drei Jahren wäre das noch undenkbar gewesen», stellt Halbschwester Yilla fest.

«Ja», bestätigt Cousin Shenqian, «es ist wirklich unglaublich, dass wir das nun erleben dürfen.»

Die Kellnerinnen knallen mehrere Platten mit Speisen auf den Tisch. Durch die heftige Bewegung schwappt Sauce über die Ränder. Eine Unverschämtheit, wie die sich aufführen! Aber vielleicht ist das ja normal, denn niemand reagiert.

«Greift zu!», ruft Yilla. «Wir müssen uns beeilen. Vater erwartet uns um sieben Uhr.»

Mein Tischnachbar Fan füllt mir von jedem Gericht einen Löffel voll auf meinen Teller. Erst dann nimmt er sich selbst.

«Fan versteht etwas von guten Manieren», lobt ihn Feng und schaut nachdenklich auf die anderen, die schon gierig essen, ohne sich um ihre Nachbarn zu scheren, wie es der gute Ton eigentlich verlangt. «Wir sollten wirklich wieder anfangen, höflich miteinander umzugehen, und zuerst unsere Nachbarn bedienen, bevor wir selbst zugreifen.»

Kaum steigt mir der Geruch der Speisen in die Nase, verspüre ich großen Appetit und esse in derselben Geschwindigkeit wie die anderen.

«Tante, du kannst ja mit Stäbchen essen!», staunt Zopfnichte Jingjing.

Kunststück – nach zehn Jahren Übung sollte das kein Problem sein.

«Ich habe schon mit Stäbchen gegessen, als du noch in die Hosen gemacht hast», flachse ich augenzwinkernd und ernte schallendes Gelächter.

«Die Tante hat Humor», ruft Nichte Zhihong und streckt zum Zeichen der Anerkennung ihren Daumen in die Höhe. Nun tauen die jungen Leute auf. Vorbei ist jede Zurückhaltung, ein Wort gibt das andere, es scheint, als wollten sie alle einmal ausprobieren, wie man mit der ausländischen Tante Witze reißt.

«Nennt mich doch einfach Petra», schlage ich vor. «Ich fühle mich noch gar nicht als alte Tante.» Mein Vorschlag verstößt gegen die Regeln der Höflichkeit, denn auch bei geringem Altersunterschied muss die höfliche Anrede geführt werden. Meine Tischnachbarn sind jedoch Feuer und Flamme und versuchen sogleich, das schwierige Wort «Petra» auszusprechen, wobei das R nach dem T schier unüberwindbare Schwierigkeiten bereitet. Sie wollen sich ausschütten vor Lachen, als ich ihre Versuche korrigiere. Merkwürdige Kehllaute erklingen, schließlich wird die chinesische Variante «Petela» für gut befunden.

So fröhlich die Stimmung an unserem Tisch, so gedrückt ist sie am Nachbartisch. Außer dem emsigen Geklapper der Stäbchen bleibt es dort still. Ab und zu höre ich tiefe Seufzer. Bruder Diqian legt schließlich Schale und Stäbchen aus der Hand und beginnt zu rauchen. Niemand spricht über die vergangenen dreizehn Jahre, über die Schrecken der Kulturrevolution, über Erniedrigungen, Ängste und Verfolgung. Kein Wort fällt über Yuqians Mutter, die nun schon seit drei Jahren tot ist. Sicherlich ist dies auch nicht der geeignete Augenblick, um über solche Dinge zu sprechen. Doch als stünde das Ungesagte im Raum, macht es wohl jede sorglose Plauderei und jedes Lachen unmöglich. So nehmen sie schweigend ihr Abendessen ein, die Geschwister, Cousins und Cousinen, eingepackt in viele Schichten wärmender Kleidung, die sie zu stämmigen Kraftpaketen verformen. Nur die feingliedrigen Hände verraten, welche schmalen Körper sich darunter verbergen. Die Frauen sind blass und ungeschminkt, mit ernstem Gesichtsausdruck, der jedoch sofort einem Lächeln weicht, sobald sich unsere Blicke treffen; die Männer qualmen mit verschlossenen Gesichtern und Schiebermützen auf dem Kopf. Was müssen diese Menschen in den letzten Jahren durchgemacht haben, sie, die zur geistigen Elite Chinas gehören. Bis auf den Mechaniker haben alle studiert, sind Diplomingenieure, Professoren, Journalisten, Wissenschaftler. Wie ein Häufchen Unglück sitzen sie da mit grauen Gesichtern, ärmlich und verhärmt. Auf so eine traurige Gesellschaft bin ich nicht vorbereitet.

Nach einer guten Stunde klatscht Halbschwester Yilla in die Hände und mahnt zum Aufbruch: «Wir müssen gehen. Vater wartet.»

Es wird Ernst. Wir stehen auf und gehen hinaus auf den Vorplatz des Gästehauses. Ich weiche Yuqian nicht mehr von der Seite. Der Mann von Cousine «Schwesterchen» legt seinen Arm um ihn und raunt ihm mit besorgter Miene zu: «Warum bist du zurückgekommen? Willst du etwa in China bleiben?»

Was? In China bleiben? Davon war doch nie die Rede.

«Nein», antwortet Yuqian. «Ich bin nur gekommen, um euch wiederzusehen.»

«Du bleibst also nicht für immer?»

«Nein.»

«Dann ist es gut», sagt der Mann und nickt erleichtert. «Glaub mir, es hat sich nicht viel geändert. Wenn du im Ausland bleiben kannst, dann bleib! Und noch etwas: Sag niemals, dass es ein Fehler war, China zu verlassen. Nicht du warst im Unrecht, sondern die Partei und ihre Politik. Ich weiß, wovon ich spreche. Ich bin selbst Parteimitglied.»

Yilla drängt: «Beeilt euch!»

Nur die Geschwister werden uns zum Vater begleiten. Eine merkwürdige feierliche Stimmung kommt auf. Wir verabschieden uns von den anderen und steigen mit den Geschwistern in den Minibus. Cousine Huishan quetscht sich in letzter Minute noch mit hinein: «Eigentlich bin ich für Yuqian wie eine Schwester», sagt sie, und keiner widerspricht. Ein Neffe schlägt von außen die Wagentür zu, alle winken noch einmal, und schon fahren wir ab.

Der Vater

Es ist kurz vor neunzehn Uhr. Peking wirkt trostlos im schummrigen Licht der wenigen Straßenlaternen. Die Fahrt geht durch einige belebte Straßen, vorbei an eingemummelten Menschen, die mit ihren unbeleuchteten Fahrrädern im gemächlichen Trott ihrem Ziel entgegenradeln. Nach kurzer Zeit biegen wir auf Geheiß der Halbschwester von der Straße ab in eine Einfahrt, an deren Eisentor ein Wachposten steht. Unser Fahrer hält an, kurbelt das Fenster herunter und lässt den Wachposten hereinschauen.

Ich ducke mich und verschwinde hinter Yuqians Rücken. Der Vater wohnt in einer Anlage für Mitglieder des Staatsrates. Ausländern sei der Besuch dort erlaubt, hat Halbschwester Yilla während der Fahrt mehrmals betont. Ich sollte mir keine Sorgen machen; die hatte ich mir eigentlich auch nicht gemacht. Doch je ausdrücklicher sie darauf hinwies, desto unwohler fühlte ich mich.

«Wohin?», fragt der Wachposten barsch.

«Wir sind die Kinder des ehrwürdigen Guan», ruft Halbbruder Bao'er. Daraufhin deutet der Wachposten einen flüchtigen Salut an und tritt zurück. Der Fahrer fährt im Schritttempo durch das Tor.

Neugierig schaue ich aus dem Fenster: Ein ungepflasterter Weg führt an drei- und vierstöckigen Wohnblocks vorbei, deren Fenster fast alle erleuchtet sind. Bäume, Hecken und kleine, verwahrloste Vorgärten vermitteln den Eindruck einer ehemals großzügig geplanten Anlage. Wir biegen ab, einmal links, dann rechts und wieder rechts. In der Mitte eines von mehreren Wohnblocks und Bäumen eingefassten Platzes türmt sich ein riesiger schwarzer Haufen.

«Was ist denn mit eurer Grünanlage passiert?», fragt Yuqian.

«Abgeschafft», sagt Yilla. «Hier liegt jetzt die Heizkohle der gesamten Siedlung – ein furchtbarer Dreck, vor allem wenn es windig ist.»

Der Wagen hält, langsam steigt einer nach dem anderen aus und geht auf einen Hauseingang zu, der mangels Beleuchtung einem schwarzen Loch gleicht. Halbbruder Bao'er brüllt etwas in Richtung eines erleuchteten Fensters, woraufhin von dort eine knappe Antwort kommt. Anscheinend hat er unsere Ankunft angekündigt. Ich stolpere unsicheren Schrittes hinter Yuqian und seinen Geschwistern her. Der Aufgang zum finsteren Treppenhaus ist voll gestellt mit Fahrrädern, an denen man sich vorbeizwängen muss. Halbschwester Yilla greift nach meiner Hand: «Vorsicht: Es sind drei Stufen bis ins Erdgeschoss.»

So sieht eine Wohnsiedlung für Mitglieder des Staatsrates aus? Ich bin sprachlos. In der Dunkelheit tasten sich meine Füße langsam über die Stufen hinweg. Meine Schultertasche verheddert sich an der Lenkstange eines Fahrrads, das mir fast entgegenfliegt, und für einen Moment glaube ich, das Gleichgewicht zu verlieren. «Wieso gibt es kein Licht? Wie kommen denn die alten Leute hier hoch?», frage ich. «Das ist ja lebensgefährlich.»

«Niemand repariert die Lampen. Vater geht deshalb abends nicht mehr aus dem Haus», sagt Yilla.

Eine von zwei Wohnungstüren öffnet sich, und Licht fällt ins Treppenhaus. Ein junges Mädchen verbeugt sich freundlich und bittet uns einzutreten. Doch niemand folgt ihrer Aufforderung. Die Geschwister verharren vor der Wohnungstür und versuchen, Yuqian als Ersten eintreten zu lassen. Der aber zögert. Das junge Mädchen wendet sich um und ruft in die Wohnung hinein: «Sie sind da.» Schon im nächsten Moment tritt am Ende des langen, hell erleuchteten Flures ein Herr aus einem Zimmer. Forschen Schrittes eilt er auf uns zu. Er trägt einen eleganten, dunkelgrauen Anzug mit Stehkragen, richtig vornehm sieht er aus. Sein volles weißes Haar glänzt silbrig, das strahlende Gesicht zeigt kaum eine Falte. Ist das mein Schwiegervater, fünfundachtzig Jahre alt und an tausend Zipperlein leidend, wie mir Yuqian erzählt hat? Ich zweifle für einen Moment angesichts dieses energiegeladenen Mannes. Er streckt Yuqian die Arme entgegen und umarmt ihn, dann packt er ihn an den Schultern und schaut ihm glücklich ins Gesicht:

«Du bist zurückgekommen. Das ist gut. Komm, tritt ein!»

Er greift nach Yuqians Hand und führt ihn in die Wohnung, die Geschwister und ich folgen. Doch plötzlich bleibt er stehen und wendet sich um. Alles gerät ins Stocken. Was ist denn los? Da schaut er mich mit großen Augen an. Mir stockt der Atem. Der Kotau! Soll ich ihn jetzt machen? Hier im engen Flur? In diesem Gedränge? Mit dem linken oder rechten Bein? Oder mit beiden? Vielleicht genügt ein Knicks? Da streckt er mir auch schon seine Arme entgegen, drückt mich an sich und verpasst mir links und rechts einen Kuss. «Petra!», ruft er freudig. «How do you do!»

Damit hatte ich nun wirklich nicht gerechnet. Es verschlägt mir die Sprache. Ohne auch nur einen Pieps zu sagen, lasse ich mich von ihm in das Wohnzimmer führen, wo er mir auf einem Sofa einen Platz anbietet. Ich setze mich, aber schon im nächsten Moment springe ich wieder auf, denn aus einem Nebenzimmer tritt eine ältere kleine Frau. Sie trägt einen dick wattierten, dunkelblauen Baumwollanzug. Ihr streng nach hinten gekämmtes schwarzes Haar zeigt vereinzelt graue Strähnen. Das muss die zweite Frau des Vaters sein. Yuqian ergreift ihre Hand und begrüßt sie im südchinesischen Dialekt, denn sie kommt aus der Nähe von Shanghai. Sie nickt ihm gerührt zu, Tränen laufen ihr über das Gesicht. Sie bringt kein einziges Wort hervor. Mein Schwiegervater tritt hinzu: «Das ist Genossin Huang Fan», stellt er mir seine Frau vor. Die schüttelt mir herzlich die Hand.

Ein kleiner Junge mit knallrotem Halstuch, etwa sechs, sieben Jahre alt, schaut vom Flur aus schüchtern hinter dem Türpfosten hervor. Yilla entdeckt ihn und ruft ihn zu sich.

«Begrüß deinen Onkel!», fordert sie ihn auf, und zu Yuqian gewandt: «Das ist mein Ältester, Zhichun.» Der Kleine reicht Yuqian artig die Hand und macht einen tiefen Diener. Dann kommt er zu mir, schaut mich mit großen Augen an und vergisst, sich zu verbeugen.

«Was sagt man?», ermahnt ihn seine Mutter.

Sofort folgen die tiefe Verbeugung und eine höfliche Begrüßung.

«Zhichun ist ein junger Pionier», erklärt Yilla und zupft stolz an seinem Halstuch. Ein zweites Kind rumpelt in einem hölzernen Gehwagen haarscharf an mir vorbei und geht hinter Yilla in Deckung.

«Das ist mein zweiter Sohn, Zhi'an», sagt Yilla. «Er ist im Winter ein Jahr alt geworden.»

«Setzt euch! Setzt euch alle!», fordert der Vater, und obwohl es genug Sitzgelegenheiten gibt, beginnt ein Gerangel um die schlechtesten Plätze, bis schließlich alle eine große Runde bilden. Ich nehme wie zuvor auf dem Sofa Platz und schaue mich ein wenig um. Das rechteckig geschnittene Zimmer ist rund dreißig Quadratmeter groß, hat Parkettfußboden und weiß getünchte, hohe Wände, an denen mehrere Kalligrafien in Form von Rollbildern hängen. An einer Ecke steht ein Schreibtisch voller Papiere, an einer anderen ein Bett, das zur Sitzgelegenheit umfunktioniert wurde. Von der Decke baumelt eine breite Neonröhre herab, die das Zimmer hell ausleuchtet. Etwa zwanzig Zentimeter unter der Zimmerdecke verläuft quer durch den Raum ein dickes Stahlseil von einer Wand zur anderen.

Der Vater ist meinem Blick gefolgt und erzählt in fließendem Englisch von dem verheerenden Erdbeben von 1976, das in der nahe gelegenen Stadt Tangshan mehrere Hunderttausend Menschenleben gefordert hat. Auch in Peking hatte die Erde gebebt. Daraufhin stabilisierte man vorsichtshalber die Häuser dieser Siedlung, indem man solche Stahlseile quer durch alle Häuser spannte.

Erstaunlich, wie gut der Vater Englisch spricht! Immerhin hatte er fast dreißig Jahre lang kaum Gelegenheit dazu. Und dann seine elegante Erscheinung! Mit seinem eng anliegenden, schicken Anzug passt er im Grunde genommen gar nicht in diese spartanische Umgebung, von Haus aus ist er ja auch eigentlich etwas anderes gewohnt.

Mein Schwiegervater war der Sohn eines mächtigen kaiserlichen Marinegouverneurs, der im Süden Chinas sein Amt innehatte und in einem für damalige Verhältnisse luxuriösen Anwesen residierte. Dessen Hauptfrau blieb kinderlos. Seine zweite Frau brachte 1892 das Mädchen Renfang zur Welt, 1896 folgte mein Schwiegervater

Xibin und 1898 der Junge Shuhe. Mein Schwiegervater muss etwa zehn Jahre alt gewesen sein, als sein noch nicht einmal vierzigjähriger Vater plötzlich starb. Ob er einer akuten Infektionskrankheit erlag oder – wie die Kinder glaubten – ermordet wurde, ist ungeklärt. Kurz nach dem Tod des Vaters verschwanden die Mutter der drei Kinder und die Kindermädchen. Die Hauptfrau riss mit Hilfe ihrer Familie das gesamte Vermögen an sich und schickte die Kinder in das ferne Nordchina, wo ein Teil der väterlichen Sippe lebte. Diesen Verwandten ging es finanziell ziemlich schlecht, deshalb wollten sie die drei mittellosen Kinder auch schnell wieder loswerden. Sie verheirateten das dreizehnjährige Mädchen Renfang mit einem elfjährigen Jungen aus reichem Hause. Dieser war todkrank, und seine Eltern hofften, mit dem Hochzeitsfest die bösen Geister, die nach dem Leben ihres Kindes trachteten, vertreiben zu können. Außerdem würde die Kraft der blutjungen Braut auf den Todkranken übergehen und ihn stärken. Solle er jedoch sterben, würde das Mädchen zur Witwe werden und hätte kaum Chance auf eine erneute Verheiratung. Doch zu diesem Opfer, so meinten die Verwandten, müsse Renfang bereit sein, zumal sie statt einer Mitgift noch zwei Brüder mitbrachte, die zu unterstützen die reiche Familie zugesagt hatte. Schon kurze Zeit nach der Hochzeit starb der Junge, und Renfang blieb ihr Leben lang eine «unberührte Witwe». Doch das Mädchen hatte Glück im Unglück: Ihre Schwiegereltern behandelten sie wie eine eigene Tochter und kümmerten sich um die Brüder. Sie vererbten ihr sogar ein kleines Vermögen.

Schwiegerpapa lächelt mich an. «Yuqian hat uns geschrieben, dass du schon mehrmals in China warst», fragt er auf Englisch.

«Ja, 1975 und 1977», antworte ich auf Chinesisch. In meiner Aufregung bringe ich kein Wort Englisch heraus. Wahrscheinlich ist mein Hirn an irgendeiner Stelle blockiert. «Ich kam damals mit einer Gruppe von Chinafreunden. Eigentlich wollte ich …» Ein «dich» liegt mir auf der Zunge, doch hatte Yuqian nicht gesagt, man dürfe den Vater nur in der dritten Person anreden? «Eigentlich wollte ich Vater damals schon besuchen, aber Yuqian meinte, dass ich Vater in Schwierigkeiten bringen könnte.»

«Du liebe Zeit!», ruft er entsetzt aus, komischerweise wieder auf Englisch. «1975 saß Diqian noch im Gefängnis und Minqian galt als Konterrevolutionärin. Nicht auszudenken, was passiert wäre, wenn du uns besucht hättest!» Er schüttelt seufzend den Kopf. «Das war eine schlimme Zeit. Gut, dass sie vorbei ist! Aber sag, wo bist du damals überall gewesen?»

Ich erzähle von meinen Besuchen in Shaoshan, dem Geburtsort Mao Zedongs, und Dazhai, der damals berühmtesten Volkskommune. Das müsste einen alten Revolutionär doch eigentlich freuen. Yuqian und seine Geschwister fangen an zu lachen. Was ist denn los? Da stutzt Schwiegerpapa. «Ich habe das Gefühl, Petra spricht Chinesisch», ruft er irritiert in die Runde.

«Ja sicher. Merkt Vater das erst jetzt?», bemerkt seine Tochter Yilla spitz.

Schwiegerpapa schaut mich begeistert an: «Du hast Chinesisch gelernt? Das ist ja wunderbar! Dann können sich ja alle mit dir unterhalten.»

Cousine Huishan klatscht vor Freude in die Hände, Schwägerin Yaping streckt anerkennend ihren Daumen in die Höhe. «Klasse!», ruft sie.

«Wenn man sie nicht sehen, sondern nur hören würde, könnte man vergessen, dass sie eine Ausländerin ist», meint Genossin Huang Fan und übertreibt damit maßlos.

«Wo hast du das gelernt?», will Schwiegerpapa wissen, und nun spricht auch er Chinesisch.

«Bei deinem Sohn an der Universität Hamburg.»

Schwiegerpapa klopft mir anerkennend auf die Hand. «Du bist eine gute Schwiegertochter. Du sprichst sogar unsere Sprache.»

Schwiegertochter! Da fällt mir der Kotau ein. «Chuan hat wirklich Unsinn erzählt», rufe ich Yuqian auf Deutsch zu, und der hat nichts Besseres zu tun, als seinem Vater die Geschichte zu erzählen.

«Was?», entrüstet sich der alte Herr. «Ich gehöre zu den Revolutionären der ersten Stunde. Alte Sitten wie den Kotau haben wir abgeschafft.» Er springt auf, geht zum Schreibtisch und kehrt mit einem Foto zurück, das er mir unter die Nase hält. Zwei junge Männer in Uniform sind darauf zu sehen. Einer von ihnen ist Zhou Enlai, der spätere erste Premierminister der Volksrepublik China.

«Weißt du, wer das ist?», fragt er und tippt auf die Person neben Zhou Enlai. Ohne meine Antwort abzuwarten, sagt er: «Das bin ich. Ich habe zusammen mit Zhou Enlai gegen den Feudalismus gekämpft.»

Nachdem ich das Foto gebührend bestaunt habe, bringt er es zum Schreibtisch zurück und nimmt sichtlich zufrieden wieder auf dem Sofa Platz. Er lächelt Yuqian an, nickt ihm zu: «Du siehst gut aus. Bist anscheinend dicker geworden.»

«Stimmt!», erwidert Yuqian. «Aber Vater sieht auch gut aus.»

Der Vater nickt: «Ja, es geht mir ausgezeichnet. Ich bin jetzt fünfundachtzig Jahre alt, nehme aber trotzdem noch zweimal pro Woche an Beratungen des Staatsrates teil. Hast du von den großen Reformen gehört, die unter der Führung des Genossen Deng Xiaoping unser Land verändern?»

«Ja.»

Das Mädchen, das uns hereingebeten hat, taucht wieder auf und verteilt große Deckeltassen mit Tee. Ob das ein Dienstmädchen ist? Wieso gibt es in China schon wieder Dienstboten? Ist das nicht kapitalistisch?

«Das ist unsere kleine Li. Sie hilft uns im Haushalt», stellt Schwiegerpapa das Mädchen vor, als hätte er meine Gedanken gelesen. Dann nimmt er den Becher, den ihm die kleine Li reicht, und hält ihn hoch: «Bei mir ist nur heißes Wasser drin. Das ist gut für die Gesundheit, spült alle Giftstoffe aus dem Körper. Ich trinke es jeden Tag, damit ich hundert Jahre alt werde.»

Ob das das Geheimnis seines guten Aussehens ist? Heißes Wasser?

Yuqian hebt ebenfalls seinen Becher und lacht: «Ich trinke lieber diesen herrlichen Jasmintee. Dreizehn Jahre habe ich darauf gewartet. In Deutschland gibt es keinen anständigen Tee.»

Ich schaue in die Runde. Bis auf den Vater und Yuqian nippen alle schweigend an ihren Bechern und beobachten uns freundlich lächelnd. Warum stellen sie keine Fragen? Bis heute weiß keiner von ihnen genau, wie und warum Yuqian damals geflüchtet ist. Wird es nicht Zeit, darüber zu sprechen? Das Thema hängt doch in der Luft, spürbar für alle, die wir hier sitzen, doch keiner spricht es an. Oder wollen sie am ersten Tag noch nicht darüber sprechen? Was ist damals mit dem Vater passiert? Ob er Ärger bekommen hat?

«Erzähl uns ein wenig von deinem Leben in Deutschland», bittet er Yuqian. «Du hast noch einmal studiert?»

Yuqian berichtet von seinem Studium und seiner Lehrtätigkeit. Dann ist es wieder still. Bruder Diqian seufzt, Halbschwester Yilla hüstelt, Yuqian qualmt. Ich hole tief Luft: «Darf ich fragen, ob Vater nach Yuqians Flucht Schwierigkeiten bekommen hat?»

Der schüttelt nachdenklich den Kopf. «Wir sind mit dem Schrecken davongekommen. Das habe ich der Freundschaft mit Zhou Enlai zu verdanken. Er hat mich geschützt. Trotzdem zitterten wir bei jedem unerwarteten Klopfen an der Wohnungstür, denn damals drangen die Roten Garden nach Belieben in die Wohnungen ein und zerstörten alles, was ihnen nicht revolutionär erschien. Vorsichtshalber habe ich alles, was wir an alten Dokumenten und Wertgegenständen besaßen, selbst vernichtet.»

«Etwa auch unser Familienregister?», ruft Yuqian entsetzt, und der Vater nickt bekümmert. Das Familienregister war der Stolz der Guan-Sippe gewesen. Über Jahrhunderte hinweg hatte man darin alle männlichen Nachkommen vermerkt, und es war immer vom Vater an den ältesten Sohn weitergegeben worden. Nach diesem Verzeichnis stammen die Guans von dem berühmten General Guan Yu ab, der Ende zweites, Anfang drittes Jahrhundert gelebt hat. Die Eintragungen begannen mit dessen Sohn. Jeder große Klan in China führte ein solches Register, doch nur in den seltensten Fällen haben diese Dokumente die vielen Unruhen, Aufstände und Kriege überlebt.

«Unser Familienregister war mehr als anderthalb Jahrtausende alt und zum Teil auf Bambus geschrieben. Ein Relikt aus feudalistischer Zeit», berichtet der Vater. «Wenn man das bei uns entdeckt hätte, wäre ich wahrscheinlich zum Klassenfeind erklärt worden. Da habe ich es lieber verbrannt.»

Langes Schweigen. Yilla schaut auf die Uhr. «Es wird Zeit zum Aufbruch», mahnt sie. «Das Gästehaus schließt um neun.»

Ein seltsames Hotel: Die Gäste bekommen weder Zimmer- noch Hausschlüssel. Wer bis neun Uhr nicht da ist, steht angeblich vor verschlossener Tür.

Alle erheben sich. «Morgen kommt ihr wieder», sagt Genossin Huang Fan und schüttelt mir herzlich die Hand. «Morgen Mittag feiern wir mit allen zusammen unser Wiedersehen.»

Ich bin total erschöpft, als ich endlich im Bett liege. Draußen, ganz in der Nähe unseres Fensters, gehen einige Feuerwerkskörper hoch. Schon seit unserer Ankunft höre ich es ständig krachen. Das Frühlingsfest ist doch erst in ein paar Tagen, wieso fangen die jetzt schon an?

«Das ist jedes Jahr so», sagt Yuqian. «Damit vertreibt man die bösen Geister.»

«Ist das nicht verboten?»

«Die bösen Geister zu vertreiben? Nein, zum Glück nicht.»

Mir ist kalt. Ich schaue zu Yuqian hinüber. Er lächelt. Ich stehe auf und schlüpfe zu ihm unter die Bettdecke. Er umarmt mich und wärmt mich mit seinem Körper.

«Bist du glücklich?», flüstere ich.

«Ja, sehr. Es ist besser gelaufen als erhofft. Viel besser. Nie im Leben hätte ich mit so einem herzlichen Empfang gerechnet.»

«Ja, das ist wahr. Die Begrüßung auf dem Bahnsteig war einmalig. Jetzt verstehe ich erst, was es heißt, eine so große Familie zu haben.»

«Dabei hast du heute nur die Verwandten der väterlichen Linie kennen gelernt. Warte, bis wir nach Tianjin fahren, wo die mütterliche Verwandtschaft lebt, oder nach Shanghai, da wohnen auch noch einige Leute.»

«Ob mich deine Verwandten mögen?»

«Ganz sicher. Du wirst der Liebling unserer Familie werden.»

Ich liege noch lange wach, während Yuqian sofort in einen tiefen Schlaf fällt. Ich denke an Schwiegerpapa: ein sympathischer alter Herr. Seltsam nur, dass er seine Frau vor uns immer «Genossin Huang Fan» nennt. Er ist eben ein echter Revolutionär. Und dann die Geschwister, die vielen Cousins und Cousinen, alle mit demselben Generationsnamen! Dieses Phänomen mit dem Generationsnamen war für mich immer nur Theorie, doch nun ist es mit einem Mal Realität geworden. Plötzlich haben die Namen Gesichter bekommen. Wenn Yuqian früher alle diese Namen erwähnte, brachte ich sie immer durcheinander. Wer war denn nun der Bruder und wer der Cousin? Zwischen Yingqian und Yiqian besteht ja auch kein so großer phonetischer Unterschied. Seit dreizehn Jahren kenne ich sie nur aus seinen Erzählungen. Ich weiß über jeden Einzelnen viel mehr, als sie alle zusammen über mich wissen. Auch ihre kleinen Ticks und Tricks kenne ich – Yuqian hat sie mir alle geschildert. Es ist seltsam, jemanden so gut zu kennen und ihm erst nach so langer Zeit zu begegnen. Doch die mir Vertrauteste von allen lebt nicht mehr: Yuqians Mutter. Wie kein anderer Mensch hat sie ihn geprägt. Von niemandem hat er mir so viel erzählt wie von ihr. Plötzlich aber, hier in China unter all diesen Menschen, wird sie für mich lebendig; fast erscheint es mir, ich hätte sie persönlich gekannt und wüsste nicht alles aus Yuqians Mund. Sie scheint anwesend zu sein, unsichtbar und doch gegenwärtig.

Die Mutter

Yan Zhongyun, Yuqians Mutter, war eine mutige, ungewöhnliche Frau, der das Schicksal nicht eben wohl gesonnen war. Dabei fing alles so vielversprechend für sie an. Ihr Vater entstammte einer alten Gelehrtenfamilie aus dem südchinesischen Changshu. Ziyou, ein Lieblingsschüler des Konfuzius, soll der Urahn gewesen sein. In dieser Familie war es üblich, dass die Söhne an den kaiserlichen Staatsprüfungen teilnahmen, um dann eine Beamtenlaufbahn einzuschlagen. Nur so kam man zu Amt und Würden und manchmal auch zu Reichtum. Ihrem Vater nützte der Gelehrtentitel nichts mehr. China befand sich in einer Zeit dramatischer Veränderungen. Ausländische Mächte hatten mit Waffengewalt das Land zu kolonialisieren versucht, es verarmte, und die chinesische gebildete Schicht war zerstritten darüber, wie die Nation zu retten sei. Eines war klar: Die alte Staatsdoktrin, der Konfuzianismus, auf der das Literatenbeamtentum basierte, hatte sich überlebt. So suchte sich der Vater einen Posten in der Verwaltung einer großen Textilfabrik in Tianjin, damals eine der modernsten Städte Chinas mit dem zweitgrößten Hafen des Landes. Ungewöhnlich für einen Mann seiner Zeit war der Stolz, mit dem er an seiner kleinen Tochter hing. Denn Zhongyun zeigte schon früh eine vielseitige Begabung. So widmete er ihrer Erziehung viel Zeit und Geduld. Er schickte sie, wie es dem damaligen Trend entsprach, in eine moderne Missionsschule. Was sie dort nicht lernte, brachte ihr der umfassend gebildete Vater selbst bei. Er führte sie ein in berühmte Werke der klassischen chinesischen Literatur und Philosophie und unterrichtete sie in der Kunst der Kalligrafie, die sie bis in ihr hohes Alter meisterhaft beherrschte. Auch machte er sie mit der traditionellen Medizin vertraut, mit der er sich voller Leidenschaft befasste. Nach ihrem Schulabschluss und einem anschließenden Pädagogikstudium arbeitete Zhongyun als Englischlehrerin beim YMCA, dem Christlichen Verein junger Männer. Dieser Weltbund der evangelischen Jugend brachte außer der christlichen Religion auch westliche Ideen ins Land und zog deshalb viele junge chinesische Intellektuelle an. Hier diskutierten junge Männer und Frauen frei und ungezwungen über die brennenden Themen ihrer Zeit. Viele von ihnen wurden später zu kommunistischen Revolutionären.

Yan Zhongyun war inzwischen eine selbstständige junge Frau und begeisterte Lehrerin, die ungebunden bleiben wollte, um ihr Leben ganz in den Dienst einer künftigen christlich geprägten, gerechten Gesellschaft zu stellen. Voller Elan widmete sie sich ihrer Arbeit. Ihr freundliches, natürliches Wesen und ihre Bescheidenheit machten sie überall beliebt. Sie war der Stolz der ganzen Familie, und alle Nachbarn und Bekannten beneideten den Vater um diese Tochter. Dann lernte sie Guan Xibin kennen, und damit sollten bald ihre Probleme beginnen. Er war ein gut aussehender Junggeselle, Ende zwanzig, protestantischer Christ und eben aus den USA zurückgekehrt, wo er Pädagogik studiert hatte. Eine glänzende Universitätslaufbahn lag vor ihm. Er brachte frischen Wind in Tianjins YMCA, seine progressiven Ideen machten ihn sofort zum Mittelpunkt. Yan Zhongyun entsprach genau seinen Vorstellungen von einer idealen Ehefrau: gebildet, selbstständig und westlich orientiert. Schon wenig später heirateten sie. Eine Tochter, Minqian, und ein Sohn, Diqian, kamen zur Welt. Dann folgte die Familie einem Ruf an die Lingnan-Universität in Kanton, einer von Amerikanern gegründeten Hochschule. Die Studenten waren begeistert von ihrem neuen Professor. Guan Xibins lebendiger Unterricht füllte die Hörsäle, seine fortschrittlichen, revolutionären Ideen faszinierten die jungen Leute, doch nicht nur sie, auch die Kollegen sammelten sich bald um den neuen Mann, mit dem sie nächtelang über das Schicksal Chinas diskutierten und die Unfähigkeit von Regierung und Armee beklagten, die nicht in der Lage waren, das Land wirksam zu verteidigen. Nur noch wenig Zeit nahm er sich für die Familie, und als sich das dritte Kind ankündigte, verlangte er die Abtreibung. Angeblich hatte er sich in eine junge Studentin verliebt und dachte eher an Scheidung als an Nachwuchs. Doch Zhongyun entschied sich für das Kind, und als es zur Welt kam, gab ihm sein Vater den Namen *Yu*, der Überflüssige. Daraus entstand der Name Yuqian.

Zu jener Zeit besetzten die Japaner den Nordosten Chinas und verbreiteten dort Angst und Schrecken. Nach fünf Jahren setzten sie ihren Eroberungsfeldzug fort und rückten gen Süden vor. Yuqians Vater schloss sich wie viele andere Intellektuelle dem antijapanischen Widerstand an und verschwand im Untergrund. Von nun an musste Zhongyun allein für die Familie sorgen. Sie zog mit ihren Kindern nach Shanghai und ging in ihren Beruf zurück. Das Gehalt einer Lehrerin war jedoch recht mager und drei Kinder damit durchzubringen ein wahres Kunststück. Tagsüber Schule, abends Nachhilfeunterricht zur Aufbesserung der Finanzen und nebenbei noch Hausarbeit: So sah ihr Alltag jahrelang aus. Trotzdem reichte es nicht, um den Kindern eine gute Schulbildung zu ermöglichen. Zum Glück war Yuqians Onkel, der Bruder seines Vaters, ein vermögender Mann, und wie es sich für chinesische Großfamilien gehört, sah er es als seine Pflicht an, für Nichten und Neffen das Schulgeld zu zahlen. Dank seiner Hilfe besuchten Yuqian und seine Geschwister die besten Schulen der Stadt. Neben all ihrer Arbeit fand Zhongyun sogar noch Zeit, wie einst ihr eigener Vater die Kinder nebenbei in klassischer Literatur und Kalligrafie zu unterrichten.

Sporadisch tauchte ihr Mann wieder auf. Yuqian sah in seinem Vater zunächst einen Helden, der gegen die verhassten japanischen Besatzungstruppen kämpfte. Nach der Kapitulation der Japaner hoffte die Familie auf seine Rückkehr. Doch der Vater kam nicht. Er schloss sich den Kommunisten an und verschwand erneut im Untergrund. Erst nach der Revolution von 1949 traf Yuqian seinen Vater wieder. Allerdings hatte dieser mittlerweile eine neue Familie gegründet – ohne geschieden zu sein. So etwas passierte häufiger in jenen Kriegstagen. Yan Zhongyun sah ihren Mann nie wieder. Dennoch sprach sie nie schlecht von ihm, und Yuqian spürte, dass sie ihn noch immer liebte.

Mit der Revolution von 1949 verbesserte sich das Leben von Yan Zhongyun schlagartig. Vorbei waren die Sorgen um Unterhalt und Studiengebühren. Die Kinder konnten kostenlos studieren, die Lebenskosten waren niedrig und Zhongyuns Gehalt im Vergleich dazu fürstlich, sodass sie es sich leisten konnte, nun ihrerseits bedürftige Kinder finanziell zu unterstützen. Mit Begeisterung und vollem Engagement widmete sie sich der Arbeit in ihrer Schule, deren Leiterin sie wurde. Schüler und Lehrer verehrten sie gleichermaßen, und mehrmals wurde sie ausgezeichnet, denn ihre Schule galt als mustergültig. Der schlagartige Wandel ihrer Lebenssituation machte aus der einst frommen Christin eine überzeugte Kommunistin. Niemand hatte das Leben in China so positiv verändert wie die Kommunistische Partei. Was hilft es, immer nur zu Gott zu beten, fragte sie sich. Der Mensch muss sich selbst befreien. Für einige Jahre führte sie ein sorgenfreies Leben. Doch dann kamen die politischen Kampagnen, eine schlimmer als die andere, und mit Beginn der Kulturrevolution endete alles in einer Katastrophe. Yuqian flüchtete ins Ausland, Diqian kam ins Gefängnis, Minqian wurde zur Konterrevolutionärin erklärt und aufs Land geschickt. Yan Zhongyun, inzwischen in den Siebzigern, verstand die Welt nicht mehr. Was hatte sie verbrochen, dass der Himmel sie so hart bestrafen musste? Die letzten Jahre ihres Lebens verbrachte sie in einer kleinen Zweizimmerwohnung zusammen mit den Enkelkindern und dem Schwiegersohn, von dem sie wusste, dass er ihre Tochter mit der eigenen Schwiegertochter betrog und alles daransetzte, Minqians Rehabilitation zu verhindern. In ihrer Not flüchtete sie sich in geistige Verwirrung. Sie starb im August 1978.

Zu Hause bei Schwiegerpapa

Es ist noch keine zehn Uhr, da klopft es an unserer Tür, und Halbschwester Yilla betritt mit ihrem Mann unsere Suite. Warum so früh? Eigentlich sollten sie uns erst um elf Uhr abholen. Sie legen ihre dicken wattierten Jacken ab, dann lässt sich Yilla in einen Sessel plumpsen, während ihr Mann verlegen lächelnd auf einem abseits stehenden Stuhl Platz nimmt.

«Ist gestern nicht gut gelaufen», meint sie in scharfem Ton. «Ging wirklich ein bisschen zu weit.»

«Wie meinst du das?», fragt Yuqian überrascht. Sein Schwager wirft ihm eine Zigarette zu. Diese ewige Qualmerei, und das schon am frühen Morgen!

«Zu viele Menschen am Bahnhof. Du bist ja wie ein Held gefeiert worden!», fährt Yilla fort.

«Wie bitte?»

«Es war wirklich unklug von den Leuten, dass sie alle zum Bahnhof gekommen sind. Ich befürchte negative Auswirkungen. Schließlich bist du geflüchtet. Und kaum kommst du zurück, wirst du wie ein Held gefeiert. Was sollen die anderen denken?»

«Welche anderen?»

«Wer weiß? Zum Beispiel die Leute hier im Hotel.»

«Woher wissen die, dass ich geflüchtet bin?»

«So etwas spricht sich herum. Wir müssen an Vater denken.»

«Wieso an Vater? Der war doch gar nicht am Bahnhof. Und hier war er auch nicht.»

«Aber er hat für dich diese Suite gemietet. Sie wissen, dass du sein Sohn bist.»

«Ich denke, dass es hier niemanden interessiert, ob mich ein paar Leute mehr oder weniger vom Bahnhof abgeholt haben», sagt Yuqian erregt. «Außerdem bin ich mit einem gültigen Visum eingereist, das sogar vom chinesischen Außenministerium abgesegnet wurde. Mein Kommen wird deshalb keinen negativen Einfluss auf Vater haben, selbst wenn mich halb Peking vom Bahnhof abgeholt hätte.»

Der Schwager nickt bestätigend: «Ich habe gestern Abend schon zu Yilla gesagt, dass sich die Zeiten geändert haben.»

Die Halbschwester springt auf und läuft ein paar Schritte auf und ab. «Ich denke eigentlich weniger an Vater als vielmehr an dich. Uns schadet dein Besuch natürlich nicht. Aber deine ehemaligen Kollegen könnten neidisch werden und dir Schwierigkeiten machen, wenn sie von dem überschwänglichen Empfang hören. Ich denke nur an dich.»

Yuqian raucht verstimmt ein paar Züge. Der Schwager winkt beschwichtigend ab: «Deine Schwester ist manchmal zu vorsichtig. Nimm's nicht ernst, was sie sagt.»

Ich kann die Situation nicht einschätzen und halte lieber meinen Mund. Aber Yillas aggressiver Ton gefällt mir nicht. Vor der werde ich mich hüten.

Wieder klopft es. Heute Morgen scheint ja einiges los zu sein. Neffe Feng betritt freudestrahlend mit seiner Frau Bing das Zimmer, in der Hand ein grünes Plastiktütchen, das er Yuqian fröhlich entgegenhält: «Ich hab alles mitgebracht.»

«Dann fangt mal gleich an», erwidert Yuqian. «Ihr habt genügend Zeit.»

«Ich gehe zuerst. Bing kommt nach mir dran.»

«Um was geht es?», frage ich verwundert.

«Feng hat mich gestern gefragt, ob er bei uns baden dürfe. Er hat noch nie in einer so schönen Badewanne gelegen. Hol doch bitte eine Flasche Badeshampoo heraus oder am besten gleich mehrere. Die anderen kommen auch noch.»

«Welche anderen?»

«Einige von denen, die gestern hier waren.»

«Warum wollen die alle bei uns baden? Haben sie denn kein eigenes Bad zu Hause?»

«Nein.»

Feng holt aus seiner Plastiktüte ein kleines Frotteehandtuch und eine Seifendose heraus und verschwindet im Bad. Yuqian folgt ihm und erklärt den Gebrauch von Badeshampoo. Danach wühlt er in unserem Koffer herum und zaubert eine Stange Zigaretten für den Schwager und die Schreibmaschine für die Halbschwester hervor.

«Mit englischer Tastatur, wie du sie haben wolltest», sagt er.

«Eine Schreibmaschine!» Yilla greift begeistert nach dem guten Stück. «Ich probiere sie gleich mal aus.» Sie rennt ins Schlafzimmer, holt aus der Schreibtischschublade einen Bogen Papier, spannt ihn ein und beginnt mit steifen Zeigefingern zu tippen. «Toll! Endlich brauche ich meine englischen Briefe nicht mehr mit der Hand zu schreiben.»

Nach einer halben Stunde taucht Neffe Feng wieder auf, krebsrot, mit tiefschwarzem, feuchtem Haar und umgeben von einer Duftwolke. Mit einem Seufzer der Genugtuung lässt er sich in einen Sessel fallen und steckt sich genüsslich eine Zigarette an: «Das war wunderbar! In meinem ganzen Leben habe ich noch nie so schön gebadet», schwärmt er. «Und dieser Schaum …» Er schnüffelt an seinen Schultern und Armen. «Ich dufte am ganzen Körper.»

«Dann will ich es auch gleich mal versuchen», ruft Yilla und springt auf, doch Bing kommt ihr zuvor und huscht ins Bad.

Inzwischen holt Yuqian ein Geschenk für seinen Neffen heraus, eine Spiegelreflexkamera. Feng kann sein Glück kaum fassen.

«Kleiner Onkel, du veränderst mein Leben. Ich spüre das ganz genau», sagt er. «Kaum bist du da, höre und sehe ich so viel Neues. Du kommst aus einer anderen Welt. Du sprichst ganz anders als die Menschen hier. Durch dich schöpfe ich neue Hoffnung.»

«Wie meinst du das?», fragt Yuqian.

«Feng gehört zur verlorenen Generation», erklärt der Schwager, «falls dieser Begriff dir etwas sagt. Die politisch-ideologische Erziehung stand im Vordergrund. Die Lehrer mussten körperlich arbeiten, dafür übernahmen Bauern, Arbeiter und Soldaten den Unterricht. Die Kinder sollten zu Nachfolgern der Revolution erzogen werden. Intellektuelle Bildung war unwichtig.»

Feng lacht bitter. «Das kann man sich im Ausland wahrscheinlich gar nicht vorstellen. Zehn Jahre Kulturrevolution: jahrelang kein richtiger Unterricht an Schulen und Universitäten, die Eltern vieler Kinder verbannt oder eingesperrt, die Jugendlichen zu körperlicher Arbeit in die Landwirtschaft oder Industrie geschickt. Da lernt man nicht viel.»

Gegen zwölf Uhr trudeln wir als letzte Gäste bei Schwiegerpapa ein. Alle anderen, die Geschwister, Cousins, Cousinen, deren Ehepartner und sogar einige Nichten und Neffen sind schon da.

«Wir haben Vater etwas mitgebracht», verkündet Yuqian und übergibt seinem Vater ein bunt eingeschlagenes Paket. «Vater hat uns früher doch immer erzählt, wie gut ihm der Kaffee in Frankreich geschmeckt hat.»

Alle verfolgen gespannt, wie der Vater das Paket öffnet. Schließlich hält er die französische Kaffeekanne und den Kaffee triumphierend hoch.

«Mit so einer Kanne haben wir in Frankreich Kaffee gekocht», jubelt er und packt sie wieder ein. «Aber nichts geht über chinesischen Tee. Eigentlich mochte ich schon damals keinen Kaffee.»

«Dann sollte Onkel mir die Kanne geben», meldet sich Cousin Shenqian. «Ich trinke gern Kaffee.»

Doch Schwiegervaters Aufmerksamkeit ruht bereits auf dem Paket, das Yuqian jetzt Genossin Huang Fan übergibt. Es ist ein Heizkissen.

«Praktisch», ruft Schwiegerpapa, und seine Frau stimmt begeistert zu. So etwas habe sie sich schon lange gewünscht. Yuqian legt noch weitere Geschenke auf den Tisch: Hautcreme, Haarwaschmittel, kleine Küchengerätschaften wie Dosen- und Flaschenöffner und ein Hackgerät, mit dem man Gemüse zerkleinern kann.

«Doch nicht so viel!», protestiert Genossin Huang Fan bei jedem neuen Geschenk.

«Wir haben allen etwas mitgebracht», verrät Yuqian den anderen. «Aber das bekommt ihr erst, wenn ihr uns zum Essen einladet.»

«Kein Problem!», schallt es ihm vergnügt entgegen. «Wir haben untereinander schon abgesprochen, wann ihr zu wem zum Essen geht. Hoffentlich habt ihr genug Geschenke mitgebracht.»

Die meisten Gäste stehen. «Bitte, setzt euch doch», fordert der Vater, und Yuqians Halbbruder Bao'er bringt aus einer Ecke mehrere kleine Klapphocker zum Vorschein.

«Wir haben gar nicht so viel Platz, dass sich alle setzen können», klagt Yilla. «Unsere Wohnung ist einfach zu klein.»

«Warum tauschen wir dann nicht unsere Wohnungen?», fragt Cousin Daqian schnippisch.

Alle finden endlich einen Sitzplatz, auch wenn vorher erneut ein Kampf um die schlechtesten Plätze losgeht. Ich soll mich natürlich wieder auf das bequeme Sofa setzen. Das tue ich aber nicht, sondern nehme mit einem wackligen Schemel vorlieb, der genau an der Tür zum elterlichen Schlafzimmer steht. Die Tür steht offen, sodass ich hineinschauen kann. Über dem Bett hängt eine gerahmte Fotografie, ein Hochzeitsfoto von Yuqians Vater und Genossin Huang Fan. Haben die beiden überhaupt geheiratet? Soweit ich weiß, hat Yuqians Mutter der Scheidung nie zugestimmt.

Yilla ist in bester Stimmung. Sie führt ihrem Vater die neue Schreibmaschine vor, und der kann nur staunen. «Bring sie lieber gleich in dein Zimmer», rät er ihr, «sonst kommt sie bei diesem Trubel noch zu Schaden.»

«Hast du Lust mitzukommen?», fragt sie mich, während sie sich die Maschine unter den Arm klemmt. «Ich zeige dir mein Reich.»

«Am liebsten würde ich mir eure ganze Wohnung anschauen.»

«Gern.»

Ich folge ihr durch den langen dunklen Flur.

«Als wir vor zwanzig Jahren hier einzogen, fühlte ich mich wie im Paradies: fünf Zimmer für vier Personen. Das war für Pekinger Verhältnisse absoluter Luxus. Doch dann habe ich geheiratet und zwei Kinder bekommen. Mein Bruder hat auch geheiratet. Jetzt wohnen wir samt Personal zu zehnt hier. Das ist einfach zu viel.»

«Wieso habt ihr eigentlich Personal? Ich dachte immer, das sei im revolutionären China verpönt.»

«War es auch. Aber jetzt geht es wieder.»

Ein Ehe- und ein Kinderbett, ein Schrank und ein mit Büchern und Papieren übersäter Schreibtisch füllen den Großteil ihres Zimmers aus.

«Du bist Englischlehrerin, nicht wahr?»

«Ja, ich unterrichte an einer Fachhochschule. Mein Mann ist Sportjournalist. Zum Glück ist er ständig unterwegs und schreibt seine Artikel im Verlag. Deshalb kann ich den Schreibtisch allein benutzen.»

«Schlafen eure beiden Söhne auch hier?»

«Nein, der ältere schläft im Wohnzimmer. Hast du nicht das Bett gesehen? Tagsüber nutzen wir es als Sitzgelegenheit.»

«In China wird doch die Einkindfamilie propagiert. Wieso hast du zwei?»

Yilla winkt energisch ab: «Vor zwei Jahren war man noch nicht so streng. Außerdem wollte ich nun einmal zwei Kinder haben.»

Ihrem Zimmer gegenüber liegt die Küche, ein düsterer, schlauchförmiger Raum mit einem primitiven Spülstein, grob gezimmerten Regalen, einem windschiefen Holztisch und einem zweiflammigen Herd, der an eine große Gasflasche angeschlossen ist. Ein gelblicher Film, der wohl durch tägliches Braten mit heißem Öl entstanden ist, glänzt an den schmutzig grauen Wänden. Beim Anblick dieser Küche kann einem glatt der Appetit vergehen. Aber was sehe ich? Überall stehen Platten und Teller mit herrlich duftenden Speisen. Die Vorbereitungen für das Mittagessen sind im vollen Gange. Dass man in einem solchen Kabuff so etwas Schönes fabrizieren kann, ist ein Wunder.

«Die Küche müsste dringend renoviert werden», sagt Yilla. «Wir warten schon seit Jahren darauf, aber die Verwaltung rührt sich nicht.»

«Wieso könnt ihr das nicht selber machen?»

«Selber machen?»

«Ja. Wir haben zu Hause auch alles selbst gestrichen. Das geht ganz einfach. Ich kann es dir zeigen, wenn du willst.»

Cousine Huishan ist uns gefolgt und hakt sich lachend bei mir unter: «Du hast vielleicht Vorstellungen!», sagt sie. «Glaubst du denn, du könntest hier das nötige Material kaufen?»

«Gibt es keins?»

«Natürlich nicht, weder in Peking oder Shanghai noch sonst wo.»

«Du könntest uns bei deinem nächsten Besuch etwas deutsche Farbe mitbringen», schlägt Yilla vor. Ach du liebe Zeit! Ich sehe mich schon mit schweren Farbeimern auf Reisen gehen.

«Da hätte sicher der Zoll etwas dagegen», winke ich sofort ab. «Und die Fluglinien bestimmt auch.»

Wir schauen ins Bad, das es eigentlich nicht verdient, als solches bezeichnet zu werden. Die große Badewanne kann nicht mehr benutzt werden, seit man in der Kulturrevolution die Heißwasserleitung demontiert hat, denn die galt als Luxus. Von den Wänden bröckelt der graue Putz, die Außenwände scheinen zu schimmeln, jedenfalls liegt ein intensiver Schimmelgeruch in der Luft. Über unseren Köpfen hängen an kreuz und quer gespannten Wäscheleinen ausgefranste Tücher, die als Waschlappen und Handtücher benutzt werden. Früher hat Yuqian sich auch «chinesisch» gewaschen: Das Gesicht wird einfach mit einem knallheißen Tuch und ohne Seife sauber gerubbelt. Er meint, dass Chinesen im Allgemeinen nur deshalb eine glattere Haut als die Europäer haben, weil sie sich zweimal am Tag diese kleine Rubbelmassage verpassen. Da ist wirklich etwas dran, glaube ich, denn so wird die Durchblutung im Gesicht ungeheuer angeregt. Man muss nur aufpassen, dass man sich vor Begeisterung nicht die Nase dabei wund reibt.

Neben dem Waschbecken steht ein zweistufiger Holzständer mit einem riesigen Stapel großer bunter Emailleschüsseln.

«Was macht ihr denn mit so vielen Schüsseln?»

«Die brauchen wir für die tägliche Wäsche», erklärt Yilla. «Wenn du es genau wissen willst: eine Schüssel fürs Gesicht und eine für Füße und Po.»

Cousine Huishan lacht laut auf. «Interessiert dich das überhaupt?»

«Na klar. Badet ihr denn nie?»

«Doch», sagt Yilla. «Einmal die Woche gehen wir zum Duschen in unsere Arbeitseinheit. Dort gibt es Waschräume mit fließend heißem und kaltem Wasser. Die Kinder nehme ich mit.»

Das Toilettenbecken wurde mit mannshohen Holzwänden vom Bad abgetrennt, nachdem sich die Familie vergrößerte. Die so entstandene klitzekleine Toilette besitzt zwar eigene Wände, jedoch keine Decke, sodass nur die Sicht, nicht aber Geräusche und Geruch abgeschirmt werden. Innen an der Tür hängt ein kleiner Holzkasten mit fein säuberlich zugeschnittenem Zeitungspapier als Klopapier.

Wir schauen in das Zimmer des frisch vermählten Bruders, das mit Bett, Schrank, Bücherregalen, einem Schreibtisch und zwei Stühlen komplett ausgefüllt ist, sodass mehr als zwei Personen sich darin nicht aufhalten können. Trotz der Enge wirkt es gemütlich.

«In Peking brauchen sich Hochzeitspaare keine Hoffnung auf eine eigene Wohnung zu machen», klagt Yilla. Es sei ganz normal, dass man nach der Eheschließung bei den Eltern wohnen bleibt und, wenn Nachwuchs kommt, drei Generationen unter einem Dach leben; doch zwei junge Paare zusammen mit den Eltern und dazu noch kleine Kinder – das sei entschieden zu viel und führe zu Problemen.

«Leider kann mein Bruder nicht zu seinen Schwiegereltern ziehen. Die hausen nämlich zu fünft in einer Zweizimmerwohnung», bedauert sie. «Sonst könnten meine Söhne hier schlafen.»

«Was macht Bao'er beruflich?», frage ich.

«Bao'er hat Elektrotechnik studiert und arbeitet jetzt an der Universität für Industrietechnik.»

«Und seine Frau?»

«Yaping arbeitet in einer Fabrik, ich glaube in der Buchhaltung, vielleicht auch woanders. Jedenfalls hat sie nicht studiert.»

Wir kommen an einer Kammer vorbei, in der ein doppelstöckiges Bett steht. «Hier schläft das Personal, oben das Dienstmädchen, unten das Kindermädchen.»

«Das Kindermädchen habe ich bis jetzt noch nicht gesehen.»

«Es ist zu den Eltern in die Provinz Anhui gefahren. Zum Frühlingsfest zieht es alle nach Hause. Das ist für uns Pekinger, die wir Personal beschäftigen, ein großes Problem, denn die meisten Mädchen kommen von weit her und bleiben, wenn sie schon mal nach Hause fahren, gleich drei, vier Wochen oder länger fort. Normalerweise wäre unser Dienstmädchen auch heimgefahren, aber wir haben es ihr nicht erlaubt, schließlich hattet ihr euren Besuch angekündigt.»

«Ich werde ihr ein dickes Trinkgeld geben», verspricht Yuqian, der gerade hinzugekommen ist. «Sie soll nicht traurig sein, dass sie in Peking bleiben muss.»

«Nicht nötig. Man soll das Personal nicht verwöhnen», meint Yilla kurz.

«Schon gut», lenkt Yuqian ein, doch ich bin sicher, dass er ihr etwas zustecken wird.

Sie zeigt uns noch das Schlafzimmer der Eltern, in das ich schon vorher einen Blick geworfen habe. Dorthin ist offenbar alles verbannt worden, was in den übrigen Räumen keinen Platz gefunden hat. Schränke und Regale sind voll gestopft und quellen über. Yilla hat Recht: Die Wohnung ist wohl wirklich zu klein.

Yuqian bemerkt das Hochzeitsfoto an der Wand und würdigt es nur eines flüchtigen Blickes. Wie hart muss es ihn damals getroffen haben, als er begriff, dass der Vater längst eine neue Familie gegründet hatte! In den folgenden Jahren verschwieg der Vater gern seine drei Kinder aus erster Ehe, gelegentlich gab er sie sogar als die Kinder eines Freundes aus. Der Herr hatte inzwischen Karriere gemacht, war zu einem hohen Kader aufgestiegen. Yuqian sah seinen Vater nur noch selten, doch griff dieser immer wieder entscheidend in sein Leben ein: Er verschaffte ihm einen Studienplatz in Peking, holte ihn aus der vierjährigen Verbannung zurück, und dass die chinesische Regierung nach Yuqians Flucht die Forderung auf Auslieferung aufgab, geht letztlich auch auf seinen Einfluss zurück.

Wir kehren ins Wohnzimmer zurück. Dort hat man inzwischen mehrere Tische zusammengeschoben und ein üppiges Büfett aufgebaut.

«Lasst uns essen», ruft Genossin Huang Fan und verteilt Schalen und Stäbchen. «Ihr müsst euch selbst bedienen. Es geht nicht anders bei so vielen Leuten.»

Schwiegerpapa schaut zufrieden auf den reich gedeckten Tisch. «Entschuldigt bitte, aber es gibt nichts zu essen», sagt er und hebt bedauernd die Schultern.

Das ist mal wieder typisch chinesischer guter Ton. Immer diese Über- und Untertreibungen! Wenn ich zu Hause für chinesische Gäste koche und das Essen Anerkennung findet, sagt Yuqian meistens: «Na ja, es geht gerade so», oder er bemängelt, ich hätte zu wenig gekocht, obwohl es eindeutig zu viel ist. Ich koche immer zu viel. Das ist so üblich bei Chinesen, damit man als Gastgeber nicht geizig wirkt. Früher hat mich das Gerede maßlos geärgert, heute erzähle ich denselben Stuss, natürlich nur, wenn Yuqian gekocht hat.

Unermüdlich fordert Genossin Huang Fan zum Zugreifen auf, doch die Gäste zieren sich. Auch das gehört zum Ritual. Beherztes Zugreifen wirkt gierig. Vornehme Zurückhaltung ist angesagt, weshalb chinesische Gäste auch immer bedient und zum Essen aufgefordert werden müssen.

«Komm, mach du den Anfang», sagt die Stiefmutter und zieht mich zum Büfett. Ich lasse mich nicht lange bitten, Höflichkeit hin, Höflichkeit her – ich habe Hunger. Frühstück gab es nicht in unserem Gästehaus, jedenfalls nicht zu der Zeit, als wir aufgestanden sind. Das wird nämlich nur bis acht Uhr serviert. Aber wer schafft das schon, bei all der Aufregung!

Ich werfe einen Blick auf die köstlichen Gerichte und entdecke «geschlagene» Gurken. Die werden ungeschält platt geklopft und mit viel Knoblauch angemacht – herrlich! Ich greife ordentlich zu, nehme auch gleich von der Ente, dem Tofu und einem grünen, kurz angebratenen Gemüse. Die eingelegten schwarzen «tausendjährigen» Eier lasse ich links liegen, ein schreckliches Zeug, an das ich mich nie gewöhnen werde. Zum Schluss schnappe ich mir noch einen pfannengebackenen, mit Gemüse gefüllte Fladen, eine meiner absoluten Lieblingsspeisen.

«Schaut nur!», poltert Weidong, der Mann von Cousine Huishan, los. «Die Langnasen sind wirklich unkomplizierter als wir Chinesen. Was soll diese ganze Ziererei!» Wahrscheinlich knurrt auch ihm der Magen, denn er steht schon neben mir und schaufelt sich ordentlich den Teller voll.

«Komm, setz dich zu mir!», ruft Schwiegerpapa, als ich mich nach einem geeigneten Sitzplatz umschaue. Nur zu gern gehorche ich. Ich mag den alten Herrn. Seine Schwiegertochter Yaping reicht ihm einen vollen Teller, auf dem fast nur Gemüse und zwei Fladen liegen.

«Hast du dich eigentlich schon an das chinesische Essen gewöhnt?», fragt er mich.

«Natürlich, wir essen zu Hause fast nur Chinesisch.»

«Petra kocht hervorragend Chinesisch», rühmt Yuqian meine Kochkünste.

«Wo hast du das gelernt?», fragt Schwiegerpapa interessiert.

«Bei Yuqian.»

«Bei Yuqian?», ruft Schwester Minqian erstaunt. «Seit wann kann der kochen?»

Nach dem Essen wird Tee serviert. Schwiegerpapa bekommt wie immer heißes Wasser, denn er will ja, wie er erneut verkündet, unbedingt hundert Jahre alt werden, um noch die Früchte der Reformpolitik zu erleben. Alle sitzen wieder in großer Runde und blicken auf das Familienoberhaupt.

«Die Witwe von Premierminister Zhou Enlai, Genossin Deng Yingchao, hat mich heute angerufen», berichtet der alte Herr stolz. «Sie hat zu Yuqians Rückkehr gratuliert.»

Er schaut Yuqian an, nickt ihm lächelnd zu. «Eigentlich weiß ich bis heute nicht, wieso du damals weggegangen bist. Was war passiert? Wie ist dir die Flucht gelungen? Es hat unendlich viele Spekulationen gegeben. Einige sagten, du wärst zu Freunden in dein ehemaliges Verbannungsgebiet nach Qinghai gegangen, andere glaubten, du hieltest dich in einer ausländischen Botschaft versteckt. Niemand wusste Genaues. Erst später sickerte durch, dass du ins Ausland geflüchtet bist. Magst du heute darüber sprechen? Ich glaube, die anderen wollen es auch gerne hören.»

Es ist mucksmäuschenstill im Raum, und alle blicken gespannt auf Yuqian. Der nickt und überlegt kurz. Dann setzt er zum Sprechen an. Da springt Halbbruder Bao'er auf. «Warte einen Moment!» Er schnappt sich einen Kassettenrekorder und stellt ihn neben Yuqians Kopf auf die Rücklehne seines Sessels.

«Was soll das?», fragt Yuqian irritiert.

«Ich möchte alles aufnehmen.»

«Warum?»

«Ich sammle so etwas. Vielleicht kann man es später noch einmal verwenden.»

«Stör ihn doch nicht!», fährt Yilla wütend dazwischen. «Wieso willst du das aufnehmen? Es genügt doch, wenn wir es hören.»

Das finden die anderen auch: «Ein Aufnahmegerät macht alles so offiziell.»

«Versteht doch!», ruft ein Cousin, «unser Bao'er liebt eben seine Technik.»

«Aber nicht in solchen Situationen», lehnt Cousine Huishan ab.

«Ja, was denn nun?», fragt Neffe Feng. «Soll man das jetzt aufnehmen oder nicht?»

Einige stehen auf, schenken sich noch schnell ein wenig Tee nach und kehren wieder auf ihren Platz zurück. Was für ein Durcheinander! Yuqian will nicht bei laufendem Rekorder sprechen. Das mache ihn nervös. Also wird er ausgeschaltet und zurück auf seinen ursprünglichen Platz befördert. Endlich kehrt wieder Ruhe ein. Doch nun ist Yuqian unruhig und unkonzentriert. Er erzählt nur kurz von jenen schrecklichen Ereignissen und von seiner Flucht. Viele Details lässt er aus, unterdrückt jedes Gefühl und wirkt fast unbeteiligt, als würde er die gelungene Flucht eines anderen schildern. Dennoch hängen die Verwandten gebannt an seinen Lippen. «Irgendwann werde ich darüber ein Buch schreiben», schließt er seinen Bericht. «Damals im Gefängnis von Kairo kam mir die Idee.»

«Auf Deutsch oder auf Chinesisch?», fragt Weidong.

«Auf Chinesisch.»

«Dann bestelle ich jetzt schon ein Exemplar.»

«Das ist wirklich eine unglaubliche Geschichte», sagt der Vater und schüttelt seinen Kopf. «Der Himmel hat dich beschützt.»

«Es gibt noch so vieles, was ich dich fragen möchte», sagt Cousine Huishan. «Wir sollten in kleineren Gruppen noch einmal darüber sprechen.»

«Das können wir gern tun», verspricht Yuqian. Als wir am frühen Abend aufbrechen, verabreden wir uns schon gleich für den nächsten Tag.

Cousine Huishan

Cousine Huishan wohnt in einem wunderschönen traditionellen Hofhaus – so jedenfalls hat Yuqian es mir erzählt. Peking ist bekannt für seine verträumten Gassen und eingeschossigen Hofhausanlagen. Umgeben von hohen Mauern, sind sie von außen nicht einsehbar. Tritt man durch das Portal, versperrt eine «Geistermauer» die Sicht ins Innere. Der zentrale Hof macht meist den Reiz der Anlage aus.

«Huishan», brüllt Yuqian und stürmt durch das alte Portal, das in die Anlage führt. Wie immer kündigt Yuqian seine Ankunft schon von weitem an, eine chinesische Angewohnheit, die er auch nach den langen Jahren in Deutschland nicht abgelegt hat. Wenn uns chinesische Freunde in Hamburg besuchen, machen die es genauso. Schon vor dem Haus, spätestens unten im Hausflur, brüllen sie unsere Namen. Die Nachbarn denken immer, es wäre sonst was passiert.

Ich stolpere hinter Yuqian her durch einen langen dunklen Gang. Wieso gibt es hier keine Geistermauer? Von derlei Gängen in Hofhausanlagen habe ich noch nie gehört. Wir erreichen den Innenhof. Ein Chaos an Gerümpel empfängt uns – oder ist das gar kein Gerümpel? Jedenfalls von romantischer Gartenanlage keine Spur. Mir bleibt keine Zeit, mich genauer umzusehen, denn Huishan kommt aus einem der zwei Häuser gestürzt, die an den beiden Längsseiten des Hofes stehen. Sie hält den linken Zeigefinger vor ihre gespitzten Lippen und wedelt abwehrend mit der anderen Hand. «Schrei nicht so», zischt sie. «Kommt schnell ins Haus.»

«Was ist denn los?», fragt Yuqian.

«Gar nichts, gar nichts», kichert sie verlegen. «Aber die Nachbarn brauchen nicht gleich zu sehen, dass wir ausländischen Besuch haben.» Mit energischem Griff fasst sie mich am Arm und bugsiert mich – schneller, als ich überhaupt denken kann – ins Haus. Ich lande direkt im Wohnzimmer. Einen Flur oder Vorraum gibt es nicht.

«Ich denke, es ist nicht mehr verboten, Ausländer zu Besuch zu haben», sage ich.

Huishan nickt. «Ja, das stimmt; aber wer weiß, ob sich die Zeiten nicht wieder ändern.»

Ihr Mann, Weidong, kommt uns entgegen. «Herzlich willkommen!» Er zeigt auf zwei alte Korbsessel, die neben einem kleinen Kanonenofen stehen. «Nehmt Platz!»

Mit einem Ruck öffne ich die Druckknöpfe meines wattierten Mantels.

«Behalt deinen Mantel an!», rät Huishan und fängt an, mir die Druckknöpfe wieder zu schließen. «Es ist kalt bei uns.»

«Ist eure Heizung kaputt?»

«Ja, seit zehn Jahren», sagt Weidong und zeigt auf den kleinen Ofen. «Wir müssen uns mit diesem Ding behelfen. Der muss für das ganze Haus reichen.» Ein rostiges Abzugsrohr führt vom Ofen hoch zur Decke und dann quer durch den Raum durch ein Fenster nach draußen.

«Kommt, ruht euch aus», sagt Huishan und drückt uns in die

beiden Korbsessel. Die anderen nehmen auf Klapphockern Platz. Mein Blick fällt auf zwei klobige alte Schreibtische, die zusammengerückt fast ein Drittel des Raumes ausfüllen. Auf der riesigen Arbeitsfläche liegen Bücher, Papiere und Zeitungen herum. In der Mitte stehen aufgereiht mehrere dicke Wälzer, eingebunden in Zeitungspapier; es könnten Lexika sein. Hohe Regale an den Wänden quellen über von Büchern und Papieren. In einer Ecke stehen übereinander gestapelt mehrere verstaubte Kartons, die anscheinend ebenfalls Bücher enthalten. Auch auf dem Flur, der zum nächsten Zimmer führt, türmen sich Kartons. Will die Familie ausziehen?

Weidong schaut Yuqian kopfschüttelnd an. «Sag mal», tönt er los, «wieso warst du damals eigentlich so klug und hast dich in den Westen abgesetzt?»

«Pst! Nicht so laut», ermahnt ihn Huishan. Weidong spricht wirklich ziemlich laut.

«Wovor hast du Angst?», meckert er sie an. «Vor den Nachbarn? Sollen sie doch die Wahrheit hören.» Doch dann fährt er deutlich leiser fort: «Von allen Geschwistern geht es dir am besten. Du lebst im schrecklichen Kapitalismus, bist reich und hast Erfolg, und wir? Wir leben im gelobten Sozialismus, sind arm und nicht mehr gefragt.»

«Wie kommst du auf die Idee, dass ich reich bin?», fragt Yuqian.

Nun verstehe ich, wieso uns Weidong eine solch lange Wunschliste geschickt hat. Anscheinend hält er uns für steinreich. Wie enttäuscht muss er sein, dass wir ihm weder Leica noch Farbfernseher und was er sonst noch haben wollte, mitgebracht haben.

«Schaut euch um!», fordert er uns auf. «So hausen die Intellektuellen in China, und uns geht es noch gut.»

Huishan kichert schon wieder verlegen. Ihre Tochter Honghong stellt eine große Kaffeekanne und mehrere Becher auf den wackligen runden Tisch, der vor uns steht. Gibt es Kaffee mit Milch und Zucker? Nein. Aus der Kaffeekanne kommt Tee. Ich nehme mir einen Becher und wärme mir daran die Hände.

Jingjing, die andere Tochter, rückt ihren Hocker neben meinen Korbsessel. Sie schaut mich interessiert an.

«Darf ich deine Haare mal anfassen?», fragt sie.

«Ja, sicher.» Und schon streicht sie mir vorsichtig übers Haar, greift dann etwas beherzter hinein.

«Sind die weich!», staunt sie nach eingehender Prüfung.

«Wie bitte?» In Deutschland gelten meine kräftigen Haare eher als Pferdehaare.

Wie auf Kommando gesellen sich Honghong und Huishan dazu und befühlen die deutsche Haarpracht. Jingjing ist schon dabei, mir einen Zopf zu flechten.

«Fühl mal, wie hart die Haare meiner Mutter sind», schlägt Honghong vor. Das mache ich dann auch.

«Mein Gott, du hast ja wirklich eine Drahtbürste auf dem Kopf», flachse ich. Huishan will sich darüber kaputtlachen. Was für eine freundliche Frau! Schon gestern ist mir das aufgefallen.

Huishan gehört zu den talentiertesten unter Yuqians Geschwistern, Cousinen und Cousins. Naturwissenschaften, Sprachen, Musik, Theater – alles liegt ihr, alles interessiert sie, nur eines nicht: Hausarbeit. Und von Politik hält sie auch nichts. Deshalb trat sie auch nie in die Kommunistische Partei ein, was ihrer Karriere nicht gut tat.

Huishan und Weidong zogen gleich nach ihrer Hochzeit in dieses kleine Haus, das er von seinem Vater geerbt hatte, genau wie seine Schwester, die in dem gegenüberliegenden Haus wohnte. Huishan bekam in rascher Folge drei Töchter, und es wurde immer enger in ihrem Zwei-Zimmer-Haus. Ihre Mutter und ein Dienstmädchen versorgten die Kinder und führten den Haushalt, während Huishan ihrem Beruf als Maschinenbauingenieurin nachging. Schon während ihres Studiums lernte sie nebenbei mehrere Sprachen: Englisch, Japanisch, Russisch und Deutsch. Die vervollkommnete sie neben ihrer Arbeit und fand auch noch Zeit, ihrem Hobby, dem Gesang der Pekingoper, nachzugehen.

Im Gegensatz zur zierlichen Huishan ist Weidong ein Riese, der vor allem durch sein lautes Organ und sein ungestümes Temperament auffällt. Nach dem Abschluss eines Architekturstudiums an der renommierten Kaiserlichen Universität in Japan kehrte er nach China zurück, um am Aufbau eines modernen Staates mitzuwirken. Die ersten Jahre liefen gut, er machte eine steile Karriere im Amt für Wohnungs- und Städtebau. Doch dann gab es zunehmend Ärger. Mit wacher Intelligenz und einem kritischen Verstand gesegnet, aber leider auch mit einer scharfen Zunge ausgestattet, machte er sich bei den leitenden Parteifunktionären unbeliebt. Auch verweigerte er den Eintritt in die Kommunistische Partei, nicht weil er eine andere Partei favorisiert hätte, sondern weil er sich keiner Parteidisziplin unterordnen wollte. Er war ein Querkopf, ungemütlich und nicht gerade diplomatisch, immer gab es Ärger mit ihm, und irgendwann ließ man ihn wissen, dass es wohl besser wäre, wenn er seinen Dienst quittierte. Seitdem lebt er von einer bescheidenen Rente und japanischen Fachübersetzungen.

Mit seiner Schwester kam es auch häufiger zu Streit. Seine Temperamentsausbrüche sind gefürchtet in der Familie, obwohl er, wenn er will, auch der reizendste Zeitgenosse sein kann. Die Schwester jedenfalls verkaufte irgendwann entnervt ihren Teil der Wohnanlage und zog in ein anderes Viertel. Das Nachsehen hatte Weidong, denn die neuen Nachbarn waren ungebildete Menschen, die die «stinkenden Intellektuellen» – so nannte man in der Kulturrevolution Akademiker wie Huishan und Weidong – argwöhnisch beobachteten. Huishan lebte in ständiger Angst vor Denunziation, und es hat den Anschein, dass sich das bis heute nicht geändert hat.

«Wie geht es Mingming?», erkundigt sich Yuqian nach der ältesten Tochter.

«Ich habe sie vor zwei Monaten zum Studium nach Tokio geschickt», verkündet Weidong zufrieden. «Ein alter japanischer Freund hat mir dabei geholfen. Ich werde nicht eher ruhen, als bis alle meine drei Mädchen im Ausland sind. Egal ob in Japan, in Amerika oder in ... Ach, habt ihr eigentlich die Antragsformulare für die Universität Hamburg mitgebracht? Ich hatte euch doch darum gebeten.»

«Ich wollte erst mit euch darüber sprechen», lenkt Yuqian ab. «Wieso wollt ihr gleich alle drei Töchter ins Ausland schicken? Das ist doch gar nicht zu finanzieren!»

«Die Kinder müssen eben neben ihrem Studium arbeiten. Das ist kein Problem. In Amerika machen das alle.»

«Studieren und so viel arbeiten, dass man davon leben kann? Das ist gar nicht so einfach.»

«Deshalb möchte ich die Jüngste, Jingjing, ja auch zu euch schicken. Auf jeden Fall ist Eile geboten. Wer weiß, wie lange es noch erlaubt ist, zum Studium ins Ausland zu gehen. Das kann sich ganz schnell wieder ändern. Ich sage dir: Alle jungen Leute wollen raus. China ist ein Land ohne Perspektive. Schau dir doch deine Geschwister an, deine Cousinen und Cousins: alle Akademiker. Und ihre Kinder? Keins von ihnen hat studiert. In Fabriken hat man sie gesteckt, aufs Land geschickt, ihre besten Jahre vergeudet, und warum? Weil unsere politischen Führer glaubten, Machtkämpfe und Massenkampagnen veranstalten zu müssen, und weil sie politische Schulung für wichtiger hielten als eine gute Ausbildung. Ich sage dir ganz ehrlich, unsere Kinder werden weiterhin chancenlos bleiben, wenn wir sie nicht schleunigst ins Ausland befördern.»

Du meine Güte! Sollen sie ruhig ins Ausland gehen, aber bitte nicht alle zu uns. Mir wird ganz schwindelig bei dem Gedanken. Nichte Lei ist ja schon da, Yuqians Sohn studiert in San Francisco, das reicht uns fürs Erste.

«Yuqian», fährt Weidong fort. «Du bist für uns der wichtigste Ansprechpartner. Du arbeitest an der Universität, also kommst du an Studienplätze ran.»

Ich sehe schon eine Lawine von Nichten und Neffen auf uns zurollen.

«So einfach ist das nicht», wehrt Yuqian ab. «Ich kann nicht beliebig Studienplätze aus dem Ärmel schütteln.»

«Aber du hast Beziehungen.»

«Trotzdem laufen die Zulassungsformalitäten nach einem ganz offiziellen Verfahren ab. Und außerdem: Was passiert, wenn die Kinder im Ausland bleiben wollen? Ich glaube, dass die wenigsten zurückkommen. Dann seid ihr eure drei Töchter los.»

«Na und? Ich hätte nichts dagegen, wenn meine Töchter im Ausland bleiben. Dann folgen wir ihnen eben. Viele Eltern hoffen, dass ihre Kinder in den USA, in Kanada, Japan oder Europa Fuß fassen, damit sie später nachkommen können.»

«Schwester Huishan», ruft eine Frauenstimme von draußen. Yuqians Geschwister Minqian, Diqian und Yilla treffen ein, ebenso Feng und Bing. Sie lachen, als sie uns in unseren Mänteln im Wohnzimmer sitzen sehen.

«Ja, so ist das mit den alten Hofhäusern: im Sommer angenehm kühl und im Winter eiskalt», sagt Diqian und setzt sich seufzend. Er behält sogar seine Mütze auf.

«Heute gibt es Pekingente», verkündet Huishan. «Weidong hat sich stundenlang angestellt, um zwei schöne gebackene Enten zu ergattern. Doch kaum war er damit zu Hause, merkte er, dass er die

Sauce vergessen hat. Also musste er erneut los und sich ein zweites Mal anstellen.»

Weidong wird gebührend bedauert, was er sichtlich genießt. Dann verschwinden Honghong und Jingjing im Hof, wo sich in einem Verschlag die Küche befindet. Dort werkelt schon seit Stunden Huishans ehemaliges Dienstmädchen, eine tüchtige, korpulente Bäuerin. Zu Beginn der Kulturrevolution musste Huishan sie entlassen. Die Beschäftigung von Dienstpersonal war gefährlich geworden. Erst seit wenigen Monaten wagt sie es wieder, gelegentlich eine Hilfe zu engagieren.

Die beiden Töchter schleppen Teller und Schüsseln mit allerlei dampfenden Gerichten ins Nachbarzimmer. «Zu Tisch», rufen sie. Alles erhebt sich und geht hinüber. Es ist das Schlafzimmer der Familie und noch kälter als das Wohnzimmer. Ein riesiges Doppelbett füllt den Raum weitgehend aus. Hier schlafen die Mädchen und ihre Mutter. Der Vater hat sein Bett in einer kleinen dunklen Abseite, die wir nicht zu Gesicht bekommen.

Wir sitzen auf Klapphockern dicht gedrängt um einen reich gedeckten Tisch. Ein kleiner Gasbrenner unter dem Tisch soll etwas Wärme spenden, doch es bleibt lausekalt. Erst nach zwei, drei Gläschen hochprozentigem Schnaps wird uns warm, sodass wir endlich die Mäntel ablegen können.

«Petra, hast du schon mal Pekingente gegessen?», fragt Jingjing gespannt.

«Ja, aber noch nie in so netter Gesellschaft.»

«So so, schmeicheln kann sie also auch schon», poltert Weidong los. Er legt mir ein großes Stück Ente auf den Teller, lieb gemeint, aber bei näherer Betrachtung gefällt mir der Leckerbissen ganz und gar nicht, denn er besteht nur aus krosser Haut und einer dicken Fettschicht.

«Ich nehme mir lieber selbst», sage ich und bugsiere das Stück auf Yuqians Teller.

«Die Deutschen verstehen nichts von Enten», sagt Yuqian. «Sie wollen immer nur das Fleisch essen, am liebsten die Brust.»

Die anderen schauen mich ungläubig an. «Ist das wahr? Aber die Haut ist doch das Beste!»

«Auf diese Weise herrscht bei uns immer Friede», sage ich. «Yuqian bekommt die Haut und ich das Fleisch.» Und schon fische ich mit meinen Stäbchen ein dickes Stück mageres Fleisch von der Platte und lege es auf einen hauchdünnen Teigfladen, dazu ein paar Frühlingszwiebeln, etwas Sojapaste, dann alles eingewickelt und hinein in den Mund! Ein echter Genuss. Ich liebe Pekingente.

Nach dem Essen zieht Huishan unter dem Bett einen Pappkarton hervor, der alte Briefe und Fotos enthält. Die meisten Fotos stammen aus den fünfziger Jahren und zeigen nur ein Motiv: Huishan, mal im eleganten weißen Sommerkleid mit langen weißen Handschuhen bei der Besichtigung des Kaiserpalastes, mal im hochgeschlitzten engen Seidenkleid mit ein paar Freundinnen oder im Pelzmantel auf verschneiter Straße.

«So hast du früher ausgesehen? Das ist ja unglaublich.» Ich kann es nicht fassen. Heute trägt sie dicke ausgebeulte Hosen und eine wattierte Jacke. Ich weiß wirklich nicht, ob ich lachen oder weinen soll. Mir gefällt der Aufzug aus den fünfziger Jahren jedenfalls besser. Die Bilder müssen den beiden Töchtern vorkommen wie Dokumente aus einer anderen Welt, zeigen sie doch einen Lebensstil, den sie nie kennen gelernt haben. Nesthäkchen Jingjing sitzt neben mir und schmiegt ihr Gesicht an meine Schulter.

«Mutter sah sehr westlich aus, nicht wahr? Hast du auch so schöne Kleider?» Sie wirft einen prüfenden Blick auf meine Jeans, die wirklich jenseits jeglicher Eleganz sind, das muss ich zugeben. Bis jetzt hat mir das nichts ausgemacht, doch unter ihrem skeptischen Blick bereue ich, dass ich nicht doch meine etwas besseren Sachen mitgebracht habe. Wahrscheinlich ist es total falsch, sich immer anpassen zu wollen. Sie würden hier sicher auch gern mal etwas Hübscheres sehen.

Huishan zaubert einen zweiten Pappkarton unter dem Bett hervor, der ein kleines Album mit Familienfotos aus den dreißiger und vierziger Jahren enthält. Für Yuqian und seine Geschwister ist das eine wahre Kostbarkeit, denn ihre eigenen Fotos sind während der Kulturrevolution alle verbrannt worden. Huishan hat die Zeit der vielen politischen Kampagnen unbeschadet überstanden. Niemand durchsuchte ihr Haus, niemand beschlagnahmte oder vernichtete ihre Bücher, Papiere und Kunstgegenstände. Sie nimmt die besten Fotos aus dem Album heraus. «Ihr könnt davon in Deutschland Kopien anfertigen lassen», sagt sie. «Aber verliert sie nicht. Es sind die Einzigen, die wir besitzen.»

Sie werden eingehend studiert und vorsichtig, als wären sie zerbrechlich, von Hand zu Hand weitergereicht. Auch Yuqian betrachtet sie lange. Dann steckt er sich eine Zigarette an und raucht nachdenklich einige Züge. «Ich habe euch gestern nur die Hälfte erzählt.»

«Das habe ich gespürt», sagt Huishan leise. «Du hast zum Beispiel nicht darüber gesprochen, was damals zwischen Meizhen und dir vorgefallen war.»

Schwester Minqian sieht Yuqian mit müdem, traurigem Gesicht an. «Unsere Mutter machte damals einige Andeutungen von einem Streit, aber sie stand wohl zu sehr unter Schock, als dass ich daraus hätte schlau werden können.»

Yuqian beginnt mit fester Stimme zu erzählen: «Meizhen und ich hatten uns völlig auseinander gelebt. Wann immer sie kam, gab es Streit. Ich hielt das nicht mehr aus und verlangte die Scheidung. Sie war einverstanden, jedoch nur unter der Bedingung, dass ich vorher durch Vaters Beziehungen ihre Rückversetzung nach Peking erwirkte. Das war in dem politischen Chaos ganz ausgeschlossen. ‹Dann warten wir eben, bis sich alles beruhigt hat›, sagte sie. Schon häufig hatten wir über Scheidung gesprochen und sie dann immer wieder vertagt. Ich wollte das nicht mehr. Dann kam es zum letzten Streit, der so schrecklich war, dass ich sagte, ich würde schon am nächsten Tag die Scheidung einreichen. Sie vermutete hinter meiner Entschlossenheit eine andere Frau. Das war Unsinn, doch sie ließ sich nicht davon abbringen, zumal sie meine Sachen durchwühlt und ein paar Porträtaufnahmen gefunden hatte, die ich in der letzten Zeit von zwei, drei Frauen gemacht hatte. Fotografieren war mein Hobby, und manche wussten das und ließen sich gern von mir ablichten. Da war nichts anderes im Spiel. Doch Meizhen glaubte mir nicht. Wütend darüber, dass sie noch immer in der Provinz leben musste, während ich mich in ihren Augen in der Hauptstadt vergnügte, ging sie zu meinem Vorgesetzten und schwärzte mich wegen Untreue und Charakterlosigkeit an. Ihr wisst, was das damals bedeutete. Die Kulturrevolution hatte gerade unsere Einheit erreicht. Die gesamte Belegschaft war in zwei verfeindete Fraktionen gespalten. Da kam Meizhen gerade recht. Wie die Hyänen fiel die Gegenseite über mich her und nutzte Meizhens Anschuldigungen, um mich politisch fertig zu machen. Ich verstehe es bis heute nicht, wie sie glauben konnte, dass sie mit ihrer Denunziation nur mich, nicht aber sich und unseren Sohn treffen würde. Wie konnte sie da heil herauskommen, wenn ich erneut zum Konterrevolutionär erklärt würde? Aber anscheinend war ihr Wunsch, mich in der Verbannung oder in einem Arbeitslager zu wissen, so groß, dass sie dieses Risiko blindlings einging.»

Yuqian schüttelt nachdenklich den Kopf. Alle hören gespannt zu. Man könnte eine Stecknadel fallen hören.

«Dann kam die Vollversammlung, an der ich nicht teilnehmen durfte, weil man über meinen Fall diskutieren wollte. Schon bald hörte ich sie schreien, meine Kollegen und alle anderen Mitarbeiter der Organisation: ‹Nieder mit Guan Yuqian!›, ‹Lang lebe die Kulturrevolution!› und so weiter. Ihr kennt die Slogans aus jener Zeit. Es war schrecklich. Mir war klar, dass ich einer erneuten Verurteilung nicht entgehen würde. Da wollte ich nur noch Schluss machen mit diesem verdammten Leben. Kein zweites Mal würde ich eine Verbannung überleben, das wusste ich. Also suchte ich in meiner Schreibtischschublade nach einer Rasierklinge, um mir die Pulsadern aufzuschneiden. Ich fand jedoch keine, stattdessen sah ich die vielen Pässe von den Ausländern, die ich zu betreuen hatte. Und als ich sie durchblätterte, entdeckte ich einen japanischen mit einem gültigen Visum für Ägypten und Frankreich. Da kam mir plötzlich der Gedanke, mit diesem Pass zu fliehen. Wenn die Flucht misslang, auch gut, dann würde ich eben erschossen werden. Das wäre ein schneller Tod und wesentlich angenehmer, als mit aufgeschnittenen Pulsadern langsam zu verbluten.»

Yuqian erzählt von der überstürzten Umsetzung des Fluchtplans. Schmerz und Verzweiflung brechen aus ihm heraus, als er von seinen letzten Stunden in Peking berichtet, dem Abschied von seinem Sohn, seiner Mutter und auch von Meizhen. Keiner von ihnen durfte damals merken, dass es ein Abschied auf immer sein würde. Seine Stimme versagt, Trauer und Schmerz brechen aus ihm heraus. Wie erstarrt sitzen die anderen auf ihren Plätzen und weinen lautlos. Ich flüstere Yuqian beruhigende Worte zu, auf Deutsch, in unserer gemeinsamen Sprache. Er fasst sich, redet weiter. Es dauert lange, bis alles erzählt ist, die Flucht nach Ägypten, Schutzhaft in dem Zuchthaus in Kairo, Heimweh, Verzweiflung, Hungerstreik und zum Schluss Ausreise nach Deutschland. Entsetztes Schweigen. Mit verweinten Gesichtern sitzen sie da, trinken Tee, die Männer rauchen. Ich bekomme kaum noch Luft. Bruder Diqian seufzt wie immer, Minqian, Yilla und Huishan starren wortlos vor sich hin. Eine Ewigkeit vergeht, da umschlingt mich Nichte Jingjing und schmiegt ihr Gesicht an meine Schulter. Ich schaue sie an und bemerke ihr spitzbübisches Lächeln: «Sag mal, wie hast du Onkel Yuqian eigentlich kennen gelernt?», fragt sie.

Ich bin sprachlos. Wie kann ich jetzt anfangen, irgendwelche Liebesgeschichten zu erzählen. Nicht bei dieser gedrückten Stimmung. Ich nicke ihr zu: «Später erzähle ich dir alles, aber nicht jetzt.»

«Ach bitte, alle sind so traurig. Lass uns wieder ein bisschen fröhlich sein», bettelt sie.

«Ja», stimmt Huishan zu und wischt sich die Tränen aus dem Gesicht. «Jingjing hat Recht. Wir müssen die traurigen Zeiten vergessen. Komm, Petra, erzähl uns, wie ihr euch kennen gelernt habt.»

Auch Minqian wird plötzlich lebendig: «Yes. Tell us your love story. Please!»

Wie ein Echo schlägt es mir entgegen: «Your love story.»

Ich überlege kurz, rutsche nervös auf meinem Hocker hin und her und beginne: «Na gut. Also ...»

Sofort ist es wieder mucksmäuschenstill, alle schauen mich gespannt an, ich gerate richtig in Aufregung.

«Your love story!», beharrt Jingjing noch einmal und kichert.

Ich beginne langsam zu erzählen und fühle mich dabei wie eine Märchentante vor Erstklässlern. Die Freude und Spannung, mit der mir vor allem Huishan und ihre beiden Töchter zuhören, inspiriert mich, sodass ich die eigentlich harmlose Geschichte fantasievoll ausschmücke und dabei ganz nach chinesischer Art maßlos übertreibe.

«Mein zukünftiger Ehemann muss unbedingt schwarze Haare haben, das stand für mich von klein auf fest. Ich liebte schwarze Haare. Doch hatte ich damals eher an einen feurigen Spanier oder an einen eleganten Italiener gedacht. Aber an einen Chinesen ...?» Ich verdrehe die Augen und schlage mir an den Kopf.

«... hast du niemals gedacht», ergänzen die beiden Nichten vergnügt und reiben sich erwartungsvoll die Hände. «Erzähl weiter.»

«Zugegeben, Yuqian hatte schwarze Haare, das war auch alles, was meinen ursprünglichen Vorstellungen entsprach ...»

Schon in den nächsten Minuten erinnert nichts mehr an die eben noch so gedrückte Stimmung. Sie lachen, klatschen in die Hände und folgen gespannt meiner Erzählung. Ich muss jedoch zugeben: So übertrieben wie heute habe ich noch nie.

Schwester Minqian

Wie trostlos und heruntergekommen Minqians Siedling bei der klirrenden Kälte aussieht! Als ich vor sechs Jahren an jenem warmen Herbstnachmittag hier entlanglief, wirkte sie noch ganz idyllisch. In der Mitte des Hofes lagert wie in Schwiegerpapas Siedlung ein riesiger Berg Kohle, mit der die renovierungsbedürftigen Wohnblocks beheizt werden. Neben den Eingängen türmt sich stinkender Müll, weil unter den offenen Schächten, durch die die Bewohner ihre Abfälle kippen, keine Auffangbehälter stehen. Das Treppenhaus, das zu Minqians Wohnung in den dritten Stock hinaufführt, sieht aus, als wäre es seit Fertigstellung nie gereinigt worden.

«Putzt hier niemand?», frage ich den Neffen Feng, der uns begleitet.

Feng zuckt nur mit den Schultern und lacht.

«Typisch Sozialismus», schimpft Yuqian. «Keiner fühlt sich verantwortlich für die gemeinsam genutzten Flächen.»

Die Wände sind übersät mit schwarzen Streifen und Flecken.

«Das kommt von den Fahrradreifen», klärt mich Feng auf.

«Wieso Fahrradreifen? Hier sind doch gar keine Fahrräder zu sehen!»

«Wir schleppen sie in die Wohnungen, weil sie sonst geklaut oder irgendwelche Teile abmontiert werden.»

Minqian teilt sich ihre kleine Zweizimmerwohnung mit ihrem Sohn Feng und ihrer Schwiegertochter Bing. Die beiden haben gerade geheiratet. An der Wohnungstür klebt ein rotes doppeltes Schriftzeichen. Es symbolisiert Glück und wird bei Hochzeiten in allerlei Variationen an Wände, Türen und Fenster geklebt.

Feng ist bester Stimmung. Er rennt zwischen Küche und Wohnzimmer hin und her und bewirtet uns mit Tee und Gebäck. «Ausländischer Besuch in unserer Hütte – das ist wirklich eine große Ehre. Morgen wird die ganze Nachbarschaft darüber sprechen.»

«Bringt euch das Schwierigkeiten?», frage ich.

«Aber nein. Die Zeiten haben sich geändert.»

Seine Frau Bing sitzt auf Minqians Bett, das im Wohnzimmer steht, und beobachtet uns amüsiert, als würde sie ein interessantes Fernsehprogramm verfolgen.

Die Wohnung ist unerträglich überheizt. «Kann man die Heizung nicht niedriger stellen?»

«Nein», sagt Feng, «nur an oder aus.»

Ich ziehe meinen dicken Pullover aus, mein kurzärmliges T-Shirt kommt zum Vorschein, erleichtert atme ich auf, doch Minqian warnt: «Sei vorsichtig. Du wirst dich erkälten. Schau, was ich alles anhabe.» Sie zeigt auf eine Bluse und einen dünnen Pullover, die beide unter dem Ärmel ihrer wattierten Seidenjacke hervorlugen. Über der Seidenjacke trägt sie zum Schutz vor Staub und Schmutz noch eine dünne Baumwolljacke. «Wir kleiden uns nach dem Zwiebelsystem in dünnen Schichten. Je nachdem, ob dir zu kalt oder zu warm ist, kannst du eine Schicht an- oder ablegen. So verhindert man große Temperaturschwankungen und erkältet sich nicht so leicht.»

Minqian ist erst Anfang fünfzig, doch ihr abgespanntes, blasses Gesicht und ihre langsamen Bewegungen lassen sie älter erscheinen. Nur wenn sie lacht, was selten vorkommt, wirkt sie jugendlich mit ihren leicht gewellten Haaren und ihrer modernen Brille, die ihr Yuqian aus Deutschland mitgebracht hat. Seit Jahren leidet sie unter schweren Schlafstörungen, eine Folge jener Zeit unter Arrest, als sie auch nachts bei künstlichem Licht überwacht wurde aus Angst, sie könnte Selbstmord begehen. Ohne starke Schlafmittel bekommt sie heute kein Auge mehr zu.

Auf ihrem Schreibtisch stehen zwei gerahmte Fotos, eins von der Mutter und eins von ihrem ältesten Sohn, einem hübschen schlanken Jungen.

«Er war schon zu alt», flüstert Minqian. «Die Ärzte haben gesagt, dass Leukämie nur bis zu einem Alter von fünf Jahren heilbar ist.»

«Wenn man ihn nicht in die Chemiefabrik gesteckt hätte, wäre er vielleicht gar nicht erkrankt», sagt Feng. «Andere aus seiner Gruppe haben es auch bekommen.»

«Mao Zedong», murmelt Yuqian bitter. «Wie viele Menschenleben hat er auf dem Gewissen!»

Minqian bleibt stumm und schaut mit leerem Blick auf das Bild. Ich schaue in ihr verhärmtes Gesicht. Was hat diese Frau alles durchgestanden: Haft, Degradierung, Indoktrinierung bei harter Landarbeit, und kaum soll sie rehabilitiert werden, denunziert sie der eigene Ehemann, der sie mit ihrer Schwägerin betrügt. Endlich rehabilitiert, da stirbt die Mutter, dann der Sohn, und zum Schluss kommt noch die Ehescheidung. Wie hält man das aus, ohne verrückt zu werden? Ihr gegenüber habe ich das Gefühl, als käme ich von einem anderen Stern. Wieso hatte ich ein so unverschämtes Glück, in einer Zeit und an einem Ort aufzuwachsen, wo alles in glimpflichen Bahnen verlief? In dieser Familie und in diesem Land scheint ja wohl jeder durch mehrere Katastrophen gegangen zu sein.

Minqian greift nach einem kleinen roten Seidentäschchen, das auf dem Tisch liegt. «Hier sind zwei Ringe, ein Jadering und ein Goldring», sagt sie zu Yuqian, und ihre Hände zittern, als sie sie herausnimmt. «Das ist das Einzige, was uns Mutter hinterlassen hat. Diqian und ich möchten diese beiden Ringe Petra schenken, als Zeichen für unsere Liebe.»

Sie steht auf und übergibt mir die Ringe. Ich weiß überhaupt nicht, was ich sagen soll.

«Ich danke dir», stottere ich. Yuqian schaut sich die Ringe an. «Ja, diesen Goldring hat Mutter oft getragen», sagt er und steckt ihn mir an den Ringfinger. Er passt genau.

«Den Jadering habe ich bei Mutter nie gesehen», sagt Yuqian verwundert.

«Sie hat ihn auch kaum getragen. Er ist sehr wertvoll. Ein Erbstück aus der Familie ihrer Mutter.»

Es klopft an der Tür. Feng springt auf und öffnet.

«Großer Onkel! Tante!», begrüßt er Yuqians Bruder und Schwägerin.

Diqian tritt ein, hinter ihm huscht seine Frau wie ein kleines Mäuschen ins Wohnzimmer. Sie läuft auf Zehenspitzen, als wollte sie niemanden stören. In der rechten Hand hält sie ein Netz, in dem sich ein Paket in der Größe eines Schuhkartons befindet, eingewickelt in einer Ausgabe der Volkszeitung.

«Kommt, setzt euch!», sagt Minqian, und Feng verteilt Tee schweigend und mit traurigem Gesicht; auch die anderen schauen plötzlich ganz düster drein. Was ist denn los? Diqians Besuch kommt doch nicht ungelegen, es war doch so verabredet!

Feng setzt sich mit einem lauten Seufzer auf einen Klapphocker, während Diqian beginnt, Zigaretten zu verteilen. Es ist wirklich bemerkenswert, wie viel in China geraucht wird. Ständig verteilt jemand Zigaretten. Alkohol und Zigaretten gehören allen, heißt es so schön, da wird nicht zwischen Mein und Dein unterschieden.

Yuqian starrt auf das Paket, das die Schwägerin jetzt vorsichtig neben ihn auf den Boden stellt. «Es ist wirklich sehr nett von euch, dass ihr auf mich gewartet habt», murmelt er mit rauer Stimme.

«Das war doch selbstverständlich», flüstert der Bruder.

Mir stockt der Atem. Ich beginne zu ahnen, was sich in dem Paket befindet. «Mit was haben deine Geschwister auf dich gewartet?», frage ich Yuqian, vorsichtshalber auf Deutsch.

«Mit der Beisetzung von Mutters Asche.»

«Ist in dem Schuhkarton dort etwa die Asche deiner Mutter drin?»

«Ja, in einer Urne.»

«Aber deine Mutter ist doch schon vor zwei Jahren gestorben. Warum wurde die Asche noch nicht beigesetzt?»

«Jeder kann mit der Asche seiner Angehörigen machen, was er will. Meine Geschwister haben sie eben mit nach Hause genommen, um sie irgendwann mit mir zusammen zu begraben.»

Mit allem habe ich gerechnet, aber nicht damit, dass mir meine Schwiegermutter im Schuhkarton begegnen würde. Ich kann es nicht fassen.

«Das Problem ist», sagt Feng zögernd, «dass es keinen vernünftigen Platz gibt, wo man die Asche beisetzen könnte. Es gibt nur Plätze am Stadtrand, in der freien Natur. Da gehen die meisten hin und verbuddeln die Asche ihrer Toten.»

Mit einem bitteren Lachen springt Yuqian auf und läuft in dem kleinen Zimmer auf und ab. «Wisst ihr, was mich wahnsinnig wütend macht? Im kapitalistischen Westen habe ich Friedhöfe gesehen, die schöner sind als die meisten Pekinger Parkanlagen. Über zwanzig Jahre lang kann man dort der Toten gedenken und ihre Gräber pflegen. Und bei uns im Sozialismus, wo angeblich das Volk das Sagen hat, wo bestatten wir unsere Toten? In der Wildnis. Sie haben kein Recht auf eine angemessene Ruhestätte.» Er bleibt stehen und schaut Bruder und Schwester wütend an, als hätten sie das zu verantworten. «Die Asche der hohen Kader, die landet natürlich in den schönsten Hallen. Für Mao baut man sogar ein riesiges Mausoleum und verschandelt damit den Platz des Himmlischen Friedens. Aber unsere Mutter, die sich ein Leben lang für uns abgerackert hat, die ist es nicht wert, in aller Ehre bestattet zu werden.»

«Was redest du denn da», fährt Minqian ihn böse an. «Natürlich gibt es in China Friedhöfe. Wir haben schon längst einen Platz für sie gefunden, aber es schien uns sinnvoller, mit der Bestattung auf deine Rückkehr zu warten.»

Der Friedhof, von dem Minqian spricht, entpuppt sich später als unerschlossenes Hügelland außerhalb von Peking. Ein Cousin organisiert einen Grabstein aus Granit, in den Yuqian eine Inschrift meißeln lässt. Ein anderer Cousin besorgt einen Minibus. So fahren wir mit Grabstein und Asche, Hacken und Schaufeln an den Stadtrand zu besagtem Friedhof. Niemand kümmert sich dort darum, wer wo wessen Asche verscharrt. Grabsteine stehen kreuz und quer, einige sind umgestürzt, andere gestohlen und mit einer neuen Inschrift versehen. Feng findet auf einer Anhöhe einen geeigneten, nach Süden ausgerichteten Platz. Die Sonne steht am Himmel, doch der Wind ist eisig und scharf. Mit Hacke und Schaufel mühen sich die Männer ab, ein Loch in die knochentrockene Erde zu graben, dann legen sie das Paket mit der Urne dort hinein, füllen die Erde wieder drauf und stellen den Grabstein auf. Zum Zeichen der Trauer haben sich Yuqian und seine Geschwister eine weiße Papierblume angesteckt. Weiß ist in China die Trauerfarbe. Die Gesichter von Minqian und Diqian sind wie versteinert, Yuqian weint. Er kniet vor dem Grabstein nieder und verharrt dort eine Ewigkeit.

Bruder Diqian

Seinem ersten Brief, den uns Bruder Diqian nach Hamburg schickte, hatte er ein kleines Passfoto beigefügt. Yuqian war entsetzt, als er es sah: «Mein Gott, wie ist mein Bruder grau geworden!»

Mit großem Erstaunen stelle ich dann bei unserer Ankunft fest, dass der stark ergraute Bruder plötzlich wieder über eine pechschwarze Haarpracht verfügt.

«Wieso färbst du dir die Haare?», fragt Yuqian den Bruder, als wir ihn in seiner Wohnung besuchen. Ich schaue in das faltige Gesicht, das so gar nicht zu den schwarzen Haaren passen will.

«Ganz einfach: Ich will jünger aussehen. Außerdem färben sich alle die Haare.» Sogleich zählt er eine Hand voll bekannter Politiker auf.

«Das sind Politiker und keine Intellektuellen», entrüstet sich Yuqian.

Eigentlich merkwürdig: Gerade in China, wo das Alter großen Respekt genießt, will keiner, der noch ein Amt bekleidet, alt wirken. In der gesamten politischen Führungsriege entdeckt man kaum einen Graukopf. Alle färben sich die Haare. Vielleicht fällt es dem Fußvolk dann nicht so schnell auf, dass diese Herren eigentlich längst in Pension gehörten.

«Du hast es doch gar nicht nötig, dir die Haare zu färben. Du bist Journalist, ein Intellektueller. Graue Haare geben dir viel mehr Würde.»

Doch der Bruder schüttelt den Kopf. «So denkt man vielleicht bei euch im Westen; hier jedenfalls nicht.»

Diqian lebt in einem tristen Wohnblock im Osten der Stadt. Beim Betreten des Hauses schlägt mir der penetrante Geruch faulenden Chinakohls entgegen.

«Da kann man nichts machen», entschuldigt sich Diqian. «Wir haben leider keinen Balkon, auf dem wir den Kohl lagern könnten, deshalb liegt er bei uns im Hausflur.»

Die meisten Pekinger decken sich im Herbst mit großen Mengen an Chinakohl ein, denn zur Erntezeit ist er am billigsten. Die einzelnen Köpfe werden in Zeitungspapier eingeschlagen und dann an einem luftigen, kühlen Platz gehortet. Wer keinen Balkon hat, stapelt den Kohl außen an der Wohnungstür zu einem ansehnlichen Haufen.

Diqians Wohnung liegt im Erdgeschoss. Kein einziger Sonnenstrahl verirrt sich dort hinein, und da die Häuser nicht unterkellert sind, ist es unglaublich fußkalt. Schon nach kurzer Zeit merke ich, wie mir die Kälte die Beine hochkriecht.

«Hier wirst du doch krank», meint Yuqian, dem wohl auch allmählich kalt wird. «Du brauchst unbedingt einen dicken Wollteppich, der die Bodenkälte abhält. Lass uns in den nächsten Tagen einen kaufen gehen.»

«Nein. Ich brauche keinen Wollteppich. In Peking ist es viel zu staubig. Denk nur an die Sandstürme im Frühjahr. Wie soll ich da einen Teppich sauber halten?»

«Mit einem Staubsauger. Den kauf ich dir gleich dazu.»

Diqian winkt lachend ab. «Du bist noch genauso tatendurstig wie früher.»

Im engen Flur der kleinen Wohnung stehen zwei Fahrräder – auch in diesem Viertel wird viel geklaut. In der klitzekleinen Toilette gibt es außer einem Hockklo weder Waschbecken noch Duschmöglichkeit, dafür aber den üblichen Stapel an bunt emaillierten Waschschüsseln. Das kleine, blitzsaubere Wohnzimmer dient zugleich als Arbeitsraum, drei Borde voller Bücher hängen dort, jedes einzelne Buch fein säuberlich eingebunden in Zeitungspapier mit Titelangabe auf dem Rücken. Das kleine Schlafzimmer ist zugleich auch Abstellkammer. Alles ist ziemlich eng, dennoch fühlt sich Diqian wie im Paradies. Nach Yuqians Flucht sperrte man ihn ein, weil man vermutete, er hätte Fluchthilfe geleistet. Tatsächlich war er völlig ahnungslos gewesen, und obwohl man ihm nie eine Schuld nachweisen konnte, behielt man ihn in Haft. Sein Fall wurde nie verhandelt, deshalb vergaß man ihn wohl auch. Ohne Anklage und ohne Urteil saß er knapp sieben Jahre im Gefängnis.

«Womöglich habe ich deshalb die Kulturrevolution relativ unbeschadet überstanden», spottet er, «denn im Gefängnis war ich ja sicher aufgehoben. Wer weiß, was mir draußen passiert wäre.»

Als er dann endlich aus der Haft entlassen werden sollte, kam der Schock: Er erfuhr, dass seine Frau und ihr Schwager, Minqians Mann, inzwischen ein Paar waren. Wie bei Minqian versuchten die beiden auch bei ihm, durch Denunziation seine Freilassung und Rehabilitation zu verhindern. Guan Diqian soll ein Konterrevolutionär sein? Niemand ging auf ihre Vorwürfe ein. Ohnehin verstand keiner, wieso dieser zurückhaltende, bei allen so angesehene Mann im Gefängnis sitzen musste.

Für Diqian ergab sich nach seiner Freilassung ein Wohnproblem. In seine alte Wohnung konnte er nicht zurück, denn dort lebten seine Frau und Minqians Mann. Anderen Leuten wollte er nicht zur Last fallen. Sowieso lebten alle in äußerst beengten Verhältnissen. Deshalb kehrte er zum Übernachten wochenlang ins Gefängnis zurück, bis ihm seine Einheit diese kleine Wohnung zuwies. Nachdem er von seiner Frau geschieden war, traten sofort die Verwandten in Aktion und vermittelten ihm eine neue Lebensgefährtin, die ebenfalls ein Ehedrama hinter sich hatte. Sein Leben normalisierte sich wieder. Der einzige tiefe Schmerz, den er noch immer verspürt, ist der Verlust der Tochter. Als er ins Gefängnis kam, war sie zehn, als er entlassen wurde, siebzehn. Jahrelang hat sie von ihrer Mutter nichts anderes gehört, als dass ihr Vater ein Bösewicht sei. Wenn er sie sehen wollte, erwartete sie, dass er ihr Geld gab, als er dies einmal verweigerte, kam sie nicht mehr.

Während Diqian seine Geschichte mit leiser Stimme erzählt, bebt Yuqian vor Wut und Trauer. Wie unterschiedlich die beiden sind: der eine impulsiv und aufbrausend, der andere bescheiden und zurückhaltend. Diqian spricht manchmal so leise, dass ich ihn kaum verstehen kann.

«Hat man Minqians Mann und deine Frau denn nicht aus der Partei ausgeschlossen?», frage ich erbost. «Ganz abgesehen von dem moralischen Unrecht haben sie durch ihre Verleumdungen zumindest Minqian großes Unrecht zugefügt. Ich denke, Mitglieder der Kommunistischen Partei sollen in Fragen der Moral und Integrität Vorbilder sein.»

«Das verstehst du nicht», sagt Diqian und winkt ab. «Ich habe nichts gegen die beiden unternommen. Wieso auch? Als ich endlich aus dem Gefängnis entlassen wurde, wollte ich nur noch meine Ruhe haben und all das nachholen, wonach ich mich in den vielen Jahren in meiner Zelle gesehnt habe: lesen, schreiben und reisen. Vor allem reisen. Ich möchte mir China anschauen, Europa und die ganze Welt.»

«Ich verspreche dir, dass ich dich nach Europa hole», sagt Yuqian. «Wenn du willst, werde ich noch hier in Peking ein Visum für dich bei der deutschen Botschaft beantragen.»

Diqian lacht. «Wie stellst du dir das vor? Der stellvertretende Chefredakteur einer Parteizeitschrift will in den Westen fahren, um seinen lieben Bruder zu besuchen, einen ehemaligen Konterrevolutionär, der in den Westen geflüchtet ist? Weißt du, was meine Vorgesetzten sagen werden?»

«Was denn?»

«Du bist wohl verrückt geworden! Nein, nein. Da müssen wir wohl noch bis zu meiner Pensionierung warten.»

Der Verlag, in dem Diqian arbeitet, gibt eine stinklangweilige Zeitschrift für Parteimitglieder heraus.

«Du solltest dieses Blatt endlich verlassen. Niemand liest es», schimpft Yuqian. «In jeder anderen Redaktion bist du besser aufgehoben.»

«Das sage ich ihm auch ständig», stimmt seine Frau zu.

Diqian hebt beschwichtigend die Hände. Er mag es wohl nicht, wenn man sich lautstark für ihn einsetzt.

«So warst du immer», klagt Yuqian. «Still und bescheiden verkriechst du dich in deine Ecke.» Doch dann hebt er resigniert die Schultern. «Aber vielleicht hast du Recht. Vielleicht hat es wirklich keinen Sinn, lautstark aufzubegehren.»

Das Frühlingsfest

Das Frühlingsfest ist als chinesisches Neujahrsfest das wichtigste aller chinesischen Familienfeste. In seiner Bedeutung kommt es dem Weihnachtsfest gleich. Aus der Sicht des gregorianischen Kalenders ist es ein bewegliches Fest, denn es richtet sich nach dem traditionellen Mondkalender, der nur 354 Tage zählt. Es bezeichnet das Jahresende, findet also am dreißigsten Tag des zwölften Mondmonats statt und fällt damit immer in die Zeit zwischen dem 21. Januar und 20. Februar. Ursprünglich war es ein Fest der Bauern, die in der kalten Jahreszeit nicht viel zu tun hatten, weshalb sich die Feierlichkeiten samt Vorbereitungszeit über sechs Wochen hinzogen. War es dann endlich vorbei, kündigte sich der Frühling an.

Den Höhepunkt der Feierlichkeiten bildet das gemeinsame Essen am Silvestertag, zu dem sich alle Familienmitglieder einfinden, die, wenn möglich, selbst aus den fernsten Regionen nach Hause eilen. In Hamburg bedeutete dieses Fest für mich immer absolute Krisenzeit, denn dann hielt es Yuqian vor Heimweh kaum noch aus. Welch ein Kontrast zu diesem Jahr! Ich sehe ihn nur noch strahlen und lachen. Auch Schwiegerpapa scheint besonders glücklich zu sein. Als Oberhaupt der Guan-Sippe und einziger noch Lebender seiner Generation möchte er diesen letzten Tag des Mondjahres nicht nur im Kreis seiner Kinder, sondern zusammen mit allen in Peking ansässigen Nichten und Neffen verbringen. Als wir um vier Uhr nachmittags bei ihm eintreffen, schlägt uns fröhliches Stimmengewirr entgegen. Die Wohnungstür steht weit offen, rechts und links vom Türrahmen hängt jeweils ein breites rotes Spruchband mit großen schwarzen Schriftzeichen: «Loyalität und Toleranz sind die Wurzeln unserer Familie», «Dichtkunst und Gelehrsamkeit sind das Erbe der Generationen».

Yuqian lächelt. «Da spricht der Konfuzianer. Das hat bestimmt mein Vater geschrieben. Normalerweise hängen sich die Leute Sprüche an die Türen, die Glück und Reichtum verheißen.»

Die beiden Söhne der Halbschwester kommen uns entgegengerannt. Sie sind völlig aus dem Häuschen. Am heutigen Tag bekommen sie von allen Besuchern rote Papiertütchen geschenkt, in denen Geld steckt. Auch das Personal bekommt zu Neujahr Geld in kleinen roten Tüten überreicht.

Yuqian hat mir eingeschärft, dass ich heute und auch an den kommenden Tagen kein schlechtes Wort über die Lippen bringen darf. Das sei doch auch gar nicht meine Art, habe ich protestiert. Aber trotzdem – Worte wie Krankheit, Unfall und Tod sind ab sofort total gestrichen. Sie würden als böses Omen für das neue Jahr gewertet werden.

«Heute gibt es Jiaozi», verkündet Genossin Huang Fan.

«Prima! Jiaozi sind mein Lieblingsgericht», bekenne ich.

«Meins auch», ruft Schwiegerpapa überrascht. «Die wahren Nordländer bevorzugen Teigwaren. Reis ist nur was für Südchinesen.»

Jiaozi – kleine gekochte Teigtaschen – sind ein typisches nordchinesisches Familienessen. Wenn die Zubereitung nicht so aufwändig wäre, würde ich jede Woche einmal Jiaozi machen. Am besten fertigt man sie im Kreis der Familie oder zusammen mit Freunden an. Einer knetet den Teig aus Wasser und Mehl, die anderen hacken Fleisch und Gemüse, vermengen dies zu einer Füllung, die mit verschiedenen Gewürzen abgeschmeckt wird, und dann versammeln sich alle um einen großen Tisch, wo einer den Teig in marmeladendeckelgroße Blätter ausrollt, auf die die anderen etwas Füllung setzen und sie zu kleinen Taschen verschließen. Dabei wird geschwatzt und gelacht, bis nach ein, zwei Stunden Teig und Füllung verarbeitet sind und die Jiaozi gekocht werden.

Bei Schwiegerpapa sind die Jiaozi schon fertig. Stundenlang muss die Familie an den Dingern gewerkelt haben. Außer Jiaozi gibt es natürlich noch viele andere Gerichte. Es wäre ja auch furchtbar, wenn es an diesem Tag nicht Speisen im Überfluss gäbe. Nicht auszudenken, welchen Einfluss das auf das kommende Jahr hätte! Deshalb droht die lange Tafel auch unter der Last der Speisen zusammenzubrechen. Halbschwester Yilla stellt fest, dass dieses und jenes fehlt, und lässt das Dienstmädchen zwischen Küche und Wohnzimmer hin und her sprinten. Armes Mädchen! Mit ihren sechzehn Jahren hat sie in diesem Haus wohl keinen leichten Job.

«Wir mussten ihr viel beibringen», berichtet Genossin Huang Fan. «Die kleine Li konnte weder kochen noch putzen, als sie zu uns kam. Aber sie lernt schnell.»

Halbbruder Bao'er und seine Frau Yaping schleppen Teller mit dampfenden Jiaozi herein. Wir setzen uns, das Essen kann beginnen. Bier, Wasser und Tee werden verteilt. Die Kinder bekommen zur Feier des Tages Limonade.

«Na, wie gefällt es dir bei uns im Sozialismus?», fragt Schwiegerpapa ganz unvermittelt. Plötzlich ist es still, alle schauen mich gespannt an.

«Das kann ich doch jetzt noch nicht sagen. Ich bin erst ein paar Tage hier.»

«Aber einen ersten Eindruck wirst du doch schon haben.»

«Ich finde, dass man hier viel bequemer leben kann als in Deutschland. Hier gibt es Dienstmädchen, die für wenig Geld den ganzen Tag putzen, waschen, einkaufen und kochen. Bei uns zu Hause müssen wir alles selbst machen. Nur wenige leisten sich eine Putzfrau, die einmal die Woche für ein paar Stunden kommt. Und wer hier Kinder hat, kann sich ein Kindermädchen engagieren, das rund um die Uhr aufpasst. Ebenfalls für wenig Geld. Von so einem Luxus kann man bei uns nur träumen, deshalb kommt mir hier einiges ziemlich kapitalistisch und bei uns eher sozialistisch vor.»

Schwiegerpapa schüttelt lächelnd den Kopf. «Das siehst du falsch», sagt er. «Dienstmädchen und Kindermädchen zu beschäftigen, hat nichts mit Kapitalismus zu tun. Die Mädchen kommen aus den ärmsten Regionen Chinas. Sie arbeiten für ein paar Jahre in der Großstadt, bis sie genug gespart haben, dann kehren sie in ihre Heimat zurück, um eine Familie zu gründen. Im Grunde genommen unterstützen wir sie auf diese Weise.»

Nach dem Essen sitzen wir um Schwiegerpapa versammelt und lauschen seinen Worten. Nach alter Tradition darf das Familienoberhaupt nicht unterbrochen werden – ein Traum für jeden deutschen Familienvater. Wenn ich da an die heftigen politischen Diskussionen denke, die ich im Kreis meiner deutschen Familie führe! Da haben meine Schwester und ich schon des Öfteren meinen Eltern mangelnden Durchblick vorgeworfen und sind ihnen einfach ins Wort gefallen, wenn uns etwas nicht passte.

Schwiegerpapa doziert mit erhobenem Zeigefinger über die Öffnungs- und Reformpolitik Deng Xiaopings, und die Kinderschar hört zu. Ich schaue in die Runde. Interessiert die anderen überhaupt, was er sagt? Der eine gähnt, der andere raucht, ein Cousin schlürft seinen Tee, ein anderer nickt ein und stürzt fast von seinem Hocker. Das Essen war wohl zu reichlich gewesen. Niemand unterbricht das Familienoberhaupt. Artig wie die Schulkinder schmoren wir auf unseren Plätzen. Selbst der sonst so aufmüpfige Weidong hält brav seinen Mund, bis auf ein gelegentliches «Genau!» oder «Stimmt!». Unglaublich! Konfuzianismus, wie er leibt und lebt, Revolution hin, Revolution her. Die Autorität der übergeordneten Person wird bedingungslos anerkannt, und zwar in dem Verhältnis Herrscher – Untertan, Vater – Sohn, Mann – Frau, älterer Bruder – jüngerer Bruder, älterer Freund – jüngerer Freund. Wenn der Kaiser spricht, müssen die Beamten gehorchen, sonst gelten sie als illoyal, und dann kann es sie ganz schnell den Kopf kosten. Wenn die Beamten ihren Mund aufmachen, hat das Volk zu kuschen. Wie im Staat, so in der Familie. Wenn der Vater etwas sagt, dürfen die Kinder nicht widersprechen. Wollen sie ihm dennoch ihre Meinung kundtun, können sie das nur indirekt andeuten und natürlich in der dritten Person. Ist das kompliziert! So geht das nun schon über zweitausend Jahre. Hätte ich nicht gedacht, dass das noch immer funktioniert. Übertrieben gesagt: Nach oben hin wird gebuckelt und geschmeichelt und nach unten hin getreten. Wie kann sich ein Land entwickeln, wenn man dieses System nicht endlich abschafft?

Das Dienstmädchen versorgt Schwiegerpapa mit einem Glas Wasser. Für einen Moment unterbricht er seinen Monolog. Das ist doch die Gelegenheit! Als ausländische Schwiegertochter darf ich mir vielleicht den Luxus erlauben, mal eine Frage zu stellen. Wenn das nicht genehm ist, na gut, dann halte ich in Zukunft meinen Mund.

«Vater hat doch an der Studentenbewegung von 1919 teilgenommen. Wie war die Atmosphäre damals unter den Studenten?»

Schwiegerpapa nickt mir eifrig zu und lehnt sich zufrieden in seinen Sessel zurück.

«Jahrzehntelang hatten die ausländischen Mächte versucht, China in eine Kolonie zu verwandeln. Die Engländer waren die Schlimmsten. Die wollten aus China ein zweites Indien machen. Franzosen, Holländer, Portugiesen und viele andere Länder machten mit. Zu Tausenden kamen ihre Soldaten und setzten mit Waffengewalt ihre Interessen durch. Wir nannten sie die ausländischen Teufel.»

Cousine Huishan kichert hinter vorgehaltener Hand. «Ausländische Teufel. Petra, sei nicht böse, wenn er so etwas sagt.»

«Genau! Petra ist ja auch ein ausländischer Teufel», meint Yilla, und alles lacht.

«Aber ein netter Teufel», ruft Yaping.

Schwiegerpapa räuspert sich, und sofort kehrt wieder Ruhe ein. «Wir waren den ausländischen Mächten hoffnungslos unterlegen. Sie hatten die besseren Waffen, und ihr Denken war auf Fortschritt und Expansion ausgerichtet. Wir Chinesen beschäftigen uns immer nur mit uns selbst. Zweitausend Jahre lang hielten wir uns für eine große Kulturnation, die allen Völkern der Welt weit überlegen ist. So bemerkten wir gar nicht, dass sich die anderen Länder plötzlich in einem rasanten Tempo entwickelten. Nehmen wir zum Beispiel das Schießpulver: Eigentlich waren es die Chinesen, die es erfanden, doch was machten wir damit? Feuerwerk! Und die Europäer? Die bauten Kanonen und zwangen uns damit in die Knie. Gedemütigt lagen wir dann am Boden. Nach dem Sturz des Kaiserhauses gaben uns die Militärmachthaber noch den Rest. Das Land war ruiniert. Wir jungen Leute konnten dem nicht länger zusehen. Wir riefen zur Rettung des Vaterlandes auf: Schluss mit der japanischen Aggression und dem westlichen Imperialismus! Wir forderten nationale Unabhängigkeit, die Gleichberechtigung aller Völker, Freiheit, Wissenschaftlichkeit und Menschenrechte. Ja, das waren unsere Parolen. Die Fesseln der Tradition, die uns rückständig und dumm gemacht hatten, sollten endlich gesprengt werden.»

Schwiegerpapa muss ein heißblütiger Student gewesen sein. Noch heute funkeln sine Augen, und in der Stimme schwingt eine Leidenschaft mit, als hätte der Kampf erst gestern stattgefunden.

«Ich studierte damals am Pädagogischen Institut in Tianjin. Im September 1919 gründeten wir einen revolutionären Verein, den wir ‹Bewusstseinsgesellschaft› nannten. Wir waren etwa zwanzig junge Männer und Frauen, unter ihnen befanden sich unser späterer Premierminister Zhou Enlai und seine Frau Deng Yingchao. Unser Sprachrohr war die von uns herausgegebene Zeitschrift ‹Das Bewusstsein›, mit der wir für gesellschaftliche Reformen und eine geistige Erneuerung warben. Sie wurde richtungweisend für die gesamte patriotische und kulturelle Bewegung in Tianjin.»

«Das Ende vom Liede war, dass man dich ins Gefängnis warf», unterbricht ihn seine Tochter Yilla.

«Am 1. Oktober 1919 nahmen wir in Peking an Protesten gegen die Regierungspolitik teil. Ich stand als Studentenvertreter in der vordersten Reihe und wurde mit einigen anderen verhaftet und für mehrere Wochen ins Gefängnis geworfen. Wir kamen erst am 10. November wieder frei. Daraufhin riet mir Zhou Enlai, so schnell wie möglich ins Ausland zu gehen. ‹Mit deinem aufbrausenden Temperament bist du so gut wie tot›, sagte er. Aber wie sollte ich das machen? Ich hatte keine Eltern mehr, die mich unterstützen konnten. Zhou Enlai erzählte mir von einem staatlichen Stipendium, mit dem man nach Frankreich gehen konnte. Allerdings musste man nebenbei arbeiten. Das war mir recht.»

«Schon am 9. Dezember 1919 ging es los. Ich fuhr mit einem französischen Schiff nach Europa. Einhundertfünfzig Passagiere waren an Bord. Freunde hatten mir ein wenig Geld geliehen, auch die Familie meiner Schwester steckte mir etwas zu. Außerdem verkaufte ich ein paar goldene Ringe, die ich aus meinem Elternhaus gerettet hatte. Insgesamt kamen sechshundert Dollar zusammen. Für die Überfahrt brauchte ich nichts zu zahlen, die übernahm der Staat. Wir waren übrigens die zweite Gruppe von Regierungsstipendiaten, die nach Frankreich geschickt wurde.»

«Zunächst lebten wir östlich von Paris, wo wir Französisch lernten. Dann wurde mir eine Arbeit als Schleifer zugewiesen. Ich hatte so etwas noch nie gemacht. Aber irgendwie ging es. Kurz darauf machte man mir ein interessantes Angebot. Damals arbeiteten Tausende von chinesischen Kulis in Frankreich. Sie räumten die Schlachtfelder aus dem Ersten Weltkrieg. Für diese Leute suchte man Betreuer, und man fragte uns, ob wir eine solche Arbeit übernehmen wollten. Wir waren neun, die sofort zusagten. Daraufhin sandte man uns in ein Gebiet an der Atlantikküste. Ich hatte mir das Leben der Kulis nicht so schrecklich vorgestellt. Sie hausten in undichten Zelten, und wenn es regnete, was häufig vorkam, verwandelte sich der harte Boden in stinkenden Schlamm, in dem alles versank. Die Kulis stammten aus den unterschiedlichsten Regionen Chinas und bildeten landsmannschaftliche Gruppen, die sich untereinander bekämpften, anstatt sich zu solidarisieren, was ihre Situation vielleicht verbessert hätte. Ihre Arbeit war entsetzlich: Tausende von gefallenen Soldaten lagen auf den riesigen Schlachtfeldern, hauptsächlich Franzosen, Deutsche, Engländer und Amerikaner. Die Kulis mussten die Leichen nach Ländern sortieren. Häufig fand man bei den Toten Waffen, Geld, Uhren, Ringe und andere Wertgegenstände. Die stahlen sie ihnen. Wenn sie in irgendwelchen Haufen wertvolle Beute vermuteten, stocherten sie wie wild mit ihren Hacken darin herum. Manche Haufen enthielten jedoch explosives Material. Warnschilder wiesen darauf hin, doch die wenigsten Kulis konnten lesen, vor allem nicht Französisch, deshalb wühlten sie so lange dort herum, bis alles explodierte. Dutzende fanden auf diese Weise den Tod. Wir Betreuer konnten das nur selten verhindern, denn wir erfuhren meist zu spät von solchen Haufen. Fünfhundert Kulis hatte ein jeder von uns zu betreuen. Wie sollten wir die alle im Auge behalten? Das war gar nicht möglich.»

«Die Kulis verdienten sechs Franc pro Tag. Das meiste davon schickten sie nach Hause. Doch weil viele gar nicht schreiben konnten, ging das nur mit Hilfe von Dolmetschern. Darunter gab es einen, der die Leute reihenweise betrog. Er schickte das Geld an seine eigene Familie, was die Kulis zum Schluss herausbekamen. Während der Rückreise warfen sie ihn ins Meer.»

«Zwei Jahre blieb ich dort. Dann waren die Schlachtfelder geräumt, und die Kulis kehrten heim. Da wollte ich nicht in Frankreich bleiben. Mich zog es in die USA, um Pädagogik zu studieren. Ich verfügte inzwischen über genug Ersparnisse, sodass ich mir vor meiner Abreise noch einige Städte in Frankreich und in Deutschland anschauen konnte, zum Beispiel Köln und Berlin. Den Kölner Dom habe ich bis heute in Erinnerung. Ein unglaubliches Bauwerk. Später fuhr ich dann mit einem französischen Passagierdampfer erster Klasse nach New York. Es kursierte nämlich das Gerücht, dass die Passagiere der billigen Klassen in Amerika nicht sofort an Land gehen dürften, sondern zunächst für mehrere Wochen in Quarantäne kämen. Mein Ticket schloss Vollpension ein. Ich durfte so viel essen, wie ich wollte, leider hatte ich nichts davon, denn es ging mir während der gesamten Überfahrt so schlecht, dass ich kaum aus meiner Koje kam.»

«Nur drei Tage blieb ich in New York; dann ging ich nach Iowa, wo ich bei der Familie Laird lebte und arbeitete. Morgens fegte ich das Haus, räumte auf, dann bekam ich Frühstück, und danach erledigte ich den Abwasch. Um acht Uhr ging ich in die Schule zum Englischunterricht, und wenn ich gegen elf Uhr nach Hause kam, stand das Mittagessen schon auf dem Tisch.»

«Lernte Vater in Iowa nicht Margret kennen?», unterbricht ihn Yuqian. «Deswegen hat Vater seiner Tochter Minqian doch den englischen Namen Margret gegeben. War das nicht so?»

Großes Erstaunen auf allen Gesichtern, am meisten staunt Schwiegerpapa.

«Woher weißt du das?», fragt er, und sein blasses Gesicht verfärbt sich rosa.

«Mutter hat es mir erzählt, und die hatte es von Vaters Schwester gehört.»

«Ach!» Mehr weiß Schwiegerpapa darauf nicht zu sagen. Gemurmel und Kichern unter seinen Kindern, Nichten und Neffen. Doch schon gewinnt er wieder Oberhand. «Ja, Margret war die Tochter des Hauses», verkündet er stolz. «Sie war meine Freundin.»

An den gespannten Gesichtern der Zuhörer ist leicht abzulesen, dass alle auf ein paar Details dieser Liebschaft warten.

«Schon nach wenigen Wochen ging ich ans Teacher's College von Iowa City und machte dort nach zwei Jahren meinen Abschluss», fährt Schwiegerpapa fort. Kein weiteres Wort über Margret. Nicht nur ich bedaure das, alle schauen etwas enttäuscht.

«Ich war ein richtiger Glückspilz. Ein Freund erzählte mir, dass die Yale-Universität Stipendien an ausländische Studenten vergab und ich mich dort bewerben könne. Das tat ich und bekam eins. Deshalb ging ich nach Yale und setzte dort mein Pädagogikstudium fort. Und was soll ich euch sagen? Ich wurde richtig berühmt. Nicht als Pädagoge, sondern als Missionar. Ja, ihr habt richtig gehört: Peter Guan, der Missionar. So nannte man mich.»

Ungläubiges Staunen. Niemand versteht, wieso der Vater plötzlich ein Missionar gewesen sein soll. Er genießt die Unsicherheit und schaut mit verschmitztem Lächeln von einem zum anderen.

«Ich hielt unzählige Vorträge über die Kultur und Geschichte Chinas. Viele Amerikaner, die ich damals kennen lernte, verachteten uns Chinesen, und deshalb stritt ich mich mit ihnen. Einmal fragte mich ein Schlachter in der Nachbarschaft, ob ich für ihn Wäsche waschen wolle. Damals waren viele Wäschereien in den Händen von Chinesen. ‹Wieso soll ich für Sie Wäsche waschen?›, fragte ich erstaunt, woraufhin er ganz überrascht sagte: ‹Alle Chinesen sind Wäscher.› Ich belehrte ihn natürlich: ‹Wenn ich eine Zeit lang neben Ihrer Schlachterei wohne und nach meiner Rückkehr in China erzähle, alle Amerikaner seien Schlachter, was denken Sie dann?› Er war sprachlos. Manche Amerikaner behaupteten doch tatsächlich, wir Chinesen hätten nur einen Zeh am Fuß, weil sie Fotos von Frauen mit gebundenen Füßen gesehen hatten. Ständig hörte ich irgendwelche Verleumdungen, und das ärgerte mich. Deshalb nutzte ich jede Gelegenheit, den Amerikanern meine Meinung zu sagen. Sie taten ja immer so, als wären sie etwas Besseres. Aber mich konnten sie mit ihrem Gehabe nicht beeindrucken. Was seid ihr nur für Menschen, die ihr den Indianern das Land weggenommen und sie nahezu ausgerottet habt!, schalt ich sie. Ich provozierte gern, und trotzdem lud man mich immer wieder zu Vorträgen ein, besonders an den Sonntagen in die Kirchen. Für fünfundvierzig Minuten bekam ich zehn Dollar, eine ganze Menge, nicht wahr? Dann wetterte ich immer richtig los: Ihr habt überhaupt keinen Grund, stolz auf euch zu sein, denn ihr habt genug Probleme. Allein der Unterschied zwischen Arm und Reich nimmt immer bedrohlichere Formen an. Die Reichen sind so reich, dass sie in riesigen Villen residieren, und die Armen so arm, dass sie noch nicht einmal etwas Vernünftiges zum Anziehen haben. Ich kenne ein Ehepaar, das mit sechs Dienern in einer 27-Zimmer-Villa wohnt und vier Autos besitzt. Und am Times Square habe ich eine siebenköpfige Familie besucht, die in zwei winzigen Zimmern haust. Nun ja, es waren richtige Moralpredigten, deshalb der Name ‹Peter Guan, der chinesische Missionar›. Aber sie liebten mich und konnten gar nicht genug hören. Sogar die Zeitungen berichteten über mich – mit Fotos. Eigentlich müsstet ihr die Artikel noch in den Zeitungsarchiven finden.» Schwiegerpapa seufzt zufrieden. «Es war schon eine recht interessante Zeit. Ich traf zum Beispiel einmal einen Mann namens Jim Adams. Der besaß ein einundzwanzigstöckiges Haus. In jedem Stockwerk befanden sich mehrere Zimmer, in denen Betten standen, die er einzeln vermietete. Man schlief dort in drei Schichten à acht Stunden. Ich habe dort auch mal geschlafen, eine Schicht für 70 Cents.»

«Ich habe damals unter den Amerikanern viele nette Leute kennen gelernt. Besonders nett war David, ein Professor an der Yale-Universität. Er hatte Russland besucht und erzählte begeistert von der dortigen Situation. Er wollte mich unbedingt davon überzeugen, dass man auch in China eine marxistische Revolution durchführen müsse. Aber ich wusste damals zu wenig über Russland und über den Kommunismus. Für mich war nur eines erstrebenswert: Chinas nationale Unabhängigkeit, egal mit welchem Ismus.»

Schwiegerpapa greift nach seinem Becher und trinkt ein paar Schlucke. Der lange Monolog scheint ihn erschöpft zu haben. «Ich ziehe mich jetzt für eine Stunde zurück», sagt er und steht auf. «Lasst euch nicht stören und plaudert ruhig weiter. Ich komme bald zurück.» Aber auch die anderen stehen auf. Gehen wir jetzt nach Hause? Nein. Es ist nur Höflichkeit. Wenn sich das Familienoberhaupt zurückzieht, müssen ihn die Jüngeren ein Stück des Weges begleiten.

«Vater ist müde», sagt Schwester Minqian.

«Onkel Neun muss sich ausruhen», ruft Cousin Shenqian.

«Vater hat heute zu viel erzählt», ergänzt Yaping und begleitet ihn zur Tür.

Kaum hat Schwiegerpapa das Zimmer verlassen, setzen sich wieder alle.

«Unser Onkel ist wirklich bewundernswert», tönt Weidong. «Schon fünfundachtzig und noch so rege.»

«Wenn ich höre, wie einfach damals alles war, könnte ich richtig wütend werden», platzt Halbschwester Yilla heraus. «Die konnten mal eben nach Frankreich, nach Deutschland oder in die USA reisen und dort sogar arbeiten und studieren. Und ich? Ich möchte auch in den USA studieren, aber man lässt mich nicht. Tausend Steine legt man mir in den Weg.»

«Aber du hast doch an der Hochschule eine gute Stelle. Warum willst du die aufgeben?», fragt Yuqian.

«Alle gehen ins Ausland, um sich zu qualifizieren. Gerade als Englischlehrerin brauche ich die Erfahrung, in einer englischsprachigen Umgebung gelebt zu haben, sonst nimmt mich hier keiner mehr ernst. Die Stelle bleibt mir ja erhalten. Nach zwei, drei Jahren kann ich wieder anfangen.»

«Und was passiert mit deinen Kindern in diesen zwei, drei Jahren?», fragt Yuqian.

«Die sind hier in der Familie gut versorgt.» Sie steht auf und verteilt eine neue Runde Tee.

Um neun müssen wir wie immer im Gästehaus sein. Es wäre ja auch zu viel verlangt, Silvester mal eine Ausnahme zu machen. Doch auch die anderen brechen schon kurz nach acht auf, denn um nach Hause zu gelangen, müssen die meisten einmal quer durch Peking radeln. Irgendwie bin ich enttäuscht. Wieso feiern wir nicht gemeinsam in das neue Jahr hinein? Aber das ist wegen der vielen Widrigkeiten gar nicht möglich. Gegen Mitternacht wird es dann so richtig laut. Überall kracht, knallt und zischt es, doch leider ohne uns. Wir liegen in unserem verschlossenen Hotel schon längst im Bett.

Der mongolische Feuertopf

Der Neujahrstag wird kurzerhand zum Tag der *Qian*-Generation proklamiert. Alle Geschwister, Cousinen und Cousins, die den Generationsnamen *-qian* tragen, sowie deren Ehepartner laden uns zum mongolischen Feuertopf ins Nationalitätenrestaurant ein. Den echten mongolischen Feuertopf isst man mit Lammfleisch, das von Tieren aus der mongolischen Hochebene stammt. Deren Fleisch soll besonders zart und mild im Geschmack sein.

Lammfleisch gehört nicht gerade zu meinen Favoriten. Deshalb bin ich auch nicht in Begeisterung ausgebrochen, als ich von der Einladung zu diesem Neujahrsessen hörte. Pekingente wäre mir lieber gewesen.

Zwei große runde Tische stehen für uns in einem Séparée bereit. Halbschwester Yilla bestimmt, dass sich die Frauen an den einen und die Männer an den anderen Tisch setzen sollen.

«Warum trennst du nach Geschlechtern?», frage ich. «Reine Frauentische sind doch langweilig.»

«Das machen wir immer so», sagt Cousine «Schwesterchen». «Die Männer reden sowieso nur über Politik.»

Von den Männern wird die Sitzordnung begeistert aufgenommen. Als ich sehe, mit welch lässigem Schwung einige Herren ihre Zigarettenpäckchen auf den Tisch feuern, begreife ich ihre Freude. Endlich können sie mal wieder ungestört paffen, ohne von ihren Frauen mit strafenden Blicken belegt zu werden, denn von denen raucht niemand. Der Mann von Cousine «Schwesterchen» stellt vorsichtig seine schwarze Aktentasche auf den Tisch und holt unter den erwartungsvollen Blicken der anderen zwei Flaschen Maotai heraus, einen der berühmtesten Getreideschnäpse Chinas, der immerhin über sechzig Prozent Alkohol enthält. Brausender Applaus. «Heute wird getrunken», brüllt Yuqian. So ein Angeber, der kann doch kaum was vertragen! Ein Cousin schlägt sich fröhlich auf die Schenkel und ruft dem Kellner zu: «Genosse! Schnapsgläser für alle.» Der Kellner erfüllt kommentarlos die Bitte. Anscheinend ist es üblich, dass die Gäste ihre alkoholischen Getränke selbst mitbringen.

«Können wir jetzt anfangen?», fragt eine Kellnerin. Yilla, unsere Organisatorin, nickt. Zwei große kupferne Kessel werden hereingeschleppt und in die Mitte der Tische gestellt. Aus jedem ragt ein schmaler Schornstein empor, aus dem der Rauch von Holzkohlenfeuer steigt. Cousine Huishan hebt vorsichtig den ringförmigen Deckel an und schaut neugierig in den Topf. Da ist jedoch nur Wasser drin.

«Ihr müsst warten, bis das Wasser kocht», sagt die Kellnerin und serviert jedem Gast einen Teller mit hauchdünn geschnittenem, rohem Lammfleisch. «Wenn das Fleisch nicht reicht, bringen wir mehr.»

«Hast du schon mal mongolischen Feuertopf gegessen?», fragt Diqians Frau.

«Nein, noch nie», bekenne ich, was die Vorfreude meiner Tischnachbarinnen noch steigert.

«Mongolischer Feuertopf sollte nur im Winter gegessen werden», sagt sie, «denn Lammfleisch verfügt über wärmende Energie.»

«Wie meinst du das: wärmende Energie?»

«Lammfleisch erhitzt den Körper. Wir unterscheiden unsere Nahrungsmittel nach ihrem Temperaturverhalten. Manche kühlen den Körper, andere erhitzen ihn. Je nach Jahreszeit und Körperverfassung wählen wir aus, was wir essen, um den Körper in einem harmonischen Gleichgewicht zu halten. So trinken wir im heißen Sommer grünen Tee, weil dieser – obwohl heiß getrunken – über kühlende Energie verfügt und angenehm erfrischt ...»

«Die Lehre von den verschiedenen Energien ist Teil unserer alten chinesischen Kultur», ruft Huishan dazwischen. «Du wirst das alles lernen, wenn du mit uns zusammen bist.»

«Solche Kenntnisse basieren auf Jahrtausende alten Erfahrungen», ergänzt Cousine «Schwesterchen» stolz.

«Alles Unsinn», meckert die Frau von Cousin Shenqian dazwischen. «Nichts von alledem lässt sich wissenschaftlich beweisen.»

«Da spricht mal wieder die Biologin», bemerkt Cousine Huishan weise lächelnd. «Noch lässt es sich nicht belegen, weil wir technisch dazu nicht in der Lage sind. Das wird sich aber irgendwann ändern.»

Yilla zeigt auf den Wasserdampf, der aus dem Topf quillt. «Wir können anfangen.» Mit großer Vorsicht nimmt sie den ringförmigen Deckel ab. Ich schaue zu den anderen. Eine jede nimmt ihre Stäbchen, greift sich ein, zwei der hauchdünn geschnittenen Lammfleischscheiben und hält diese wenige Sekunden ins Wasser. Kaum sind sie gar, werden sie in eine Tunke getaucht, die aus Sojasauce, Sesampaste, Stinktofu und verschiedenen Gewürzen besteht. Stinktofu ist eine Art von vergorenem Sojabohnenkäse – ein abscheuliches Zeug und ein Dauerthema bei uns zu Hause. Yuqian liebt ihn, genauso wie ich meinen französischen Camembert liebe, der nach Meinung Yuqians viel schlimmer stinkt. Wieso isst du keinen Stinktofu, wenn du dieses französische Zeug magst? Also dann: Ich gar mein Fleisch in dem kochenden Wasser, tauche es in den Stinktofu plus Sauce und schiebe es mir mit Todesverachtung in den Mund. Es zergeht auf der Zunge. Und der Geschmack? Eigentlich gar nicht schlecht. Dasselbe noch einmal. Wieder zergeht das Fleisch auf der Zunge. Und der Geschmack? Wahnsinn! Fantastisch! Noch nie in meinem Leben habe ich so köstliches Lammfleisch gegessen. Ich greife gleich noch einmal zu und dann immer wieder.

«Wer hat gesagt, dass Petra kein Lammfleisch mag?», ruft Yilla zum Herrentisch hinüber. «Wenn wir nicht aufpassen, bekommen wir hier nichts mehr ab.»

Yuqian schaut ungläubig zu mir herüber. «Ist das wahr?»

«Ganz große Klasse», bestätige ich.

«Darauf lasst uns trinken!», ruft Weidong.

Einer der Kellner greift sich eine Flasche und verteilt den Schnaps. Während die Frauen nur an ihren Gläschen nippen, stürzen die Männer das hochprozentige Zeug in einem Zug hinunter. Sogleich wird nachgeschenkt. Das ist bei Chinesen so üblich und gilt für alle Getränke: Ganz gleich, ob man an einem Glas nur nippt, es halb oder ganz austrinkt – es wird immer gleich nachgeschenkt. Auf diese Weise verliert man ziemlich schnell den Überblick, wie viel man schon intus hat.

Im Handumdrehen sind unsere Teller leer, und wir fordern bei den Kellnern Nachschub an. Durch das Garen des Fleisches verwandelt sich das kochende Wasser in eine köstliche Brühe, in die gegen Ende des Essens Glasnudeln und Chinakohl hineingegeben werden.

Die Stimmung an unseren beiden Tischen könnte nicht besser sein. Die erste Flasche Schnaps ist schon geleert, die zweite in Angriff genommen. Niemand trinkt allein. Man muss immer warten, bis man zum Trinken aufgefordert wird. Und dazu findet sich ständig jemand, denn reihum hebt jeder einmal oder auch mehrere Male das Glas, spricht einen kleinen Toast aus und fordert die anderen zum Trinken auf.

In meinem rechten Oberkiefer zieht es plötzlich unangenehm. Keine zehn Minuten später wird aus dem Ziehen ein starkes Pochen, das erschreckend schnell an Heftigkeit zunimmt. Schon vor zwei Tagen war mir aufgefallen, dass einer meiner Backenzähne etwas temperaturempfindlich geworden ist. Aber ich schenkte dem nicht viel Beachtung. Schließlich habe ich nicht vor, hier in Peking zum Zahnarzt zu gehen. Doch plötzlich dieser Schmerz? Mit der Zunge taste ich den Oberkiefer ab und entdecke eine starke Schwellung. Nur nichts anmerken lassen! Ich will doch die schöne Stimmung nicht verderben. Yuqian schaut zu mir herüber: «Alles in Ordnung?», fragt er auf Deutsch.

«Wieso fragst du?»

«Du verziehst dein Gesicht so merkwürdig.»

«Ist das wahr?» Ich versuche zu lächeln, aber es gelingt mir nicht. Stattdessen wird der Schmerz noch stärker. «Ich habe Zahnschmerzen», bekenne ich unglücklich.

«Wieso denn das? Vorhin hattest du doch noch keine.»

«Ich weiß auch nicht, wo die plötzlich herkommen. Sie werden immer schlimmer.» Schon im nächsten Moment scheinen sie mir unerträglich.

«Petra hat Zahnschmerzen», platzt Yuqian mit der Neuigkeit heraus. Alle schauen mich besorgt an, und sofort setzt eine große Diskussion ein, was zu tun sei.

«Hattest du vorher schon Beschwerden?», fragt Diqians Frau.

«Nur eine geringfügige Temperaturempfindlichkeit.»

«Eine Temperaturempfindlichkeit kann auf eine Entzündung hinweisen. Dann hättest du natürlich kein Lammfleisch essen dürfen. Entzündungen sind Hitzeprozesse, die sich verschlimmern, wenn ...»

«Bitte», unterbreche ich sie, «erklär mir das ein andermal. Ich kann mich jetzt nicht konzentrieren.» Mit beiden Händen halte ich mir die rechte Wange, die anscheinend schon geschwollen ist. Kann es denn wirklich sein, dass dieses Lammfleisch den Ausbruch einer Entzündung forciert hat?

Huishan schlägt vor, gleich nach dem Essen eine Akupunkturbehandlung vorzunehmen. Ein alter Herr in ihrer Nachbarschaft sei ein bekannter Meister der traditionellen Medizin. «Ich bitte ihn zu mir nach Hause, und du lässt dich dort von ihm behandeln.»

«Versuchen können wir es ja», stimme ich zu. Kaum ist das Essen zu Ende, eilt Weidong voraus, um den Arzt zu benachrichtigen. Huishans Haus befindet sich zum Glück ganz in der Nähe des Restaurants, und als wir dort eintreffen, wartet der Arzt bereits auf uns, ein freundlicher alter Herr.

«Sieht böse aus», sagt er und betrachtet mein geschwollenes Gesicht. «Sie müssen sehr starke Schmerzen haben. Ich kann Ihnen nicht viel Hoffnung machen. Mit Akupunktur können wir gegen akute Entzündungen wenig ausrichten. Aber versuchen kann ich es ja.»

Es ist meine erste Akupunkturbehandlung. Der alte Herr öffnet eine kleine Metallschachtel, in der verschieden lange dünne Nadeln in einem weißen Kissen stecken. Mir wird ganz flau.

«Wurden die Nadeln überhaupt sterilisiert?», frage ich Yuqian auf Deutsch.

«Natürlich! Was denkst du denn», empört er sich, als hätte ich das gesamte Chinesentum beleidigt.

Huishan lässt mich auf dem Korbstuhl Platz nehmen. «Hab keine Angst!», sagt sie.

«Tut das weh?» Ich hasse Nadeln, Spritzen und alles, was piekt.

«Aber nein, Akupunktur tut nicht weh», beruhigt sie mich und streichelt meine Hand. Ich nehme ihr das nicht ab. Nadeln stechen immer. Da piekt mir der Arzt eine erste Nadel in die betroffene Gesichtshälfte, eine zweite und dritte folgt, dann kommt noch eine in die rechte Hand. Ich bemerke die Einstiche kaum und werte dies als gutes Omen. Doch nach zwanzig Minuten geduldigen Wartens verspüre ich keine Besserung.

«Sie sollten lieber ins Krankenhaus gehen», rät der Arzt und zieht die Nadeln heraus. «Am besten noch heute.»

«Wieso ins Krankenhaus?», frage ich.

«Ja, sicher», sagt Yuqian. «Hier gibt es keine privaten Zahnarztpraxen.»

Wie umständlich! Ich gehe doch nicht wegen dieser lächerlichen Zahnschmerzen gleich ins Krankenhaus. Außerdem passt das überhaupt nicht in unsere Planung, denn schon morgen wollen wir mit Minqian und Diqian nach Tianjin fahren, um die Verwandtschaft mütterlicherseits zu besuchen.

«Lass uns ins Hotel zurückgehen», schlage ich vor. «Ich nehme eine Aspirintablette. Dann geht der Schmerz von alleine weg.»

Denkste! Am Abend halte ich es vor Schmerzen nicht mehr aus, so lande ich schließlich doch in einem Krankenhaus.

In der Abteilung für ausländische Patienten sieht es nicht viel anders aus als in westlichen Kliniken. Wegen Neujahr ist nicht viel los. Ich komme sofort dran. Zwei junge freundliche Ärzte diagnostizieren eine Wurzelentzündung des letzten Backenzahnes rechts oben. Doch da dieser Zahn überkront ist, scheuen sie eine Wurzelbehandlung und schlagen mir vor, es mit Schmerztabletten zu versuchen, was mir nur recht ist. Mit einem weißen Papiertütchen voller abgezählter Tabletten kehren wir ins Hotel zurück. Am nächsten Morgen geht es mir viel besser.

Zu Besuch in Tianjin

Ein Strom soeben angekommener Reisender spült uns durch eine lange Unterführung hinauf in die Halle des Tianjiner Bahnhofes. Fahrkartenkontrolle! Bruder Diqian, Schwester Minqian und ich schauen auf Yuqian. «Du hast die Karten», sage ich. Hunderte von Reisenden zwängen sich durch zwei enge Pforten an den Kontrolleurinnen vorbei. Wieso kann man nicht ein paar Ausgänge mehr öffnen, und wozu überhaupt diese Kontrolle? Wir mussten die Fahrkarten doch schon vor Abfahrt des Zuges in Peking zeigen!

Yuqian ist nervös. «Wo habe ich sie nur hingesteckt?» Das ist typisch. Immer ist er am Suchen, entweder die Brille, die Schlüssel, das Portemonnaie oder eben die Fahrkarten. Er klopft seine Taschen ab: Mantel, Jacke, Hose – nichts.

«Lass dir Zeit», beruhigt ihn sein Bruder. «Ich glaube, du hast sie in dein Portemonnaie gesteckt.»

Da sind sie aber nicht.

Mit Taschen, Koffern und Netzen bepackt, drängen die anderen Reisenden an uns vorbei, schubsen und stoßen uns. Es sind keine fünf Schritte bis zur Kontrolle.

«Die Fahrkarten, die Fahrkarten! Zeigt die Fahrkarten vor», ruft eine der Kontrolleurinnen immer wieder mahnend den Leuten zu.

«Zweiter älterer Cousin! Zweiter älterer Cousin!», schreit plötzlich jemand. Ich entdecke hinter der Absperrung vier schlaksige junge Männer, die Yuqian stürmisch zuwinken. Einer strahlt mehr als der andere. Es müssen die vier Söhne des Onkels sein, des einzigen Bruders von Yuqians Mutter.

«Ich finde die Fahrkarten nicht», ruft Yuqian ihnen zu.

Sie lachen, und einer von ihnen drängt sich zu einer Kontrolleurin vor: «Genossin! Entschuldige bitte, aber lass doch bitte meine vier Verwandten durch. Zwei von ihnen sind ausländische Gäste. Sie wussten nicht, dass man noch einmal die Fahrkarten vorzeigen muss, und haben sie im Zug liegen gelassen.»

«Welche vier?»

«Die dort», sagt der Cousin und zeigt auf uns. Die Kontrolleurin wirft uns einen prüfenden Blick zu.

«Na gut, kommt schnell her!», sagt sie und winkt uns durch die

Sperre. Anscheinend wirken wir recht vertrauenswürdig. «Aber passt das nächste Mal besser auf!»

«Vielen Dank! Vielen Dank! Das ist wirklich sehr freundlich.» Bruder und Schwester und auch der Cousin bedanken sich gleich mehrmals bei ihr. Endlich kommen wir aus dem Gewühl heraus, und Yuqian fällt seinen Cousins in die Arme.

«Heute Mittag essen wir Nudeln des langen Lebens», sagt einer von ihnen freudestrahlend, und die anderen drei bestätigen das begeistert.

Nudeln des langen Lebens sind lange dünne Nudeln, Spaghetti also, und die sind so wichtig, dass man sie schon zur Begrüßung ankündigen muss, nachdem man sich mehr als dreizehn Jahre nicht gesehen hat?

«Gut», findet Yuqian.

«Wir essen immer am zweiten Neujahrstag Nudeln des langen Lebens.»

«Aha!»

«Weißt du warum?»

«Nein!»

«Hast du es wirklich vergessen?», fragen die Cousins ungläubig und wollen sich totlachen. «Du hast doch heute Geburtstag!»

«Was?» Minqian und Diqian schauen Yuqian verdutzt an. «Ja natürlich! Das haben wir ganz vergessen. Nach dem Mondkalender hast du heute Geburtstag.»

Yuqian ist genauso überrascht wie die anderen. Er hat es tatsächlich vergessen. Ich auch, denn ich achte sowieso nur auf den Geburtstag nach dem gregorianischen Kalender. Da hat man jedenfalls ein festes Datum und kein bewegliches, denn wer rechnet in Deutschland schon nach dem Mondkalender!

«Woher wisst ihr, dass ich heute Geburtstag habe?», fragt Yuqian gerührt.

«Das haben wir doch schon gesagt: Weil wir an jedem zweiten Neujahrstag Nudeln essen. Vater hat es so angeordnet, nachdem du China verlassen hast. Er meinte, wir brächten dir auf diese Weise Glück, sodass du irgendwann wohlbehalten heimkehren würdest. Und? Recht hat er, unser Alter Herr.»

Lange dünne Nudeln symbolisieren ein langes Leben, deshalb gehören sie zu jedem Geburtstagsessen. Yuqian umarmt seine Cousins, dann werde auch ich begrüßt, mit festem Händedruck und strahlendem Lächeln.

Der Weg vom Bahnhof zur Familie des Onkels führt durch ein altes Viertel, das auf den ersten Blick sehr europäisch wirkt. 1860 wurde der Hafen der Stadt für den Überseehandel geöffnet, und in der Folge zogen viele Ausländer hierher, neben Briten, Franzosen und anderen Nationalitäten auch viele Deutsche. Sie gründeten Handelsniederlassungen und gaben der Stadt ein westliches Aussehen. Von jener Zeit zeugen heute noch die einstmals noblen Villen, die sich allerdings in einem erbarmungswürdigen Zustand befinden. Wo früher eine Familie in sechs, sieben Zimmern lebte, hausen heute sechs Familien in jeweils einem oder zwei Zimmern. Eigentlich ein Jammer, dass man diese Häuser so verkommen lässt! Wie viele Jahrzehnte wurde nichts in sie investiert! Dennoch sind sie noch immer bewohnbar, das zeigt doch, wie solide sie gebaut wurden. Aber so, wie sie jetzt aussehen, total verwohnt, mit primitivsten Anbauten, die wilden Wucherungen ähneln, wird man die meisten wohl abreißen müssen. Erstaunlich, dass auch noch die Spuren des Erdbebens von 1976 zu sehen sind, obwohl das schon fünf Jahre zurückliegt. Überall liegen Trümmer und stehen primitive Erdbebenhütten, die an Slums erinnern. Ein Cousin erzählt, dass die Leute aus Angst vor Nachbeben nicht in den oberen Stockwerken ihrer Häuser, sondern in hastig gemauerten Hütten übernachtet hätten, die sie auf den nackten Boden direkt an die Wohnhäuser setzten. Als die Erdbebengefahr vorüber war, riss man die Hütten nicht ab, sondern nutzte sie als willkommenen Wohnraum. Davon profitierten vor allem junge Paare, die keine Chance auf eine eigene Wohnung hatten. Sanitäre Anlagen gibt es in diesen Hütten nicht, deshalb hilft man sich mit öffentlichen Toiletten.

Der Onkel wohnt in einer malerisch anmutenden Straße, die zu beiden Seiten von zweigeschossigen Reihenhäusern gesäumt wird. Diese müssen siebzig, achtzig Jahre alt sein, vielleicht auch älter, jedenfalls wirken sie ebenfalls recht europäisch, ich würde fast sagen: britisch.

Die Haustür steht offen. Wir treten in einen dunklen Flur, der einer Rumpelkammer gleicht. Die Wände sind schwarz, der Holzfußboden durchgetreten. Am Ende des Flures sehe ich zwei Türen, die eine öffnet sich, und zwei Kinder stecken lachend ihre Köpfe durch den Spalt. «Hallo!», rufen sie mir zu und jauchzen.

«Wir wohnen oben», sagt der jüngste Cousin und zeigt auf eine enge Holzstiege, die links neben der Haustür in den ersten Stock führt. «Hier geht es hoch. Sei vorsichtig, die Treppe ist sehr steil.» Mit jedem Schritt zwei Stufen nehmend stürmt er vor mir hinauf. «Sie sind da!», schreit er. Sofort hören wir aufgeregtes Stimmengewirr und eiliges Hin-und-her-Getrappel.

«Er ist da!»

«Yuqian ist da!»

Wir tasten uns langsam die Stufen hinauf. Schon sehe ich eine Schar von jungen und alten Menschen am oberen Treppenabsatz stehen.

«Onkel!», schreit Yuqian, drängt an mir vorbei und fällt einem grauhaarigen und ebenso großen wie hageren Mann um den Hals. Dem Onkel laufen Tränen über das Gesicht, er bringt kein Wort hervor. Eine rundliche alte Frau greift nach Yuqians Hand. Er schaut sie überrascht an. «Tante Qin, du hast dich überhaupt nicht verändert.» Es ist die jüngere Schwester seiner Mutter, die nie geheiratet und immer in der Familie ihres Bruders gelebt hat. Yuqian drückt seine Tante zärtlich an sich, behält sie auch noch im Arm, als er mich den beiden vorstellt.

Minuten später sitzen wir auf zwei klapprigen Rattansesseln in einem großen Zimmer, das sowohl Wohn- als auch Schlafzimmer ist. Onkel und Tante nehmen gerade auf zwei Holzhockern Platz, als eine kleine alte Frau wie ein Wirbelwind hereingestürmt kommt: die Frau des Onkels. Sie hatte es zu Hause nicht mehr ausgehalten und war uns ein wenig entgegengelaufen, nur leider auf dem falschen Weg. Begeistert schüttelt sie uns minutenlang die Hände. Alle strahlen, die Cousins, ihre Frauen und die beiden kleinen Kinder, von denen ich noch nicht weiß, zu wem sie gehören.

«Wenn das unsere Schwester doch noch erlebt hätte, dass du nach Hause kommst!», sagt der Onkel und wischt sich die Tränen aus dem Gesicht. «Wie oft haben wir von dir gesprochen!»

Die beiden Tanten schütteln staunend den Kopf: «Gut siehst du aus. Schon richtig ausländisch.»

Yuqian macht sich daran, die Geschenke zu verteilen, die wir mitgebracht haben.

Der jüngste Cousin scheint das ungestüme Temperament der Mutter geerbt zu haben. Immer wieder springt er von seinem Hocker auf, verteilt Tee, Zigaretten und Feuer, bugsiert dann Vater, Mutter und Tante von ihren Holzhockern hinunter auf bequemere Stühle und fragt schließlich die jungen Frauen, wie es um die Geburtstagsnudeln stehe, sodass sie sofort in die Küche eilen, während seine drei Brüder auf dem großen Doppelbett sitzen und rauchen.

«Jetzt musst du uns erst einmal erzählen, was damals alles passiert ist und wieso du fortgegangen bist», bittet der älteste Cousin. Doch eine der jungen Frauen hat das auf ihrem Weg in die Küche gehört und kommt sofort zurück. «Warte bitte mit dem Erzählen, bis wir fertig gekocht haben. Wir möchten auch alles hören.»

Ich springe auf und gehe mit ihr in die Küche. «Ich helfe euch», sage ich. Die jungen Frauen wehren lächelnd ab. «Nicht nötig. Wir sind schon zu viert. Setz dich lieber zu den anderen.»

«Dann schaue ich euch eben einfach nur zu.»

Das finden sie prima. Eine von ihnen bewundert meine Locken. «Tolle Dauerwellen macht ihr in Deutschland.»

«Das ist alles Natur.»

«Wirklich?» Und schon befühlen alle vier Frauen meine Haare.

Der jüngste Cousin kommt in die Küche. «Was ist denn hier los? Ich denke, ihr kocht?» Er verschwindet in einem merkwürdigen Holzverschlag, der an der Längsseite des Raumes steht. Sein Kopf guckt oben raus. Offenbar hat der Verschlag nur Wände, aber keine Decke. Ein verdächtiges Geräusch ist zu hören. Pinkelt er etwa?

«Ist das dort die Toilette?», frage ich.

«Ja.»

«Und wo ist das Bad?»

«Hier!»

«Aber hier ist doch die Küche.»

«Ja. Heute ist dies Bad und Küche», erklärt die Frau des ältesten Cousin. «Aber als dieses Haus noch ein Einfamilienhaus war, da befand sich hier das Bad und im Erdgeschoss die Küche. Doch das ist lange her. Heute teilen sich drei Familien das Haus.»

Endlich ist es so weit. Auf zwei metallenen Klapptischen wird ein fürstliches Mahl mit vielen verschiedenen Gerichten serviert.

«Ihr macht euch zu viel Arbeit», sagt Yuqian. «Nudeln allein hätten doch gereicht.»

«So einen Festtag wie heute werden wir so schnell nicht wieder erleben», sagt der Onkel gut gelaunt. «Deine Rückkehr, dein Geburtstag und das Neujahrsfest. Das muss doch alles würdig begangen werden.»

Der jüngste Cousin schleppt Bier in Literflaschen heran und füllt die Gläser randvoll. Wir lassen Yuqian zu seinem Geburtstag hochleben. In einem Zug leeren die Cousins ihre Gläser, um sie vom jüngsten Bruder gleich wieder auffüllen zu lassen, und dann greifen alle mit gutem Appetit zu. Er könne nun seine Geschichte erzählen, erinnert der älteste Cousin, und das tut Yuqian denn auch. Alle hören mit gespitzten Ohren zu, ab und zu vergessen die Cousins nicht nur das Essen, sondern auch das Trinken. Sie unterbrechen ihn mit Fragen, Sympathiebekundungen und Kommentaren. Nach zwei Stunden ist das Essen zu Ende, das Zimmer voll gequalmt, die Köpfe der Cousins durch das Bier und die Aufregung hochrot gefärbt. Den Jüngsten hält es einfach nicht auf seinem Platz, auch um Kommentare abzugeben, springt er ständig auf.

«Seid ihr nicht müde?», fragt Yuqian seine beiden Tanten und den Onkel, die aufmerksam zugehört haben. «Ihr macht doch normalerweise sicher einen Mittagsschlaf. Wollt ihr euch nicht ein wenig hinlegen?»

«Aber nein», wehrt der Onkel entschieden ab. «Wir sind viel zu aufgeregt, um zu schlafen.»

Statt eines Mittagsschlafes einigen wir uns auf einen kleinen Spaziergang. Der Onkel führt uns durch die Straßen der Nachbarschaft vorbei an den wunderschönen alten Villen. Ich möchte gern das berühmte Café Kießling besuchen, zu Kolonialzeiten ein österreichisches Café. Dort solle es die leckersten Sahnebonbons der Welt geben, jedenfalls hat das ein Hamburger Bekannter behauptet, der vor der Revolution als Sohn eines deutschen Arztes in Tianjin lebte. Ich müsse ihm unbedingt einige mitbringen. Das Café ist inzwischen umgezogen, und außer dem Namen ist nichts von der ehemals vornehmen Atmosphäre übrig geblieben. Auf schmutzigen Sesseln lümmeln gelangweilte Jugendliche, rauchen und trinken. Vor den Verkaufsständen drängen sich Massen von Menschen und kaufen Süßigkeiten. Tatsächlich entdecke ich die Sahnebonbons, jeder einzelne sorgfältig verpackt in weißem Papier. Ich kaufe eine Tüte und spendiere meinen neugierigen Verwandten davon eine Runde. «Die sollen schmecken?», fragen sie. Keiner von ihnen hat sie jemals probiert. Bis wir wieder zu Hause sind, ist nur noch ein Rest von fünf Bonbons übrig.

Zum Abendessen lädt Yuqian in ein Restaurant ein. Die Cousins sind begeistert. Nie zuvor ist die ganze Familie gemeinsam essen gegangen. Zwei Tische sind reserviert. Um sechs Uhr müssen wir dort sein. Auf den Tischen liegen klebrige Plastikdecken, das Personal schlurft lustlos herum, ihre ehemals weiße Kleidung ist voll gekleckert. Zwei Kellner spucken ab und zu auf den blanken Zementboden, mir vergeht bei dem Geräusch der Appetit. Am liebsten würde ich gleich wieder umkehren. Yuqian zögert auch und verzieht das Gesicht. Doch die anderen nehmen schon in bester Stimmung Platz und schauen uns erwartungsvoll an.

«Dieses Restaurant ist mal wieder ein typisches Beispiel für ein staatlich geführtes Unternehmen», sagt Yuqian zu seiner Schwester Minqian. «Das Personal wird mit einem Einheitslohn abgefertigt, egal wie viel es leistet.» Solche Kommentare bringen Minqian in Rage. Schon während der morgendlichen Zugfahrt sind die beiden aneinander geraten. Yuqian wollte Minqian davon überzeugen, dass eine Privatisierung der Staatsbetriebe unumgänglich sei. Die Debatte endete im Streit. Seine westlichen Ideen gehen ihr zu weit – oder mag sie sich nur nicht von ihrem jüngsten Bruder belehren lassen?

Das Personal knallt mehrere Flaschen Bier auf den Tisch, dann folgen die Platten mit den Gerichten und drei große Schüsseln Reis.

«Wir gehen nur selten essen», flüstert mir die Frau des ältesten Cousins zu.

«Weil es zu teuer ist?»

«Nein, weil die meisten Restaurants zu schmutzig sind.»

«Und was hältst du von diesem hier?»

«Das ist noch eins der besten in Tianjin. Aber ich verrate dir einen Trick. Du musst immer etwas Alkohol zum Essen trinken. Das desinfiziert.»

Punkt acht Uhr beginnen die Kellner mit dem Aufräumen, das Signal zum Aufbruch, was von den Verwandten ohne Widerspruch hingenommen wird.

«Wieso machen die schon so früh dicht?», maule ich. Eigentlich sitzen wir hier ganz gemütlich.

«Die Kellner wollen ja schließlich auch mal Feierabend haben», erklärt Minqian.

Wir gehen wieder nach Hause. Der Onkel und die Tanten sind noch immer hellwach. Kaum sitzen wir im Wohnzimmer, machen die Cousins ihrem Unmut Luft. China sei ein Land ohne Hoffnung, jedenfalls solange die Kommunistische Partei an der Macht sei. Keiner von Yuqians Verwandtschaft mütterlicherseits ist Parteimitglied. Vielleicht reden sie deshalb, wie ihnen der Schnabel gewachsen ist. Der Onkel zeigt sich völlig illusionslos. Die Kulturrevolution sei der jüngste von vielen fatalen Fehlern gewesen. Nur dem ältesten seiner vier Söhne war es vergönnt, Schule und Studium abzuschließen, sodass er heute als Ingenieur arbeiten kann. Die jüngeren hatten Pech. Ihre Ausbildung fiel in die Zeit der Kulturrevolution. Sie lernten nicht viel. So mussten sie froh sein, dass sie als Arbeiter in einer maroden Textilfabrik unterkamen, und weil dort, wie fast überall in den Staatsbetrieben, die Stellen überbesetzt sind, gibt es kaum etwas zu tun. Auch der älteste Cousin, der Ingenieur, der es eigentlich am besten getroffen hat, ist unglücklich. Er arbeitet in Tianjin und seine Frau im Süden Chinas. Sie hat keine Chance auf einen Ortswechsel.

Minqian scheint sich als Parteimitglied ständig angesprochen zu fühlen. Derart offene Kritik an Partei und Sozialismus kann sie nur schlecht ertragen. Unruhig rutscht sie auf ihrem Hocker hin und her, schließlich meldet sie sich zu Wort: «Ihr habt ja Recht. Die Partei hat Fehler gemacht, das hat sie auch mehrmals zugegeben. Dennoch befinden wir uns jetzt auf dem richtigen Weg. China ist ein armes Land mit einer riesigen Bevölkerung. Da muss man geduldig sein. Die vielen Probleme lassen sich nicht über Nacht lösen. Aber wir werden es schaffen, davon bin ich überzeugt. Ihr müsst der Partei vertrauen.»

«Wir vertrauen der Partei schon seit 1949 und sind trotzdem von einer Katastrophe in die nächste geschlittert», stellt der Onkel klar.

Sein jüngster Sohn springt mal wieder auf: «Schau dir doch an, wie wir hier leben und wie man im Ausland lebt. Wir reden immer nur von Revolution, Sozialismus und einer strahlenden Zukunft, und die anderen? Die reden nicht, sondern tun etwas und sind uns um Jahrzehnte voraus. Die lachen sich tot über unsere Rückständigkeit.»

«Man müsste die politische Führung abwählen», ereifert sich seine Frau. «Nach dem Chaos der Kulturrevolution hat sie kein Recht mehr, an der Macht zu bleiben. Einfach abwählen.»

«Wie soll denn das gehen?», ruft Minqian aufgebracht. «Wer soll das Land regieren? Willst du, dass die korrupten Nationalisten aus Taiwan zurückkehren? Ihr glaubt, ihr wüsstet alles besser. Aber ich sage euch, ihr versteht die vielen Probleme doch gar nicht. Die Dinge sind komplizierter, als ihr denkt. Da müssen unsere Führer Vorsicht walten lassen. Habt einfach Geduld und Vertrauen.»

Die Cousins lachen verächtlich. Die Frau des ältesten Cousins springt auf und stellt sich in die Mitte. «Schwester Minqian», ruft sie aufgebracht, «ihr da oben, ihr Kader in Peking, ihr wisst doch gar nicht, was im Volke los ist, ihr kennt unsere Probleme doch gar nicht, ihr wollt sie auch gar nicht kennen lernen, weil ihr die Wahrheit nicht ertragen könnt. Sieh dich doch an! Du kannst es ja noch nicht einmal aushalten, wenn wir, deine eigenen Verwandten, dir unsere Situation schildern. Geh doch mal auf die Straße und frag die Leute, was sie von der aktuellen Lage im Lande halten. Sozialismus! Kommunismus! Das sind alles leere Worte. Ihr Kader träumt doch nur, wenn ihr von einem gerechten Sozialismus sprecht und von einer strahlenden Zukunft. Ihr fordert von uns Geduld und Vertrauen. Aber wie viele Fehler hat die Partei seit ihrem Machtantritt begangen, wie viel Unglück ist über die Familien gekommen, wie viele Menschen sind gestorben oder haben Selbstmord gemacht. Hast du darüber mal nachgedacht? Und immer noch sollen wir Geduld haben und der Partei vertrauen. Ich habe von keinem Land dieser Erde gehört, wo Mann und Frau getrennt voneinander leben müssen, nur weil sie an verschiedenen Orten gemeldet sind. Das ist nur hier bei uns so üblich. Ich lebe in Wuhan und mein Mann und meine Kinder in Tianjin. Zweimal im Jahr sehen wir uns für kurze Zeit. Ist das normal? Hältst du das für richtig? Wenn ich einen Antrag auf Versetzung nach Tianjin stelle, dann wird er abgelehnt, weil es heißt, dass man mich im Süden braucht, was gar nicht stimmt. Selbstherrliche Vorgesetzte glauben mal wieder, einfach über mein Leben entscheiden zu können. So sieht es doch aus! Hier darf man noch nicht einmal über das Schicksal der eigenen Familie bestimmen. Mir ist es egal, ob in China der Sozialismus oder der Kapitalismus herrscht. Aber solange mir ein Ismus verbietet, mit meiner Familie zusammenzuleben, ist er für mich nicht mehr wert als ein Hundedreck. Aber das interessiert euch Kader nicht, denn das sind ja nicht eure Probleme.» Zitternd vor Erregung setzt sie sich wieder, holt ein Taschentuch aus ihrer Hosentasche und wischt sich die feuchten Augen. Auch Minqian hat Tränen in den Augen. Eine ganze Weile herrscht betretenes Schweigen.

Schließlich ergreift Yuqian das Wort: «Wenn man es recht bedenkt, dann geht es uns jetzt schon viel besser als vor zehn oder selbst vor fünf Jahren. Wagte damals jemand, lautstark über Politik zu diskutieren? Hätte ich damals als freier Mann mit ausländischem Pass einreisen dürfen? Niemals! Ihr hättet es auch nicht gewagt, einen ausländischen Teufel bei euch übernachten zu lassen.»

«Das stimmt», sagen alle wie auf Kommando und lachen.

«Ein ausländischer Teufel», kichert Tante Qin und streichelt meine Hand.

Gegen elf Uhr verabschieden sich die Cousins mit ihren Frauen. Sie wohnen bei den Schwiegereltern. Nur der jüngste lebt mit Frau und Kind bei den Eltern, und zwar in dem zweiten großen Zimmer dieser Wohnung. Doch dort sind Yuqian und ich heute einquartiert. So geht auch er zu den Schwiegereltern und nimmt Bruder Diqian gleich mit. Schwester Minqian zieht zu Tante Qin in deren kleine Kammer neben der Küche.

Die Frau des Onkels schleppt zwei große Thermoskannen mit heißem Wasser in unser Zimmer. Yuqian hantiert derweil mit zwei Waschschüsseln herum, die auf einem hohen Holzständer stehen, holt aus der Küche kaltes Wasser, gießt heißes aus den Thermoskannen hinzu und legt ein nagelneues kleines Handtuch hinein. Ich wringe es aus und lege es mir auf das Gesicht. Welch eine Wohltat! Für einen Moment genieße ich die feuchte Wärme und rubble schließlich das Gesicht gründlich sauber.

Als ich am nächsten Morgen erwache, rumoren die vier Frauen der Cousins schon in der Küche herum und bereiten das Frühstück vor. Dem Lachen und Geschnatter nach zu urteilen, verstehen sie sich prächtig. Kaum erscheine ich an der Küchentür, begrüßen sie mich mit großem Hallo. Die beiden Kinder sausen auch schon herum. Acht Uhr! Für chinesische Verhältnisse ist das schon recht spät.

«Hast du gut geschlafen?»

«Waren wir zu laut?»

«Hast du noch genügend heißes Wasser im Zimmer?»

Sie fragen alle durcheinander. Ich aber habe ein ganz anderes Problem. Ich muss dringend ein größeres Geschäft verrichten und verschwinde im Toilettenverschlag. Die Frauen arbeiten fröhlich weiter. Es ist lausekalt, doch mir wird heiß. Ich sitze auf der Toilette und habe das Gefühl zu platzen. Wie kann man sich hier entspannen und seiner Lasten befreien, wenn alle mithören und – schlimmer noch – mitriechen können? Ich bin total blockiert. Unverrichteter Dinge erhebe ich mich wieder, und während ich meine Kleidung ordne, schaue ich über die obere Abgrenzung hinweg den Frauen beim Frühstückmachen zu. Verzweifelt kehre ich in das Schlafzimmer zurück.

«Warum bittest du sie nicht, für einen Moment die Küche zu verlassen?», fragt Yuqian, nachdem ich ihm mein Leid geklagt habe.

«Das ist mir peinlich. Die anderen stellen sich bestimmt nicht so zimperlich an.»

«Sie sind daran gewöhnt», sagt er und geht den Frauen mein Problem erklären, die daraufhin die Küche verlassen. «Hättest du uns doch Bescheid gesagt», sagen sie lachend. «Das braucht dir doch nicht peinlich zu sein.»

Nach fünf Minuten ist für mich die Welt wieder in Ordnung. Doch nur bis zum frühen Nachmittag. Fast hätte ich sie schon vergessen – die Zahnschmerzen. Mit aller Vehemenz setzen sie sich gegen die Schmerztabletten durch, von denen ich reichlich geschluckt habe. Kopfschmerzen, Zahnschmerzen, ein geschwollenes Gesicht: Es muss etwas geschehen. Die Cousins schlagen den Besuch einer Zahnklinik vor. Ich sage sofort zu. «Am besten, sie ziehen mir den Zahn gleich raus, dann bin ich den Kummer los.»

Zwei Cousins begleiten uns. Das Krankenhaus liegt nicht weit entfernt, ein unfreundlicher Kasten, außen wie innen, doch die Krankenschwestern sind freundlich, die Anmeldeformalitäten in null Komma nichts geregelt. Eine Krankenschwester führt uns ins Behandlungszimmer, Yuqian und die beiden Cousins kommen selbstverständlich mit hinein. Ich setze mich auf den Behandlungsstuhl, ein ziemlich wackliges Ding, wogegen eigentlich nichts einzuwenden wäre, wäre er nicht so schmutzig. Mein Blick fällt auf das blutverschmierte Spuckbecken. «Was ist denn hier los? Haben die hier jemanden abgemurkst?» An Armaturen, Verkleidungen, Schränken, überall leuchten Blutflecken und auf dem Instrumententisch herrscht ein heilloses Durcheinander. «Das sieht ja aus wie auf einer Schlachtbank.»

«Wieso wird hier nicht geputzt?», fragt Yuqian entsetzt.

«Es ist Neujahr. Wir haben zu wenig Personal», sagt die Krankenschwester, nimmt einen zerknautschten fleckigen Umhang und will ihn mir anlegen. Oh nein, nicht mit mir! Ich springe auf: «Hier bleib ich nicht. Lieber sterbe ich.» Auf demselben Weg, den wir gerade gekommen sind, stürme ich hinaus.

Yuqian und die beiden Cousins folgen mir ratlos: «Kannst du es denn noch aushalten?»

«Ich weiß nicht, wir werden es sehen.»

Schwiegerpapa wird aktiv

Noch am selben Abend kehren wir nach Peking zurück, und vom Bahnhof geht es gleich in die mir schon bekannte Zahnklinik. Wieder haben die beiden jungen Ärzte Dienst. Sie schütteln den Kopf, als sie mein Dilemma sehen. «Der Zahn ist mit Gold überkront», sagen sie. «Wir kommen an die Wurzel nicht ran. Am besten versuchen Sie es noch einmal mit einem stärkeren Medikament.» Erneut gehe ich mit einem Tütchen abgezählter Pillen nach Hause.

Am nächsten Morgen habe ich so starke Schmerzen, dass ich nicht mehr aufstehen kann. Yuqian ruft seinen Vater an und sagt unseren Besuch zum Mittagessen ab. Eine Stunde später steht Schwiegerpapa vor meinem Bett. Er wolle sich selbst ein Bild von meinem Zustand machen. Prüfend schaut er mir ins Gesicht. Das ähnelt inzwischen einem verbeulten Fußball. Schwiegerpapa greift sofort zum Telefon. «Ich rufe meinen alten Freund Han an», sagt er. «Dessen Sohn ist Chef der Zahnklinik, in der ihr wart.»

«Hallo?», brüllt er ins Telefon. «Alter Han! Ein glückliches neues Jahr wünsche ich dir!» Er erzählt dem Freund von seiner ausländischen Schwiegertochter, die so dringend zahnärztliche Hilfe benötigt. Zehn Minuten später sitzen wir in einer dicken Shanghai-Limousine, mit der Schwiegerpapa gekommen ist. Sie wird den Mitgliedern des Staatsrates auf Anfrage zur Verfügung gestellt. Yuqian erzählt dem Vater von den Gesprächen in Tianjin und von der Unzufriedenheit der Cousins.

«Don't say too much in front of the driver», unterbricht ihn der Vater scharf, und Yuqian spricht nur noch über meine Zahnschmerzen, den mongolischen Feuertopf und die erhitzende Energie von Lammfleisch.

Natürlich begleitet uns der Vater bis ins Behandlungszimmer. Ein großer, korpulenter Mann von etwa fünfzig Jahren kommt uns freundlich entgegen.

«Ehrwürdiger Guan!», begrüßt er Schwiegerpapa. «Ich bitte vielmals um Entschuldigung. Meine Kollegen hatten mir zwar von einer Ausländerin und ihren heftigen Zahnschmerzen berichtet, doch hatte ich keine Ahnung, um wen es sich handelt. Hätte ich gewusst, dass es die Schwiegertochter des ehrwürdigen Guan ist, wäre ich natürlich sofort gekommen.»

«Kleiner Han», antwortet Schwiegerpapa erleichtert. «Es ist Neujahr! Wie gut, dass du trotzdem Zeit findest. Die Verantwortung liegt nun ganz in deinen Händen.»

«Ich werde tun, was ich kann», verspricht Doktor Han und wendet sich mir zu. Mit einem sympathischen Lächeln sagt er: «Leider lässt meine Ausstattung sehr zu wünschen übrig.»

Ich schaue mich um. Sie sieht wirklich leicht antiquiert aus, aber sie ist blitzsauber. Ich mühe mir ein Lächeln ab, soweit dies bei meinem schiefen Gesicht überhaupt noch möglich ist. «Das macht nichts.»

Doktor Han schaut plötzlich ziemlich pikiert.

«Was hast du da eben verstanden?», fragt mich Yuqian. Auch er wirkt seltsam.

«Die Ausstattung lässt zu wünschen übrig. Das stört mich aber wirklich nicht.»

«Er hat von seinem Können gesprochen, nicht von seiner Ausstattung. Er war höflich.»

«Wie bitte?» Erst jetzt wird mir mein Fehler bewusst. Ich hab nicht richtig hingehört und *shebei*, Ausstattung, mit *shuiping*, Niveau, verwechselt. Doktor Han hat behauptet, sein Können ließe sehr zu wünschen übrig. Typisch chinesische Höflichkeit. Man muss sein Licht immer unter den Scheffel stellen. Ich habe Experten gehört, die ihren Vortrag mit den Worten begannen, sie würden von der ganzen Sache nichts verstehen oder sie würden nur dummes Zeug erzählen. Reine Höflichkeit! Die Angesprochenen müssen daraufhin natürlich protestieren und das Gegenteil behaupten. Das hat Doktor Han auch von mir erwartet. Peinlich, peinlich! Aber kann ja mal passieren, wenn man solche Schmerzen hat. Yuqian erklärt ihm derweil das Missverständnis, und der Arzt brummelt nur ein undeutliches «Ach so!».

Welch ein Meister er ist, beweist er schon in der nächsten Stunde. Er beginnt eine vorsichtige Wurzelbehandlung und befreit mich innerhalb kürzester Zeit von meinen Schmerzen. Noch vier, fünf Mal müsse ich im Abstand von zwei Tagen zu ihm kommen, dann sei der Fall erledigt.

«Vater hat mich gerettet», bedanke ich mich bei Schwiegerpapa, als wir die Klinik verlassen. Der lächelt stolz.

«Normalerweise ist es sehr schwer, bei Doktor Han einen Termin zu bekommen, vor allem während der Neujahrsfeiertage. Ohne die gute Beziehung zu seinem Vater wäre es mir wahrscheinlich nicht gelungen.»

Ausgedehnte Streifzüge durch den Kaiser- und Sommerpalast, Entdeckungsfahrten in die Umgebung von Peking, wo es an abgeschiedenen Orten berühmte Tempelanlagen gibt – ich hatte in Deutschland eine lange Liste von Sehenswürdigkeiten aufgestellt, die ich alle besuchen wollte. Daraus scheint nicht viel zu werden. Nach drei Wochen möchte ich am liebsten abreisen, denn wir ziehen eigentlich nur von einem Festessen zum anderen. Jeden Mittag und jeden Abend diese Berge von köstlichsten Spezialitäten in mich hineinzustopfen, das halte ich nicht länger aus. Es schmeckt zwar alles hervorragend, aber es ist einfach zu viel. Wo wir auch hinkommen, verteilen wir unsere Geschenke – anfangs großzügig, später immer sparsamer, weil wir merken, dass wir nicht genug mitgebracht haben. All die Gedanken, die ich mir beim Einkauf der Geschenke in Hamburg und in Hongkong gemacht habe, erweisen sich als völlig unsinnig, denn alles ist willkommen. Wir hätten unseren halben Hausstand hier verschenken können, und selbst die gebrauchte Kleidung kommt gut an. Leider werden dadurch unsere Koffer nicht leerer, denn wir sammeln auch jede Menge Gegengeschenke ein. Allmählich habe ich die Sorge, dass wir mit genauso viel Gepäck wie bei der Ankunft auch wieder abreisen. Seide, Kaschmir, Lackarbeiten, Flechtwerk, bemalte Ostereier: Wenn ihr das nicht braucht oder mögt, sagt man uns, könnt ihr es ja in Deutschland weiterverschenken. Dazu wird es kaum kommen, denn ich mag alles.

Alle Geschwister, Cousinen und Cousins müssen wir mindestens einmal zu Hause besuchen. Selbst Schwiegerpapa entwickelt eine ungeahnte Unternehmungslust. Gerade er, der früher so gern seine drei Kinder aus erster Ehe verschwieg, findet immer mehr Gefallen daran, seinen alten Freunden einen Sohn zu präsentieren, der als Akademiker im Westen tätig ist. Und was ihm keiner so schnell nachmacht – er zaubert auch noch eine ausländische, Chinesisch sprechende Schwiegertochter aus dem Hut. Da staunt selbst der nach einem Schlaganfall halbseitig gelähmte Physiker und bekommt ganz leuchtende Augen.

Schwiegerpapa begleitet uns zu den verschiedensten Einladungen. Manchmal fahren wir mit dem dicken Schlitten vom Staatsrat, manchmal mit einem Bus des öffentlichen Nahverkehrs. Er trägt immer einen Spazierstock bei sich. «Genossin Huang Fan besteht darauf, dass ich einen Stock benutze», sagt er. «So ein Unsinn! Den brauche ich doch erst, wenn ich alt bin.» Längst hat er erkannt, dass sich der Spazierstock auch zweckentfremden lässt. Bei guter Laune und genügend Platz wirbelt er ihn übermütig in der Luft herum, oder er benutzt ihn als Zeigestock, um mir eine Sehenswürdigkeit zu erklären, manchmal ergattert er damit auch einen der heiß umkämpften Sitzplätze in den überfüllten Bussen, wie an jenem Morgen, als wir den Chang'an-Boulevard entlangschlendern und er plötzlich wie ein geölter Blitz losspurtet, um noch einen Bus zu erreichen, den er in einiger Entfernung an einer Haltestelle erspäht hat. «Hurry up! Hurry up!», schreit er. Wir können ihm gar nicht so schnell folgen, da springt er schon mit einem eleganten Satz in den voll besetzten Bus. Kaum ist er drin, markiert er den tatterigen Alten, der sich mit der einen Hand auf seinen Krückstock stützt und mit der anderen an einer Stange Halt sucht. Ein junger Mann springt von seinem Platz auf. «Alter Herr! Bitte setzen Sie sich», sagt er höflich, und Schwiegerpapa nimmt mit piepsiger Stimme dankend an.

«Vater hätte nicht so hetzen dürfen», tadelt Yuqian ihn besorgt. Doch Schwiegerpapa zeigt nur ein spitzbübisches Lächeln und weist mit einem Augenzwinkern auf seinen Spazierstock: «My magic stick!»

Der Pekinger Alltag ist reichlich mühselig. Die Verwandten lachen schon immer, wenn ich zu vieles auf einmal machen möchte. Drei, vier Dinge an einem Tag zu erledigen, zum Beispiel zwei Sehenswürdigkeiten anschauen, sich zwischendurch mit irgendjemandem zum Kaffee treffen und mittags oder abends noch zum Essen gehen, das empfinden sie als wahnsinnig hektisch. Schon mein Gang sei viel zu schnell. Allmählich steckt mich ihre Langsamkeit an. Es geht auch gar nicht schneller. Man ist so unbeweglich. Außer im Hotel oder bei Vater zu Hause hat keiner ein Telefon. Verabredungen zu treffen, ist schwierig, kurzfristige Änderungen sind fast unmöglich. Viele Besuche erfolgen deshalb spontan. Ärgerlich nur, wenn man sich dann verpasst. Mit dem Fahrrad kommt man überall hin, aber das dauert, denn Peking ist riesig. Taxis gibt es kaum, und die öffentlichen Busse sind oft hoffnungslos überfüllt. Nach acht Uhr abends bekommt man in den Restaurants kaum noch etwas zu essen. Wir müssen also immer genau planen, wann wir uns mit wem wo treffen. Dann gibt es noch die vielen unsinnigen Beschränkungen. Wir wollen uns mit dem Neffen Feng in der Lobby des Peking-Hotels treffen. Aber da lässt man die Einheimischen ja nicht ohne weiteres hinein, wenn sie nicht gerade in Begleitung eines Ausländers kommen oder über eine besondere Berechtigungskarte verfügen. Daran haben wir nicht mehr gedacht, und so warten wir drinnen und er draußen. Was soll das! Die Verwandten wundern sich, wenn wir uns darüber aufregen. Sie haben sich längst daran gewöhnt und lachen nur.

Inzwischen hat es sich unter den früheren Freunden und Kollegen herumgesprochen: Yuqian ist wieder da. Doch was ist aus ihm geworden? Nur die wenigsten wissen das. Keiner hatte es gewagt, Nachforschungen anzustellen, aus Angst, in seinen Fall hineingezogen zu werden. Seit dem offiziellen Ende der Kulturrevolution sind knapp fünf Jahre vergangen, doch noch immer scheinen viele dem Frieden nicht zu trauen. Nur die drei vertrautesten seiner ehemaligen Kollegen fragen bei den Geschwistern nach unserer Adresse und besuchen uns im Gästehaus. Allerdings kommt jeder allein, und wenn Yuqian fragt, was nach seiner Flucht in der Dienststelle passiert ist, zeigen sie wortlos in die Ecken des Raumes und deuten an, dass es Abhöranlagen geben könnte. Erst im Freien, während eines Spazierganges, wagen sie über die Ereignisse zu berichten. Ich fange auch schon an, bei bestimmten Themen nur noch zu flüstern, wenn wir im Hotel sind.

Mit den Geschwistern auf Reisen

Noch während wir uns in Deutschland auf unsere Reise vorbereiteten, erhielten wir den Auftrag, einen China-Kunst- und -Reiseführer zu schreiben. Das warf unsere gesamte Planung über den Haufen. Nicht mehr nur Peking und Shanghai stehen deshalb auf unserem Programm, sondern eine ausgedehnte Reise durch China, um Material und Informationen über die wichtigsten Sehenswürdigkeiten zu sammeln. Durch dieses Vorhaben wird die gemeinsame Zeit mit den Geschwistern erheblich reduziert.

«Warum kommt ihr nicht einfach mit?», fragt Yuqian Bruder und Schwester. «Wir schauen uns die schönsten Sehenswürdigkeiten des Landes an und genießen dabei unser Beisammensein.»

Die Geschwister stimmen sofort begeistert zu. Schon immer haben sie davon geträumt, eine solche Reise durch China zu machen, was mit dem wenigen Geld, das sie verdienen, gar nicht finanzierbar ist. Jetzt machen Yuqians harte Devisen das Reisen zu einem billigen Vergnügen. Blitzschnell steht der Reiseplan fest: Mit dem Zug soll es zunächst in den Süden nach Shanghai und Umgebung gehen und dann in den Westen und Norden. Die Umsetzung wird jedoch denkbar kompliziert, denn unser Grüppchen besteht – was den Transport betrifft – aus drei Preiskategorien: Schwester, Bruder und dessen Frau zahlen als einheimische Chinesen den niedrigsten Preis, Yuqian als Auslandschinese den mittleren und ich als Langnase den höchsten. Plötzlich geht es um die Frage, ob wir «Hartsitzer» fahren, harten Liegewagen oder weiche Klasse. Die harte Klasse ist immer überfüllt, man kann sich weder zurückziehen noch in Ruhe miteinander sprechen, ohne dass die Mitreisenden ihre Ohren spitzen und sich gelegentlich auch in die Gespräche einmischen. In der weichen Klasse ist es da ungleich bequemer, doch die ist für die meisten Chinesen indiskutabel teuer.

«Ich gehöre zu den breiten Massen», erklärt Diqian. «Ich fahre im ‹Hartsitzer›.»

«Das heißt: Du willst die Nächte im Sitzen verbringen», stellt Yuqian klar.

«Ja. Meine Frau ist einverstanden.»

«Na gut. Dann fahren wir alle harte Klasse.»

«Ausgeschlossen!», wehrt Diqian ab. «Petra muss im weichen Schlafwagen fahren.»

«Allein?»

«Nein. Du bleibst bei ihr.»

«Aber wir wollen die Reise doch gemeinsam machen.»

Es hilft nichts. Diqian ist nicht bereit, in der weichen Klasse zu reisen. Warum so viel Geld ausgeben, wenn man auch billiger reisen kann! Ich möchte gern in der harten Klasse fahren, gerade weil sie rappelvoll und deshalb ungeheuer interessant ist. Doch das lehnt Diqian kategorisch ab. Angeblich sei es zu anstrengend für mich, im Sitzen zu schlafen, und außerdem würden wahrscheinlich ständig irgendwelche Leute kommen und mich bestaunen. Yuqian möchte in der weichen Klasse in Ruhe das Beisammensein mit den Geschwistern genießen. Diqians Frau will uns erst im Südwesten treffen, weiß der Himmel warum, jedenfalls will sie nicht mit nach Shanghai. Dorthin wollen aber Yuqian und Diqian, schließlich sind sie dort aufgewachsen, und Minqian möchte das auch. Nach langem Hin und Her entschließt sich der Bruder, erst nach der Hälfte der Reise ab Guilin zu uns zu stoßen. Yuqian ist enttäuscht, kann ihn aber nicht umstimmen. Ich verstehe nicht, was das Ganze soll, und bin glücklich, dass wenigstens Schwester Minqian recht unkompliziert ist, und diese findet, dass es nun endlich mal losgehen sollte.

In Shanghai kommen wir bei Yuqians Cousine Yingqian unter, die in einer Anlage der Akademie der Wissenschaften wohnt. Dreieinhalb Zimmer umfasst ihre großzügig geschnittene Wohnung, die aus den vierziger Jahren stammt und mit elegantem Parkettboden, großem Bad, Toilette und Küche ausgestattet ist.

Cousine Yingqian ist mit Ende fünfzig die Älteste der Qian-Generation. Sie ist Biochemikerin, ihr Mann Ruishen ist Mikrobiologe.

Beide sind angesehene Professoren an der Akademie der Wissenschaften. Ihr häusliches Leben spielt sich hauptsächlich im großen Arbeitszimmer ab. Hier wird gearbeitet, gegessen, werden Gäste empfangen, und von hier geht es hinaus in das Reich des Hausherrn: auf einen mehrere Meter langen Balkon, den er in eine ländliche Oase verwandelt hat. Ruishen, ein Mann von großer, kräftiger Statur, stammt aus einer nordchinesischen Bauernfamilie. Ohne Pflanzen könne er nicht leben, sagt er, und deshalb zieht er dort verschiedene Blumen und Gemüsearten. «Wenn ich auf den Balkon gehe, bin ich Bauer, kehre ich zurück in unser Arbeitszimmer, bin ich Wissenschaftler.» Yingqian amüsiert sich über ihren Mann: «Der Bauer in ihm gewinnt immer mehr an Einfluss.» Sie zeigt auf die breite Fensterbank, wo ein ganzes Bataillon von Topfpflanzen steht, darunter vor allem Amaryllis, offenbar seine Lieblingsblume. Auch auf dem Fußboden stehen etliche Töpfe.

Yingqian und Ruishen sind wahre Gesundheitsapostel. Ob wir auf unseren Cholesterinspiegel achten, wollen sie wissen, und auf regelmäßige, umfassende Vitaminzufuhr.

«Nehmt ihr auch genügend Mineralstoffe ein? Wie steht es mit Nahrungsergänzungsmitteln?»

«Nahrungsergänzungsmittel?», frage ich unsicher.

«Ja, in den USA nehmen das alle», sagt Yingqian.

«Wir ernähren uns eigentlich ganz normal», beginne ich zögernd, «Obst, Gemüse, was man eben so isst.»

«Das reicht nicht», erklärt Yingqian.

Und schon zählt sie dies und das auf, was wir unbedingt nehmen müssten, viel zu viel, als dass ich mir das alles merken könnte. «Es wäre besser, du würdest es für mich aufschreiben», bitte ich sie, was sie auch umgehend macht. Ein Blick auf die Liste genügt, um zu wissen, dass die traditionelle chinesische Medizin für die beiden kein Thema ist. Ihre Empfehlungen basieren ausnahmslos auf Produkten der westlichen Pharmaindustrie.

«Das sind ja alles westliche Präparate», bemerke ich enttäuscht. «Haltet ihr nichts von Kräutern?»

«Doch, aber nicht als Nahrungsergänzungsmittel.»

Den beiden zuzuhören, macht Spaß. Je nachdem, ob sie mich anschauen oder Yuqian, sprechen sie mal Chinesisch, mal Englisch, und das mit einer Heiterkeit und einem Temperament, wie ich es bei den anderen Mitgliedern der Qian-Generation bisher nicht erlebt habe. Fast könnte man vergessen, dass gerade Yingqian noch vor wenigen Jahren ihrem Leben ein Ende setzen wollte.

«Ruishen und ich gingen 1947 in die USA, um Biochemie zu studieren. In kürzester Zeit schlossen wir dort unser Studium ab und arbeiteten anschließend in der Forschung. Wir wurden gut bezahlt und bewohnten ein schönes Haus, das mit allen modernen Geräten wie Kühlschrank und so weiter ausgestattet war. Selbstverständlich besaßen wir auch ein Auto. Und dann brachte ich auch noch unseren ersten Sohn zur Welt: Paul. Wir waren wirklich sehr glücklich. Dann aber fing das Theater mit Senator McCarthy und dem nach ihm benannten Gesetz an. Plötzlich hieß es, dass wir chinesischen Naturwissenschaftler nicht mehr ins inzwischen kommunistische China zurückkehren dürften, auch nicht besuchsweise. Das machte uns ganz verrückt. Wir wollten doch unsere Eltern wiedersehen! Außerdem hatten wir die vielen euphorischen Nachrichten aus der Heimat vernommen. Von dem Aufbau eines neuen China war die Rede, von Gleichheit und Gerechtigkeit. Das wollten wir doch alles einmal sehen. Niemand von uns Wissenschaftlern wollte für immer zurück nach China, aber als es uns plötzlich unmöglich gemacht wurde, da starben wir fast vor Heimweh. Wir hielten Treffen und Versammlungen ab, und einmal verfassten wir mit vielen anderen Studenten und Wissenschaftlern eine Petition an den chinesischen Ministerpräsidenten Zhou Enlai, die wir einem ausländischen Diplomaten zuspielten, der sie dann weiterleitete. 1955 wurden wir gegen amerikanische Koreakriegsgefangene ausgetauscht und durften nach China zurückkehren. Doch es dauerte nicht lange, da bereuten wir unseren Patriotismus. Die neue Regierung wollte uns junge Experten zwar nutzen, misstraute uns jedoch. Wir kamen ja aus dem kapitalistischen Amerika, und man zweifelte an unserer Loyalität. Deshalb wurden wir nie richtig eingesetzt. Zwar kamen wir alle an den besten Instituten unter, doch über Forschungsvorhaben durften wir nie selbst entscheiden. Das machten immer fachfremde Parteifunktionäre, die auch manchmal schon vorhandene sinnvolle Projekte einfach über den Haufen warfen. Es war eine harte Zeit. Dennoch gelang es Ruishen, ein international geachteter Mikrobiologe zu werden. Die wirkliche Katastrophe begann erst mit der Kulturrevolution. Auf einmal verdächtigte man uns der Spionage. Wer in den USA gut verdient hat, wer Auto, Haus und Kühlschrank besessen und das alles aufgegeben hat, um dem Vaterland zu dienen, der konnte nur ein vom Ausland bezahlter Spion sein. Ein wahrer Albtraum begann. Alles richtete sich plötzlich gegen uns. Unser ehemaliger Patriotismus wurde zur tödlichen Bedrohung. Man stellte uns getrennt unter Arrest, verhörte uns stundenlang und versuchte, uns gegeneinander auszuspielen, trotzdem konnten sie den Spionagevorwurf nicht erhärten. Da hetzten sie unsere beiden Söhne gegen uns auf. Sie sollten helfen, uns ‹Verbrechern› auf die Spur zu kommen. Das war das Schlimmste für mich. Unsere Kinder wussten nicht mehr, wem sie glauben sollten. Langsam fingen sie an, uns zu misstrauen. Als ich das merkte, verlor ich meinen Lebensmut. Ich war dem Druck nicht mehr gewachsen. In einer schwachen Minute sprang ich aus dem Fenster, doch es lag nicht hoch genug. Ich überlebte schwer verletzt. Damals bedauerte ich das zutiefst und versuchte es später noch einmal. Wieder ohne Erfolg. Nach ein paar Jahren war der böse Spuk vorbei. Doch wie hatte sich unser Heim inzwischen verändert! Mehrere fremde Familien hausten in unserer Wohnung, und jede misstraute uns, denn wir galten ja als stinkende Intellektuelle. So lebten wir zu viert in unserem Arbeitszimmer. Unsere Söhne hatten wie viele ihrer Altersgenossen jahrelang nichts gelernt. Ihnen war als Kindern von Klassenfeinden und Reaktionären der Abschluss einer Höheren Mittelschule und der Eintritt in die Universität verwehrt gewesen, also waren sie ungelernte Arbeiter geworden. Es kostete uns viel Liebe und Geduld, sie wieder von den uns wichtigen Werten zu überzeugen. Wir unterrichteten sie – jeden Tag, unerbittlich. Die beiden waren wirklich fabelhaft. Sie machten mit und paukten Mathematik, Physik, Chemie, Englisch, eben alles, was nötig war, um die Aufnahmeprüfung für die Universität zu bestehen, die inzwischen wieder allen offen stand. Aber im Grunde genommen hatten wir nur ein Ziel: Wir wollten sie so schnell wie möglich ins Ausland schicken. Nur dort haben sie die Chance, sich frei zu entfalten.»

Die letzten Sätze flüstert sie, auch, als sie uns bittet, ihren jüngsten Sohn Fan nach Deutschland zu holen. Wir sollen ihm einen Studienplatz in Informatik und möglichst auch ein Stipendium besorgen.

«Ich werde mich bemühen», verspricht Yuqian.

Ihr Ältester studiert bereits in den USA Biochemie. Da er in den USA zur Welt kam, gilt er als gebürtiger Amerikaner und konnte deshalb problemlos ausreisen.

Es ist kalt in Shanghai, nur etwa fünf Grad, und dazu noch feucht.

«Du hast mir doch gesagt, dass es in Südchina um diese Zeit wesentlich wärmer als im Norden ist!», beschwere ich mich bei Yuqian.

«Ist es ja auch. Nur wird hier nicht geheizt.»

Das ist wirklich merkwürdig: Im Winter wird nur in Nordchina geheizt. Der Jangtse bildet die Grenzlinie. Nördlich von ihm wird geheizt, südlich nicht. Shanghai liegt südlich, also heizt man nicht, egal wie kalt es ist.

Die Wohnanlage, in der Yingqian lebt, wurde während der Besatzungszeit von den Japanern gebaut. Die froren wahrscheinlich auch, denn sie statteten die Wohnungen mit Heizungen aus. Das fand man während der Kulturrevolution dekadent und riss sie alle wieder raus. Stattdessen steht jetzt ein kleiner Brenner unter dem Esstisch, der an einer Gasflasche hängt und ein wenig Wärme spendet. Sehr vertrauenerweckend sieht die Installation nicht aus und besonders wirkungsvoll ist sie auch nicht. Ich kühle total aus. Endlich ist es an der Zeit, schlafen zu gehen. Ich sehne mich nach einem warmen Bett. Thermoskannen mit heißem Wasser stehen im Bad, eine kurze Katzenwäsche ist schnell erledigt, und ab geht es ins Schlafzimmer der Cousine, die uns großzügigerweise ihr Ehebett zur Verfügung gestellt hat. Ich schlüpfe unter die Decke, doch welch eine Enttäuschung: Das Bettzeug ist klamm und eisig. Wir können vor Kälte kaum schlafen.

«Wenn wir nicht aufpassen, erkälten wir uns, und dann ist es aus mit einer mehrwöchigen Rundreise», meint Yuqian am nächsten Morgen. «Wir sollten uns lieber ein Hotel suchen, in dem geheizt wird.»

Cousine Yingqian amüsiert sich über den in Deutschland verweichlichten Yuqian, der die Kälte in den unbeheizten Räumen nicht mehr gewohnt ist.

«Ihr müsst euch wärmer anziehen», sagt sie. «Habt ihr noch nie von unserem Zwiebelsystem gehört?»

«Minqian hat es uns schon beigebracht. Aber soll man denn auch mit so vielen Schichten ins Bett gehen?», frage ich.

«Natürlich!»

Trotzdem ziehen wir um, und zwar in das Jinjiang-Hotel, früher ein Luxushotel, heute ein ziemlich verstaubter Kasten, jedoch mit gut beheizten Zimmern. Das Hotel liegt in dem ehemals französischen Viertel, in dem Yuqian seine Kindheit und Jugend verbracht hat. Hier kennt er jede Ecke und jeden Stein. Wir leihen uns die Fahrräder von Yingqians Söhnen und radeln durch die Straßen und Gassen Shanghais. Welch eine Stadt! Als eine der bedeutendsten Metropolen der Welt galt sie früher, als Handels- und Bankenzentrum Asiens. Die alten Prachtbauten am Bund, der breiten Uferpromenade am Huangpu-Fluss, zeugen von einer bewegten Geschichte und dem einstigen, längst verblassten Ruhm. Für Yuqian ist es absolut kein Problem, sich zurechtzufinden. Als wäre die Zeit stehen geblieben, sieht alles noch genauso aus wie vor dreißig Jahren, nur etwas älter und heruntergekommener. Seine alte Schule, das Kino, das Haus der Schulfreundin, alles steht noch am alten Platz. An jeder Ecke gibt es etwas zu erzählen.

«Hier sind meine Freunde und ich immer über die Mauer gekrochen, weil wir kein Geld für den Eintritt in die Sporthalle hatten, wo es häufig Boxkämpfe und Basketballspiele zu sehen gab.»

Wir fahren die Huaihai Lu entlang, eine der berühmtesten Einkaufsstraßen der Stadt. Plötzlich biegt er in einen Torbogen ab. Eine schmale Straße führt in eine stille Wohnsiedlung. Links und rechts gehen Gassen ab, die zu beiden Seiten von dreigeschossigen Reihenhäusern aus rotem Backstein gesäumt werden. Niemals hätte ich in direkter Nähe zu einer derart belebten Hauptstraße ein solch lauschiges Viertel vermutet.

«Hier habe ich gewohnt», sagt Yuqian und zeigt auf das Haus Nr. 40.

Ich schieße sofort ein paar Fotos. Eine Frau mittleren Alters tritt aus dem Haus und schaut uns interessiert an.

«Was machen Sie hier?», fragt sie.

«Ein Erinnerungsfoto. Ich habe hier gewohnt», sagt Yuqian.

«Das ist nicht möglich. Ich wohne schon seit dreißig Jahren in diesem Haus, und vor mir hat eine Familie Guan hier gewohnt.»

Yuqian übergibt ihr seine Visitenkarte.

«Sie heißen Guan? Dann haben Sie hier tatsächlich gewohnt. Warum kommen Sie nicht herein und schauen sich um?»

Wir wandern durch das ganze Haus, treppauf, treppab, gehen durch alle Zimmer. Yuqian immer voran. Er kennt sich ja aus. Das Mobiliar ist ein anderes, aber ansonsten hat sich auch hier nichts verändert. «Hier habe ich immer meine Schularbeiten gemacht. Dort auf dem Klo haben Diqian und ich heimlich eine Zigarre geraucht. Wir dachten, niemand würde etwas merken. Das war vielleicht ein Theater!» Im Wohnzimmer entdeckt er einen alten Rosenholztisch, der damals seiner Familie gehörte. An dem serviert uns die nette Frau nun Tee und erzählt, was sich in den letzten dreißig Jahren in diesem Viertel abgespielt hat. Ich verstehe kein Wort, denn seit sie gemerkt hat, dass Yuqian Shanghai-Dialekt spricht, kommt kein Wort Hochchinesisch mehr über ihre Lippen. Ein echter Frust! Da hat man Zeit und Mühe investiert, um die chinesische Hochsprache zu lernen, und kaum ist man in Shanghai, versteht man nur noch Bahnhof. Der Shanghai-Dialekt unterscheidet sich von der Hochsprache wie Englisch von Französisch. Hoffnungslos!

Als unsere kleine Reisegesellschaft in Guilin endlich vollzählig ist, beauftragt Yuqian ein staatliches Reisebüro mit der Organisation unserer Weiterreise. Zu einem Pauschalpreis reisen wir fortan gemeinsam in demselben Waggon weicher Klasse und wohnen in bequemen Hotels. Der Bruder braucht nicht länger über die unterschiedlichen Preisklassen nachzudenken, denn die Pauschalpreise sind ihm nicht bekannt. Trotzdem gibt es täglich Ärger, denn mein lieber Yuqian kann sich über viele Unsinnigkeiten wahnsinnig aufregen. Jetzt verstehe ich allmählich, wieso er früher in China immer Ärger bekommen hat. Er kann einfach nicht seinen Mund halten. In Chengdu, der Hauptstadt der Provinz Sichuan, übernachten wir im besten Hotel am Platz, was nicht viel heißt, denn mehr als drei Sterne hat das Hotel bestimmt nicht. Als wir am ersten Morgen zur verabredeten Zeit zum Frühstück erscheinen, stehen Bruder, Schwester und Schwägerin mit langen Gesichtern vor dem Speisesaal. Einheimische Chinesen hätten keinen Zutritt zu dem Speisesaal, auch wenn sie Gäste des Hotels seien, erklärt ein junger Mitarbeiter unflätig und versperrt ihnen den Weg. Die drei wollen sich gerade enttäuscht zurückziehen, da tritt Yuqian wütend dazwischen und fragt mit viel zu lauter Stimme, sodass es alle Gäste im Speisesaal hören können: «Würden Sie das bitte noch einmal wiederholen!

Sie sagten gerade, dieses Restaurant sei für einheimische Gäste gesperrt? Hier dürften nur Ausländer und Auslandschinesen frühstücken?»

«Komm, lass uns gehen», bittet Diqian leise, dem der Vorfall peinlich ist. «Ich habe sowieso keine Lust, hier zu frühstücken.»

«Moment», zischt Yuqian ihn mit krebsrotem Gesicht an und wendet sich dann wieder dem jungen Schnösel zu: «Wieso antworten Sie mir nicht? Wiederholen Sie bitte, was Sie gerade zu meinen Geschwistern gesagt haben.»

«Mein Herr!», stottert dieser. «Das muss ein Missverständnis sein. Selbstverständlich können hier alle Gäste unseres Hauses speisen.»

«Na also», meint Yuqian. Der junge Mann führt uns dienstbeflissen und mit unterwürfigem Lächeln an einen schönen Tisch. Nur hat keiner mehr Appetit.

Am nächsten Morgen schlägt Diqian vor, im Hotelzimmer zu frühstücken. Wir hätten ohnehin nicht viel Hunger. Eine Tasse Tee, ein wenig Gebäck, das würde doch genügen. Also machen Yuqian, sein Bruder und ich uns auf den Weg, um irgendwo etwas Essbares zu kaufen. Ein vielversprechender Laden ist schnell gefunden, doch ich muss draußen bleiben.

«Wenn du mit reinkommst, gehen sofort die Preise hoch», behauptet Yuqian.

«Unsinn», meint Diqian. «In den staatlichen Geschäften sind die Preise für alle gleich.»

Trotzdem muss ich draußen bleiben. Die beiden verschwinden im Laden, ich schaue mich derweil ein wenig um, und da kommen sie schon wenig später wieder angewackelt, mit hochroten Köpfen und leeren Händen.

«Was ist los?», frage ich.

«Backwaren sind rationiert», sagt Yuqian. «Die verkaufen sie nicht ohne Getreidemarken. Ich habe keine und Diqian hat seine im Hotel vergessen.»

«Warum hast du ihnen nicht gesagt, dass du aus dem Ausland kommst?»

«Hab ich ja. Aber sie sagten, Auslandschinesen müssten im Hotel essen oder sich eben auch Getreidemarken besorgen.»

«Die halten sich genau an die Bestimmungen», meint Diqian. «Ich laufe schnell ins Hotel und hole die Marken.»

«Moment», stoppe ich ihn. «Mal sehen, ob meine große Nase etwas nützt.»

Ich lass die beiden stehen und gehe in den Laden. Zwei Verkäuferinnen mittleren Alters füllen gerade Kekse ab. Die eine schaut auf. «Ausländerin», sagt sie und schubst ihre Kollegin an. Daraufhin strahlen mich beide gespannt an. Lieber kein Chinesisch sprechen!, schießt es mir durch den Kopf, damit sie mich gar nicht erst in eine Diskussion über Lebensmittelmarken verstricken können. Ich zeige auf ein paar Kekse und kleine runde Kuchen, deute an, wie viel ich von jedem haben möchte, und schon wird mir alles anstandslos eingepackt. Ich zahle und verlasse mit vollen Armen den Laden, um kurz darauf meine Schätze den beiden staunenden Herren zu übergeben.

Manchmal ist es für mich recht merkwürdig zu beobachten, mit welchem unerschütterlichen Glauben die Geschwister an der Kommunistischen Partei hängen, trotz der vielen Katastrophen, die deren Politik auch in ihrem Leben verursacht hat. Yuqian sagt zu seiner Schwester: «Wenn ich wissen möchte, was du denkst, brauche ich nur in die Volkszeitung zu schauen. Du bist überhaupt nicht mehr fähig, eigenständig zu denken.»

Und die Schwester kontert: «Nur weil du aus dem Westen kommst, glaubst du alles besser zu wissen. Du hältst dich wohl für besonders klug und unsere Parteiführer für Idioten.»

«Das stimmt nicht. Aber man muss die Dinge doch so sehen, wie sie sind.»

Wir wollen mit dem Schiff durch die drei berühmten Schluchten des Jangtse reisen und kommen in die Hafenstadt Chongqing. Seit Jahrzehnten haben dort die Häuser keinen Anstrich mehr bekommen, weil es angeblich kein Material gibt. Nur eine Tagesreise von Chongqing entfernt fährt das Schiff an einem Kalkwerk vorbei. «Das Werk ist pleite», sagt der Kapitän, «die Leute werden ihre Waren nicht los.» Das ist mal wieder Wasser auf Yuqians Mühlen. Wenn es Privatunternehmer gäbe, die den Kalk nach Chongqing brächten, könnte man dort die Häuser damit tünchen. Privatinitiative sei von entscheidender Bedeutung.

«Schaut euch doch westliche Länder an wie Deutschland, Frankreich oder die USA. Glaubt ihr, dass die sich ohne die Kaufleute so gut entwickelt hätten? Niemals!»

Bruder Diqian hört sich Yuqians Kommentare aufmerksam an,

doch Minqian würde sich wohl am liebsten die Ohren zuhalten. Schließlich platzt sie wütend heraus: «Die Planwirtschaft ist eine sinnvolle Einrichtung. Wo soll denn das hinführen, wenn man alles privatisiert! Unser Land ist viel zu groß, als dass man den Kaufleuten den Handel so einfach überlassen könnte.»

Manchmal geht mir das Temperament der drei Geschwister reichlich auf die Nerven. Diese ewigen Diskussionen! Ständig politisieren sie, China und noch mal China, als hätte die drei das Schicksal des Landes zu entscheiden.

«Könnt ihr euch auch mal über etwas anderes unterhalten?», frage ich.

Da fangen die drei an zu lachen. So sei es schon immer gewesen. «Minqian stand schon mit achtzehn auf den Barrikaden», sagt Yuqian, «und Diqian war kaum älter, als er anfing, sich mit Politik zu befassen. Das haben wir wohl von unserem Vater geerbt. Der macht sich ja mit fünfundachtzig Jahren noch Gedanken über die großen Probleme dieser Welt.»

Überstürzte Abreise

Die letzte Woche in Peking ist angebrochen. Wir liegen noch im Bett, als morgens um sieben Uhr das Telefon klingelt. Yao Zong, ein Freund und ehemaliger Kollege von Yuqian, ist am Apparat. Das Gespräch ist kurz, und als Yuqian auflegt, ist sein Gesicht wie versteinert.

«Steh auf! Yao Zong kommt gleich zu uns», sagt er und verschwindet im Bad.

So früh? Das ist selbst für chinesische Verhältnisse ungewöhnlich, und zu freuen scheint sich Yuqian über den angekündigten Besuch wohl auch nicht. Mit einem Satz springe ich aus dem Bett und folge ihm ins Bad.

«Was ist los?»

«Ich soll das Gästehaus nicht verlassen, hat er gesagt. Er wird mir gleich Näheres berichten.»

«Du sollst das Gästehaus nicht verlassen? Was bedeutet das?»

Schon wieder klingelt das Telefon. Ich nehme ab. Schwester Minqian will dringend mit Yuqian sprechen.

«Ich weiß schon Bescheid», höre ich ihn sagen. «Aber kannst du mir bitte verraten, was eigentlich los ist?»

«Was hat sie gesagt?», frage ich, nachdem er aufgelegt hat.

«Ich solle sämtliche Termine absagen und nicht aus dem Haus gehen. Anscheinend wollen irgendwelche Leute aus meiner früheren Einheit gegen mich vorgehen. Wir müssen vorsichtig sein.»

Wir müssen vorsichtig sein, sollen alle Termine absagen und das Hotel nicht verlassen? Vor Schreck bin ich wie gelähmt. Sind das die Schwierigkeiten, von denen Yuqian während unserer Anreise gesprochen hat? Was können die Leute bewirken, die angeblich gegen ihn vorgehen wollen? Ob es dieselben sind, die ihn damals zur Flucht getrieben haben?

«Schnell, mach dich fertig!», reißt mich Yuqian aus meinen Gedanken.

Nach einer Stunde trifft der Freund ein. In ihrer alten Dienststelle gebe es Leute, die Ärger machen, erzählt er. Sie empören sich, dass Yuqian als ehemaliger Flüchtling heute mit harten Devisen in der Tasche und einer ausländischen Frau im Arm einfach durch China reisen dürfe. Er habe China damals auf illegalem Wege verlassen, und dafür solle man ihn einsperren. «Da ist vor allem einer, der ganz unberechenbar ist», sagt der Freund. «Er ist Armeeangehöriger, ein ziemlich übler Bursche. Wen der auf dem Kieker hat, den macht er fertig. Dazu sind ihm alle Mittel recht. Ich weiß nicht, was er vorhat und wie einflussreich er ist. Deshalb musst du vorsichtig sein, auch wenn ich daran zweifle, dass unsere politische Führung das mitmacht.»

«Was kann er mir denn anhängen?», fragt Yuqian. «Dass ich während der Kulturrevolution geflüchtet bin? Die Partei hat doch selbst zugegeben, dass damals Anarchie und Chaos herrschten.»

«Für diese Leute ist Flucht Verrat am Vaterland, egal zu welcher Zeit das passiert ist.»

Es klopft an der Tür. Der Freund zieht die Augenbrauen hoch und sieht Yuqian besorgt an. Der gibt mir ein Zeichen: «Schau mal nach, wer da ist!» Ich springe auf und gehe mit zitternden Knien öffnen. Es ist Diqian. «Wo ist Yuqian?», fragt er und stürmt in das Zimmer. Da sieht er unseren frühen Besucher und bleibt wie angewurzelt stehen, doch dann erkennt er den alten Freund und Kollegen seines Bruders und nimmt beruhigt Platz.

«Ich wollte dir nur Bescheid geben, dass es besser ist, in diesen Tagen nicht das Haus zu verlassen», sagt er.

Der Dritte, der mit dieser Nachricht aufwartet.

«Woher weißt du das?», fragt Yuqian.

Diqian seufzt mal wieder und zuckt ratlos mit den Achseln. «Es macht wie ein Lauffeuer die Runde. Da ist irgendetwas im Gange.»

Meine Kehle ist wie zugeschnürt. Ich habe Angst.

«Aber macht euch keine Sorgen», versucht Diqian zu beruhigen. «Es wird schon alles in Ordnung kommen.»

«Wir reisen sofort ab», platze ich heraus.

«Für eine überstürzte Abreise besteht kein Anlass», stellt Diqian sachlich fest.

«Kein Anlass? Wir sollen das Hotel nicht verlassen und alle Termine absagen. Ist das nicht Anlass genug?»

«Hier geht es nur um ein paar Ultralinke, die sich wichtig machen wollen und deshalb ein großes Theater machen. Aber die Zeiten haben sich geändert. Sie haben keine Chance.»

«Und wenn doch?»

«Immerhin gibt es Gesetze, an die man sich halten muss und die einen schützen.»

«Das haben wir ja in der Vergangenheit gesehen, wie gut euch eure Gesetze schützen», sage ich verächtlich und bereue es sofort, denn Diqian schaut mich verletzt an.

Wieder klopft es, und noch bevor ich die Tür erreiche, tritt Minqian schon ein. Ihr Gesicht ist ernst, und sie setzt sich schweigend in einen Sessel. Wenn diese couragierte Frau schon nichts mehr zu sagen hat, ist es wohl wirklich ernst.

«Ich sehe keinen Sinn darin, die restlichen sieben Tage hier im Hotel zu verbringen», sage ich. «Deshalb bin ich dafür, dass wir sofort nach Hongkong ausreisen.»

«Von heute auf morgen bekommt ihr gar keinen Flug, und Umbuchungen sind, soviel ich weiß, auch nicht möglich», gibt der Freund zu bedenken. «Außerdem halte ich Petras Reaktion für übertrieben. Yuqian ist ganz offiziell mit einem deutschen Pass eingereist. Wenn man ihm Schwierigkeiten macht, würde das zu internationalen Verwicklungen führen, und das liegt nicht im Interesse der chinesischen Regierung.»

«Wenn sich aber dieser merkwürdige Typ von der Armee durchsetzt und Yuqian verhaften lässt, was passiert dann? Dann gibt es vielleicht ein wochenlanges Hin und Her um ihn. Mich wird man möglicherweise gleich abschieben, sodass ich mich noch nicht einmal bei der deutschen Botschaft für ihn einsetzen kann.» Bei dieser Vorstellung gerate ich langsam in Panik. «Wenn wir keinen Flug bekommen, fahren wir eben mit dem Zug. Gleich heute Abend oder morgen.»

Yuqian geht schweigend im Zimmer auf und ab. «Petra hat Recht», sagt er schließlich. «Es hat wirklich keinen Sinn, unter diesen Bedingungen in Peking zu bleiben. Obwohl ich nicht glaube, dass die Situation so dramatisch ist, wie es im Moment scheint. Eigentlich würde ich mich sogar ganz gern mal mit diesen Leuten auseinander setzen.»

«Um mehr als eine interne Diskussion scheint es sich nicht zu handeln», versucht Diqian erneut zu beruhigen. «Und dabei wird es sicher bleiben. Es besteht deshalb wirklich kein Grund zur Aufregung.»

«Aber warum soll Yuqian das Hotel nicht verlassen?», frage ich.

«Das ist nur eine Vorsichtsmaßnahme», meint der Freund, «weil bis jetzt nicht klar ist, wie die Behörden reagieren.»

«Und wann wissen wir, wie sie reagieren?», frage ich. «Vielleicht stehen ja schon irgendwelche Leute vor dem Gästehaus und passen auf, ob Yuqian herauskommt.»

«Aber nein», beschwichtigt Diqian. «Jetzt übertreibst du wirklich.»

Minqian ist die ganze Zeit ruhig geblieben. Plötzlich erhebt sie sich und geht zum Telefon. «Es mag tatsächlich besser sein, wenn Yuqian so schnell wie möglich das Land verlässt. Man kann nie wissen. Ich werde meinen Sohn in der Fabrik anrufen. Er soll für euch Fahrkarten für den Zug nach Hongkong besorgen.»

Während sie telefoniert, ruft Yuqian einen Zimmerkellner zu uns.

«Ab jetzt darf kein Besuch mehr direkt in unser Zimmer kommen», ordnet er an. «Jeder Besucher muss mir per Telefon gemeldet werden. Meine Frau wird ihn dann an der Rezeption abholen.»

Minqian hat derweil ihren Sohn mit dem Fahrkartenkauf beauftragt. Dann ruft sie bei Schwiegerpapa an. Der weiß von nichts, will sich aber sofort bei zuständiger Stelle informieren.

Gegen Mittag setzt ein wahrer Besucherstrom ein. Die Nachricht von unserer unmittelbar bevorstehenden Abreise muss wie eine Bombe im Familien- und Freundeskreis eingeschlagen haben. Ich renne nur noch zwischen Zimmer und Rezeption hin und her. Alle kommen, bringen Geschenke und nehmen Abschied. Koffer und Reisetaschen sind schon wieder prall gefüllt. Keiner kann verstehen, warum wir so abrupt abreisen wollen. Man wird Yuqian nichts anhaben, sagen sie. Ein wenig Ärger machen, gut, das sei aber auch das Einzige, was diese Leute anrichten können. Ihn ernstlich in Gefahr bringen, verhaften und einsperren? Nein, ausgeschlossen. Diese Zeiten seien vorbei. Ihr müsst bald wiederkommen, sagen sie. Immer wieder hören wir diesen Satz. Doch ich denke genau das Gegenteil: Bloß weg hier!

Das Telefon klingelt. Neffe Feng ist am Apparat. Er hat die Fahrkarten für den morgigen Nachtzug bekommen. Ich atme erleichtert auf. «Gott sei Dank!»

Noch am Spätnachmittag lässt uns Schwiegerpapa mit einem Wagen abholen.

«China hat sich geändert», sagt er. «Yuqian wird nichts passieren.»

«Trotzdem machen wir uns Sorgen», versuche ich unsere schnelle Abreise zu rechtfertigen. «Hat Vater etwas Konkretes in Erfahrung bringen können?»

Er schüttelt nur bedauernd den Kopf.

Die Stimmung ist gedrückt während des einfachen Abendessens, das uns Genossin Huang Fan auftischt. Zum Abschied schenkt uns Schwiegerpapa ein selbst verfasstes Gedicht, das er kunstvoll mit Pinsel und Tusche auf Reispapier geschrieben hat. «Wann kommt ihr wieder?», fragt er, und ich bemerke Tränen in seinen Augen.

«Bald», verspricht Yuqian. «Doch zunächst muss mein Fall geklärt werden.»

Es ist schon dunkel, als uns das Auto ins Hotel zurückbringt. Wir wollen gerade in unser Zimmer eintreten, da hören wir lautes Geschrei an der Rezeption. Yuqian schaut mich besorgt an. So einen Krach hat es bisher noch nie gegeben.

«Schau doch mal nach, was da los ist», bittet er und verschwindet in unserer Suite.

Ich schleiche mit gespitzten Ohren ein paar Schritte in Richtung Rezeption. Zwei Mitarbeiter des Gästehauses streiten sich dort mit einer älteren, recht gut gekleideten Frau, die in höchsten Tönen herumkeift, was für eine Unverschämtheit es sei, sie nicht durchzulassen, es solle doch eine Überraschung sein, wieso müsse sie sich anmelden, wieso dieses Misstrauen… Mein Gott, ist die aggressiv! Anscheinend will die zu uns. Aber ich kenne sie nicht, habe sie während der letzten Wochen nie gesehen. Ob die von jenem Armeemenschen geschickt worden ist? Einer der Männer entdeckt mich. «Hier ist Besuch für Sie», ruft er mir zu. Die Fremde dreht sich um, und mit einem Schlag erscheint auf ihrem wutentbrannten Gesicht ein freundliches Lächeln. «Ich bin eine alte Freundin von Yuqian. Noch aus Shanghaier Tagen», sagt sie und kommt auf mich zu. «Mein Name ist Guo. Yuqians Mutter war mit meinen Eltern gut befreundet.»

Die Familie Guo kenne ich aus Erzählungen. Mir fällt ein Stein vom Herzen. Ich nehme die Frau mit in unser Zimmer. Auch Yuqian ist erleichtert und begrüßt sie herzlich. Die beiden waren einst Spielkameraden. Sie hat keine Ahnung, was heute vorgefallen ist, erst vor ein paar Stunden habe sie überhaupt erfahren, dass Yuqian in China sei. Und nun fahren wir auch gleich wieder ab. Wieso, warum?, will sie wissen, und als Yuqian es ihr erzählt, fängt sie sofort an, die vergangenen Jahre zu beklagen. «Heute ist es auch nicht viel besser. Am besten, man haut ab, ins Ausland, nach Amerika.» Die Frau macht mich nervös. Zum Glück muss sie bald wieder aufbrechen, denn das Gästehaus schließt ja um neun Uhr. Es hat doch manchmal auch seine Vorteile, wenn so früh geschlossen wird. Vorsichtshalber schiebe ich einen Sessel innen vor unsere Tür, sodass niemand ohne weiteres eindringen kann. Zu dumm, dass die Tür nicht zu verriegeln ist! Yuqian hält meine Vorsicht für unnötig.

«Ich glaube allmählich nicht mehr daran, dass diese zwei, drei Leute mir etwas anhaben können», sagt er. «Das sind Einzelne, die unbelehrbar sind. Das ist keine Politik von oben. Denkst du, von offizieller Seite würde man Leute in unser Hotel schicken, um mich mit Gewalt rauszuholen, und das auch noch vor den Augen einer Ausländerin? Niemals. Vor Ausländern sind sie sowieso immer vorsichtig.»

«Dein Freund hat gesagt, diese Leute seien unberechenbar. Was heißt denn das? Das bedeutet doch, dass sie keine Skrupel haben. Wir müssen auf der Hut sein. Was soll ich tun, wenn dir etwas passiert? Zur deutschen Botschaft rennen und um Hilfe bitten? Oder zum Platz des Himmlischen Friedens gehen, um dort zu demonstrieren? Ich sehe mich schon mit einem großen Spruchband: ‹Gebt mir meinen Mann zurück!› herumstehen. Vorher müsste ich ein paar ausländischen Journalisten Bescheid sagen, sonst wäre das Ganze wohl wirkungslos. Meine Eltern würden mich dann am nächsten Tag in den Tageszeitungen sehen: Ehemann einer Deutschen verhaftet! Und dann könnte meine Mutter sagen: Siehste, hab ich doch gleich gesagt! So ist das bei den Kommunisten.»

«Vielleicht wäre es gar nicht schlecht, wenn man mich verhaftet», murmelt Yuqian. «Dann müsste mein Fall endlich einmal offiziell behandelt werden. Außerdem würde mich die Reaktion der vielen Auslandschinesen interessieren, wenn sie hören, dass man hier trotz gültigem Visum während eines Familienbesuchs verhaftet wird.»

Am nächsten Morgen holt mich Diqian ab. Ich muss noch ein paar Einkäufe tätigen. Yuqian bleibt im Hotel, bewacht von einem Freund und seinem Neffen Feng. Weitere Freunde und Verwandte haben ihren Abschiedsbesuch angekündigt.

Unterwegs im Bus zeigt ein kleines Mädchen mit seinem Finger auf mich. «Ausländerin», kräht die Kleine und bestaunt mich mit großen Augen. Ich schau sie an und sie versteckt sich sofort hinter ihrer Mutter, fällt dabei jedoch fast um. Das bringt uns alle zum Lachen.

«Komisch», meint Diqian schließlich nachdenklich, «ohne die Reaktion der anderen Leute fällt mir gar nicht mehr auf, dass du eine Ausländerin bist.»

«Weil ich Chinesisch spreche?»

«Nein, nicht nur deswegen. Du wirkst auf mich so chinesisch.»

«Was verstehst du unter ‹chinesisch›?», frage ich.

«Du bist so nett, so rücksichtsvoll, du denkst immer an andere.»

«Sind das typisch chinesische Eigenschaften, die du bei Westlern nicht vermutest?»

«Ehrlich gesagt, habe ich erst durch dich erfahren, dass die Menschen im Westen auch ein Herz haben.»

«Das ist ja Unsinn! Wie stellst du dir die Leute im Westen denn vor?»

Er zögert ein wenig. «Soll ich ehrlich sein?»

«Natürlich!»

«Irgendwie undurchschaubar, egoistisch und vor allem sehr aggressiv.»

«So stellen sich manche Leute im Westen die Chinesen vor.»

«Was? Das glaube ich nicht», sagt Diqian und lacht, als hätte ich ihm einen guten Witz erzählt. «Es ist doch für alle sichtbar, wie friedlich wir Chinesen sind. Wir essen mit Bambusstäbchen, während ihr Europäer selbst beim Essen noch mit Messer und Gabel herumhantiert. Wer ist hier also aggressiv?»

«Ich glaube, du solltest einmal in den Westen kommen und selber herausfinden, ob es dort nicht genauso viele nette Menschen gibt wie hier.»

«Ja, du hast Recht. Früher hätte ich Angst gehabt, in den Westen zu gehen, aber jetzt nicht mehr. Im Gegenteil, ich hätte sogar große Lust, einmal zu euch zu kommen.»

«Du bist jederzeit willkommen.»

Am Abend begleiten uns die Geschwister zum Bahnhof. Diqian, Minqian, Yilla, Bao'er, auch Neffe Feng und Cousine Huishan sind gekommen. Alle sind traurig, niemand weiß, wann wir uns wieder sehen. Huishan weint, Neffe Feng auch. Meine Kehle ist wie zugeschnürt. Ich bin nervös, kann kaum noch atmen und muss andauernd nach Luft schnappen. Eigentlich will ich nur noch weg. Fort aus Peking, fort aus dieser Stadt, die Yuqian in der Vergangenheit so viel Unglück gebracht hat und die immer noch ein schwieriges Pflaster für ihn ist. Es tut mir Leid, dass unser Besuch, der so glücklich begann, ein so unschönes Ende nimmt. Und es tut mir Leid um die vielen lieben Verwandten. Wie gern würde ich sie noch näher kennen lernen. «Ich werde euch vermissen», sage ich. «Das weiß ich jetzt schon.»

Nach anderthalb Tagen erreichen wir Kanton. Wir passieren die Grenze und sitzen endlich im Zug nach Hongkong.

«Gott sei Dank, dass alles gut gegangen ist», sage ich erleichtert, doch die Freude, endlich wieder in Hongkong zu sein, bleibt aus. Ich schaue aus dem Fenster, sehe die ersten Häuser, zuerst niedrige, dann immer höhere. Eine merkwürdige Sehnsucht erfasst mich, eine Sehnsucht nach Peking. Unsere überstürzte Abreise war wirklich übertrieben. Wir hätten dableiben und zum Ärger jener missgünstigen Kollegen unseren Aufenthalt noch verlängern sollen. Wir haben wahrscheinlich genau das gemacht, was diese Leute sich gewünscht haben: so schnell wie möglich wieder von der Bildfläche zu verschwinden. Ich schaue Yuqian an, und der schaut mich an, und wie auf Kommando fragen wir: «Wann fahren wir wieder hin?»

Wir sind schon einige Zeit in Hamburg, als wir erfahren, dass es nicht allein ein, zwei ehemalige Kollegen waren, die Yuqian am liebsten abgeholt hätten, sondern dass sie von einem hochrangigen Funktionär unterstützt wurden. Ein anderer einflussreicher Politiker habe jedoch in letzter Minute Schlimmeres verhindert. Er soll mit der Faust auf den Tisch geschlagen und gefordert haben, endlich Schluss zu machen mit den Methoden der Kulturrevolution.

Im Juni 1981 erscheint eine offizielle Resolution zur Parteigeschichte. Darin wird die Kulturrevolution als eine Epoche von «zehn Jahren Chaos» bezeichnet, die auf Staat und Gesellschaft verheerende Konsequenzen gehabt habe.

Die begonnenen Wirtschaftsreformen führen zu einer langsamen Verbesserung des Lebensstandards.

Allein zu meiner chinesischen Familie (Frühjahr 1983)

«Unter dem Himmel dient alles der Gemeinschaft», lautet ein altes chinesisches Sprichwort. Die Interessen des Einzelnen sind zugunsten der Allgemeinheit zurückzustellen. Zwar glaube ich nicht, dass die Chinesen wirklich immer nur an das Gemeinwohl denken, doch auffallend ist es schon, mit wie viel Engagement und Leidenschaft gerade die Intellektuellen über das Schicksal ihres Vaterlandes debattieren. Die Heimat liegt ihnen am Herzen, und deshalb ist «die Heimat lieben» auch ein fester Begriff im chinesischen Sprachgebrauch, der vor allem immer dann zu hören ist, wenn es der Heimat schlecht geht und man etwas für sie tun möchte. Es gibt aber auch das geflügelte Wort: «Du liebst die Heimat, aber die Heimat liebt dich nicht.» Das heißt: Man möchte etwas für die Heimat tun, aber sie will sich gar nicht helfen lassen, oder besser gesagt: Die Partei lässt es nicht zu. So wie einst die Kaiser mit Hilfe des konfuzianischen Systems ihre Untertanen in Schach hielten, verlangen auch die roten Kaiser Unterordnung und Opferbereitschaft. Dem Volke dienen! Ein Leben für die Revolution! Loyalität gegenüber der Partei! Dabei setzt sich die Partei mit dem Vaterland gleich: Ohne die Kommunistische Partei gibt es kein neues China. Bist du gegen die Partei, bist du gegen China, gegen dein Vaterland.

Yuqian lebt in Deutschland, und doch kommt es mir manchmal vor, als wäre er mit seinem Herzen immer in China. Auch wenn er längst erkannt hat, dass er sich unter den gegebenen Umständen im

Westen besser entfalten kann, bleibt es sein ständiger Wunsch, etwas für sein Land zu tun. Wie oft sage ich ihm: Leb doch dein eigenes Leben. Was kümmert dich China? Hast du etwa ein schlechtes Gewissen, weil du damals fortgegangen bist? Aber vielleicht ist es auch nur ein Tick der chinesischen Patrioten, sich ständig um die Heimat Sorgen zu machen. Schon Schwiegerpapa ging als junger Mann auf die Barrikaden und kämpfte für die Revolution und ein neues China, und jetzt, mit siebenundachtzig, grübelt er immer noch über den rechten Weg nach. Das Land von Armut und Unterdrückung zu befreien, ist ein Ziel, das die chinesische geistige Elite wohl schon seit über hundert Jahren verfolgt.

«Du kannst an den Verhältnissen in China nichts ändern», versuche ich Yuqian immer wieder zu überzeugen. «Wieso diese ständige Sorge um ein Land, das dich alles andere als freundlich behandelt? Unterdrückung, Verbannung, Unfreiheit – die schlimmsten Erfahrungen verknüpfst du mit China.»

Doch auf diesem Ohr ist er taub. Man müsse unterscheiden zwischen Regierung und Nation. Die Kommunistische Partei sei nicht mit China gleichzusetzen, auch wenn sie das selber immer behauptet. Ihm lägen seine Landsleute am Herzen. Es gebe so viel von Deutschland zu lernen – Föderalismus, soziale Marktwirtschaft, das System der Sozialversicherungen und vieles mehr. Die Chinesen wüssten zu wenig darüber. Dabei könnte das deutsche Modell ein Vorbild sein beim Aufbau eines modernen Chinas.

Ein Hamburger Verlag plant eine chinesischsprachige Zeitschrift über Deutschland, die im Auftrag des Bundespresseamtes in China verteilt werden soll. Man möchte die politische und wirtschaftliche Zusammenarbeit zwischen China und Deutschland fördern und deshalb über deutsche Politik, Wirtschaft, Kultur und viele andere Themen informieren. Ein chinesischer Redakteur wird gesucht, der das Projekt betreut, und so fragt man Yuqian. Der ist sofort Feuer und Flamme. Die Chinesen über Deutschland informieren? Das ist doch genau das, was er immer fordert! Die Leute brauchen ihn nicht zweimal zu fragen. Er macht sofort mit. Nach vielen Monaten und unendlichen bürokratischen und technischen Schwierigkeiten erscheint die erste Ausgabe: Zwanzigtausend Exemplare können von der deutschen Botschaft in Peking an chinesische Institutionen und Privatleute verteilt werden. Doch plötzlich protestieren die chinesischen Behörden: Der Name des chinesischen Außenministers Geng Biao sei in einem Artikel nicht richtig geschrieben worden, heißt es. Es gibt verschiedene Schriftzeichen für *Biao*. Leider schlich sich beim Drucksatz in Hongkong ein falsches ein, ja viel schlimmer: Es ist nicht nur falsch, es ist darüber hinaus auch noch das Zeichen *Biao* aus General Lin Biaos Namen, und das sei eine Katastrophe, finden einige Funktionäre in Peking, denn dieser General gilt als Landesverräter. Er war zwar mal als Nachfolger von Mao Zedong vorgesehen, aber dann habe er einen Staatsstreich versucht. Nun steht also das *Biao* vom bösen Lin Biao im Namen des guten Geng Biao. «Ihr chinesischer Redakteur hätte das sehen müssen», heißt es in Peking. Was nun? Die chinesischen Behörden verlangen, dass die gesamte Auflage von zwanzigtausend Exemplaren wegen dieses einen Zeichens eingestampft wird. Die Deutschen überkleben stattdessen das falsche Zeichen mit dem richtigen – zwanzigtausend Mal.

Yuqian versteht diesen Zwischenfall als Angriff auf seine Person. Irgendjemand wolle seine Mitarbeit an der Zeitschrift verhindern, sagt er.

Mehrere Ausgaben der Zeitschrift erscheinen. Keine weiteren Fehler passieren, und allmählich stellt sich Routine ein. Da heißt es eines Tages, die deutsche Botschaft in Peking habe von chinesischer Seite die Meldung erhalten, dass es inakzeptabel sei, als chinesischen Redakteur einen Dissidenten zu beschäftigen.

Seit wann gilt Yuqian als Dissident? Einen Konterrevolutionär nannte man ihn während der Anti-Rechts-Kampagne und der Kulturrevolution, und nun ist er ein Dissident?

«Ich werde dem Verlag vorschlagen, meinen Namen aus dem Impressum zu streichen», sagt Yuqian. «Wenn ich dort nicht mehr genannt werde, kann niemand etwas gegen meine Mitarbeit sagen.»

Der Verlag geht auf diesen Vorschlag ein, und von chinesischer Seite ist ein Protest nun nicht mehr möglich. Alles ist in Ordnung, aber nicht für Yuqian. Es hat ihn stärker getroffen, als er zugibt, und ich frage mich, was das ganze Gerede um das Chaos der Kulturrevolution eigentlich soll, wenn die Opfer aus jener Zeit noch immer schikaniert werden. Das heißt doch, dass in Peking weiterhin die alten Betonköpfe das Sagen haben. Ich würde so gern mal mit der Faust auf den Tisch schlagen und «So geht das nicht weiter!» schreien. Aber auf wessen Tisch soll ich schlagen? Eher als erwartet bietet sich eine geeignete Gelegenheit.

Eines Tages nämlich bekommt Yuqian das Angebot, mit dem deutschen Kreuzfahrtschiff MS Europa nach China zu fahren. Im März 1983 soll es von Hongkong nach Shanghai gehen und von dort über Japan und Hawaii nach San Francisco, und das alles für ihn gratis. Dafür soll er an Bord Vorträge über China halten. Yuqian ist begeistert. Schon immer war es sein Traum gewesen, mit einem Kahn über die Weltmeere zu schippern, aber an solch einen Luxusdampfer hat er natürlich nie gedacht. Welch eine Gelegenheit! Er sagt sofort zu. Ich solle unbedingt mitkommen. Das will ich aber nicht. Ich habe lieber festen Boden unter meinen Füßen. Schon das Fliegen gefällt mir nicht besonders, und mit einem Musikdampfer quer über den ganzen Pazifik zu gondeln ohne ein Ufer in Sichtweite, an das man sich retten könnte, falls der Kahn untergeht, nein, das stelle ich mir überhaupt nicht witzig vor. Ich sage dankend ab.

«Ich habe eine viel bessere Idee: Wir fliegen gemeinsam nach Hongkong. Dort steigst du auf deinen Dampfer, und ich setze mich ins nächste Flugzeug und fliege nach Peking.»

«Du willst allein zu meiner Familie?», fragt Yuqian erstaunt.

«Na klar! Das ist doch viel interessanter für mich. Beim letzten Mal tanzten alle nur um dich herum. Jetzt stehe ich mal im Mittelpunkt.»

Yuqian ist richtig gerührt, dass ich auf eine halbe Weltreise verzichten und lieber seine Verwandten besuchen will. Wir buchen die Tickets, beantragen mein Visum und informieren die Familie. Alles ist für die Abreise vorbereitet. Wenige Tage vor unserem Abflug ruft eine Mitarbeiterin der Reederei an: Die chinesische Botschaft in Bonn habe die Visa für die mehreren hundert Passagiere ausgestellt, nur Yuqian habe keins bekommen. Sie ist sauer – nicht auf die Botschaft, sondern auf Yuqian.

«Wenn Sie in China unerwünscht sind, hätten Sie uns das sagen müssen. Wie soll ich jetzt so schnell einen Ersatz für Sie finden?»

Yuqian ist sprachlos.

«Es gibt nur eine Möglichkeit», sagt die Frau. «Sie müssen in Shanghai an Bord bleiben.»

Welch eine Propaganda für China! Da wird den Reisenden erzählt, wie rasant China seine Öffnungspolitik vorantreibt, und der einzige Chinese an Bord, zudem mit deutschem Pass, darf in Shanghai nicht an Land.

Yuqian schickt sofort einen Protestbrief an den chinesischen Botschafter in Bonn. Einen Tag vor unserem Abflug bekommt er das Visum. Es sei ein Versehen gewesen. Selbstverständlich sei er willkommen.

Was wird hier eigentlich gespielt? Wieso behandelt man ihn so? Wie viele Leute gibt es in Deutschland, die wie er eine Mittlerrolle einnehmen können? Zwei? Drei? Durch ihn lernen Deutsche die chinesische Kultur kennen und Chinesen die deutsche. Doch sobald er sich rührt und etwas zur Verständigung zwischen Deutschen und Chinesen beiträgt, fallen ihm seine eigenen Landsleute in den Rücken. Ist dafür die chinesische Regierung verantwortlich? Oder sind es vielleicht immer nur Einzelne, die aus Missgunst oder was für Gründen auch immer quer schießen? Sollten wir nicht mal einen Gegenangriff starten? Könnte ich nicht persönlich bei der chinesischen Regierung in Peking vorsprechen und mich mal beschweren? Ich bin seine Frau. Mich geht die Sache genauso an wie ihn, schließlich werde ich ja ständig in Mitleidenschaft gezogen. Also könnte ich doch mal Protest einlegen.

«Wer ist für die ganzen Unannehmlichkeiten eigentlich zuständig?», frage ich Yuqian.

«Das chinesische Außenministerium.»

«Gut, dann werde ich diesmal in Peking zum Außenministerium marschieren und mich beschweren.»

Yuqian erstarrt. «Wie bitte?»

«Ich frage einfach mal, was das Ganze zu bedeuten hat.» In Gedanken sehe ich mich schon einen von diesen Bürokraten herunterputzen. Die Idee gefällt mir immer besser, je mehr ich darüber nachdenke.

Endlich begreift Yuqian mein Vorhaben und lacht: «Die lassen dich doch gar nicht rein. In Bonn kann ja wohl auch nicht jeder hergelaufene Chinese ins bundesdeutsche Außenamt hineinmarschieren.»

Ich schüttle energisch den Kopf. «Überleg doch mal. Wie häufig kommt es in Peking vor, dass sich eine Deutsche für ihren chinesischen Mann ins Zeug legt?»

Yuqian weiß darauf nichts zu antworten.

«Na also! Schon deshalb werden sie mich empfangen.»

Er schaut mich skeptisch an, doch seine Unsicherheit bestärkt mich nur.

«Ich denke, die oberste politische Führung sollte wissen, was unten an der Basis geschieht. Vielleicht wissen die ja gar nichts davon. Erinnere dich doch an das Theater vor unserer Abreise in Peking. Da war es auch ein Regierungsmitglied, das dem Ganzen Einhalt geboten hat.»

«Na gut», meint er nach langem Hin und Her, «möglicherweise hast du Recht. Aber bevor du in Peking etwas unternimmst, fragst du meinen Bruder Diqian. Nur wenn er zustimmt, darfst du dich beschweren gehen. Versprich mir, auf ihn zu hören.»

«Versprochen!»

So fliegen wir denn also gemeinsam nach Hongkong, und dort trennen sich unsere Wege. Er besteigt den Kahn, ich den Flieger, im Handgepäck dreißig frische Mangos, die ich in Peking durch den Zoll schmuggeln soll. Yuqian meint, seine Verwandten würden sich über die Mangos freuen. Sie hätten bestimmt schon zwanzig Jahre lang keine Mangos mehr gegessen.

Schon von weitem sehe ich Feng unter den Wartenden im Pekinger Flughafen stehen. Kaum hat er mich erspäht, brüllt er lauthals meinen Namen, sodass die halbe Ankunftshalle erschreckt zusammenfährt. Überschwänglich winkt er mir zu, und als er mir die Hand schüttelt, ist es, als würde ich einen alten Freund wiedersehen. Kein anderer in der Familie zeigt eine solch spontane Herzlichkeit.

Feng ist nicht allein. Ein befreundeter Kollege aus der Fabrik ist dabei, Meister Chen. Er ist Chauffeur und hat praktischerweise das fabrikeigene Auto mitgebracht.

«Meister Chen fährt uns nach Hause», verkündet Feng.

«Könnt ihr das Auto denn einfach so für private Zwecke nutzen?»

«Ja, sicher! Dafür hat jeder Verständnis.»

Ich werde bei Feng wohnen. Platz sei genug vorhanden, seit seine Mutter ausgezogen ist. Minqian hat im Frauenverband Karriere gemacht und entsprechend ihrer Position eine größere Wohnung zugeteilt bekommen. Das ist ein großes Glück für Feng und für ein junges Paar in Peking der absolute Luxus, denn nun kann er mit seiner Frau die Zweizimmerwohnung ganz allein nutzen. Vor sieben

Monaten haben die beiden eine Tochter bekommen. Sie heißt Wei und müsste nach chinesischer Sitte den Nachnamen des Vaters tragen, doch das will Minqian nicht. Ihr erstes Enkelkind soll den Nachnamen ihres verflossenen Ehemannes tragen, der sie so übel behandelt hat? Niemals! Das Kind soll Guan heißen, wie die Großmutter, und Feng ist damit einverstanden. Für seinen Vater ist das ein Schlag ins Gesicht, denn mit Feng wird sein Nachname sterben. Recht so!, meinen alle. Niemals wird die Familie vergessen, was er Minqian und Diqian angetan hat.

Zu Hause bei Feng warten sie schon auf mich: Bing, Minqian, Yilla, Yaping, die Cousinen Huishan und «Schwesterchen». Ist das eine Freude, sie alle nach zwei Jahren wiederzusehen!

«Was hast du in Peking vor? Was möchtest du dir ansehen?», bestürmen sie mich. Alle Verwandten seien über mein Kommen informiert, und sie hätten schon einen Plan entworfen, wann ich wohin und mit wem gehen könne. Ich müsse eigentlich nur noch zustimmen. «Oder hast du eigene Pläne? Willst du dir bestimmte Tempel- und Klosteranlagen in Pekings Vororten anschauen oder lieber zur kaiserlichen Sommerresidenz nach Chengde fahren? Das wäre ein Ausflug von zwei, drei Tagen. Dorthin könnten wir dich natürlich auch begleiten.»

«Habt ihr denn überhaupt Zeit für mich?», frage ich. «Ihr seid doch berufstätig.»

«Klar haben wir Zeit», tönt es wie aus einem Mund. «Wir nehmen uns einfach frei.»

Ich hole erst einmal in aller Ruhe die Mangos aus der Tasche und verteile sie. Tatsächlich sind alle total begeistert. «Wie bist du nur auf diese fantastische Idee gekommen, Mangos mitzubringen? Wir haben schon jahrelang keine gegessen.»

Gerechterweise gebe ich zu, dass das eigentlich Yuqians Idee war.

«Ich muss unbedingt Bruder Diqian sprechen», sage ich, bevor ich weiter auf das Besuchsprogramm eingehe.

«Das wird erst in ein paar Tagen möglich sein. Er nimmt zurzeit an einer Konferenz in Südchina teil», sagt Minqian.

«So ist das bei den Kadern», kichert Cousine Huishan. «Zum Konferieren fahren sie immer in die schönsten Erholungsgebiete.»

Ich winke ab: «Das ist im Westen genauso.»

Ungläubiges Staunen. Doch dann ergreift Cousine «Schwesterchen» das Wort: «Wir haben beschlossen, dass du heute zum Abendessen mit zu mir kommst.»

Und so geschieht es dann auch. Die anderen gehen nach Hause, und ich folge «Schwesterchen» in ihre Familie.

«Übrigens», bemerkt sie ganz beiläufig, «meine Tochter Bilou hat heute geheiratet.»

Ich bin sprachlos. Nichte Bilou hat geheiratet, und das sagt sie erst jetzt? Da müssten doch alle zusammenkommen und ein großes Fest feiern!

«Wieso hast du mir das nicht eher gesagt? Dann hätte ich doch ein schönes Geschenk mitgebracht. Findet denn keine Hochzeitsfeier statt?»

«Nein, das ist seit der Revolution nicht mehr üblich. Im alten China wurde groß gefeiert. Da haben sich die Familien manchmal verschuldet, um eine pompöse Hochzeitsfeier auszurichten. Damit ist Schluss. Heute setzt sich nur die Familie zu einem gemütlichen Essen zusammen, und unter den Kollegen werden ein paar Süßigkeiten verteilt.»

«Findest du das richtig? Immerhin ist die Hochzeit doch eins der wichtigsten Ereignisse im Leben eines Menschen.»

«So ist das eben bei uns», sagt sie und lacht. «Komisch, nicht?» Dann nimmt sie mich bei der Hand, und wir marschieren schweigend weiter. Ich bin noch nicht so recht daran gewöhnt, dass Frauen gern Hand in Händchen herumspazieren und so ihre Vertrautheit und Zuneigung ausdrücken. Mich von ihr loszumachen, wage ich nicht. Vielleicht würde sie das verletzen.

«Woran denkst du?», fragt sie und schaut mich freundlich an.

Wie angenehm diese Vertrautheit ist, die sich durch die Berührung noch verstärkt! Merkwürdig: Ich kenne diese Frau kaum, habe sie vor zwei Jahren nur wenige Male getroffen, und doch nimmt uns das Gefühl, derselben Familie anzugehören, jede Fremdheit und Distanz.

«Es ist schön, mit dir durch die Straßen zu wandern», sage ich.

«Ja, das finde ich auch. Du musst öfter kommen.»

Außen an ihrer Wohnungstür klebt ein rotes, doppeltes Glückszeichen. «Daran sieht man, dass hier eine Hochzeit stattgefunden hat», erklärt «Schwesterchen».

Das Brautpaar kommt mir strahlend entgegen. Es ist gerade dabei, den Esstisch zu decken. Der Brautvater steht in der Küche und kocht, die Oma liegt in einer Kammer krank im Bett, die jüngere Schwester klimpert auf dem Klavier. Wenn das Brautpaar nicht so strahlen würde, könnte man meinen, es sei ein Tag wie jeder andere.

Der Bräutigam ist Soldat, die Braut arbeitet in der Verwaltung einer Fabrik. Sie hakt sich bei mir unter und führt mich in das Hochzeitszimmer.

«Das ist ab heute unser Reich», sagt sie stolz. «Die Möbel sind alle neu.» Ein Doppelbett, ein Schrank und ein kleiner Schreibtisch, mehr passt nicht in das kleine Zimmer. Drei Generationen unter einem Dach, und wenn bald Nachwuchs kommt, dann sind es vier. Aber das ist keine Seltenheit in Peking.

Jemand klopft energisch an die Wohnungstür. Cousin Shenqian, der Lieblingsonkel der Braut, trifft zum Gratulieren ein. Ihm fällt sofort das Klavier auf. Es scheint also eine Neuanschaffung zu sein. «Das sieht ja fabelhaft aus!», ruft er und streicht liebevoll über die Tasten.

«Spiel uns doch bitte etwas vor», bittet die Braut.

Cousin Shenqian, ein großer kräftiger Mann, hat nur eine einzige Leidenschaft: die klassische europäische Musik. Alle wissen das in der Familie. Schon als kleiner Junge begann er, Klavier zu spielen, und je besser er spielte, desto größer wurde sein Wunsch, einmal Pianist zu werden. Dann kam die Revolution von 1949 und ein unglaublicher Patriotismus erfasste die junge Generation. Jeder wollte etwas zum Aufbau des neuen China beitragen. Aber mit klassischer westlicher Musik? Was konnte man damit schon anfangen?, fragte sich Shenqian, und da er wohl ein begnadetes Multitalent war, entschloss er sich kurzerhand zu einem Maschinenbaustudium und wurde Ingenieur. Sein Vater hätte ihn lieber als Nachfolger in seiner gut gehenden Firma gesehen, einer Generalvertretung für verschiedene ausländische Maschinenbauer. Aber Shenqian wollte lieber «in die Gesellschaft gehen», wie man damals zu sagen pflegte, er wollte etwas für das Vaterland tun. Also baute er jahrelang erfolgreich Kraftwerke, blieb aber trotzdem der Musik treu, auch wenn sie ihn während der Kulturrevolution beinahe den Kopf gekostet hätte. Damals galt er als nicht vertrauenswürdig, denn erstens war er noch immer kein Parteimitglied, zweitens hatte er eine schlechte, nämlich kapitalistische Abstammung, und drittens wusste man von seiner Liebe zur dekadenten westlichen Musik.

«Ich glaube, in meiner Personalakte müssen sich die merkwürdigsten Verdächtigungen und Anschuldigungen gesammelt haben, denn plötzlich hieß es, ich hätte engen Kontakt zu einem Spion. Ich würde mit ihm ganze Nächte verbringen. Ich dachte erst, ich höre nicht richtig. Das war ja nun wirklich kompletter Unsinn. Doch dann merkte ich, dass es die Leute ernst meinten und dass mein Schicksal eine dramatische Wende nahm. Eine schlechte Abstammung war ja noch zu verkraften. Aber bei Spionage ging es um Kopf und Kragen. Ich musste daraufhin Listen von Personen aufstellen, zu denen ich Kontakt unterhielt, nicht nur zu jener Zeit, sondern über alle Jahre zurück bis in meine Studienzeit. Trotzdem kam ich nicht darauf, wer dieser Spion sein sollte. Schließlich gab mir jemand heimlich einen Hinweis. Angeblich hieß der Spion Mo. Das half mir aber nicht weiter. Ich kannte keinen Mo. Dann erfuhr ich seinen Vornamen: Zhate. Mo Zhate? Wer war denn das? Endlich kapierte ich: Mozart! Da schrieb ich die Selbstkritik meines Lebens. Ja, bekannte ich, ich unterhalte seit frühester Kindheit engste Beziehungen zu diesem Herrn. Er bedeutet mir alles, und ich habe in der Tat lange Nächte mit ihm verbracht. Was die Verantwortlichen zu meiner Selbstkritik gesagt haben, weiß ich nicht. Ich hörte nichts mehr in dieser Angelegenheit. Später erfuhr ich, wie es zu den Verdächtigungen gekommen war. Ich hatte mich häufig mit einem Dirigenten getroffen, weil ich bei ihm Mozarts Requiem studierte. Jemand muss das beobachtet und von konspirativen Treffen zwischen dem Dirigenten, mir und diesem gewissen Mo Zhate berichtet haben. Das muss man sich mal vorstellen. In jener Zeit war wirklich alles möglich.»

Shenqian lässt sich nicht lange bitten. Er schwingt sich ans Klavier, und seine Finger fliegen über die Tasten, stürmische gebrochene Akkorde erklingen, der Beginn von Tschaikowskis erstem Klavierkonzert und dann Wagners Hochzeitsmarsch. Alle klatschen und trällern mit. Für ein paar Minuten ist es richtig feierlich. Der Brautvater hat aufgehört zu kochen und steckt seinen Kopf aus der Küche. Tränen der Rührung kullern ihm übers Gesicht.

«Was ist mit dem Essen?», ermahnt ihn Cousine «Schwesterchen», und sofort verschwindet er wieder in der Küche. Kurze Zeit später sitzen wir um einen kleinen Esstisch versammelt und genießen ein bescheidenes Abendessen. Natürlich kommt auch Schnaps auf den Tisch, wir lassen das Paar hochleben, und Cousin Shenqian wünscht ihm recht bald gesunden Nachwuchs.

Cousine «Schwesterchen» protestiert: «Das hat noch drei, vier Jahre Zeit.»

«Wieso gerade drei, vier Jahre?», frage ich.

«Bis dahin lasse ich mich pensionieren, damit ich die Betreuung des Kindes übernehmen kann. Dann brauchen wir es nicht in eine Krippe zu geben.»

«So genau habt ihr das schon abgesprochen?»

«Ja, sicher, die jungen Mütter bleiben doch weiterhin berufstätig. Da müssen solche Dinge innerhalb der Familie genau geplant werden.»

Das junge Paar lacht zustimmend, und die Braut fragt: «Findest du das komisch?»

«Nein, eigentlich finde ich das richtig gut.» Ich nehme mein Glas und erhebe mich. «Auf dass alle eure Wünsche in Erfüllung gehen mögen!» Alle springen auf, und wir stoßen mit dem Brautpaar an. Dem Vater der Braut kullern schon wieder ein paar Tränen der Rührung übers Gesicht. Die anderen amüsieren sich darüber und lachen ihn aus. Und dann werden Witze gerissen und allerlei spaßige Sachen erzählt. Als das Essen zu Ende ist, ist auch die Feier zu Ende. Am nächsten Tag wird wieder gearbeitet. Aber in zwei Wochen, da gehen die beiden auf Hochzeitsreise. Fünf Tage Shanghai sind geplant. Das wird der erste Urlaub, der in dieser Familie jemals gemacht wurde.

Minqian erzählt

Minqian möchte mir unbedingt ihre neue Dreizimmerwohnung zeigen. Sie befindet sich in einem Hochhaus, das der Frauenverband erst kürzlich für seine Mitarbeiter im Stadtzentrum von Peking erbauen ließ. Es wimmelt von Kollegen in diesem Haus, und deshalb darf ich erst nach Anbruch der Dunkelheit bei ihr vorbeikommen. Ich muss mir sogar ein dickes Kopftuch umbinden, damit man mich nicht gleich als Ausländerin erkennt. Allen Kollegen ist zwar bekannt, dass Minqians jüngerer Bruder im Westen lebt und eine ausländische Frau hat, dennoch hat sie Angst, eine Ausländerin in dieses Haus zu bringen. Für führende Funktionäre kann privater Kontakt zu Ausländern anscheinend noch immer problematisch sein. Minqian will kein Risiko eingehen.

Vor dem Gebäude sieht es aus wie auf einer Baustelle. Es gibt weder Laternen noch Fußwege, stattdessen leuchtet Minqian mit einer Taschenlampe den Weg über den lehmigen, unebenen Vorplatz.

«Den Fahrstuhl benutzen wir lieber nicht», sagt sie. «Sonst erzählt die Fahrstuhlführerin gleich allen Leuten, dass ich ausländischen Besuch hatte.»

Wir kämpfen uns das kahle, dunkle Treppenhaus hinauf. Ich verliere den Überblick, in welchem Stockwerk wir schließlich landen. Als ich die Wohnung betrete, finde ich zu meiner Überraschung unsere alte Sesselgarnitur aus Hamburg wieder. Allerdings haben sich die braun karierten Sessel gehörig verändert. Sie sind richtig chinesisch geworden. Fengs Frau, Bing, hat ihnen dunkelgrüne Samtbezüge genäht, die mit ihren Volants bis auf den Boden reichen. Weiße Spitzendeckchen zieren Arm- und Kopflehnen.

Zum ersten Mal bin ich allein mit Schwester Minqian. Das habe ich mir schon immer gewünscht. Sie ist nicht nur meine Schwägerin, sie ist für mich vor allem der Inbegriff einer modernen Chinesin: selbstbewusst, gut ausgebildet, ehrgeizig. Sie vertritt eine Generation, die begeistert für die Revolution und für ein neues China gekämpft hat und die noch immer an ihren alten Idealen festhält.

«Meine Mutter hatte eine unglückliche Ehe geführt, deshalb lehrte sie mich von klein auf, dass auch Frauen über Wissen und eine gute Ausbildung verfügen müssen, um unabhängig zu sein. Nachdem Vater uns verlassen hat, musste sie allein für unseren Lebensunterhalt aufkommen, was sehr schwierig war, weil sie als Lehrerin nicht viel verdiente. Ich empfand großes Mitleid mit ihr, und ich tat alles, um ihr Freude zu machen. Als ich zum Beispiel merkte, dass es sie glücklich machte, wenn ich gute Zensuren nach Hause brachte und meine Lehrer mich lobten, strengte ich mich in der Schule immer ganz besonders an.»

«Wir lebten damals in Shanghai, wo die Gegensätze zwischen Arm und Reich krass aufeinander trafen. Mein Onkel war reich, sein

Freund, der bekannte Apotheker Yue, auch. Mit dessen drei Töchtern war ich gut befreundet. Es störte mich nicht, dass die anderen so reich waren und wir so arm, denn ich dachte, dass es im Leben nur darauf ankommt, im christlichen Sinne ein guter Mensch zu sein. Diese Idee faszinierte mich: ein guter Mensch sein. Ich wollte meine Mitmenschen achten, Notleidenden Mitgefühl zeigen und andere nicht um ihren Reichtum beneiden. Man könnte meinen, ich wäre damals in eine Konfessionsschule gegangen. Das bin ich aber nicht. Vielmehr bekannten sich einzelne Lehrer und der Schulleiter zum Christentum, was uns Schüler natürlich beeinflusste. Wir feierten zusammen die christlichen Feste wie Ostern und Weihnachten, und wir sangen christliche Lieder. Da ich sehr musikalisch bin, war ich eine begeisterte Sängerin, was ich übrigens heute noch bin.»

«In den Sommerferien fuhren meine Tante und Cousine Huishan, mit denen wir in einem Haus wohnten, immer in den Badeort Beidaihe. Sie wollten mich jedes Mal mitnehmen, doch ich lehnte stets ab. Wie konnte ich es mir gut gehen lassen und mich amüsieren, wenn zur selben Zeit meine Mutter und meine Brüder im heißen, stickigen Shanghai schmorten? Deshalb nutzte ich die Ferien zum Lernen. Ich las zum Beispiel sehr viel englische Literatur im Original wie *David Copperfield* von Charles Dickens oder *A Woman of Genius* und *The Land of Little Rain* von Mary Austin. Bei Schulbeginn merkten die Lehrer natürlich, dass ich in den Ferien viel gelesen hatte, und lobten mich, was mich freute, denn das Lernen war für mich in jener Zeit die einzige Quelle der Freude. An Vergnügungen wie in schicken Kleidern tanzen zu gehen fand ich keinen Gefallen.»

«Meine Brüder Diqian und Yuqian waren sehr unartig. Ich übernahm früh Verantwortung für sie, denn Mutter arbeitete den ganzen Tag. Viele chinesische Mütter ziehen die Söhne ihren Töchtern vor. Meine Mutter tat das nicht. Sie behandelte uns alle gleich liebevoll. Nach meiner Schulzeit wollte ich sofort anfangen zu arbeiten, um etwas zum Lebensunterhalt unserer Familie beizutragen, doch Mutter akzeptierte das nicht und wollte, dass ich studiere. So landete ich mit siebzehn Jahren an der teuren protestantischen St.-John's-Universität, wo ich Anglistik studierte. Mein Onkel hatte sich bereit erklärt, mein Studium zu finanzieren. Er brauchte jedoch nur mein erstes Semester zu bezahlen, denn dank meiner guten Noten erhielt ich schon ab dem zweiten Semester ein Stipendium. Nebenbei gab ich Nachhilfeunterricht in der Familie Guo, die recht wohlhabend war, denn Herr Guo war Manager in einer ausländischen Firma. Jeden Tag ging ich nach der Schule in diese Familie, erhielt ein Mittagessen und unterrichtete dann. Ich war sehr stolz, als mich Frau Guo anfangs mit Lehrerin Guan anredete und mich fragte, ob ich ein- oder zweiundzwanzig Jahre alt sei. Dabei war ich doch erst siebzehn. Zunächst unterrichtete ich nur ein Kind, das machte jedoch so rasche Fortschritte in der Schule, dass man mir bald den Nachhilfeunterricht für alle drei Kinder übertrug. Frau Guo schlug mir dann sogar vor, bei ihnen zu wohnen und auch zu essen. Das war mir recht. So erleichterte ich Mutters Budget, außerdem war das Essen bei den Guos ausgezeichnet. Drei Jahre wohnte ich dort, und die Guos waren immer sehr nett zu mir. Als ich zwanzig wurde, wollte meine Mutter für mich ein großes Fest ausrichten, zu dem ich wie an meinem zehnten Geburtstag alle meine Freunde einladen sollte. Doch Frau Guo überredete sie, das für sie zu übernehmen. So feierte ich bei ihnen ein großes Fest mit allen Freunden und Verwandten.»

«Ich war inzwischen eine erwachsene junge Frau, die kritisch das politische Geschehen beobachtete. Mich empörten die grassierende Armut und die korrupte Politik unserer Regierung. Ich wollte etwas tun und schloss mich deshalb der Studentenbewegung an. Wir demonstrierten gegen Hunger und Bürgerkrieg und für Demokratie und Gleichheit. Dabei wurden patriotische Lieder gesunden und flammende Reden gehalten. Kaum jemand konnte sich der mitreißenden Stimmung entziehen. Wir waren erfüllt von dem brennenden Wunsch, ein unabhängiges, blühendes China zu schaffen, in dem alle Menschen Essen und Arbeit haben und in Eintracht miteinander leben. Ich gehörte damals der Studentenkirche an, in der viel über Patriotismus diskutiert wurde. Doch mit der Zeit wurde vielen von uns klar, dass Religion und Kirche China nicht retten konnten. Unser Land verlangte einen anderen Einsatz von uns. Wir fragten uns: Wer wird uns helfen, wenn wir das Schicksal unseres Landes in die Hand nehmen? Da waren nur die Kommunisten, denen wir das zutrauten, denn die strebten dieselben Ziele an wie wir. Der russische Weg erschien uns ideal, er war unsere Hoffnung, unser Traum.»

«Meine Freunde waren mir sehr wichtig, es waren alles gute Leute. Als sie in die Partei eintraten, tat ich es auch. Das war im Februar 1948. Damals musste die Partei im Untergrund arbeiten, weshalb wir sehr vorsichtig agierten, weil es ständig zu Verhaftungen kam und Kommunisten umgebracht wurden. Um uns zu schützen, wandten wir verschiedenste Tricks an. Wenn wir uns zum Beispiel in irgendwelchen Privatwohnungen treffen wollten und plötzlich Gefahr drohte, stellten wir statt zwei Blumentöpfen nur einen auf die Fensterbank, sodass die eintreffenden Genossen gewarnt waren und gleich verschwanden.»

«Für viele Studentinnen war ich ein Vorbild, denn ich hatte trotz meiner politischen Aktivitäten nicht nur sehr gute Noten, ich gab sogar noch unter meinen Kommilitonen Nachhilfeunterricht in Englisch. Außerdem war ich Vorsitzende der Vereinigung christlicher Studenten. Wir sammelten Kleider- und Geldspenden und gaben sie an die Armen. So lernten die Studenten, die aus begüterten Häusern stammten, zum ersten Mal die Situation der armen Bevölkerung kennen. Wir nannten das den ‹Aufbau eines kritischen Bewusstseins›.»

«Ich stand inzwischen auf der schwarzen Liste, und meine Mutter lebte in ständiger Angst um mich. Wenn man mich bei irgendwelchen parteipolitischen Aktivitäten geschnappt hätte, wären die Folgen für die ganze Familie katastrophal gewesen. Zum Glück wurde Shanghai schon im Mai 1949 befreit. Noch im selben Jahr fing ich beim Gesamtchinesischen Gewerkschaftsbund in Peking an, und ein Jahr später schickte man mich als Dolmetscherin mit einer Delegation nach Moskau. Für alle Delegationsmitglieder war es die erste Auslandsreise. Ich gehörte mit meinen dreiundzwanzig Jahren zu den Jüngsten und fühlte mich natürlich wahnsinnig geehrt, dass ich mitfahren durfte. Eins stand damals für mich fest: Das heutige Russland ist das morgige China. Später besuchte ich noch viele andere osteuropäischen Länder. Nach dreizehn Jahren wechselte ich dann zum Gesamtchinesischen Frauenverband ...»

«... wo es dich während der Kulturrevolution so richtig getroffen hat.»

«Ja. Zuerst ging es um Yuqians Flucht. Anderthalb Jahre stand ich unter Arrest, bis man mir endlich glauben musste, dass ich keine Fluchthilfe geleistet hatte. Danach suchten einige Kollegen nach anderen Gründen, wie sie mich politisch zur Strecke bringen konnten. Und die fanden sie schnell. Du hast doch eine teure Schule besucht und an einer christlichen Universität studiert, hieß es, und außerdem warst du auch in der Studentenkirche aktiv. Das reichte. Ich wurde zur Konterrevolutionärin erklärt, aus der Partei ausgeschlossen und zur körperlichen Arbeit aufs Land in die Provinz Hebei geschickt. Jahrelang war ich von meiner Familie getrennt. Das war ein schwerer Schlag. Meine Arbeit bedeutete mir alles. Bis in die Träume verfolgte mich die Sehnsucht, wieder in die Partei aufgenommen zu werden und an meinen Arbeitsplatz zurückkehren zu dürfen. Einmal träumte ich, dass ich rehabilitiert werde, und ich dachte, das ist nicht wahr, ich träume. Doch dann sagte man mir im Traum: Nein, nein, du träumst nicht, es ist wahr. Als ich dann erwachte, bekam ich einen Nervenzusammenbruch. 1972 war der Parteiausschluss, erst nach sieben Jahren, 1979, nach dem Sturz der Viererbande, wurde ich rehabilitiert.»

«Waren jene Kollegen, die dich zur Konterrevolutionärin erklärt hatten, dann noch im Frauenverband?»

«Sicher. Aber nun war ja Schluss mit der extrem linken Politik, und es wurde wieder ordentlich gearbeitet. Schon im selben Jahr schickte man mich zu einem Treffen chinesischer und amerikanischer Frauen in die USA und 1980 zur Frauenkonferenz nach Kopenhagen. Das war ein großer Vertrauensbeweis und auch eine Bestätigung für mich. Die Frau, die mich damals am meisten kritisiert hatte, war nun wieder meine Untergebene. Natürlich geriet sie dadurch unter einen unglaublichen Druck, und alle dachten, ich würde mich an ihr rächen. Ich tat das Gegenteil, ich blieb fair, und das war für sie wahrscheinlich noch viel schlimmer. Irgendwann kam sie zu mir und bat mich weinend um Verzeihung. Daraufhin entschuldigten sich auch die anderen bei mir, die meisten von ganzem Herzen, bei einigen wenigen spürte ich jedoch, dass es nur gekünstelt war.»

Unterwegs mit Cousine Huishan

Cousine Huishan holt mich zu einem Ausflug in die berühmten Westberge ab, wo es interessante Tempel- und Parkanlagen gibt. Ihre drei Töchter studieren inzwischen alle in Japan. Es ist still geworden in ihrem Haus.

Mal hakt sie sich bei mir ein, mal nimmt sie mich an die Hand, und so wandern wir schwatzend von einer Tempelanlage zur nächsten.

«Wieso trägst du eigentlich nicht den Generationsnamen *‹-qian?›*», frage ich sie. «Bis auf Bao'er tragen ihn doch alle aus deiner Generation. Wieso haben deine Eltern bei dir mit der Tradition gebrochen?»

«Hat Yuqian dir meine Geschichte nicht erzählt?»

«Nicht so genau.»

«Ich bin das dritte Kind meiner Eltern. Zuerst kam meine Schwester Yingqian zur Welt und dann mein Bruder Jingqian. Ich müsste eigentlich Huiqian heißen. Doch mein Vater verschenkte mich schon nach wenigen Monaten an seine Schwester Renfang als eine Art Dankeschön, weil sie sich immer so liebevoll um ihre beiden Brüder gekümmert hatte.»

«Ja, ich erinnere mich. Yuqian hat mir davon erzählt. Als sein Großvater, der Marinegouverneur, starb, riss sich dessen erste Frau das gesamte Erbe unter den Nagel, indem sie die zweite Frau wahrscheinlich umbringen ließ und deren drei erbberechtigte Kinder vertrieb. Die drei Waisen müssen völlig verarmt bei ihren Verwandten im Norden angekommen sein.»

«Ja, und dann verheirateten diese Verwandten das Mädchen Renfang mit dem todkranken einzigen Spross einer Grundherrenfamilie und gaben ihr als Mitgift die beiden Brüder mit: meinen Vater und deinen Schwiegervater. Auf diese Weise waren alle drei versorgt. Doch der Bräutigam starb schon kurz darauf.»

«Und weil sie kein zweites Mal geheiratet hatte und kinderlos geblieben war, schenkte dein Vater ihr sein eigenes Kind?»

«Genau. In China ist es nichts Ungewöhnliches, dass Eltern eines ihrer Kinder an kinderlose Geschwister weitergeben. Ich weiß nicht, was meine Mutter damals empfunden hat, als man ihr das Kind nahm, meine Tante jedoch war überglücklich, denn ihr Leben bekam plötzlich wieder einen Sinn. So wurde meine Tante zu meiner Mutter und ich ein Mitglied der Familie ihres verstorbenen Mannes. Von nun an trug ich den Familiennamen Li und den Generationsnamen Shan.»

«Wusstest du von Anfang an, wer deine wahre Mutter ist?»

«Aber nein! Das erfuhr ich nur durch Zufall. Wir lebten ja mit

Yuqians Mutter und ihren drei Kindern zusammen in Shanghai, während mein so genannter Onkel und dessen Familie in Tianjin wohnten. Immer wenn wir mit denen zusammenkamen, gab es Krach. Meine Mutter und meine Tante, die ja eigentlich meine leibliche Mutter war, stritten sich ständig wegen irgendwelcher Lappalien. Das war schon merkwürdig, aber ich dachte nie darüber nach. Auch nicht darüber, dass ich jenen Cousinen und Cousins so unglaublich ähnlich sah. Erst im Alter von zwanzig Jahren erfuhr ich dann die Wahrheit. Meine älteste Cousine, Yingqian, kam uns in Shanghai besuchen. Sie sollte zum Studium nach Amerika gehen und sich deshalb neu einkleiden. Ich freute mich schon auf einen langen gemeinsamen Einkaufsbummel, da sagte meine Mutter zu mir, ich könne mir bei dieser Gelegenheit ebenfalls ein paar Sachen aussuchen. Der Onkel würde alles bezahlen. Das ließ ich mir nicht zweimal sagen und suchte mir diverse Sachen aus, doch als Yingqian das alles für mich bezahlen sollte, weigerte sie sich. ‹Wieso bezahlst du die Sachen nicht selbst?›, fragte sie. ‹Weil meine Mutter gesagt hat, dass dein Vater alles bezahlen würde›, antwortete ich. Da schien sie zu verstehen und sagte nur: ‹Na ja, er ist ja schließlich auch dein Vater.› Als Älteste war sie wohl das einzige von uns Kindern, das Bescheid wusste. Jedenfalls fiel ich aus allen Wolken. Ich konnte es überhaupt nicht fassen. Meine Mutter sollte in Wirklichkeit meine Tante sein? Ich brauchte Tage, um das zu verdauen.»

«Warst du nicht sauer auf deinen Vater?»

«Nein, meine Mutter, ich meine, eigentlich meine Tante, erklärte mir daraufhin genau, wie das alles gekommen war. Deshalb empfand ich meinem Vater gegenüber auch keinen Groll. Nachdem der erste Schock überstanden war, nahm ich es einfach so hin.»

«Hat sich das Verhältnis zu deiner, sagen wir, Adoptivmutter verändert?»

«Nein. Es blieb genauso eng wie vorher. Sie lebte ja nur für mich. Da ging es mir als Einzelkind eigentlich viel besser als den fünf anderen Geschwistern, die sich eine Mutter teilen mussten. Meine Mutter und ich blieben zusammen, auch als ich heiratete. Da zogen wir einfach gemeinsam zu Weidong, und dort blieb sie bis zu ihrem Tod.»

Cousine Huishan verneigt sich vor jedem Buddha und Bodhisattva dreimal und spendet Geld für Räucherwerk, und da die Tempel voll sind von Figuren, hält uns das bei unserer Besichtigungstour ungemein auf.

«Ich bin Buddhistin», sagt sie, «genau wie meine Mutter. Aber das brauchst du nicht an die große Glocke zu hängen. Yuqian darf davon ruhig erfahren, aber die anderen lieber nicht. Je weniger Leute das wissen, desto besser. Man weiß ja nie. Während der Kulturrevolution bekam man Schwierigkeiten, wenn man religiös war.»

«Wieso bist du nie wie die anderen der *Qian*-Generation in die Partei eingetreten?»

«Nicht alle von uns sind in der Partei, denk an Yuqian, Shenqian oder an Yingqian in Shanghai. Die sind nie eingetreten, und ich hab das auch immer abgelehnt. Eine meiner Lehrerinnen hat mal gesagt, Politik sei ein schmutziges Geschäft. Deshalb wollte ich mit Politik nichts zu tun haben. Für mich zählte nur der Beruf. Ich wollte meine Arbeit gut machen. Das war und ist auch heute noch das Wichtigste für mich. Ich gehöre zu den erfolgreichsten Mitarbeitern meiner Einheit. Dennoch werden die Parteimitglieder vorgezogen, auch wenn sie längst nicht so gute Arbeit leisten. Aber so ist das nun mal. Daran kann man nichts ändern.»

Huishan verneigt sich erneut vor einem Buddha und kramt ein paar Münzen aus ihrer Geldbörse.

«Du solltest auch etwas spenden!», fordert sie mich auf.

«Wieso? Ich bin keine Buddhistin.»

«Trotzdem. Ich spende überall, in buddhistischen Anlagen genauso wie in daoistischen und konfuzianischen, und in christlichen Kirchen würde ich auch etwas geben. Man muss sich mit den Göttern gut stellen, egal ob man an sie glaubt oder nicht. Ich gehe da auf Nummer sicher.»

Ich greife sofort in mein Portemonnaie. Huishan lacht zufrieden. «Es kann nicht schaden.»

Nach einem langen Nachmittag und etlichen Hallen hat sie dann aber doch genug vom Spenden. Irgendwann müsse ja auch mal Schluss sein, meint sie. Da ich wesentlich später angefangen habe, liefere ich noch brav überall meinen Obolus ab. Mögen mir die chinesischen Götter gewogen sein, denke ich und schreite über eine der hohen Schwellen, wie sie typisch sind für die Hallen chinesischer Tempel- und Palastanlagen. Huishan sagt, hohe Schwellen verhinderten das Eintreten von bösen Geistern, weil diese ihre Füße nicht heben könnten. Ich weiß nicht, ob das stimmt. Jedenfalls rumst es plötzlich hinter mir, und ich denke, das muss einer jener bösen Geister sein. Als ich mich umwende, ist es aber nur Huishan, die über die Schwelle gestolpert ist und mir buchstäblich in den Rücken fällt.

«Siehst du», ruft sie triumphierend, «das ist die Antwort des Buddha! Ich habe nichts gespendet, und das verletzt ihn.» Und schon macht sie auf dem Absatz kehrt, verneigt sich vor ihm und hinterlässt eine kleine Spende.

Stippvisite im Außenministerium

Endlich treffe ich Bruder Diqian. Mir sind inzwischen Zweifel gekommen, ob ich wirklich ins Außenministerium gehen soll. Im fernen Hamburg kam ich mir unheimlich kühn vor. Da putzte ich in Gedanken die ganze Riege der Bürokraten herunter. Aber hier in Peking verlässt mich der Mut. Große Auftritte liegen mir sowieso nicht. Wer bin ich überhaupt, dass ich mir einbilde, mir nichts, dir nichts ins Außenministerium hineinzuspazieren! Wenn Diqian also sagt, ich soll mir das aus dem Kopf schlagen, werde ich sofort zustimmen. Yuqian hat schließlich ja doch noch sein Visum bekommen. Wozu dann noch diese Beschwerde?

Mit wenigen Worten erzähle ich ihm, was ich vorhabe. Zu meiner Überraschung ist Diqian sofort einverstanden.

«Meinst du, dass man mich überhaupt vorlässt?», frage ich voller Zweifel.

«Bestimmt! Du bist eine Ausländerin. Dich lassen sie rein. Mich nicht.»

«Vielleicht interessiert sie meine Kritik gar nicht.»

«Das wird sie ganz bestimmt interessieren. Schon allein, dass plötzlich eine Ausländerin daherkommt und eine derart persönliche Beschwerde vorbringt, das passiert nicht alle Tage. Du bist wirklich die Einzige, die Bewegung in Yuqians Fall bringen kann. Aber du darfst nur mit Leuten sprechen, die auch wirklich für die Angelegenheiten der Auslandschinesen in Deutschland zuständig sind. Lass dich nicht von irgendwelchen unwichtigen Sekretären abfertigen.»

«Woher soll ich wissen, ob jemand wichtig oder unwichtig ist?»

«Frag sie, ob sie zuständig sind. Wende dich an das Westeuropa-Ressort.»

«Vielleicht ist es besser, wenn ich dort vorher anrufe und einen Termin abmache.»

«Nein, geh einfach unangemeldet hin. Wenn du vorher anrufst, wimmelt man dich vielleicht ab. Am besten, du gehst gleich morgen früh. Dann hast du es hinter dir.»

Am nächsten Morgen gießt es in Strömen. Kein gutes Omen! Eigentlich regnet es nur selten im Frühjahr. Warum gerade heute? Und natürlich gibt es auch keine Taxis auf den Straßen. Wäre ja noch schöner! Die einzige Hoffnung ist der Freundschaftsladen, der ganz in der Nähe von Fengs Wohnung liegt und wo meist ein paar Wagen auf Kundschaft warten. Mühsam bahne ich mir meinen Weg durch die riesigen Pfützen. Am liebsten würde ich umkehren. Ich könnte doch auch morgen gehen! Aber da habe ich schon etwas anderes vor. Und übermorgen? Nein, ich muss das heute durchziehen.

Der Schirm hält kaum den Regen ab. Was ich wohl für einen Eindruck mache, wenn ich zerzaust und pudelnass im Ministerium aufkreuze? Mit durchweichten Schuhen und nassen Hosenbeinen komme ich endlich am Freundschaftsladen an, und da wartet tatsächlich ein einziges Taxi auf mich. Ein gutes Omen!

«Zum Außenministerium!», rufe ich dem Fahrer zu, und der saust los. Wie gut, dass es in Peking noch nicht so viele Autos gibt. Trotz Regen kommen wir zügig voran.

Der Fahrer manövriert seinen Wagen an den Wachen vorbei zum Eingangstor des Außenministeriums. Ich steige aus und gehe zum Empfang.

«Ich komme aus Deutschland und möchte eine Beschwerde vorbringen. Es geht um meinen Mann, er ist Auslandschinese.»

Der Empfangsmensch, ein älterer Herr in grauem Mao-Anzug, macht große Augen, und dann möchte er Genaueres wissen. Doch ich lasse mich natürlich nicht darauf ein. Hat Diqian nicht gesagt, ich solle mich nicht vom einfachen Fußvolk abfertigen lassen?

«Sind Sie für Auslandschinesen in Deutschland zuständig?», frage ich mit fester Stimme und ziehe dabei eine Augenbraue hoch. Ist er natürlich nicht.

«Dann holen Sie bitte jemanden, der zuständig ist.»

Nach wenigen Minuten bringt er einen jungen Mann angeschleppt. Ich sage wieder meinen Spruch auf, und auch dieser Herr muss zugeben, dass er nur eine kleine Nummer ist. So werde ich von Abteilung zu Abteilung hochgereicht. Macht nichts, ich habe heute ja nichts anderes vor. Schließlich sitze ich in einem kleinen Empfangsraum, in dem mehrere plumpe Sessel stehen, alle in beigefarbene Schonbezüge gehüllt. Ich soll warten, und das ist gar nicht gut, denn kaum sitze ich, plagen mich sofort wieder Zweifel. Welch eine Schnapsidee, hierher zu kommen! Aber nun ist es zu spät. Ich muss durchhalten. Die Tür geht auf, ich springe von meinem Platz auf, eine Frau mittleren Alters tritt ein. Sie ist groß und kräftig, wahrscheinlich eine Nordchinesin. Das ist schlecht. Nordchinesen sind stur. Dann geht das Ganze bestimmt schief. Ihr folgt ein junger Mann mit Papier und Stift.

«Ich heiße Wang», begrüßt sie mich auf Deutsch und reicht mir die Hand. «Der Leiter des Westeuropa-Ressorts hat mich beauftragt, Ihre Beschwerde entgegenzunehmen.» Sie weist mir mit der Hand einen Platz zu und wir setzen uns. «Sie sehen also», fügt sie lächelnd hinzu, «dass ich für den Fall zuständig bin.»

Ihr Deutsch erschlägt mich. Es ist perfekt. Ich muss sofort umdisponieren, denn ich habe meine ganze Beschwerde auf Chinesisch vorbereitet. Wer ahnt denn schon, dass man hier so gut Deutsch spricht!

«Gut», sage ich, «dann werde ich Ihnen zunächst den Fall meines Mannes schildern.»

«Nicht nötig. Ich weiß Bescheid. Ich habe ein paar Jahre in der chinesischen Botschaft in Bonn gearbeitet. Die Geschichte Ihres Mannes ist mir sehr wohl bekannt.»

«Umso besser», sage ich, doch nun fühle ich mich vollends aus dem Konzept gebracht. Ich hatte mir alles so schön zurechtgelegt. Soll ich jetzt die Hälfte weglassen?

«Ich bin gekommen...», beginne ich langsam und überlege krampfhaft, wie ich weiter vorgehen soll. «Ich möchte Ihnen sagen, dass ich es ganz unerträglich finde, wie Ihre Regierung mit meinem Mann umgeht.»

Mal sehen, wie diese Frau Wang darauf reagiert. Doch die schaut mich nur aufmerksam an und sagt: «Bitte, sprechen Sie weiter. Darf mein Sekretär unser Gespräch protokollieren?»

«Natürlich.» Eigentlich könnte ich ihm auch meinen Spickzettel geben, auf den ich die gesamte Beschwerde niedergeschrieben habe. Aber soll der sich mal selber abmühen.

«Als wir vor zwei Jahren nach China kamen, endete unser Besuch auf sehr unangenehme Weise. Es gab Gerüchte, dass mein Mann verhaftet werden sollte.» Nun komme ich allmählich in Fahrt. Ich erzähle von den Warnungen, das Hotel nicht mehr zu verlassen und von unserem abrupten Aufbruch. Dann komme ich auf den ganzen Ärger mit der Zeitschrift zu sprechen und den Vorwurf, Yuqian sei ein Dissident. Zum Schluss beklage ich mich über die Schikane beim letzten Visumsantrag. «Das hat er auch erst nach lautem Protest erhalten. Ich verstehe das nicht. Wieso spricht die chinesische Regierung einerseits von der Kulturrevolution als den ‹zehn Jahren Chaos› und macht andererseits den Opfern jener Zeit noch heute das Leben schwer? Und Yuqian ist ein Opfer. Daran besteht ja wohl kein Zweifel. Schon während der Anti-Rechts-Kampagne ist er für vier Jahre verbannt worden. Wussten Sie das? Finden Sie das richtig, wie man ihn die vielen Jahre behandelt hat?» Und jetzt erzähle ich doch noch einmal alles, was ich ursprünglich vorbereitet habe. Es kann ja nicht schaden, wenn sie den Fall auch einmal aus meiner Sicht geschildert bekommt.

Wie gut es ist, mal so richtig Dampf abzulassen! Ich werde auch nicht unterbrochen. «Eigentlich sollten Sie froh sein, dass es Menschen wie Yuqian gibt, die als Mittler zwischen der europäischen und der chinesischen Kultur auftreten», schließe ich meinen Monolog und lehne mich zufrieden in den Sessel zurück.

Die Frau schaut ernst, aber nicht unfreundlich. «Ich muss Ihnen sagen, dass es in unserem Amt und auch in unserer Botschaft in Bonn zwei Meinungen zum Fall Ihres Mannes gibt», sagt sie. «Die einen halten ihn für ein Opfer der politischen Kampagnen, die anderen für einen Verräter, weil er aus unserer Heimat geflüchtet ist. Ich gehöre zur ersten Gruppe. Seien Sie unbesorgt, ich bin fest davon überzeugt, dass wir uns allmählich durchsetzen werden.»

«Davon habe ich aber nicht viel gemerkt.»

Sie lacht. «Aber schauen Sie, zum Schluss hat er doch sein Visum bekommen, oder nicht? Solche Dinge brauchen ihre Zeit. Sie müssen Geduld haben. Ich persönlich sehe in seinem Fall überhaupt kein Problem, im Gegenteil: Seine Funktion im Kulturaustausch zwischen unseren beiden Ländern ist für alle Beteiligten von großer Bedeutung. Doch nicht alle denken so wie ich.»

Die Frau wird mir langsam sympathisch, und stur ist sie auch nicht. «Kommen Sie eigentlich aus Nordchina?», frage ich.

«Nein, ich komme aus Shanghai.»

Kein Wunder! Die Shanghaier sind eben wirklich aufgeschlossen und weltoffen.

«Sprechen Sie eigentlich Chinesisch?», möchte sie wissen.

«Ja.»

Wir setzen unser Gespräch auf Chinesisch fort. Als ich schließlich aufbreche, frage ich sie, wann sie mal wieder nach Deutschland oder vielleicht sogar nach Hamburg kommt.

«Das kann schon sehr bald sein», sagt sie vage.

«Dann würde ich mich freuen, wenn Sie mich einmal besuchten.»

«Ganz bestimmt. Also auf ein baldiges Wiedersehen!» Sie schüttelt mir herzlich die Hand. Ob sie ihr Versprechen hält? Dürfen chinesische Diplomaten im Ausland überhaupt Privatbesuche machen? Egal. Ich bin zufrieden. Auch wenn das heute alles nichts gebracht haben sollte, war es trotzdem gut, einmal ganz offen zu sprechen.

Ein Jahr später wird in Hamburg ein chinesisches Generalkonsulat eröffnet. Zu den offiziellen Feierlichkeiten im Rathaus sind auch Yuqian und ich eingeladen. Während Yuqian mit irgendwelchen Leuten plaudert, drehe ich eine kleine Runde durch den Saal, und da steht Frau Wang plötzlich vor mir und strahlt über das ganze Gesicht. «Na, habe ich nicht gesagt, dass wir uns bald wiedersehen?»

Es verschlägt mir fast die Sprache. «Gehören Sie etwa zum neuen Konsulat?»

«Ja, ich bin Konsulin.»

Ein älterer Chinese gesellt sich zu uns. «Das ist Herr Wang, der neue Generalkonsul», stellt ihn Frau Wang vor.

«Oh, dann ist er Ihr Ehemann?»

«Nein», winkt der Generalkonsul lachend ab. «Wir tragen nur zufällig denselben Nachnamen.»

«Das ist Petra», erklärt ihm Frau Wang, als wüsste er dann schon, wer ich bin.

Der schaut mich total überrascht an. «Das hätte ich ja nicht gedacht.»

«Was hätten Sie nicht gedacht?»

«Dass Guan Yuqian eine so junge Frau hat.»

«Wie meinen Sie das?»

«Na ja», erklärt er kichernd, «immerhin hat Ihr Mann ja schon ziemlich viele graue Haare.»

Ganz schön frech, der Herr, finde ich. Aber da fällt mir schon eine passende Antwort ein: «Das ist bei der Politik Ihres Landes doch kein Wunder.»

Zuerst schauen die beiden ziemlich verdutzt drein, doch dann lachen sie schallend. «Sie haben aber Humor», meint Herr Wang und klopft mir freundschaftlich auf die Schulter. Da taucht Yuqian auf.

«So fröhlich?», fragt er.

«Sehr interessant, Ihre Frau!», meint der Generalkonsul zu Yuqian. «Wir müssen uns unbedingt bald wiedersehen.»

Neffe Feng, der Tausendsassa

Feng sagt, er habe immer Zeit für mich, ganz gleich wann ich nach China komme. In seiner Fabrik gebe es nicht viel zu tun, denn jeder Arbeitsplatz sei doppelt und dreifach besetzt. Die meiste Zeit würde er nur herumstehen, Zeitung lesen oder mit seinen Kollegen Karten spielen.

«Dabei hatte ich mal ganz andere Pläne. Schon als Kind las ich gern Romane, und ich träumte davon, Schriftsteller zu werden. Mein Pech war nur, zur falschen Zeit auf die Welt gekommen zu sein.»

So ist aus ihm ein ungelernter Arbeiter geworden und eben kein Schriftsteller.

«Mit Beginn der Kulturrevolution geriet meine kleine Welt aus den Fugen. Zuerst wurde Mutter über ein Jahr lang unter Arrest gestellt und später zur Landarbeit in die Provinz Hebei geschickt. Auch mein Vater und mein nur zwei Jahre älterer Bruder wurden fortgeschickt, weit weg in den Nordosten des Landes. Mein Bruder kam mit vielen anderen Jugendlichen in eine Chemiefabrik. Später erkrankten dann viele von ihnen an Leukämie. Ich blieb mit Großmutter und meiner zwei Jahre jüngeren Schwester Lei in Peking. In der Schule fand kein Unterricht mehr statt, stattdessen kritisierten wir die Lehrer, schüchterten sie ein und verpassten manchen sogar eine Abreibung. Wir Schüler sollten ja einen Kampf gegen rückständige Autoritäten, alte Kultur und überkommene Traditionen führen. Das nahmen wir ernst. Ich schloss mich einer Bande von Jugendlichen an, deren Eltern genau wie meine als Intellektuelle politisch abgemeldet waren und unter Arrest standen oder irgendwo in der Verbannung schufteten, wenn sie nicht gar im Gefängnis saßen. Bei manchen war auch schon ein Elternteil zu Tode gekommen. Wir Kinder hatten schreckliche Dinge gesehen. Viele von uns waren dabei gewesen, als man die Eltern misshandelte. Uns konnte nichts mehr schrecken. Einmal kam es zum Streit mit einer verfeindeten Bande. Unser Anführer stach dabei den Chef der anderen nieder und tötete ihn. Ich war nicht dabei gewesen und ahnte von nichts, als unser Anführer plötzlich bei mir zu Hause aufkreuzte und mir ein verschnürtes Zeitungsbündel zur Aufbewahrung gab. Wir versteckten oft gegenseitig die Sachen unserer Familien, wenn anzunehmen war, dass eine Hausdurchsuchung anstand. Meist handelte es sich um irgendwelche Wertgegenstände, Dokumente oder Fotos. So dachte ich mir nichts dabei. Doch dann kam die Polizei und durchsuchte unsere Wohnung, weil ich als Mitglied der Bande bekannt war. Prompt fand man das Bündel und darin versteckt ein blutverschmiertes Messer, von dem ich gar nichts wusste. Für kurze Zeit geriet ich unter Mordverdacht und wurde eingesperrt. Das hat mir gereicht, und nachdem die Wahrheit herauskam und ich entlassen wurde, habe ich mich sofort von der Bande getrennt und mich auf die Werte besonnen, die mir Mutter beigebracht hatte.»

Feng muss immer lachen oder weinen, manchmal auch beides zusammen, wenn er von jener Zeit und ihm nahe stehenden Menschen berichtet, zum Beispiel von seiner Großmutter, Yuqians Mutter, an der er sehr gehangen hat, oder von seinem Bruder, der viel zu früh gestorben ist. Es ist eine Tragödie, dass dieser junge Mann, der voller Fantasie und verrückter Einfälle steckt, der Bücher und Filme liebt, in einer Fabrik versauert. Er hätte studieren müssen, doch mit seinen Wissensdefiziten wagt er noch nicht einmal den Versuch, an der zentralen Aufnahmeprüfung zur Universität teilzunehmen.

Bing, seine Frau, arbeitet als Verkäuferin in einem Schuhgeschäft und muss den ganzen Tag stehen, was ihre schwache Gesundheit noch verschlechtert. Ihr Vater ist ein international angesehener Geologe, der für seine drei Töchter mal ganz große Pläne hatte. Nichts davon ließ sich in der Zeit der vielen politischen Kampagnen realisieren.

Bing ist ungeheuer tüchtig und geschickt, zudem noch absolut zuverlässig, ganz im Gegensatz zu Feng, der nichts genau nimmt, sehr nachlässig ist und ein recht schlechtes Gedächtnis hat. Angeblich merkt er sich nur, was unwichtig ist. Er könne noch nicht einmal die Füße heben, schimpft seine Frau. Das stimmt. Er hat wirklich einen ziemlich schlurfenden Gang, und dabei wankt er wie ein Matrose auf hoher See.

Ich mag Feng und Bing. Sie sind herzlich, hilfsbereit und unkompliziert. Bei ihnen zu wohnen, ist ein Vergnügen. Bing kümmert sich ums Baby, bringt es morgens in die Krippe, geht dann zur Arbeit und kommt abends wieder mit ihm zurück, dann hat Feng schon gekocht, denn ihm untersteht die Küche. Solange ich da bin, geht er nur selten in seine Fabrik. Denn als verantwortungsbewusster Neffe muss er sich natürlich um seine ausländische Tante kümmern. Das versteht jeder in seiner Fabrik. Schließlich sei Peking ein unsicheres Pflaster. Feng braucht als einfacher Arbeiter nicht den Einfluss zu fürchten, den die Anwesenheit einer Ausländerin in seiner Wohnung haben könnte. Er habe sowieso nichts zu verlieren, meint er.

In Fengs Wohnung gibt es kein Telefon. In keinem der vier Blöcke unseres Hofes gibt es einen Privatanschluss, sagt er, und in den anderen Höfen auch nicht. Dafür steht an der Längsseite eines jeden Hofes ein kleines Häuschen, in dem der Hofwart wohnt, der für die Verteilung der Post und das Gemeinschaftstelefon zuständig ist. Jedes Mal, wenn ein Anruf für Feng kommt, rennt dieser arme Hofwart los und brüllt unten in den Hausflur hinein «Feng! Telefon!», dass es bis in den vierten Stock hinaufschallt. Dann spurtet Feng los, rennt die vier Etagen hinunter und über den halben Hof, um den Anruf anzunehmen. Wenn man selbst jemanden anrufen will, muss man natürlich auch in jenes Häuschen gehen, und selbstverständlich hört der Hofwart dann immer mit, manchmal mischt er sich auch beratend ins Gespräch ein. Feng hat nichts dagegen. Er versteht sich gut mit dem alten Herrn, der sein Vater sein könnte. Manchmal sei er von ihm sogar getröstet worden, damals, als das Drama der elterlichen Ehescheidung über die Bühne ging. Der Hofwart bekommt alles mit. Ob ich diejenige sei, von der die Briefe aus Deutschland kämen, fragt er Feng am ersten Tag. Als Postverteiler weiß er über alle eintreffenden Briefe Bescheid. «Ja, das ist meine Tante aus Hamburg», stellt Feng mich vor, und der Hofwart schüttelt mir freundlich die Hand. «Wenn irgendetwas ist, bin ich immer für Sie da», sagt er. Ich bedanke mich höflich und verschwinde lieber. Der Mann ist mir zu gut informiert.

Jeden Tag kommen irgendwelche der vielen Verwandten zu Besuch: Cousins, Cousinen, die Halbschwester, der Halbbruder. Sie holen mich zu Ausflügen in die Umgebung ab, klappern mit mir die Pekinger Sehenswürdigkeiten ab oder laden mich nach Hause ein. Mir gefällt das wunderbar, denn so konzentrieren sich alle auf mich und nicht wie letztes Mal hauptsächlich auf Yuqian. Sie wundern sich, wieso ich mich in Fengs kleiner Wohnung so wohl fühle. Schwiegerpapa würde mich am liebsten wieder in dem bequemen Gästehaus unterbringen – wegen des fließend heißen Wassers, denn wie bei allen anderen Verwandten gibt es das natürlich auch bei Feng nicht. Dafür verfügt sein kleines Bad aber über eine winzige steinerne Badewanne. Jeden Abend koche ich mir einen Kessel Wasser, und schon nach zwei, drei Tagen habe ich den Trick raus, wie man mit Hilfe einer Waschschüssel in der kleinen Wanne duschen kann.

«Du kannst wirklich Bitternis essen», loben mich die Verwandten und meinen damit, dass ich auch unter schwierigen Bedingungen zurechtkomme.

Schon in Hamburg bin ich auf die Idee gekommen, einen Ausflug zu einem der vier heiligen buddhistischen Berge zu machen. Durch die Arbeit an unserem Kunst- und Reiseführer habe ich mich eingehend mit dem Buddhismus beschäftigt. Wutai Shan, ein Gebirge in der Provinz Shanxi, gilt als eins der besterhaltenen buddhistischen Zentren, und ich brenne darauf, es kennen zu lernen. Feng ist begeistert: «Ich komme mit.»

«Es gibt nur ein Problem», sage ich. «Wutai Shan ist für ausländische Besucher gesperrt.» Nur die großen Städte wie Peking, Shanghai und Kanton kann man beliebig besuchen, für die ländlichen Regionen benötigt man eine besondere Genehmigung, und einige Gebiete sind für Ausländer ganz gesperrt.

«Das ist kein Problem», winkt Feng ab. «Ich werde das regeln.»

So ganz vertraue ich ihm nicht. Vorsichtshalber erkundige ich mich bei der deutschen Botschaft, was es mit dem Reiseverbot für das Wutai-Gebirge auf sich hat.

Der dortige Mitarbeiter ist ein ehemaliger Student von Yuqian. «Darüber lässt sich nur spekulieren», meint er.

«Was geschieht, wenn man mich dort ohne Besuchsgenehmigung erwischt?»

«Dann wird man dich im schlimmsten Fall einsperren und dich zwingen, eine Selbstkritik zu schreiben. Außerdem wird unsere Botschaft informiert, und ich muss dich dort dann rausholen, das fällt nämlich in mein Ressort.»

Die Vorstellung, in irgendeinem chinesischen Gefängnis zu schmoren und auf die Befreiung durch einen verträumten deutschen Botschaftsangehörigen zu warten, ist nicht gerade angenehm. «Du würdest mir also abraten, dorthin zu fahren?»

«Ja, als Diplomat muss ich das.»

«Und als Freund?»

«Als Freund und Sinologe unterstütze ich dich, denn ich selbst würde auch gern mal das Wutai-Gebirge besuchen. Ich kann also nur hoffen, dass man dich schnappt.»

Ich berichte dem lieben Feng von diesem Gespräch. «Alles Unsinn», meint er. «Hier wird niemand geschnappt.»

«Also fahren wir?»

«Natürlich! Und zwar zunächst nach Taiyuan, von wo aus die Busse ins Gebirge fahren. Bings ältere Schwester wohnt in Taiyuan. Wir können bei ihr übernachten und dann sehen, wie wir weiterkommen.»

Bing möchte unbedingt mit. Ich glaube, ich höre nicht richtig. Für eine Woche? Und das Baby?

«Du stillst doch noch», wende ich vorsichtig ein. «Wo willst du das Baby lassen?»

«Das Baby kommt mit», bestimmt der stolze Papa.

Na prima! Auf ins heilige Gebirge mit Pampers, Strampelhosen und was weiß ich! Ich sehe sofort meine Schwester vor mir: Wenn die mit ihrem Baby nur für einen Tag bei mir anrückte, schleppte sie immer eine riesige Babytasche mit. Und nun soll es mit solchem Gepäck für eine ganze Woche auf Bergeshöhen gehen? Das hat mir gerade noch gefehlt.

Zwei Tage später brechen wir auf. Feng und Bing haben jeder nur ein Bündel bei sich, nicht viel größer als meine Reisetasche. Einige Stoffreste werden als Windeln in einen Beutel gestopft, das Baby in eine Decke gewickelt. Die Kleine ist mopsfidel und hocherfreut, von ihrem Vater vorneweg getragen zu werden.

Der Zug nach Taiyuan ist nicht voll besetzt, die Zugbegleiterin hat deshalb sofort Zeit für uns. Kaum entdeckt sie unser Babybündel, bringt sie einen verbeulten Blecheimer und stellt ihn uns vor die Füße. «Was sollen wir denn damit?», frage ich Bing. Die murmelt etwas von Pipimachen, wickelt ihr Kind aus der Decke, hält es über den Eimer und pfeift. Ich kann es nicht fassen: Die kleine Wei pinkelt auf Kommando.

«Pinkelt Wei immer, wenn du pfeifst?»

«Nicht nur Wei. Alle chinesischen Kinder werden so erzogen. Als Mutter weißt du ungefähr, wann dein Kind mal muss. Und wenn du es dann abhältst und pfeifst, klappt es meistens.»

Wei trägt die typisch chinesische Kinderhose mit offenem Schlitz, sodass man sie bei Bedarf abhalten kann, ohne viel Zeit fürs Ausziehen zu verlieren. Sobald die Kinder laufen können, hocken sie sich von allein hin. Dann wissen die Eltern sofort, was Sache ist. Und da sich der Schlitz beim Hinhocken automatisch öffnet, bleiben die Hosen trocken. Bing sagt, dass die chinesischen Kinder schon nach einem Jahr sauber sind.

Die Zugbegleiterin bringt Deckeltassen, Teeblätter und eine große Thermoskanne mit heißem Wasser. Feng zaubert aus seinem Bündel hart gekochte Eier, Dampfbrötchen und gefüllte Dampfklöße hervor. Die Zugbegleiterin bekommt etwas ab und revanchiert sich mit Erdnüssen.

Es ist schon dunkel, als wir in Taiyuan ankommen. Bings Schwager holt uns vom Bahnhof ab. Er hat sein Fahrrad mitgebracht, an das wir unser Gepäck hängen. Und so geht es zu Fuß zu ihm nach Hause. Es kommt ihm sehr gelegen, dass ich im Schutze der Dunkelheit seine Wohnung betrete. Man könne ja nie wissen, ob man später nicht wieder angeschwärzt wird, weil man Kontakt zu Ausländern hatte.

Bings Schwester und Schwager sind während der Kulturrevolution als Schüler von Peking nach Taiyuan verschlagen worden und haben nun kein Anrecht mehr, in die Hauptstadt zurückzukehren. Während des ganzen Abendessens geht es um nichts anderes, als wie man ihre Rückkehr bewerkstelligen könnte.

Am nächsten Morgen zieht Feng mit dem Schwager los, um sich nach Busverbindungen zum Wutai Shan zu erkundigen. Wenig später kehren sie mit Karten für einen Überlandbus zurück und mit der Information, dass das Gebiet tatsächlich für Ausländer gesperrt ist.

«Mach dir keine Sorgen», beruhigt mich Feng. «Wir haben beschlossen, dich als Uigurin zu verkleiden. Bei dieser Kälte ist das kein Problem.»

«Als Uigurin? Leben die Uiguren nicht an der Seidenstraße in Nordwestchina? Wie sehen die überhaupt aus?»

«So ähnlich wie du, ziemlich westlich, mit großen Augen und großer Nase. Viele von ihnen haben sogar braune Haare.»

Am nächsten Morgen erkenne ich mich selbst nicht wieder. Mit einem dicken roten Wollkopftuch, einem weißen Mundschutz, der meine Nase verbirgt, und einem wattierten dunkelblauen Mantel stehe ich neben den anderen am Busbahnhof. Es ist lausekalt, und es bläst ein scharfer Wind. Ich bin deshalb nicht die Einzige, die einen Mundschutz trägt. Ich falle tatsächlich gar nicht auf.

Der Bus ist gerammelt voll. Ich habe neben Bing einen Fensterplatz ergattert. Feng sitzt hinter uns neben einer älteren dicken Frau, die wohl total übermüdet ist, denn kaum sitzt sie, schläft sie auch schon ein und lässt ihren Kopf auf Fengs Schulter sinken; der wagt sich ab sofort nicht mehr zu rühren. Das Baby haben wir bei der Schwester gelassen. Bing meint, für ein paar Tage würde das schon gehen, und die Milch könne sie sich unterwegs aus der Brust pressen.

Die Fahrt bis ins Dorf Wutai soll etwa neun Stunden dauern. Unser Bus gehört nicht gerade zu den neuesten Modellen, hat aber eine fabelhafte Hupe. Er rumpelt über die Straßen und hupt alles beiseite, was ihm in den Weg kommt. Die meisten Mitreisenden scheinen vom Land oder aus dem Gebirge zu stammen. Jedenfalls haben sie in Taiyuan ordentlich eingekauft. Massen von Taschen, Kartons und Bündeln liegen oben auf dem Dachgepäckträger festgezurrt, der Rest versperrt den Mittelgang. In jedem Dorf hält der

Bus, einige steigen aus, andere ein. Zusammengequetscht wie die Ölsardinen sitzen wir schon nach kurzer Zeit zu dritt auf den Zweierplätzen. Je weiter wir uns von der Stadt entfernen, umso bunter wird unsere Reisegesellschaft. Inzwischen sind schon mehr Hühner als Menschen an Bord. Die Luft ist aber trotzdem gut, denn alle Fenster stehen offen, sodass der eisige Wind ungehindert hereinpfeifen kann, was außer mich niemanden stört. Die Stimmung ist prima. Die einen fachsimpeln, die anderen rauchen, einige schlafen, und hier und da würgt jemand den Schleim von vorgestern hervor und spuckt alles Überflüssige geräuschvoll aus dem Fenster oder auf den Boden. Der Fahrer, ein leutseliger junger Mann, plaudert ununterbrochen mit den Mitreisenden in den ersten Reihen. Mit dem Fahrer hat man während der Fahrt nicht zu sprechen? Weit gefehlt. Ich glaube, der erwartet sogar, dass er unterhalten wird. Nach vier Stunden steuert er unser Gefährt in einen riesigen ummauerten Hof, an dessen einer Längsseite mehrere flache Gebäude stehen. Es ist der Busbahnhof irgendeiner Kleinstadt. «Hier machen wir Pause!», ruft er seinen Fahrgästen zu und zeigt auf einen der Flachbauten. «Dort drüben könnt ihr etwas essen.»

Alle steigen aus und stürmen los, jedoch nicht zu jenem Flachbau, sondern zu einem armseligen Gemäuer, an dessen beiden Seiten in überdimensional großen Schriftzeichen jeweils «Damen» und «Herren» steht. Dorthin muss ich auch dringend, doch Bing zieht mich in die entgegengesetzte Richtung. «Solche Toiletten sind furchtbar schmutzig», sagt sie.

«Aber ich muss mal. Ganz dringend sogar.»

Sie zeigt auf das gegenüberliegende Wohnviertel. «Dort gibt es sicherlich auch eine öffentliche Toilette, und die wird sauberer sein als die im Busbahnhof.»

Bing hat schon bald ein entsprechendes Örtchen gefunden. Eigentlich handelt es sich um eine Art Freiluftklo: eine rechteckige Ummauerung, an deren einer Längsseite in fünf Nischen Plumpsklos zum Hinhocken aufgereiht sind, die zwar hüfthohe Seitenwände, aber keine Türen und Decken haben. Das scheint praktisch zu sein, denn die fünf Damen, die über den Schlitzen hocken und ihr Geschäft verrichten, können auf diese Weise mühelos mit den Schlange stehenden anderen Damen plaudern. Kaum stellen Bing und ich uns hinten an, verstummt das Geschnatter. Mit aufgerissenen Augen starren mich die Damen fassungslos an. Eine kleine Omi fällt vor Schreck fast in den Schlitz und sucht mit einem Aufschrei Halt an der Seitenwand. Wohl noch nie eine Uigurin gesehen? Wahrscheinlich lassen sie sich nicht von meiner Verkleidung täuschen. Und nun? Am liebsten würde ich sofort auf dem Absatz kehrtmachen, doch da fangen sie plötzlich an zu lachen. «Eine Ausländerin! Na so was! Wo kommt ihr denn her?», wird Bing bestürmt. Hinten anstellen kommt gar nicht in Frage. Ich werde sofort auf den ersten Platz in der Reihe komplimentiert, und die Frauen in den Nischen beeilen sich, mir ihren Platz anzubieten. In null Komma nichts hocke ich breitbeinig über einem Schlitz und fühle mich so ausgetrocknet wie nie zuvor, während mich viele freundliche und gespannt dreinschauende Augenpaare beobachten.

«Eigentlich muss ich gar nicht», bringe ich unglücklich hervor und ernte großes Gelächter.

«Sie ist die chinesischen Toiletten nicht gewöhnt», verkündet die feinfühlige Bing. «Vielleicht ist es besser, wenn wir sie einen Moment allein lassen.»

«Kein Problem», sagen die Frauen, und nach kurzem Durcheinander hat auch die letzte die Ummauerung verlassen, und Bing steht draußen Schmiere.

«Ausländerinnen sind komisch», höre ich Bing sagen. «Es ist ihnen peinlich, wenn man ihnen beim Pinkeln zusieht.» Das finden die anderen witzig und lachen sich schief. Als ich herauskomme, stehen noch alle da, auch jene, die ihr Geschäft bereits erledigt haben. Ich bedanke mich für ihre Rücksicht, einige schütteln mir freundschaftlich die Hand, und dann gehen wir alle wieder gemeinsam hinein, und ich warte, bis Bing fertig ist.

Als wir wieder im Bus sitzen, hat die ältere Frau neben Feng ausgeschlafen.

«Bist du gerade erst zugestiegen?», fragt sie ihn.

«Ich sitze schon seit Taiyuan neben Ihnen», erwidert er und siezt sie respektvoll, wie es im Norden Älteren gegenüber üblich ist. «Sie waren wohl sehr müde. Meine Schulter hat Ihnen als Kopfkissen gedient.»

«Wirklich?», staunt die Frau und muss lachen. «Das war dann aber sehr freundlich von dir. Ja, ich war hundemüde. Ich bin erst gestern aus Peking angereist.»

«Ach wirklich? Genau wie wir», stellt Feng fröhlich fest.

«Du kommst auch aus Peking? Wo wohnst du denn?»

«Im Jianguo-Viertel. Und Sie?»

«Ganz in deiner Nähe, östlich vom Bahnhof.»

«Dann sind wir ja Nachbarn. Aber Ihrem Tonfall nach kommen Sie eher aus dieser Gegend.»

«Ganz genau», bestätigt die Frau. «Du hast aber ein gutes Gehör! Ich stamme aus dem Wutai-Gebirge. Mein Mann ist während der fünfziger Jahre nach Peking versetzt worden, und da sind wir dann geblieben.»

«Dann ist er in der Armee?»

«Ja.»

«Haben Sie Kinder?»

«Drei Söhne.»

«Welch ein Glück!»

«Ganz im Gegenteil», wehrt die Frau lachend ab: «Drei Söhne bedeuten viele Sorgen. Früher glaubte ich, wenn die Kinder erst einmal groß sind, kann ich mich zur Ruhe setzen. Denkste! Jetzt geht der Ärger erst richtig los. Zuerst zitterst du um einen guten Arbeitsplatz, dann geht die Suche nach einer geeigneten Frau los, und hast du die gefunden, folgt das Wohnproblem, dann die Einrichtung – ich sage dir, die Sorgen hören gar nicht mehr auf. Zum Beispiel mein Ältester: Der hat erst kürzlich ...»

In allen Einzelheiten schildert sie die Probleme ihres Ältesten, dann die der beiden anderen Söhne. Feng muss sich ihre gesamte Familiengeschichte anhören. Doch der hört nicht nur geduldig zu, er fragt sogar interessiert nach. Die nächsten drei Stunden vergehen wie im Fluge.

«Ich werde im nächsten Dorf aussteigen», kündigt sie plötzlich an.

«Wieso? Sie fahren nicht bis Wutai? Ich denke, Sie stammen von dort.»

«Das ist richtig, aber meine jüngste Schwester lebt hier im nächsten Dorf. Ihr Mann ist vor ein paar Tagen gestorben. Eine ganz tragische Geschichte.»

Das ist es wirklich, wie wir aus der folgenden Schilderung entnehmen können.

«Ich werde ihr ein wenig zur Seite stehen und sie dann für einige

Zeit mit nach Peking nehmen. Ihre Kinder sind ja schon erwachsen. Die Tochter studiert in Taiyuan …»

Als sie auch mit den Kindern ihrer Schwester durch ist, fragt sie: «Fährst du bis nach Wutai?»

«Ja.»

«Und was machst du da?»

«Wir wollen uns dort die Klöster anschauen. Ich fahre nämlich zusammen mit meiner Frau und meiner Tante dorthin.» Und dabei tippt er mir auf die Schulter, woraufhin ich mich umdrehe und ihr freundlich zulächle.

«Ach! Das ist deine Tante? Die sieht ja aus wie eine Ausländerin.»

«Sie schreibt ein Buch über die Sehenswürdigkeiten Chinas», weicht Feng aus. «Dazu gehören natürlich auch die buddhistischen Klosteranlagen des Wutai Shan.»

«Auf jeden Fall», bestätigt die Frau mit Nachdruck. «Kennt ihr denn jemanden in Wutai?»

«Nein.»

«Und wo werdet ihr wohnen?»

«Weiß ich noch nicht. Irgendetwas werden wir schon finden.»

«Das wird nicht einfach sein. Es gibt dort doch gar keine Hotels.» Sie scheint einen Augenblick zu überlegen. «Ich habe einen Verwandten in Wutai. Es ist der Mann der Cousine meines verstorbenen Schwagers. Wang heißt er und leitet die Kulturabteilung von Wutai. Er wird euch bestimmt helfen können.»

«Aber ich kann doch nicht so einfach zu ihm gehen und ihn um Hilfe zu bitten.»

«Wieso nicht?»

«Ich denke, dass er wegen meiner Tante vielleicht Unannehmlichkeiten bekommen könnte.»

«Ach was! Er ist Funktionär. Ihm wird schon etwas einfallen. Woher kommt deine Tante eigentlich?»

«Von ziemlich weit her.»

«Das geht schon in Ordnung. Ihr seid so nette junge Leute, euch muss man doch helfen. Ich schreib dir schnell eine Empfehlung. Wie heißt du eigentlich?»

«Feng, und Sie?»

«Li. Ich schreibe, dass du mein Nachbar bist und dass er dir helfen soll.»

«Das ist wirklich sehr nett von Ihnen, Tante Li.»

Kurze Zeit später halten wir. Feng springt auf und wuchtet das Gepäck von Tante Li aus dem Bus. Sie klopft Bing und mir zum Abschied auf die Schulter: «Viel Spaß in Wutai», und schon ist sie verschwunden.

Der Bus fährt wieder los. Außer uns sind nur noch zwei weitere Passagiere übrig geblieben. Gegen vier Uhr nachmittags kommen wir an. Der Bus hält in der Nähe eines merkwürdigen Gebäudekomplexes, der aussieht wie eine zweckentfremdete Klosteranlage. Feng spricht den erstbesten Passanten an und fragt, wo der Kulturbeauftragte Wang zu finden sei. «Dort drüben», sagt der Passant und zeigt auf jenen Gebäudekomplex, bei dem es sich, wie wir beim Eintreten feststellen, tatsächlich um ein ehemaliges Kloster handelt.

In dem kleinen Büro des Herrn Wang sitzt ein unwirsch dreinschauender junger Mann. Was wir denn von Herrn Wang wollen, brummelt er.

«Wir kommen aus Peking. Eine Verwandte von Herrn Wang schickt uns», klärt Feng ihn auf, woraufhin sich dessen Gesichtsausdruck sofort aufhellt.

«Aber nehmen Sie doch bitte Platz», fordert er uns höflich auf. Herr Wang komme zwar erst gegen fünf Uhr zurück, doch sein Sohn sei hier. Er wird ihn sofort holen. Und schon ist er weg. Kurz darauf begrüßt uns Herr Wang junior, der aussieht wie sechzehn, aber bestimmt älter ist. Alle Chinesen wirken meist um Jahre jünger, als sie wirklich sind.

«Ihr kommt aus Peking?»

«Ja», bestätigt Feng, springt auf und schüttelt ihm herzlich die Hand. «Tante Li schickt uns. Wir sind Nachbarn.»

«Ach wirklich? Wie geht es ihr? Ich habe sie lange nicht gesehen.»

«Wir sind im selben Bus hierher gekommen. Ihr Schwager ist gestorben. Wusstest du das nicht?»

«Nein, ehrlich gesagt kümmere ich mich nicht so viel um die Verwandtschaft. Wie ist das denn passiert?»

«Ganz tragisch», sagt Feng. Er weiß da ja bestens Bescheid und erstattet Bericht. Nach einer halben Stunde geht die Tür auf und ein älterer Herr tritt ein.

«Vater, wir haben Besuch, Nachbarn von Tante Li. Sie sind mit ihr im selben Bus hierher gekommen. Wusstest du, dass Onkel Tan gestorben ist?»

«Natürlich. Ich habe davon gehört», sagt der Vater und begrüßt uns freundlich. Feng überreicht ihm den kleinen Zettel, unser Empfehlungsschreiben. «Aber ich wusste nicht, dass Tante Li extra aus Peking anreist. Das ist wirklich nett von ihr. Wenn ich früher in Peking zu tun hatte, habe ich häufig bei ihr gewohnt. Aber in den letzten Jahren war ich nicht mehr dort gewesen. Wie geht es ihrer Familie?»

«Gut. Ihr Ältester hat gerade geheiratet.»

«Ach! Das wusste ich nicht.»

«Das ist eine lange Geschichte ...»

Über Fengs schlechtes Gedächtnis mag man sagen, was man will. Aber hier erinnert er sich an jede Einzelheit. Nach kurzer Zeit ist Herr Wang über Kinder, Ehemann und sonstige Probleme der guten Tante Li im Bilde. «Ja, ja, sie hat es nicht leicht», fasst er seufzend zusammen. «Aber was ist denn nun mit euch? Warum seid ihr nach Wutai gekommen?»

«Meine Tante interessiert sich für die hiesigen buddhistischen Klosteranlagen. Sie arbeitet an einem Buch über die Sehenswürdigkeiten Chinas, und da habe ich ihr gesagt, dass sie das heilige Wutai-Gebirge auf keinen Fall vergessen dürfe. Deshalb sind wir hier. Wir wollen uns ein wenig umschauen.»

«Wunderbar! Wir hoffen ja, dass wir unser Gebiet recht bald für den Tourismus öffnen können. Eine Expertengruppe inspiziert gerade sämtliche Klosteranlagen und entscheidet dann, welche Objekte restauriert werden.»

«Interessant!»

«Wenn ihr wollt, könnt ihr euch den Experten anschließen. Sie sind mit ihrem eigenen Bus gekommen. Das ist wichtig, denn sonst kommt ihr nur schlecht von einem Kloster zum anderen. Ich werde mal fragen, ob sie einverstanden sind. Wo wohnt ihr denn?»

«Wir sind gerade erst angekommen. Wir haben noch keine Unterkunft.»

«Hm! Es gibt hier noch keine angemessenen Hotels. Deshalb ist das Gebiet ja eigentlich für Ausländer gesperrt. Aber wenn ihr wollt, könnt ihr hier im Gästehaus übernachten. Die Zimmer sind zwar einfach, aber es ist praktisch, hier zu wohnen. Ihr könntet dann nämlich auch in unserer Kantine essen.»

Feng sieht mich strahlend an: «Na, was sagst du, möchtest du hier bleiben?»

«Natürlich, das wäre wunderbar.»

«Ich werde euch bei den Besichtigungen leider nicht begleiten können», bedauert Herr Wang. «Ich muss morgen für ein paar Tage fort.»

Wir bedanken uns bei ihm und folgen seinem Sohn in das Gästehaus.

Bing und ich bekommen ein kleines Zimmer, das mit zwei Schlafpritschen, einem Ständer mit Waschschüsseln und einem Ofen ausgestattet ist und wie eine ehemalige Mönchszelle wirkt. Feng zieht zu den Männern auf die andere Seite des Hofes. Es ist eiskalt in unserem Zimmer, die Bettdecken sind klamm und der Ofen kalt. Aber das stört uns nicht. Eingemummelt in unsere wattierten Mäntel, aus denen wir schon einen ganzen Tag nicht herausgekommen sind, sitzen wir auf den Betten und überschütten Feng mit Komplimenten. Welch ein hervorragendes Gedächtnis er doch hat, muss nun auch Bing zugeben.

Um sechs Uhr gehen wir zum Abendessen. Die Kantine befindet sich in einem Seitenflügel der Anlage. An mehreren Tischen sitzen Gäste und essen. Als wir eintreten, verstummen sie für einen kurzen Moment und schauen uns neugierig an. Eine Mitarbeiterin weist uns freundlich einen Tisch in einer Ecke zu. Sie weiß schon Bescheid, denn sie serviert uns sofort ein Essen. Am Nachbartisch sitzt eine Gruppe von zehn, zwölf Männern.

«Ob das die Experten sind, die die Tempelanlagen inspizieren?», flüstere ich den anderen zu, und Feng nickt zustimmend. «Ich werde sie nach dem Essen mal fragen.» Doch dann verfinstert sich sein Gesicht.

«Was ist los?», frage ich ihn.

«Dort drüben sitzt ein Polizist. Er scheint dich noch nicht gesehen zu haben», flüstert er mir zu.

Ich schaue mich um und sehe einen uniformierten Mann im Gespräch mit ein paar Leuten an einem etwas abseits stehenden Tisch. Sein Rücken ist uns zugewandt, dann kann er mich eigentlich nicht gesehen haben. Wir beeilen uns mit dem Essen und verlassen schon nach kurzer Zeit die Kantine. Draußen ist es stockfinster. Feng hat eine Taschenlampe dabei und leuchtet uns den Weg zurück in unsere Mönchszelle. Dort beratschlagen wir, was wir mit dem angebrochenen Abend machen können. Zum Schlafen ist es noch zu früh und für einen Spaziergang schon zu dunkel. Plötzlich klopft es. Zwei Männer stehen vor der Tür, einer von ihnen ist der Polizist. Sie bitten Feng mitzukommen. Mir schwant nichts Gutes. Fünf Minuten später kommt Feng zurück.

«Es gibt Ärger! Wo ist dein Pass? Sie sagen, dieses Gebiet sei für Ausländer gesperrt.»

«Sag ihnen, wir hätten das nicht gewusst», schlägt Bing vor.

«Habe ich ja, aber sie bestehen darauf, dass wir gleich morgen früh wieder abreisen. Mal sehen, was ich tun kann.» Er nimmt meinen Pass und eine Schachtel der überlangen «More»-Zigaretten, die ich ihm geschenkt habe und die er so schick findet. «Vielleicht lassen sie sich ja mit Zigaretten bestechen», sagt er und verschwindet.

Ich bleibe klappernd auf meinem Bett sitzen. Die Kälte kriecht langsam, aber sicher in meine Knochen. Bing steht derweil an dem Waschständer und presst sich schweigend die Milch aus der Brust. Arme kleine Wei! Die muss jetzt mit Kuhmilch vorlieb nehmen.

«Ihr habt wirklich großes Glück mit eurer Tochter», sage ich. «So ein süßes Kind, und so unkompliziert.»

«Ja, meine Tochter ist meine ganze Hoffnung. Ich werde alles dafür tun, dass sie es mal besser hat als wir.»

«Es geht euch doch gar nicht schlecht. Außerdem seid ihr noch jung und könnt noch einiges aus eurem Leben machen.»

«Hier, in diesem Land? Nein. Unser Leben ist gelaufen. Wir gehören der verlorenen Generation an: nichts gelernt und ohne Chancen. Schau dir doch die anderen aus unserer Familie an. Glaubst du, unsere Eltern wären alle klüger gewesen als wir, und sie hätten eben nur dumme Kinder zur Welt gebracht? Nein! Sie konnten in ihrer Jugend studieren und einen ordentlichen Beruf ergreifen. Von uns durfte niemand studieren, jedenfalls nicht in China. Darum gehen wir ja auch alle ins Ausland und studieren dort.»

«Wollt ihr auch ins Ausland gehen?»

«Wie denn und wohin?»

Das weiß ich auch nicht.

Nach einer halben Stunde kommt Feng in unser Zimmer gestolpert. Er strahlt übers ganze Gesicht. Dicht auf den Fersen folgt ihm der Polizist, der sich höflich vor mir verbeugt. «Ich wusste ja nicht, dass ihr die Freunde von unserem Kulturchef seid. Dann könnt ihr selbstverständlich bleiben.»

Feng klopft dem Polizisten freundschaftlich auf die Schulter und sieht mich erwartungsvoll an. «Er hat noch nie mit einer Ausländerin gesprochen. Da hab ich ihm gesagt: Das könnten wir sofort ändern. Na los, sprich mal mit ihm.»

Ich danke ihm, dass wir bleiben dürfen, und der Polizist ist richtig platt. «Spricht man in Deutschland denn auch Chinesisch?»

Feng erklärt ihm die näheren Umstände. Dann bietet er ihm eine Zigarette an, und qualmend setzen sie sich auf das freie Bett.

«Hier ist es aber kalt», stellt der Polizist schon nach wenigen Minuten fest. «Soll ich Feuer machen?»

«Ach, bitte keine Umstände!», sage ich höflich. Zum Glück lässt er sich nicht beirren und läuft hinaus, gefolgt von Feng, und kurz darauf kehren sie mit einem Stapel Zeitungspapier und einigen Holzscheiten zurück. Feng übernimmt das Feuermachen.

«Wie ihr wisst, ist dieses Gebiet für Ausländer gesperrt», erinnert der Polizist an unser Problem. «Ihr seht ja selbst, wie primitiv wir hier leben. Wir müssen erst ein ordentliches Hotel bauen. Dann können wir auch Gäste empfangen.»

«Ich finde es in einem solchen alten Gemäuer eigentlich ganz interessant. Wer hierher kommt, muss sich eben vorher überlegen, ob er auf Luxus verzichten kann.»

Der Polizist lacht ungläubig: «Es macht Ihnen also nichts aus, so zu wohnen?»

«Die Ausländer sind gar nicht so anspruchsvoll, wie wir immer denken», belehrt ihn Feng. «Außerdem sind wir ja gekommen, um etwas über die Klosteranlagen und das religiöse Leben zu erfahren. Alles andere ist unwichtig.»

«An Klosteranlagen gibt es hier genug. Aber die meisten sind ziemlich verwahrlost.»

«Ich weiß, während der Kulturrevolution haben die Roten Garden hier viel zerstört, nicht wahr?», frage ich.

«Nicht nur die Roten Garden. Wir haben viel früher damit angefangen. Schon Ende der fünfziger Jahre, als es mit der sozialistischen Umerziehungskampagne losging, da haben wir Dorfbewohner schon kräftig randaliert. Wir waren ja alle wie verdreht. Nun bereuen wir das. Wenn noch alles intakt wäre, kämen die Ausländer hierher und würden viel Geld mitbringen. Ihr mögt ja solche alten Stätten, hat mir jedenfalls einer von der Expertengruppe erzählt.»

Zwei Stunden lang plaudert der Polizist mit uns, und allmählich wird es in unserem Zimmer wohlig warm.

Am nächsten Morgen gleich nach dem Frühstück dürfen wir uns der Expertengruppe anschließen. Herr Wang hat alles arrangiert. Ein großes Glück, denn die Gruppe reist nicht nur mit ihrem eigenen Bus, sodass sich die großen Entfernungen zwischen den einzelnen Klöstern leicht zurücklegen lassen, sondern sie hat auch sachkundige Führung. Der ehemalige Abt eines hiesigen Klosters führt die Gruppe, und diese hat nun irgendwann zu entscheiden, welche der vielen verlassenen Anlagen restauriert werden sollen. Einige Klöster sind schon wieder bewohnt, mal sind es fünf Mönche, mal mehr, mal auch weniger. In einem einsamen Gemäuer in atemberaubender Landschaft finden wir einen alten Mönch, der dort allein lebt. Er lacht übers ganze runzlige Gesicht, und als er uns begrüßt, sehe ich, dass er nur noch drei, vier Zähne in seinem Mund hat.

«Woher kommst du?», fragt er mich.

«Von sehr weit her.»

«Aus Amerika?»

«Nein, aus Europa.»

«Aus Europa? Europa ist groß.»

«Aus Deutschland.»

«Aus Ost- oder Westdeutschland?»

«Aus Westdeutschland.»

«Aha!»

«Aus Hamburg», sage ich flachsend. «Haben Sie schon mal von dieser Stadt gehört?»

«Ja, Hamburg ist eine Hafenstadt, genau wie unser Shanghai.»

«Himmel! Sie wissen aber gut Bescheid.»

«Ferne Länder interessieren mich. Ich habe die Geschichte der Deutschen genau studiert. Es war nicht alles gut, was ihr gemacht habt. Aber ihr habt gute Dichter und Denker hervorgebracht, und der Aufbau eures Landes nach dem Zweiten Weltkrieg war auch bewundernswert.» Er streckt anerkennend seinen Daumen in die Höhe.

«Leben Sie schon lange hier?»

«Nein, ich komme aus Sichuan. Ich habe früher in einem Kloster auf dem heiligen Emei-Berg gelebt. Aber jetzt braucht man mich hier. Deshalb habe ich Sichuan verlassen.»

«Ist das Leben in dieser Einsamkeit nicht zu anstrengend?»

«Aber nein.» Ich bin doch noch jung», sagt er augenzwinkernd. «Erst siebzig.»

Zwei Tage lang fahren wir mit der Expertengruppe durch das herrliche Wutai-Gebirge, und ich sehe mehr, als ich mir erträumt habe. Als wir am dritten Abend zum Essen in die Kantine gehen, sitzt dort eine neue Gruppe von Männern. Sie müssen gerade erst eingetroffen sein. Mein Anblick scheint sie in größtes Erstaunen zu versetzen, und während wir drei an unserem angestammten Ecktisch unser Essen einnehmen, sehen wir, wie einer von ihnen den Polizisten, der auch jeden Abend hier isst, zu sich heranwinkt und mit ihm tuschelt. Kaum sind wir wieder in unserem Zimmer, klopft es und der Polizist tritt ein. Er zieht ein langes Gesicht und zuckt bedauernd die Schultern.

«Die neue Gruppe kommt vom Amt für Öffentliche Sicherheit aus Taiyuan. Die haben hier eine Tagung. Als die euch gesehen haben, fielen sie fast vom Stuhl. Der Leiter wollte dann sofort von mir wissen, wieso hier eine Ausländerin herumläuft. Ich hab ihm gesagt, dass ihr gerade erst angekommen seid und schon morgen früh weiterreisen würdet. Da gab er sich zufrieden. Die Expertengruppe reist ja auch morgen früh ab. Ich habe schon mit dem Leiter gesprochen. Die nehmen euch mit bis nach Taiyuan. Deren Bus ist schneller und bequemer als der Überlandbus.»

Wiedersehen mit den Tianjiner Verwandten

Kaum zurück in Peking, kommt Yuqians jüngster Cousin aus Tianjin angereist. Onkel und Tanten, Cousins und angeheiratete Cousinen, die ganze mütterliche Verwandtschaft sei enttäuscht, dass ich mich bis jetzt nicht gemeldet hätte. Fragt sich nur, woher sie überhaupt wissen, dass ich in Peking bin.

«Mein Vater hat mich extra nach Peking geschickt», klagt der Cousin und schaut mich vorwurfsvoll an. «Willst du uns denn nicht besuchen kommen?»

«Natürlich will ich das. Ich hatte bis jetzt nur noch keine Zeit.»

«Ich soll so lange in Peking bleiben, bis du mitkommst.»

«Na gut», sage ich. «Dann fahren wir morgen.»

Feng liebt es, Gäste zu haben, je mehr, desto besser. Dass der Cousin und ich zur selben Zeit bei ihm wohnen, ist für ihn ein Grund, ein köstliches Abendessen zu kochen. «So ein Zusammentreffen muss gefeiert werden», meint er und zaubert aus einem Schrank eine Flasche hochprozentigen Schnaps hervor.

«Petra kann ganz schön was vertragen», sagt er zum Cousin. «Die trinkt dich glatt unter den Tisch.»

«Das glaub ich nicht. Sie ist eine Frau.»

«Ja, aber eine deutsche Frau.»

«Na und? Frau ist Frau.»

«Ich kann wahrscheinlich mehr vertragen, als ihr beide zusammen», provoziere ich. «Chinesen können doch nichts ab.»

Der Cousin kann darüber nur lachen. «Das wollen wir doch mal sehen.»

Das Essen steht auf dem Tisch. Feng füllt den Schnaps in fingerhutgroße Gläschen. «Prost», sagt er, und in einem Rutsch werden die Gläser geleert. Er schenkt sogleich nach, diesmal prostet uns der Cousin zu, und wieder wird getrunken. Allein trinkt man ja nicht, sondern immer gemeinsam nach entsprechender Aufforderung. Bing macht wegen des Babys natürlich nicht mit. Und ich mogele ein bisschen, nippe anfangs nur und greife dafür bei den deftigen Speisen ordentlich zu. Eine gute Grundlage ist alles, hat mein Vater immer gesagt.

Wir werden immer fröhlicher. Selbst Bing, die keinen Tropfen anrührt, amüsiert sich königlich, denn mit dem Cousin und Feng an einem Tisch ist beste Unterhaltung garantiert. Nach zwei Stunden sitzen die beiden Herren schon reichlich windschief auf ihren Stühlen, ihre Gesichter glänzen und sind krebsrot. Viele Chinesen brauchen nur von ferne eine Flasche Schnaps zu sehen, da werden sie schon rot. Mein lieber Yuqian gehört dazu. Bei mir ist es genau das Gegenteil: Je mehr ich trinke, desto blasser werde ich. Das wissen die beiden natürlich nicht. Fassungslos schaut der Cousin auf das Bleichgesicht, das anscheinend immer bleicher wird, und auf meine stocksteife, gerade Haltung, die mir einiges an Konzentration abverlangt. Noch ein paar Fingerhüte voller Schnaps, und die beiden kapitulieren.

«Das hätte ich nicht gedacht», murmelt der Cousin, streckt anerkennend seinen Daumen in die Höhe und wankt zum Schlafen ins Nebenzimmer, gefolgt von Feng, der sich bei jedem Schritt abstützen muss. Erst als die Herren gegangen sind, wage ich es, aufzustehen und mich vorsichtig die paar Meter zu meinem Bett vorzuarbeiten. In voller Montur setze ich mich auf die Bettkante und lasse mich zur Seite plumpsen. Bing legt sich aufs Sofa. «Du hast es denen aber gezeigt», höre ich sie voller Bewunderung sagen. «Soll ich dir beim Ausziehen helfen?»

«Nicht nötig.» Mit letzter Kraft nehme ich die Beine hoch und decke mich zu.

«Fall bloß nicht aus dem Bett!», warnt sie mich.

Ich mache noch mal die Augen auf. Tatsächlich: Ich liege haarscharf an der Bettkante, doch umdrehen und mich an die Wand kuscheln, wie ich es sonst immer mache, scheint mir unmöglich. Und überhaupt: Was hat sie denn nur, diese Bing, ich liege doch gut hier.

Als ich am nächsten Morgen aufwache, ist alles in bester Ordnung. Noch immer liege ich haarscharf an der Bettkante. Keinen einzigen Zentimeter habe ich mich gerührt. Ich räkle mich und drehe mich zur anderen Seite, da stößt meine Nase gegen einen harten Gegenstand. Alles vor mir ist schwarz. Sicher habe ich einen Kater. Kein Wunder, bei dem vielen Schnaps, den wir gestern gebechert haben. Ich versuche, mich auf meinen Kopf zu konzentrieren. Scheint auch in Ordnung zu sein. Keine Kopfschmerzen, kein heftiges Pochen an den Schläfen, warum also diese Sehstörungen? Ich starre ins Dunkle und mache langsam einen merkwürdigen schwarzen Gegenstand aus. Er ist groß, ziemlich groß sogar, und mit einem Ruck setze ich mich auf. Eine riesige Lautsprecherbox liegt in meinem Bett. Die hing doch gestern Abend noch oben an der Wand. Ich schaue hoch. Da klafft ein großes Loch in der Wand. Mit einem Satz springe ich aus dem Bett. Bing ist auch gerade am Aufstehen.

«Bing, seit wann liegt diese Lautsprecherbox in meinem Bett?»

Bing schaut mich verdutzt an. Dann sieht sie das Ungetüm und wird leichenblass. «Die muss heruntergefallen sein. Himmel! Bist du verletzt? Die hätte dich ja erschlagen können.» Sie hebt den Lautsprecher an und stöhnt auf. «Ist der schwer! Feng hat ihn erst vor vier Wochen dort angebracht.» Sie geht sofort ins Schlafzimmer und weckt ihn. Als er hört, was geschehen ist, kommt er sofort in unser Zimmer gerannt. Ich bin derweil im Bad, doch da höre ich, wie er entsetzt schreit: «Wo ist sie? Ist sie verletzt? Ist ihr etwas passiert?» Er gerät in solche Panik, dass ich augenblicklich das Bad verlasse, um ihn zu beruhigen. Allerdings bin ich inzwischen auch ein wenig zittrig, denn allmählich dämmert es mir, was alles hätte passieren können, wenn ich von meiner Bettkante nur ein paar Zentimeter in die Mitte gerückt wäre.

Bing ist jetzt so richtig wütend. «Weißt du, wie schwer der Lautsprecher ist? Der hätte ihren Kopf zerschmettern können», tobt sie los. «Wie hast du ihn dort oben überhaupt angebracht? Wahrscheinlich wieder so nachlässig, wie du alle deine Sachen machst.»

Das Baby bekommt einen gehörigen Schreck und heult laut auf. So hat es die Mutter wohl noch nie schimpfen hören.

Feng schaut unglücklich zum Loch hinauf. «Ich habe ihn angeklebt», sagt er kleinlaut.

«Du hast dieses schwere Ding einfach an die Wand geklebt?» Bing gerät außer sich.

Feng nickt bekümmert. «Mit einem Betonkleber. Der klebt garantiert alles, hat mir ein Kollege gesagt.» Er schaut sich den Lautsprecher genauer an. An der Rückseite klebt ein großer Mauerbrocken. «Der Lautsprecher muss einfach zu schwer für das poröse Mauerwerk gewesen sein.»

Ich danke jetzt erst einmal meinem Schutzengel und dem Schnaps von gestern Abend. Beide zusammen haben mir womöglich das Leben gerettet.

Der Onkel und die beiden Tanten in Tianjin warten schon gespannt, als ich mit dem Cousin bei ihnen aufkreuze. Die Schwiegertochter rennt sofort zum Markt und kauft riesige lebende Krebse. Einer nach dem anderen dieser krabbelnden Ungetüme wandert in den Dampftopf, und ich verschwinde sofort aus der Küche. Das kann man nicht mit ansehen. Dann sitzen wir endlich alle am Tisch und in der Mitte liegen die roten Krebse. Der Onkel legt mir einen auf meinen Teller. Ein mühseliges Geschäft, dieses Krebsessen, denn man muss die Tiere ohne Hilfsmittel mit den Händen zerlegen und dann das bisschen Fleisch heraussaugen oder -pulen. Yuqian ist darin ein großer Meister, und es gibt für ihn nichts Köstlicheres als ein

Krebsessen. Mir sind sie eigentlich egal, oder besser gesagt: Es ist mir einfach zu umständlich, sie zu essen.

Der Onkel verteilt Schnaps. «Krebsfleisch hat eine kalte Energie. Deshalb muss man unbedingt Schnaps dazu trinken, damit unser Magen keinen Schaden nimmt.»

Die Frau des Cousins gießt mir eine Tunke aus Essig und Ingwer auf einen kleinen Teller. «Ingwer tut es auch», sagt sie, «denn er wärmt. Zu einem Krebsessen gehört immer Ingwer.»

Voller Genuss knabbern die Tanten an den langen Krebsbeinen herum und saugen geschickt das Fleisch heraus. Ein riesiger Krebs ist übrig geblieben und liegt in der Mitte. Ich ahne schon, wer den bekommt. Krebse sind teuer. Das Essen muss ein Vermögen gekostet haben. Kaum habe ich meinen verputzt, landet der übrig gebliebene natürlich auf meinem Teller. Der Onkel ignoriert meinen Protest, aber ich gebe nicht auf. Nach langem Hin und Her finden wir einen Kompromiss. Ich esse den Rumpf, die anderen die Beine.

«Was machen wir nach dem Essen?», fragt die Frau des Onkels. «Möchtest du dir Tianjin ansehen?»

Dazu habe ich wenig Lust, die drei Alten sind nicht mehr so gut zu Fuß wie vor zwei Jahren. Ein Spaziergang würde sicher eine Ewigkeit dauern. Aber was soll ich den ganzen Nachmittag mit ihnen anfangen? So viel zu erzählen haben wir nicht, und mein Zug fährt erst gegen sieben Uhr abends nach Peking zurück. Mir kommt eine rettende Idee. «Könnt ihr Mahjong spielen?»

Ungläubiges Staunen. «Kannst du es denn?», fragt mich der Onkel mit leuchtenden Augen.

«Natürlich.»

Die beiden Tanten klatschen begeistert in die Hände: «Wir spielen es jeden Nachmittag, aber uns fehlt immer ein vierter Spieler.»

«Darf man denn wieder Mahjong spielen?», frage ich. «Eigentlich war es doch mal verboten.»

«Seit einiger Zeit spielen die Leute wieder», erwidert der Cousin. «Solange du nicht um Geld spielst, ist das auch in Ordnung. Die da oben in Peking haben es sowieso immer gespielt.»

Seit der Revolution von 1949 ist das Mahjong-Spiel – wie überhaupt jegliches Glücksspiel – weitgehend verpönt, denn früher wurde meist um hohe Einsätze gespielt. Da brachte mancher Spieler seine Familie um Haus und Hof, was in Hongkong und Taiwan wohl heute noch ab und zu passiert. Ich habe Mahjong in Hamburg spielen gelernt, bei Yuqian und seinen Freunden aus Indonesien und Hongkong. Die spielten immer nur um Spielgeld oder Pfennigbeträge, was mir gut gefiel, weil ich sowieso meist verliere. Inzwischen sind die Freunde in ihre Heimatländer zurückgekehrt, und nur noch selten bietet sich die Gelegenheit zu einem Spiel. Jedenfalls kann ich nicht gerade behaupten, dass ich eine versierte Spielerin wäre. Für die beiden Tanten und den Onkel reicht es aber. Wir spielen den ganzen Nachmittag, und das in einer atemberaubenden Geschwindigkeit. Die sonst so bedächtigen Alten kommen richtig auf Touren. Wie Skatspieler ihre Karten kloppen, so begeistert pfeffern sie ihre Steinchen auf den vliesbedeckten Tisch. Sie tricksen mich aus und freuen sich diebisch, als sie mir das ganze Spielgeld abknöpfen und vor sich aufhäufen. Kurz nach sechs Uhr müssen wir unser Spiel leider abbrechen. Es ist Zeit, zum Bahnhof zu gehen. Der Cousin begleitet mich.

«Ich möchte dir noch etwas zeigen», sagt er und gibt mir einen großen Umschlag.

«Was ist das?»

«Schau nach!»

Es ist ein altes Foto, total vergilbt und an den Rändern eingerissen. Eine feierliche chinesische Hochzeitsgesellschaft ist darauf zu sehen, doch merkwürdigerweise trägt die Braut kein traditionelles chinesisches Hochzeitskleid, sondern ist in Weiß gekleidet mit langem Schleier und einem prächtigen Brautstrauß. Der Bräutigam trägt Smoking und Zylinder, vier herausgeputzte kleine Blumenstreuerinnen sind zu sehen und noch drei, vier ebenfalls festlich gekleidete Personen, darunter ein alter Herr mit traditionellem langem Gewand.

«Das muss ja ein uraltes Foto sein. So heiratet doch heute keiner mehr.»

«Das Foto ist von 1926, also fast sechzig Jahre alt. Es wurde hier in dieser Stadt gemacht.»

«Eine christliche Hochzeit! Wer ist dieses Brautpaar?»

«Schau genau hin!»

Ja, jetzt erkenne ich sie: Es sind Yuqians Eltern.

«Wo hast du das denn her? Ich glaube, selbst Yuqian hat dieses Foto nie gesehen.»

«Als ich beim letzten Erdbeben aus dem Haus rennen wollte, fiel gerade unser großer Wandschrank um, und da sah ich es zufällig auf der Rückwand kleben. Es musste von Bedeutung sein, sonst hätte man es ja nicht dort versteckt. Ich riss es ab und rannte hinaus. Mein Vater erkannte darauf sofort seine Schwester, aber das Foto selbst hatte er auch nie gesehen. Wer es wann hinten auf den Schrank geklebt hat, wissen wir alle nicht. Vielleicht war es mein Großvater. Der Schrank stand ja schon Jubeljahre an jener Stelle. Auf jeden Fall hat das Foto dadurch die Kulturrevolution überlebt. Wenn es in einem Album geklebt hätte, wäre es vielleicht verbrannt worden. So wie die Leute angezogen sind, ging es da ja total kapitalistisch zu.»

Ich schaue mir das Foto genauer an. So viele Blumen, die schönen Kleider, wie stolz die Männer in ihren Anzügen aussehen, eine wirklich vornehme Gesellschaft, und das vor fast sechzig Jahren! Und heute? Wenn ich da an die Hochzeit von «Schwesterchens» Tochter denke. Hätten wir an jenem Abend ein Foto gemacht, gäbe es nur blaue und graue Jacken und ausgebeulte Hosen zu sehen. Merkwürdig: Früher gab es viele Arme und wenige Reiche, heute gibt es nur noch Arme. Damals heiratete man traditionell in Rot oder christlich in Weiß. Alles war möglich. Und heute? Dank der Revolution trägt man den armseligen Einheitslook. Ich weiß nicht, ob mir das gefallen würde. Auf jeden Fall hätte ich vom Foto her lieber an der Hochzeit vor sechzig Jahren teilgenommen. Das sieht jedenfalls noch nach einer richtigen Hochzeit aus.

«Was soll mit dem Foto geschehen?», frage ich. Wie gern würde ich es mitnehmen.

«Gib es Yuqian. Bei euch ist es sicherer aufgehoben. Wer weiß, ob nicht noch einmal eine politische Kampagne kommt, und dann wird das Foto vielleicht doch noch zerstört. Du kannst uns ja eine Kopie schicken.»

Nichte Lei

Nichte Lei ist nun schon fast drei Jahre bei uns, ein unerwarteter Härtetest, muss ich sagen, denn leider läuft nicht alles so, wie ich es mir ursprünglich vorgestellt habe. Von meiner anfänglichen Begeisterung ist nicht viel übrig. Ich sehe ein, dass man den Verwandten helfen muss, was ich auch gerne tue. Ich kann auch nicht behaupten, dass ich dafür irgendwelche Gegenleistungen in Form von besonderer Dankbarkeit erwarte. Allerdings muss ich zugeben, dass ich nicht darauf vorbereitet bin, mir mit unseren Hilfsleistungen auch noch jede Menge Ärger einzuhandeln. Manchmal frage ich mich wirklich, was das Ganze soll. Andere in meinem Alter bauen sich ein Häuschen im Grünen. Damit will ich nicht sagen, dass ich von so einem Häuschen träume, ganz und gar nicht, ich fühle mich in unserer Mietwohnung sehr wohl, nur könnte man mit dem vielen Geld, das Yuqian für seine Familie abzweigt, auch ganz andere Sachen machen. Denn nicht nur Nichte Lei muss finanziert und Sohn Xin unterstützt werden, auch Nichte Jingjing, die inzwischen in Tokio Pharmazie studiert, bittet um Hilfe, und dann kommt auch noch Cousine Yingqians jüngster Sohn aus Shanghai angerückt, bepackt mit zwei schweren Koffern voller Bücher und Kleidung. Er will Informatik studieren, am liebsten in den USA. So weit reichen Yuqians Kontakte aber nicht. Er konnte ihm nur einen Studienplatz an einer Hamburger Fachhochschule besorgen. Ist ja auch nicht schlecht. Der Neffe richtet sich daraufhin auf drei bis vier Jahre bei uns ein. Aber der Himmel ist manchmal eben doch recht gütig. Schon kurz nach seiner Ankunft erhält er die Nachricht aus den USA, dass er dort studieren könne und sogar ein Stipendium bekommt. Er ist ein lieber Kerl, hilfsbereit und tüchtig, dennoch bin ich erleichtert, als er abreist.

Wie gern würde ich Nichte Lei ab und zu einmal daran erinnern, dass sie uns vor mehr als zwei Jahren geschrieben hat, sie müsse in China das trostlose Leben einer Fabrikarbeiterin führen und dass sie das unbedingt ändern und deshalb im Ausland studieren wolle. Nun hat sie diese Chance, und was ist? Nicht viel, nur eine Menge Frust. Ich dachte, sie hätte einen unglaublichen Nachholbedarf, würde wie ein trockener Schwamm all das Wissen aufsaugen, das sie sich angeblich aneignen wollte. Doch Menschen verändern sich wohl, zumal wenn sie nach so tristen Erfahrungen plötzlich in unsere kunterbunte Welt kommen. Lei holt das nach, was pubertierende Mädchen im Westen lange vor ihr ausprobiert haben. Und wenn sie darüber nicht das Lernen vergäße, würde ich ihr das auch nicht übel nehmen, denn als sie in der Pubertät war, musste sie Mao-Parolen brüllen.

Lei ist ein nettes Mädchen, daran gibt es gar keinen Zweifel, aber als sie mit ihren dreiundzwanzig Jahren bei uns aufkreuzt, bin ich doch ein wenig erstaunt, wie unselbstständig und orientierungslos sie noch ist. Angeblich hat sie schon seit Monaten in China Deutsch gepaukt, doch ist davon kaum etwas zu spüren. Wir schicken sie in eine private Sprachenschule, wo sie mit Grundkurs I beginnt. Jeden Morgen tippelt sie brav zum Unterricht und macht nachmittags ihre Hausaufgaben, aber auch keinen Schlag mehr – so richtig nach Schülermanier: Man lernt nicht für sich, sondern für den Lehrer. Keine nennenswerte Wissbegier bringt sie mit, keine speziellen Interessen, auch nicht an Büchern oder Zeitungen, selbst wenn sie auf Chinesisch sind. Was sollen wir tun? «Ihr müsst sie motivieren», raten uns deutsche wie chinesische Freunde. Motivieren? Wie kann es sein, dass es ihr an Motivation mangelt? Wozu ist sie dann überhaupt nach Deutschland gekommen?

Nichte Lei glaubt, dass alles, was gemeinsam genutzt wird, sie nichts angeht. Yuqian sagt, so ein Verhalten sei typisch für sozialistische Länder. Eigentlich merkwürdig: Überall propagiert man in China, man müsse dem Volke dienen, und dennoch verlottern die öffentlich genutzten Anlagen wie Hausflure, Treppenhäuser oder Toiletten. Lei lässt Toilette und Bad nach Gebrauch so zurück, wie es sich gerade ergibt. Mich bringt das auf die Palme.

«Kannst du die Toilette nicht mal putzen?», frage ich sie.

«Wieso? Die ist doch immer sauber!», stellt sie erstaunt fest.

«Vor deinem Gebrauch ja, aber nicht, wenn du sie verlässt.»

Ich zeige ihr, wie man mit Klobürste, Wischtuch und Putzmittel umgeht, und komme mir dabei total kleinkariert vor. Wieso stören mich Lappalien wie Leis Rückstände im Klo oder ein Wust von Haaren im Badewannenabfluss? Und trotzdem nervt es mich, genauso wie ihre volle Mülltüte, die sie regelmäßig vor ihrer Zimmertür abstellt. Da ihr Zimmer – das sie picobello sauber hält – von unserem Esszimmer abgeht, müffelt ihr Müll in der Nähe des Esstisches vor sich hin.

«Warum lässt du die Mülltüte nicht in deinem Zimmer stehen?»

«Aber sie ist doch voll und stinkt», wundert sie sich über meine dumme Frage.

«Dann bring die Tüte doch zur Mülltonne.»

«Gleich.»

Aber dieses «gleich» dauert. Meine Mutter will sich halb totlachen, wenn ich ihr mein Leid klage. «Du und deine Schwester! Ihr wart genauso», sagt sie. «Da siehst du mal, wie es ist, wenn man Kinder hat.»

Kinder? Mit meinen dreißig Jahren möchte ich eigentlich keine dreiundzwanzigjährige Tochter haben.

Doch Lei ist nicht dumm, und sie versteht irgendwann auch das Problem mit der Mülltüte, allerdings erst nachdem ich einmal meinen eigenen Müll vor unsere Esszimmertür stelle, also in ihr Zimmer. Und von da an entsorgt sie den Müll sofort.

Unsere Wohnsituation erweist sich schon nach kurzer Zeit als denkbar ungünstig. Wann immer Lei ihr Zimmer betritt oder verlässt, muss sie an uns vorbei. Bringt sie jemanden mit nach Hause, haben wir auch gleich gut davon. Sie fühlt sich deshalb beobachtet, was sicher stimmt, nur lässt sich das nicht ändern, weil der Schnitt der Wohnung nun einmal so unvorteilhaft ist und man ja nicht beliebig alte Wände abreißen und neue ziehen kann.

Da beschließt doch tatsächlich unser Nachbar aus der unteren Etage auszuziehen. Ein Geschenk des Himmels, glauben wir und mieten seine Wohnung sofort hinzu. Lei erhält ihr eigenes Reich und damit mehr Selbstständigkeit. Die räumlichen Probleme sind nun gelöst, die sprachlichen noch nicht. Leis Deutsch macht nur langsam Fortschritte.

«Du musst mehr Deutsch mit ihr reden», fordert Yuqian.

«Stimmt», gebe ich zu und wundere mich, wieso jede Unterhaltung mit ihr immer wieder ins Chinesische abdriftet, obwohl Yuqian und ich nur Deutsch miteinander sprechen.

Zwei Sprachkurse sind schnell um, und es zeigt sich überdeutlich, dass ihr die Praxis fehlt. Sie muss das Erlernte unbedingt anwenden. Vielleicht hat sie dieselbe Scheu wie ich und mag nicht vor ihren Angehörigen Deutsch sprechen. Denn wann immer deutsche Studenten zu uns kommen, hält sie sich schüchtern zurück, kommt dagegen chinesischer Besuch, dreht sie richtig auf und kann sich köstlich amüsieren.

Meine Schwester hat mal ein Jahr als Aupairmädchen in der französischen Schweiz gearbeitet und beste Erfahrungen gemacht. Als sie zurückkam, sprach sie fabelhaft Französisch. Warum sollen wir nicht einen ähnlichen Versuch wagen? Eine befreundete Bäuerin und leidenschaftliche Sammlerin chinesischer Briefmarken bietet ihre Hilfe an. Besser kann man es doch gar nicht treffen: eine deutsche Familie mit drei netten Kindern zwischen vierzehn und achtzehn Jahren, die alle an China interessiert sind, dazu ein Bauernhof, ein kleiner Pensionsbetrieb und ein paar Tiere, und das alles in wunderschöner Umgebung. Außerdem singt die Bäuerin gern, Lei kann auch gut singen und hat ein ganzes Repertoire chinesischer Schlager und Volkslieder auf Lager. Alle sind begeistert, Lei genauso wie wir und die deutsche Familie. Sie könne so lange bleiben, wie sie will, heißt es, ein paar Wochen, Monate, ein halbes Jahr. Je nachdem. Lei ist schon nach zehn Tagen wieder zu Hause. Sie sei nicht zum Arbeiten, sondern zum Deutschlernen gekommen, sagt sie. Und Lernen tut man nicht beim Abwasch mit der Bäuerin oder beim Bettenmachen. Na gut, denke ich, ich kann das nicht beurteilen. Vielleicht musste sie wirklich zu hart anpacken. Das ist sie wahrscheinlich nicht gewohnt. Und da wir mit den Leuten befreundet sind, mag ich auch nicht nachfragen, wieso lasst ihr meine Nichte so viel arbeiten, wenn die Leute selbst auch den ganzen Tag herumackern. Ihrer deutschen Sprache hat es allerdings gut getan, das ist ganz unverkennbar. Also stimmt die Idee mit der praktischen Anwendung, ich müsste nur etwas Besseres finden. Da fällt mir ein Kindergarten ganz in unserer Nähe ein. Es wäre doch gar nicht schlecht, wenn sie dort den ganzen Tag mit den Kindern spielen und sprechen könnte. Die Betreuerinnen scheinen auch ganz nett zu sein. Lei weiß nicht so recht, wie sie sich das vorstellen soll. Ich bekniee derweil die Leiterin, dass sie Lei als Praktikantin aufnehmen möge. «Eine Chinesin in Ihrem Kindergarten, das wäre doch mal was Neues.» Das findet die Leiterin auch und ist einverstanden, ja sogar richtig gespannt. Schon viele Praktikantinnen habe sie gehabt, aber noch nie eine aus China. Sie könne ruhig kommen, am besten nur vormittags. Das ist uns recht. Schon nach wenigen Tagen verkündet Lei, dort nicht mehr hingehen zu wollen. Ich traue meinen Ohren nicht.

«Was kann man schon von vier- bis fünfjährigen Kindern lernen?»

«Eine ganze Menge», erwidere ich. «Als ich in Taiwan war, habe ich bei einer chinesischen Familie gewohnt und stundenlang mit den Kindern des Hauses gespielt und geplaudert. Auf jeden Fall verliert man dabei die Scheu vor dem Umgang mit der Sprache.»

Doch sie bleibt dabei: Sie hat keine Lust mehr. Ich bin ratlos und beleidigt. Soll sie sich doch selbst etwas suchen! Yuqian hat eine bessere Idee. Er meldet sie als Gasthörerin in der Universität an, sodass sie an allen Deutschkursen für Ausländer teilnehmen kann. «Wenn du erst einmal genügend Deutsch beherrschst, kannst du auch andere Veranstaltungen besuchen», sagt er. «Du könntest zu den Germanisten gehen, zu den Betriebswirten oder Kunsthistorikern, wohin du willst.» Vor allem könne sie von morgens bis abends mit deutschen Studenten zusammen sein und so viel Deutsch sprechen, wie sie will.

Inzwischen studiert eine kleine Gruppe junger Chinesen an der Universität, die mit dem akademischen Austauschdienst nach Hamburg gekommen sind. Sie haben in China ihr Abitur mit besten Noten gemacht und dort auch schon ein wenig Deutsch gelernt. Sie sind vier, fünf Jahre jünger als Lei, und als sie das Gymnasium besuchten, war die Kulturrevolution schon vorüber. Sie sind es gewohnt, anständig zu pauken, und das machen sie hier auch. Kaum eine Woche vergeht, in der nicht der eine oder andere zu Yuqian kommt und väterlichen Rat sucht. Häufig kommen sie auch alle zusammen, kochen, plaudern und spielen Bridge. Lei gefällt das Leben dieser jungen Leute, vor allem wenn sie sieht, wie frei sie im Studentenheim wohnen, ohne dass ständig ein Onkel oder eine Tante dazwischenmeckert.

Nach anderthalb Jahren wird Yuqian allmählich nervös. Lei müht sich noch immer mit den Grundkursen ab. Sie kommt nicht richtig voran. Einige chinesische Bekannte werfen Yuqian vor, zu anspruchsvoll zu sein. Vielleicht liege ihr das Fremdsprachenlernen gar nicht. Den Eindruck habe ich nicht. Ihre Aussprache ist gut.

«Was interessiert dich denn wirklich?», forscht Yuqian. Vielleicht sollte sie etwas ganz anderes lernen.

Lei grübelt lange nach. «Am liebsten schwimme ich», stellt sie schließlich fest. «Und ich spiele und vergnüge mich gern.»

«Drei Jahre gehen schnell vorbei», warnt Yuqian sie. «Du musst die Zeit sinnvoll nutzen. Vergnügen kannst du dich später. Jetzt darfst du nur ans Lernen denken.»

Ja, lernen wolle sie unbedingt, meint sie, zunächst jedoch einmal Bauchtanz. Yuqian fällt fast in Ohnmacht. Sie habe da eine Frau kennen gelernt, erzählt sie, die den Bauchtanz professionell betreibe. Anscheinend sieht Yuqian sie schon als chinesische Bauchtänzerin in einem Hamburger Nachtclub auftreten, denn er geht senkrecht an die Decke.

Doch Lei blockt eine weitere Diskussion ab. «Ich kann lernen, was ich will. Und im Übrigen kannst du mir gar nichts verbieten», sagt sie. «Du bist nicht mein Vater.»

Ich stehe zwischen den Fronten und versuche zu vermitteln. «Hör mal, dein Onkel meint es gut mit dir», sage ich, aber irgendwie klingt das abgedroschen und kommt auch gar nicht gut bei ihr an. Sie wisse schon, was gut für sie sei, und außerdem würde sie am liebsten in ein Studentenwohnheim ziehen. Die chinesischen Studenten wohnten ja auch alle in einem Heim.

«Wie stellst du dir das vor?», frage ich sie. «Wie kann man, ohne immatrikuliert zu sein, ein Zimmer im Studentenwohnheim bekommen?»

«Wieso?», fragt sie mich verwundert. «Mein Onkel arbeitet schließlich an der Universität. Da muss es doch möglich sein, dass er auf seinen Namen ein Zimmer für mich anmietet.»

Mit Schrecken denke ich an unsere monatlichen Kosten, die sich wohl erheblich erhöhen werden, wenn sie allein lebt, und allmählich wurmt mich auch die Selbstverständlichkeit, mit der sie unsere Hilfe einfordert. Yuqian ist dagegen machtlos. Er hat ein schlechtes Gewissen, weil die Familie durch seine Flucht gelitten hat. Sie können alles von ihm verlangen, er würde es ihnen nie verweigern. Doch manchmal denke ich, dass Yuqians Sohn Xin eigentlich der Einzige ist, dem die Unterstützung des Vaters wirklich zusteht. Der aber bekommt aufgrund der Belastungen durch Lei und andere Bittsteller nur unregelmäßige Zuwendungen, sodass er neben seinem Studium als Kellner in einem Chinarestaurant arbeiten muss. Er beklagt sich jedoch nicht. Wann immer Yuqian mit ihm telefoniert, sagt er, dass es ihm hervorragend gehe.

Lei sucht nun auch einen Job in einem Chinarestaurant. Ein Bekannter braucht zufällig jemanden, der hinterm Tresen die Getränkebestellungen annimmt. Sie kann sofort anfangen – und fast genauso schnell hört sie auch wieder auf. Dem Bekannten ist es peinlich, als er uns sagt, dass er sie nicht länger beschäftigen möchte. Sie träume, sei einfach nicht bei der Sache.

Yuqian wird von einer alten Dame angesprochen, die Privatunterricht in Chinesisch haben möchte, und das gegen gute Bezahlung.

Er vermittelt Lei, und die ist begeistert und macht ihre Sache wirklich gut. Ob Yuqian ihr nicht noch mehr solcher zahlenden Schülerinnen besorgen könnte, fragt sie ihn. Aber so einfach lassen sich diese Damen nicht aus dem Hut zaubern. Dafür zaubert er ihr ein Zimmer herbei, das er über Beziehungen in einem kleinen Wohnheim für sie anmietet. Endlich hat sie es geschafft, ihn davon zu überzeugen, wie wichtig es für ihre Entwicklung sei, allein zu leben. In Ordnung finde ich das eigentlich nicht, dass er ihr diesen Wunsch erfüllt. Aber ich halte lieber meinen Mund.

Von nun an sehen wir sie nur noch selten. Yuqian vertraut darauf, dass sie auch weiterhin die Kurse an der Universität besucht, merkwürdig ist nur, dass sie über das Grundkursniveau einfach nicht hinauskommt. Nach ein paar Monaten beklagt sich Yuqian vor einem seiner Studenten, der mit Lei Tür an Tür im selben Wohnheim wohnt. Wenn sie in diesem Tempo weiterlerne, meint er, könne sie unmöglich nach drei Jahren in China als Dolmetscherin arbeiten.

Das sieht der Student genauso, findet das jedoch wenig verwunderlich. «Sie hängt doch nur mit ihrem chinesischen Freund zusammen. Wie soll sie da Deutsch lernen?»

Wir wissen nichts von diesem Freund, und als wir Lei fragen, winkt sie ab und sagt, es sei nichts Ernstes. Die Beziehung sei stürmisch, aber ohne jede Zukunft.

«Dafür aber zeitaufwändig», meint Yuqian.

«Sicher, mein Studium hat gelitten», gibt sie zu, «aber das kann ich ja nachholen.»

«Wann denn?», frage ich sie. «Du bist doch schon in deinem dritten Jahr.»

«Dann bleibe ich eben länger», meint sie kurz angebunden.

Yuqian ist sauer, und es kommt zum handfesten Krach. Lei ist nicht auf den Mund gefallen und gibt kräftig Kontra. Wieso er ihr überhaupt vorschreiben wolle, mit wem sie sich abgibt. Das sei ihre Sache und gehe ihn nichts an.

«Oh doch», sage ich. «Du wolltest für drei Jahre hierher kommen und Deutsch lernen. Das ermöglichten wir dir. Doch für dich sind jetzt andere Dinge wichtig geworden. Ich denke, wir brechen das Experiment lieber ab. Das erspart uns allen eine Menge Ärger.»

Davon will Lei natürlich nichts wissen. Wenig später gehen wir ein paar einfache Sprachübungen durch. Die Lücken sind erschreckend, selbst für sie. Vieles von dem, was sie einmal konnte, hat sie vergessen. Die letzten Monate hat sie nichts hinzugelernt. Weniger als ein Jahr ist noch übrig, und die Möglichkeit, später mit der deutschen Sprache zu arbeiten, scheint völlig ausgeschlossen. Das wird auch ihr jetzt klar. Was sollen wir tun? Schließlich schicke ich sie für einige Monate zu meinen Eltern. Die haben Zeit und auch die nötige Geduld, von morgens bis abends Deutsch mit ihr zu sprechen. Jeden Tag pauken sie mehrere Stunden lang deutsche Grammatik und Konversation, und die Fortschritte sind frappierend. Wenn sie jemand an die Hand nimmt, läuft es hervorragend, deshalb rät meine Mutter, sie nicht länger zur Universität zu schicken. Die Deutschkurse dort seien zu wenig verschult. Niemand verlangt Hausaufgaben, niemand kontrolliert den Wissensstand. Lei sollte lieber wieder in eine der teuren Privatschulen gehen.

Es ist, wie es ist, sage ich zu Yuqian, drei Jahre sind bald um, und wir sollten dieses Kapitel erfolgreich beenden. So zieht sie wieder zu uns. Ohne zu murren, besucht sie wieder die Privatschule, damit sie ihr Studium mit einem Diplom abschließen kann. Doch nun möchte sie unbedingt ihren Aufenthalt um ein, zwei Jahre verlängern, denn sie wolle im Interesse von Volk und Vaterland noch mehr Deutsch lernen. Ich weiß nicht, ob ich bei diesem Ausspruch weinen oder lachen soll. Wer studiert denn schon für Volk und Vaterland! Yuqian soll doch bitte bei der Ausländerpolizei einen entsprechenden Antrag stellen. Der will aber nicht. Der letzte Streit mit Lei hat ihm gereicht.

«Du hast doch bei der deutschen Botschaft in Peking eine Erklärung unterzeichnet, nach spätestens drei Jahren heimzukehren», erinnert er sie. «Wie kann ich da eine Verlängerung beantragen?»

«Davon wissen die Behörden in Hamburg doch nichts», meint sie kurz.

Da erreicht uns ein Brief von Minqian, ihrer Mutter. Sie möchte, dass ihre Tochter zwei Monate früher als geplant nach Hause kommt. Dann hätte sie mehr Chancen, eine interessante Arbeit zu finden. Auf jeden Fall soll sie vor den Abschlussprüfungen der Universitäten kommen, damit sie nicht mit den Fremdsprachenabsolventen konkurrieren muss.

Der Ärger ist programmiert. Lei geht überhaupt nicht auf den Wunsch der Mutter ein. Kurze Zeit später nimmt Minqian an einem internationalen Frauenkongress in Europa teil. Ihr Flug geht über Frankfurt, wo sie drei Stunden Aufenthalt hat, Zeit genug, meint sie, um in aller Ruhe über Leis Zukunft zu sprechen. Also fahren wir mit dem Auto die fünf Stunden bis zum Frankfurter Flughafen. Minqian trifft pünktlich ein. Wir setzen uns in ein Café. «Wann kommst du denn nun zurück?», fragt sie ihre Tochter erwartungsvoll. Statt zu antworten bekommt diese wie aus dem Nichts einen Weinkrampf, und zwar so heftig, dass man meinen könnte, ihr sei schwerstes Unrecht widerfahren. Ich weiß überhaupt nicht mehr, was ich angesichts dieser Szene denken soll. Während der Fahrt hierher war sie doch noch ganz fröhlich – und nun das? Minqian schaut entsetzt von einem zum anderen. Schließlich verschwinden Mutter und Tochter und sprechen sich unter vier Augen aus. Nach einer Stunde kommen sie wieder, Lei mit verquollenen Augen, die Mutter mit todernster Miene.

«Lei möchte im Interesse von Volk und Vaterland noch mehr Deutsch lernen», sagt Minqian.

Das ist ja nichts Neues. Aber dazu hat sie ja drei Jahre Zeit gehabt.

«Ich weiß nicht, ob die Hamburger Ausländerpolizei das Visum verlängern wird», gebe ich zögernd zu bedenken. «Schon die drei Jahre waren eine Ausnahme.»

Minqian sagt nichts dazu. Sie möchte nun mit Yuqian unter vier Augen sprechen, und so verschwinden die beiden auch wieder für eine Stunde. Unter diesen Umständen hätte ich auch zu Hause bleiben können, wenn keiner mit mir sprechen will. Wieso eigentlich nicht? Mich geht es doch auch etwas an, ob Lei länger bleibt oder nicht. Oder ist das jetzt alles gegen mich gerichtet? Habe ich irgendeinen schwerwiegenden Fehler begangen, dass Lei diesen Weinkrampf bekommen hat?

Endlich kommen sie zurück. Die Mutter besteht nicht länger auf einer früheren Rückkehr. Und was ist mit der Verlängerung? Niemand sagt etwas dazu.

Ich bin ziemlich fertig, als wir die Rückfahrt nach Hamburg antreten. Leis Tränenausbruch hat mich tief verletzt. Ich weiß nicht, was Minqian angesichts dieser Szene gedacht hat. Sie muss doch glauben, wir würden Lei wie den letzten Dreck behandeln, wenn sie plötzlich derart losheult. Und wieso hat sie nicht auch mit mir sprechen wollen? Wahrscheinlich bin ich jetzt der böse Bube. Yuqian rast schweigend über die Autobahn. Da fängt Lei hinten im Wagen an, fröhlich vor sich hin zu trällern. Nicht nur ein Lied. Sie trällert immer weiter, die ganze Fahrt. Wieso ist sie nun wieder so gut gelaunt? War das denn alles nur Show? Wollte sie mit ihren Tränen die Mutter umstimmen? Ich fühle mich zum ersten Mal richtig ausgenutzt.

«Was hat Minqian gesagt?», frage ich Yuqian, als wir allein sind.

«Sie hat Angst, dass Lei für immer in Deutschland bleiben möchte. Sie hat sogar mit Selbstmord gedroht. Sie ist todunglücklich. Ein Leben ohne ihre Tochter sei sinnlos. Deshalb besteht sie auf ihrer Rückkehr.»

«Und wenn sie nicht will?»

«Wir haben eine Abmachung getroffen. Sie besteht nicht mehr darauf, dass Lei früher heimkehrt. Dafür spiele ich den Bösewicht und werde mich weigern, ihren Aufenthalt zu verlängern.»

Lei macht ihr «kleines Diplom». Noch drei Wochen, dann läuft ihr Visum ab. Yuqian macht keine Anstalten, eine Verlängerung zu beantragen. Sie stellt ihn zur Rede, und er gibt zu, dass er das auch nicht vorhat, sondern stattdessen bereits ihren Rückflug gebucht hat. Mitten in der Nacht, als wir schon schlafen, verschwindet sie. Tagelang wissen wir nicht, wo sie geblieben ist. Doch dann ruft der chinesische Studentenvertreter an. Er möchte zwischen Onkel und Nichte vermitteln. Er kommt sogar vorbei, doch überbringt er nur Leis Forderung, Yuqian möge ihr einen weiteren Aufenthalt ermöglichen. Der geht nicht darauf ein. Der Rückflug sei bereits gebucht. Am letzten Abend warten wir auf sie, denn ein Teil ihrer Sachen steht noch bei uns. Das Telefon klingelt. Es ist der Studentenvertreter. Yuqian möge am morgigen Tag Leis Koffer zum Bahnhof bringen, von wo sie mit dem Zug zum Frankfurter Flughafen fährt. Sie selbst habe keine Zeit, die Sachen abzuholen und sich von uns zu verabschieden.

Am nächsten Tag bringt Yuqian den Koffer zum Bahnhof. Ich gehe nicht mit. Ich bin stinksauer. Nach drei Jahren reist die Nichte ohne ein Wort des Abschieds ab. Ich bin enttäuscht und wütend zugleich. Wenig später ruft eine Freundin an. Wieso wir nicht zu Leis Abschiedsparty gekommen sind, will sie wissen. Ich falle aus allen Wolken. Sie hätte viele unserer deutschen und chinesischen Freunde in ein Studentenheim eingeladen, um mit ihnen Abschied zu feiern. Und als diese nach uns fragten, hieß es, wir hätten keine Zeit gehabt.

«Wir sind leider nicht eingeladen worden», sage ich.

«Eines steht für mich fest», kündige ich Yuqian an. «Nie wieder lasse ich mich auf so ein Abenteuer ein und hole einen Verwandten zum Studium ins Ausland.»

Es dauert ein Weilchen, bis ich mich beruhigt habe. Doch dann bin ich mir ziemlich sicher: Irgendwann wird Lei merken, dass es bei uns gar nicht so schlecht war und dass wir einiges für sie getan haben. Merkwürdigerweise kommt dieser Tag schneller als erwartet. Denn schon bald stellt sich heraus, dass Minqian mit ihrer Befürchtung Recht hatte. Als Lei nach Hause kommt, sind die Abschlussprüfungen längst vorbei und alle interessanten Jobs an Absolventen der verschiedenen Universitäten verteilt. Lei muss in ihre alte Fabrik zurückkehren. Schon nach kurzer Zeit erhält Yuqian einen Brief von ihr. Ob er sie nicht wieder nach Deutschland holen könnte. Irgendwie finde ich das schon ein wenig dreist.

Es dauert nicht lange, da kommen neue Anfragen aus China. Anscheinend wollen jetzt alle Verwandten ihre Kinder ins Ausland schicken. Yuqian soll Bürgschaften unterschreiben, Studienplätze besorgen, Stipendien vermitteln, und das auch für Verwandte von angeheirateten Verwandten, von Leuten also, die er selbst gar nicht kennt. Sie alle haben überhaupt keine Vorstellung davon, was es in Deutschland bedeutet, eine Bürgschaft zu übernehmen. Man haftet, wenn etwas passiert! «Die Bürgschaft leistest du nur pro forma», wird immer so nett gesagt, und so meinen sie es im Grunde ja auch, weil sie sich nicht vorstellen können, dass ein Einzelner für ein großes Desaster auch mal geradestehen muss. Für wen wir schon alles unterschrieben haben! Für die Nichte einer Schwägerin, die in Kalifornien Musik studieren will, für den Sohn eines um dreißig Ecken verwandten Arztes, der nach Belgien gehen möchte, um nur zwei zu nennen. Wenn wir nicht unterschreiben, kommen die Leute nicht raus. Was also will man machen? Ich überlege schon, ob ich nicht wieder regelmäßig zum Sonntagsgottesdienst gehen und für all unsere Schützlinge beten soll. Längst habe ich meine Dissertation an den Nagel gehängt und eine Stelle in einer deutsch-chinesischen Handelsfirma angenommen, um unser Budget etwas aufzubessern. Yuqian allein kann alle diese Hilfsmaßnahmen gar nicht finanzieren.

Xin, der Sohn

Seit vierzehn Jahren sind Yuqian und ich ein Paar, und seit sieben Jahren sind wir verheiratet. Ich bin sehr glücklich mit ihm und er, glaube ich, auch mit mir. Was ich mir jetzt noch sehnlichst wünsche, ist ein Kind. Anfangs glaubte ich, dass sich mit dem Wunsch auch ganz schnell ein Kind einstellen würde. Es kam aber keins. Du musst Geduld haben, sagte ich mir und wurde immer ungeduldiger. Ich konsultierte verschiedene Ärzte, ließ mich untersuchen, nur um zu erfahren, dass körperlich alles in Ordnung sei. Man könne aber medikamentös nachhelfen. «Bloß nicht», warnt Yuqian. Wenn Gott uns kein Kind schenken will, dann wolle er auch keins haben. Dass ich nicht lache! Von Anfang an war er gegen ein Kind. So viel wie wir in der Welt herumgondeln, sagte er mal, sollten wir lieber allein bleiben. Klar, dass er so denkt, er hat ja einen Sohn. Aber Xin ist dein Sohn und nicht meiner, habe ich daraufhin gesagt. Ich kenne ihn nicht mal, habe ihn nie gesehen. Ich weiß auch nicht, ob er mich überhaupt akzeptiert. Außerdem möchte ich ein Kind von dir haben, weil es ein Beweis unserer Liebe wäre. Daraufhin präsentiert er mir eine neue Idee.

«Du solltest dich mit chinesischen Kräutern behandeln lassen. Unsere traditionelle Medizin wirkt in solchen Fällen wahre Wunder.»

Damit bin ich einverstanden. Die sanfte Tour gefällt mir sowieso besser. «Kann man das hier in Deutschland machen?»

«Nein, dazu fliegen wir am besten nach Peking oder Shanghai.»

«Du willst ja bloß wieder nach China fahren.»

Nach dem Debakel mit der Nichte habe ich im Moment absolut keine Lust, dorthin zu fahren, auch wenn es mir letztes Jahr bei Feng und den anderen Verwandten sehr gut gefallen hat. Doch Yuqian findet schnell noch einen zweiten Grund, weshalb wir unbedingt nach China reisen müssen. Ein Teil seiner Studenten nimmt an einem Sprachkurs im Südwesten des Landes teil, den er für sie organisiert hat. Selbstverständlich muss er die Gruppe dorthin begleiten, und deshalb gilt: «Während ich in Sichuan bin, lässt du dich in Peking oder Shanghai behandeln.»

Da ruft Xin aus San Francisco an. Er studiert nun schon seit drei Jahren Wirtschaft und Informatik.

«Guten Tag! Wie geht es Ihnen?», überrascht er mich auf Deutsch.

«Seit wann sprichst du Deutsch?» Meine Frage sprengt seinen deutschen Wortschatz. Wir setzen die Unterhaltung auf Chinesisch fort. Ich erzähle ihm, dass wir im Sommer nach China fahren wollen.

«Dann komme ich auch.»

Wie bitte? Für einen Moment bin ich sprachlos. Der ist ja genauso spontan wie sein Vater.

«Das wäre wunderbar», sage ich, doch bei dem Gedanken an ein baldiges Treffen gehen mir tausend Fragen durch den Kopf. Am Telefon verstehen wir uns prima, aber was passiert, wenn wir uns gegenüberstehen? Wie wird er auf mich reagieren und wie ich auf ihn?

Yuqian ist von der Idee begeistert. Sofort werden alle Pläne über den Haufen geworfen und neue geschmiedet. Xin soll zunächst zwei, drei Wochen bei seiner Mutter in Peking bleiben und im Anschluss daran für sechs, sieben Tage nach Shanghai kommen, um uns zu treffen.

«Und was ist mit deinen Studenten?», frage ich. «Du wolltest sie doch nach Südwestchina begleiten.»

«Die müssen zunächst allein hinfahren. Nach dem Treffen mit Xin folge ich ihnen.»

«Und ich?»

«Du fliegst dann nach Peking und lässt dich mit Kräutern behandeln.»

Cousine Yingqian in Shanghai hat viel Platz in ihrer Wohnung, denn inzwischen studieren ja beide Söhne in den USA.

«Ihr könnt bei uns wohnen», sagt sie, «Xin auch.»

So kalt es im Frühjahr 1981 in ihrer Wohnung war, so heiß ist es jetzt im Juli 1984. Über vierzig Grad mit hoher Luftfeuchtigkeit. Unerträglich! Eine Klimaanlage gibt es nicht, nur ein alter Ventilator müht sich im Wohnzimmer ab, aber viel bringt der auch nicht.

An dem Tag, an dem Xin eintreffen soll, geht es mir gar nicht gut. Ich bin nervös. Heute wird er kommen, der Sohn meines Mannes, der Sohn jener ersten Frau. Yuqian hat mir in den letzten Tagen viel von ihm erzählt, hat mir versichert, dass wir uns bestimmt fabelhaft verstehen werden. Ich bin glücklich, ihn endlich kennen zu lernen. Oder nicht? Will ich das überhaupt? Vielleicht stört er meine Beziehung zu Yuqian, vielleicht drängt er sich zwischen uns, lässt eine Distanz entstehen. Als Yuqian letztes Jahr mit dem Schiff nach San Francisco fuhr, traf er dort natürlich seinen Xin und war wieder begeistert von ihm. Er sei der Einzige, mit dem er über all seine Probleme sprechen könne. Niemand sei so vertraut mit seiner Vergangenheit wie Xin. Niemand verstehe ihn so gut wie sein eigener Sohn. Ich fürchte mich ein wenig vor diesem Treffen, und dennoch steht eines für mich fest: Egal was passiert, ich werde in der kommenden Woche alles tun, um eine gute Beziehung zu ihm aufzubauen. Danach gehen wir sowieso wieder auseinander. Jeder kehrt an seinen Wohnort zurück, Xin in die USA und wir nach Deutschland. Nur diese eine Woche, die muss unbedingt ein Erfolg werden.

Es ist Vormittag. Xin soll erst am Nachmittag kommen, so gegen drei Uhr, mit einem Zug aus Peking und dann mit dem Taxi vom Bahnhof hierher. Dennoch bin ich unruhig und kann es kaum noch erwarten. Ständig laufe ich zum Fenster. Er könnte ja mit einem früheren Zug gekommen sein! Ob draußen schon ein Taxi zu sehen ist? Nichts. Die Stunden kriechen nur langsam dahin. Doch dann, gegen drei, hält ein Taxi vor dem Haus. Ich renne ins Wohnzimmer. «Ich glaube, er kommt», rufe ich. Da klingelt es auch schon. Cousine Yingqian springt auf und saust zur Tür, Yuqian stürmt hinterher. Ich bleibe ratlos zurück. Soll ich auch zur Tür gehen, von wo inzwischen großer Jubel zu hören ist, oder lieber im Wohnzimmer abwarten? Da kommt Yuqian schon strahlend zurück, im Arm den Sohn: «Das ist Xin!»

Da steht er also, etwas kleiner ist er als Yuqian. Wahrscheinlich geht er nach der Mutter, die recht klein sein soll. Pech für ihn. Ich hab nichts gegen diese Frau, aber als zweite Frau mag ich die erste nicht.

Xin schaut mich aufmerksam an. Er lächelt, sieht blendend aus, ein schlanker Junge mit flottem, kurzem Haarschnitt, rosa Hemd, weißen Jeans und Turnschuhen. Sechsundzwanzig Jahre ist er alt, könnte aber glatt für achtzehn gehalten werden. Er streckt mir seine Hand entgegen «Hi ...», er stockt. Ja, natürlich! Das haben wir vergessen zu klären. Wie soll er mich denn nennen? Mutter, wie es die chinesische Tradition verlangt? Bloß nicht! Stiefmutter? Noch schlimmer!

«Nenn mich Petra», schlage ich vor und ergreife seine Hand. Xin scheint erleichtert: «Ich bin Michael.»

«Michael?»

«Ja, in Amerika nennen mich alle Michael. Mein Lieblingslehrer gab mir diesen Namen. Gefällt er dir?»

«Ja, sogar sehr gut. Dann werde ich dich ab heute Michael nennen.»

Wir setzen uns. Yingqians Dienstmädchen serviert eisgekühlte Limonade.

«Wie war's in Peking?», will Yuqian wissen. «Wen hast du alles getroffen?»

Michael beginnt zu erzählen. Sein Hemd steht weit offen, und eine Halskette mit einem kleinen Goldbarren kommt zum Vorschein. Wie affig! An seiner linken Hand prangt ein klobiger Ring. Wie kann man nur einen solchen Klunker tragen, und das als Student!

«Den Ring hat mir meine Mutter in Peking gegeben», sagt Michael.

Ich bin verblüfft. Kann er Gedanken lesen?

«Und woher kommt die dicke Halskette?», fragt Yuqian. «Du hast dich doch früher nicht so mit Schmuck behängt.»

«Die hat mir meine Tante als Talisman vor meinem Abflug aus San Francisco geschenkt. Sie ist ein bisschen abergläubisch.» Mit zweifelndem Blick schaut er mir in die Augen. «Magst du es nicht, wenn Männer Schmuck tragen?»

«Wie bitte? Doch, natürlich ...», sage ich schnell. Aber wenn er Gedanken lesen kann, warum dann diese Lüge? «Ehrlich gesagt, mag ich es nicht besonders, vor allem nicht solche dicken Ringe ...»

Er schaut auf seinen Ring, streift ihn ab und lässt ihn in seiner Hosentasche verschwinden. Das habe ich nicht gewollt. Soll er ihn doch tragen, wenn er ihm gefällt, vor allem da es sich um ein Geschenk der Mutter handelt.

«Wenn er dir gefällt, dann trag ihn doch», beeile ich mich. «Er stört mich nicht.» Wieso reden wir jetzt bloß über so ein sinnloses Thema?

«Ich bin es eigentlich nicht gewohnt, Schmuck zu tragen», sagt Michael, und der Ring bleibt in der Tasche.

Cousine Yingqian und ihr Mann Ruishen werden ungeduldig. Sie wollen wissen, wie es sich heute in den USA lebt. Fast dreißig Jahre ist es her, seit sie von dort zurückgekehrt sind. Sie sprechen Englisch mit Michael, und der antwortet ausführlich auf alle ihre Fragen. Sein Englisch ist fantastisch. Das merkt man schon nach wenigen Sätzen.

«Du sprichst, als wärst du in den Staaten aufgewachsen», ruft Cousine Yingqian begeistert.

«Was hast du anderes erwartet», verkündet Yuqian lachend. «Er ist mein Sohn.»

Yuqian meint, wir drei sollten nicht im heißen, stickigen Shanghai bleiben, sondern einen Ausflug in das nicht weit entfernte Huangshan-Gebirge machen. Dort sei es sicher kühler. Außerdem könnten wir bei dieser Gelegenheit die Stadt Hangzhou besuchen, die als Paradies auf Erden gilt. Michael ist begeistert. Schon am nächsten Tag fahren wir in jenes berühmte Gebirge, wo es jedoch alles andere als kühl ist. Kein Lüftchen regt sich, als wir bei brütender Hitze drei Tage lang über steile Treppenpfade bergauf und bergab wandern. Halb China ist dort unterwegs. Seit wann machen so viele Chinesen Urlaub? Das ist etwas ganz Neues. Auch Yuqian wundert sich. Vor zwei, drei Jahren wäre das noch unvorstellbar gewesen. Jeder einzelne Wanderer ist ausgerüstet mit einem derben Krückstock. Ich fand das lächerlich, als sie uns diese Krücken am Fuße des Berges angeboten haben. Mit einem Spazierstock durch die Berge? Nicht mit mir. Das kann auch nur den Chinesen einfallen, lästerte ich. Natürlich kauften sich Yuqian und Michael sofort einen. Ich blieb dabei, dumme Witze zu machen, doch jetzt, wo ich mich über den «Fischrücken» hinauf zum «Himmelsgipfel» quäle, beneide ich sie drum. Warum nur müssen alle steilen Wege durch chinesische Gebirge über Treppen führen? Das sei schon immer so gewesen, sagt Yuqian. Selbst auf den uralten Gemälden sind diese typischen Treppenpfade zu sehen. Mich macht das ewige Stufensteigen fix und fertig. Ich habe auch keinen Blick mehr für die zugegebenermaßen atemberaubende Landschaft um mich herum. Wie ein Walross komme ich mir vor, schnaufend und schwitzend. Manchmal bleibe ich stehen, ringe nach Luft und schaue dabei in meine Handfläche. Eigentlich sieht meine Lebenslinie recht lang aus, oder sollte es doch schon hier mit mir zu Ende gehen?

Eine Gruppe lustiger Hongkonger Studentinnen hüpft wie eine Schar Bergziegen über dieselbe Route vor uns her und wohnt auch noch in demselben Hotel. Die jungen Frauen singen, schnattern, scherzen, und mittendrin, wie ein Hahn im Korbe, steckt immer unser Michael. Er kann noch viel mehr Witze erzählen als die Mädchen und auch viel schönere Lieder singen. Die Mädchen liegen ihm zu Füßen.

«Du hast einen tollen Sohn», flötet mir eine von ihnen ins Ohr.

Ja, das finde ich allmählich auch.

In Hangzhou schlendern wir am zauberhaften Westsee entlang, probieren den berühmten grünen Drachenbrunnentee und lassen uns in der Abenddämmerung über den See rudern. Schon morgen werden sich unsere Wege trennen. Michael muss zurück nach Peking, Yuqian zu seinen Studenten nach Südwestchina, und ich werde einen kleinen Abstecher zum heiligen buddhistischen Berg Putuoshan machen, einer Insel im Ostchinesischen Meer.

«Schade», sagt Michael zu mir. «Ich wäre gern noch ein wenig mit dir zusammengeblieben.»

Yuqians Augen leuchten auf. «Du könntest Petra doch zum Putuoshan begleiten.»

Wie bitte? Ich traue meinen Ohren nicht. Wie kann er so etwas vorschlagen!

Michael schaut mich unternehmungslustig an: «Wie findest du die Idee?»

Wie ich sie finde? Beschissen natürlich. Alles ist perfekt gelaufen, bis heute jedenfalls. Wir haben viel Spaß gehabt, uns prima verstanden, warum sollen wir es jetzt nicht dabei belassen? Wenn ich mit ihm allein die Reise fortsetze, hört der Spaß vielleicht auf. Dann ist Michael der Sohn, der zwölf Jahre lang auf seinen Vater verzichten musste, und ich bin die zweite Frau, der er womöglich sogar grollt, obwohl ich mit seiner Vorgeschichte nichts zu tun habe. Aber wer weiß, was in seinem Kopf vorgeht. Soll er doch lieber zu seiner Mutter nach Peking fahren. Nein, ich bin ganz und gar gegen diese Idee.

«Hast du denn überhaupt Zeit?», frage ich zögernd. «Ich möchte erst in sieben, acht Tagen nach Peking fahren. Du hast deiner Mutter doch sicherlich versprochen, schon morgen nach Hause zu kommen.»

«Ich habe Zeit», kommt es postwendend zurück.

Yuqian ist begeistert. «Wenn ihr ohne mich reist, lernt ihr euch viel besser kennen.»

Michael findet das auch. Außerdem interessiere er sich sehr für jenen heiligen Berg und für die übrigen Stationen meiner Route, die Städte Shaoxing, Ningbo und Qufu auch. Eigentlich sei meine gesamte Reiseroute ganz fabelhaft.

Ich bin stinksauer auf Yuqian. Solche Vorschläge muss er vorher mit mir absprechen. Wie kann er einfach über meinen Kopf hinweg bestimmen, dass ich jetzt noch mit seinem Sohn durch die Gegend ziehe! In welche Lage bringt er mich da! Soll ich den Vorschlag ablehnen? Vor Michael? Dann bin ich doch gleich bei ihm unten durch.

«Einverstanden», sage ich – was bleibt mir anderes übrig.

Am Spätnachmittag des nächsten Tages reist Yuqian ab. Drei Wochen wird er bei seinen Studenten bleiben. Mir egal. Ich habe jetzt andere Sorgen. Michael hat Hunger. Wir gehen zum Abendessen, sitzen uns schweigend gegenüber. Kein Wunder. Bis jetzt stand Yuqian ja mehr oder minder im Mittelpunkt. Nun sind wir allein, und ich glaube, ohne Michael könnte ich mich nicht einsamer fühlen.

Nach dem Essen packen wir unsere Sachen und bereiten alles für die Abreise am nächsten Morgen vor. Wir besprechen noch einmal den Reiseplan, aber auch das ist schnell getan, denn Michael ist mit allem einverstanden. Worüber sollen wir jetzt noch sprechen? Ich werde allmählich nervös. Sieben Tage liegen vor uns, in denen ich mich mit ihm langweilen werde und er sich mit mir. Wir sind uns eben doch sehr fremd. Kann ja auch gar nicht anders sein.

Michael greift sich eine chinesische Tageszeitung, setzt sich in einen Sessel und beginnt zu lesen. Ich krame einen alten «Spiegel» aus meinem Gepäck und setze mich ebenfalls. Zwischen unseren Sesseln steht ein kleiner Tisch, auf dem unsere Becher mit grünem Tee stehen, außerdem liegen dort Michaels Zigaretten, ein Feuerzeug und ein Aschenbecher.

Der «Spiegel» ist langweilig, schließlich schleppe ich ihn schon seit zwei Wochen mit mir herum und kenne die meisten Artikel. In

Shanghai gab es keinen aktuellen zu kaufen. Innenpolitik, Außenpolitik, alles schon bekannt. Aber im Kulturteil – da steht etwas Interessantes. Nur noch am Rande nehme ich wahr, dass Michael sich eine Zigarette anzündet. Die Bewegungen sind mir vertraut, es scheint, als säße Yuqian neben mir. Er blättert in seiner Zeitung, liest hier und da einen Artikel, greift zu seinem Becher und bläst die Blätter, die oben auf dem Tee schwimmen, an den Rand. Genau wie Yuqian. Ich vertiefe mich in meinen Artikel, vergesse alles um mich herum und platze auf Deutsch heraus: «Hör dir das mal an!» Ich lese Yuqian zwei, drei Sätze vor. Keine Reaktion! Ich lese weiter. Wieso sagt er nichts? Ich schaue zur Seite und bemerke meinen Irrtum. Michael lacht: «Hast mich wohl verwechselt, was?»

«Ja.» Ich bin selber ganz verdutzt. «Merkwürdig, du bist in deinen Bewegungen deinem Vater unglaublich ähnlich, sodass man euch glatt verwechseln kann, wenn man nicht so genau hinschaut. Eigentlich sonderbar. Ihr habt doch nur so kurz zusammen gelebt.»

«Nur fünf Jahre. Von meinem sechsten bis zum elften Lebensjahr. Aber diese Zeit hat mich wohl sehr geprägt.»

«Ich weiß so wenig von dir. Erzähl mir ein bisschen.»

«Zum Beispiel?»

«Wie du aufgewachsen bist.»

«Interessiert dich das?»

«Natürlich.» Wie kann er so etwas fragen? Was glaubt er denn, wer ich bin, irgend so eine herzlose Tante?

«Die ersten Jahre verbrachte ich in Shanghai, bei meiner Großmutter mütterlicherseits. Meine Mutter lebte damals in Peking, mein Vater in der Verbannung in Qinghai. Wir drei haben nie richtig zusammen gelebt, nie ein normales Familienleben geführt. Das haben wir der damaligen Politik zu verdanken. Als ich sechs war, holte mich mein Vater zu sich. Er war inzwischen nach Peking zurückgekehrt. Dafür war meine Mutter nun weg, zwar nicht verbannt wie vorher mein Vater, sondern nur für unbefristete Zeit in die Provinz versetzt.»

«Und betreut hat dich dann Yuqians Mutter, die von Shanghai extra nach Peking zog.»

«Ja. Sie betreute mich fortan. Vier Jahre lebten wir friedlich zusammen, eine glückliche Zeit war das. Doch dann begann die Kulturrevolution…» Er steckt sich wieder eine Zigarette an, raucht ein paar Züge.

«… und Yuqian floh in den Westen», ergänze ich.

«Mutter war zu Besuch nach Peking gekommen. Kaum war sie da, gab es fürchterlichen Krach mit Vater. Es gab eigentlich immer Streit, wenn sie kam, obwohl das nur ein-, zweimal im Jahr der Fall war. Diesmal war es besonders schlimm. Ich kapierte gar nicht, um was es eigentlich ging. Deshalb gehorchte ich auch nicht unserem Dienstmädchen, das mich inständig bat, vor Mutter niederzuknien, damit sie mit ihren wütenden Anschuldigungen gegen Vater aufhören möge. Hätte ich das bloß getan! Vielleicht wäre meine Mutter dann zur Vernunft gekommen.»

«Yuqian hat mir von dem Streit erzählt. Er wollte sich scheiden lassen. Deine Mutter vermutete als Grund eine andere Frau.»

«Ich weiß bis heute nicht, was damals in ihrem Kopf vorging. Sie war wütend auf ihn und wollte ihm eins auswischen. Sie wünschte ihm Schwierigkeiten an den Hals, vielleicht sogar eine erneute Verbannung.» Er schüttelt ratlos den Kopf. «Ich sehe die Szene noch immer vor mir, als wäre es gestern gewesen. Es war schrecklich.»

«Daraufhin ging sie in das Büro deines Vaters und denunzierte ihn bei seinen Vorgesetzten.»

«Ja, so war es wohl. Sie muss die Dimension der neuen politischen Kampagne völlig verkannt haben. Wie töricht von ihr zu glauben, dass wir bei seinem Abgang ungeschoren davonkämen! Kaum war Vater verschwunden, wurde sie verhaftet. Paradoxerweise verdächtigte man sie der Fluchthilfe. Genau wie Onkel Diqian, den sperrte man ja auch ein.»

«Und was geschah mit dir?»

«Ich blieb allein zurück. Kinder in meinem Alter mussten in jener Zeit viel miterleben. Es hatte etliche Verhaftungen in unserem Viertel gegeben. Ich wusste deshalb genau, was passieren würde, wenn die Roten Garden erst einmal unsere Wohnung inspizierten, die Wohnung eines so genannten Konterrevolutionärs. Sie würden alles zerstören oder mitgehen lassen, was in ihren Augen bourgeois oder kapitalistisch war. – Aber weißt du was?» Er schaut mich triumphierend an. «Mit meinen elf Jahren war ich klug genug, das Wertvollste, was wir besaßen, zu retten.»

«Die beiden Schriftrollen?»

«Ja. Einer der berühmtesten zeitgenössischen Kalligrafen hatte sie geschrieben. Ich wusste, wie stolz Vater auf sie war. Sie hingen im Wohnzimmer an der Wand. Viele Male hatte er sie mir vorgelesen. Ich kannte sie in- und auswendig.» Er zieht an seiner Zigarette, macht eine ausladende Armbewegung und beginnt mit erhobener Stimme, ein Gedicht zu rezitieren. Ich kenne die Gedichte und auch ihre Länge.

«Erzähl weiter!»

«Willst du die Gedichte nicht hören?»

«Ich kenne sie. Yuqian hat sie mir oft genug vorgetragen.»

«Na gut. Dass die beiden Schriftrollen überlebt haben, ist ein wahres Wunder. Weißt du, wie ich sie gerettet habe?»

«Nein. Erzähl!»

«Ich nahm sie also von der Wand, rollte sie zusammen und brachte sie zu Han, meinem besten Kumpel, der auch erst elf Jahre alt war, aber genau wie ich schon den totalen Durchblick hatte. Kurz darauf verließ ich Peking für mehrere Jahre, und als ich wiederkam, erfuhr ich, dass Hans Vater ebenfalls zum Konterrevolutionär erklärt worden und inzwischen verstorben war. Es ging der Familie miserabel. Deshalb wagte ich es nicht, nach den Schriftrollen zu fragen. Wahrscheinlich hatten die Roten Garden sie gefunden und verbrannt oder einkassiert. Erst als ich in die USA aufbrach und mich von Han verabschiedete, fragte der mich wie aus heiterem Himmel, was denn nun mit den Schriftrollen geschehen solle. Sie lägen noch immer in ihrem Versteck. Ich konnte es kaum fassen und war so glücklich, dass ich ihm von meinem ersten Lohn in den USA einen Fotoapparat kaufte. Den hatte er sich nämlich schon immer gewünscht.»

«Dein Vater glaubte die beiden Rollen längst verloren. Als sie dann wieder auftauchten, hat er sich wahnsinnig gefreut.»

«Das kann ich mir vorstellen.» Michael pafft zufrieden ein paar Züge.

«Was geschah mit dir, nachdem deine Mutter verhaftet wurde?»

Ein bitteres Lächeln huscht über sein Gesicht. «Meine Tante Meijing, die Schwester meiner Mutter, schickte mich zu meinem Großvater. Der war ja ein sehr wichtiger Funktionär, wohnte sogar in der Siedlung für Mitglieder des Staatsrates. Doch als ich heulend vor ihm stand, ich, der Stammhalter unserer Sippe, bekam er es wohl mit der Angst zu tun und wollte nichts mehr von seinem konterrevolutionären Sohn und seinem Enkel wissen. Er drückte mir ein paar Münzen in die Hand und sagte: ‹Fahr zu deiner Tante Minqian!› Das tat ich dann auch. Ich ahnte ja nicht, dass Tante Minqian auch schon in Haft war. Als ich an ihre Tür klopfte, mit Tasche und Mütze in der Hand, trat mein Onkel, Minqians Mann, heraus und starrte mich an, als wäre ich ein Teufel. ‹Du Sohn eines Scheißkerls!›, schrie er. ‹Was fällt dir ein, hierher zu kommen. Verschwinde und lass dich nie wieder blicken!› Und dann versetzte er mir einen solchen Stoß, dass ich Mütze und Tasche zu Boden fallen ließ und kopfüber die Treppen hinunterstürzte. Zum Glück habe ich mir nichts gebrochen. Kaum stand ich unten im Hof, schmiss er Tasche und Mütze durchs Fenster hinterher.»

«Eine Unverschämtheit!»

«Ich werde das niemals vergessen.»

«Und dann?»

«Ich heulte mich erst einmal richtig aus und kehrte in unser Viertel zurück, wagte mich aber nicht in unsere Wohnung aus Angst vor den Roten Garden. Also trieb ich mich tagelang auf der Straße herum. Nachts schlief ich in irgendwelchen Verschlägen und am Tage klaute ich hier und da etwas zum Essen. Schon nach kurzer Zeit sah ich derart heruntergekommen aus, dass mir die Leute von selbst etwas zusteckten. Man wusste ja, was den Eltern herumstreunender Kinder im Allgemeinen zugestoßen war. Sie waren der Kulturrevolution zum Opfer gefallen und eingesperrt, verbannt oder getötet worden. Vielleicht hatten sie auch Selbstmord begangen. Manche Kinder lebten wie ich auf der Straße, andere zu Hause, allein oder zusammen mit ihren Geschwistern.»

«Das muss im Februar, März gewesen sein, also zur kältesten Jahreszeit. Wie konntest du es bei den niedrigen Temperaturen überhaupt auf der Straße aushalten?»

«Ich merkte bald, dass ich ziemlich stark war, nicht an Kraft, sondern an Durchsetzungsvermögen und an Einfällen. Ich glaube, ich wäre ein knallharter Typ geworden, hätte vielleicht sogar eine Bande um mich versammelt, wenn ich nicht schließlich doch aufgegriffen worden wäre. Ich fand bald heraus, dass es sich gut in Heizungsräumen übernachten ließ, vor allem in denen der Armee. Dort war es schön warm. Der letzte dieser Heizungsräume, in dem ich unterkroch, gehörte zur Siedlung meiner Tante Meijing, deren

Mann in der Armee diente. Dort entdeckte und erkannte man mich und lieferte mich bei ihr ab. Zum Glück war inzwischen meine Großmutter aus Shanghai zu ihr gezogen. Ich war ihr Liebling, denn ich hatte ja meine ersten sechs Lebensjahre bei ihr verbracht. Sie setzte es durch, dass ich bei ihnen bleiben durfte. Das war meine Rettung. Mein Onkel wurde kurz darauf nach Süden versetzt. Da nahmen sie mich einfach mit und gaben mich als ihren Sohn aus. Von Stund an hieß ich Zhao und nicht mehr Guan und meine Cousine war plötzlich meine kleine Schwester. Niemand im Süden ahnte etwas von meiner wahren Abstammung. So hatte ich Glück im Unglück. Die Auswüchse der Kulturrevolution machten vor den Toren der Armee Halt, jedenfalls dort, wo wir lebten, sodass die armeeeigene Schule geöffnet blieb. Ich glaube, ich bin der einzige unter meinen Cousins und Cousinen, der in dieser Zeit eine passable Schulbildung genossen hat. Ich las sogar die alten Klassiker, übte mich in der Kunst der Kalligrafie, trieb Sport und lernte ein paar Musikinstrumente spielen.»

«Eine relativ glückliche Zeit.»

«Wie man's nimmt. Ich war ziemlich frech, ließ mir nichts sagen und stellte ständig etwas an. Dann hieß es immer, ich würde genauso wenig taugen wie mein Vater. Setzte ich mich gegen diesen Vorwurf zur Wehr, wurden Tante und Onkel ziemlich aggressiv. Doch wie sehr sie auch schimpften, ich weinte nie. Später protestierte ich nicht mehr, wenn sie Vater schlecht machten. Ich wusste, dass er ein feiner Kerl war, egal was sie sagten. Aber manchmal hielt ich es nicht mehr aus, und dann lief ich einfach fort. Für einen Tag, manchmal auch länger.»

«Trotzdem hast du ihnen viel zu verdanken.»

«Sicher, aber als Kind denkst du anders. Aus heutiger Sicht war es bewundernswert, was sie alles für mich getan haben.»

«Du hast sogar deine Schule abschließen können.»

«Ja, aber nun begannen die Probleme, denn ich wollte studieren. Für den Eintritt in die Universität musste ich jedoch meine wahre Identität preisgeben. Damit war der Fall gelaufen. Kinder von Konterrevolutionären hatten kein Recht auf einen Studienplatz. So wurde ich eben Bauarbeiter, auch nicht schlecht, und später kam ich in eine Werkstatt und reparierte Lastwagen. Ich hätte sonst Sprachen studiert oder Philosophie. Vielleicht auch Journalistik, ich weiß es nicht.»

«Wir kehrten dann nach Peking zurück. Dort lebte inzwischen auch meine Mutter. Sie war rehabilitiert worden und hatte dank guter Kontakte eine Stelle an der Universität gefunden. Sie wollte, dass ich zu ihr ziehe. Zum ersten Mal in meinem Leben lebte ich bei meiner Mutter. Das ging allerdings gründlich schief. Wir hatten ständig Krach miteinander. Deshalb ging ich häufig zu meinem alten Freund Han, um dort zu schlafen. Mit dessen Mutter kam ich besser aus. Ich hatte großes Vertrauen zu ihr.»

«Durch wen erfuhrst du dann, wo dein Vater lebt?»

«Das war ein merkwürdiger Zufall. Ich hatte schon von Freunden, deren Eltern im Außenministerium arbeiten, gehört, dass er irgendwo in Westeuropa lebt, aber wo, wusste ich nicht. Eines Morgens, als ich in meine Autowerkstatt kam, saßen meine beiden Kollegen schon dort und lasen wie immer Zeitung. Wie in all diesen Staatsbetrieben hatten wir nicht viel zu tun, deshalb schmökerten wir viel oder spielten Karten. Der eine Kollege war mein Freund. Es gab keine Geheimnisse zwischen uns. Er war der Einzige in dem ganzen Betrieb, der über mich Bescheid wusste und meinen echten Namen und den meines Vaters kannte. Für die anderen hieß ich Zhao, denn ich trug noch immer den Nachnamen meines Onkels. An jenem Morgen war er ziemlich aufgeregt. Ob ich die ‹Ausländischen Nachrichten› vom Vortag gelesen hätte, fragte er mich.»

«Meinst du damit die Tageszeitung ‹Cankao Xiaoxi?›»

«Ja, genau die. Eine auflagenstarke, sehr beliebte Zeitung. Damals war sie die einzige, in der manchmal ein paar interessante Artikel standen. Der Freund erzählte von einem Artikel über das Gastspiel einer Pekingoperntruppe in Deutschland. Das deutsche Publikum sei total begeistert gewesen. Na und?, fragte ich und dachte: Der spinnt doch, was geht mich die Pekingoper an! Und dass sich mein Freund plötzlich dafür interessierte, war mir auch ganz neu. Der ließ aber nicht locker. Ich müsse den Artikel unbedingt lesen. Unbedingt! Er ging mir allmählich auf die Nerven, und ich sagte, ja, ja, mach ich, gleich heute Abend. Doch er fing immer wieder davon an. Ich wollte ihn gerade anschnauzen, da bemerkte ich Tränen in seinen Augen. Mit einem Schlag war mir klar, dass es noch etwas anderes gab, was er mir sagen wollte, es aber vor dem anderen Kollegen nicht wagte. Eine plötzliche Ahnung raubte mir fast den Atem. Sagte er nicht Deutschland? Das lag doch in Westeuropa. Konnte es sein, dass ...? Wer hat den Artikel geschrieben?, fragte ich. Ein gewisser Guan Yuqian, murmelte er, der an einer deutschen Universität lehrt. Ich war wie vom Donner gerührt. Wir starrten uns wortlos an, und dann strömten bei uns beiden die Tränen. Zum Glück achtete der andere Kollege nicht auf uns, sonst hätte er sicher gedacht, wir wären total übergeschnappt. Nach einer Ewigkeit hatte ich mich endlich gefasst und fragte, wo denn nun dieser Artikel sei, ob er ihn nicht mitgebracht hätte. Hatte er natürlich nicht, dieser Dummkopf. Ich sollte ihn mir abends bei ihm abholen.»

«Es wurde der längste Arbeitstag meines Lebens. Als ich den Artikel dann endlich bekam, konnte ich ihn kaum halten, so sehr zitterten mir die Hände. Und tatsächlich, da stand es: Guan Yuqian, Universität Hamburg, Deutschland. Ich überflog den Text, und es kam mir vor, als hörte ich seine Stimme. Das waren seine Worte. Genau so sprach mein Vater. Er musste es sein. Immer wieder schaute ich auf die letzte Zeile: Guan Yuqian, Universität Hamburg, Deutschland. Ich hatte meinen Vater gefunden. Ich konnte es nicht fassen.»

Michael bricht seine Erzählung ab und lacht, mit Tränen in den Augen. Auch ich bin aufgewühlt und würde am liebsten aufspringen und ihn umarmen. Aber ich bleibe an meinem Sessel kleben. Wir schweigen eine Weile, dann stelle ich weitere Fragen. Es gibt noch so vieles, was ich wissen möchte, und er gibt bereitwillig Auskunft, geht dabei manchmal so weit ins Detail, dass er den Faden verliert und ganz woanders landet. Mir ist das egal. Alles ist interessant für mich. Ich höre ihm aufmerksam zu, und es scheint, als würde ihm meine Aufmerksamkeit gut tun. Als wir in später Nacht auseinander gehen, spüre ich, dass sich unsere Beziehung verändert hat. Etwas ist hinzugekommen. Zuneigung? Ganz sicher. Vertrauen? Vielleicht. Neugier? Auf jeden Fall. Ich möchte mehr von ihm erfahren, mehr über ihn wissen und an seinem Leben teilhaben.

Am nächsten Morgen fahren wir nach Shaoxing, wandeln auf den Pfaden berühmter chinesischer Literaten, gleiten mit einem Boot durch die Kanäle der Stadt. Es ist unglaublich heiß. Eine Erfrischung haben wir uns längst verdient, darin sind wir uns schnell einig. Wir landen in Chinas berühmtester Weinstube, die von dem Schriftsteller Lu Xun, einem Sohn der Stadt, in einer Kurzgeschichte verewigt wurde. Hier trinkt man den süffigen Shaoxing-Reiswein viertelliterweise aus Reisschalen und knabbert dazu Nüsse und getrocknete dicke Bohnen. Erschöpft nehmen wir auf groben Holzbänken Platz. Der Wirt serviert den Wein, und Michael beginnt erneut über sein Leben nach Yuqians Flucht zu erzählen. Er ist ein unglaublich fesselnder Erzähler. Ob alles stimmt, weiß ich nicht, sicher zeigt auch der Wein allmählich seine Wirkung. Ich vergesse alles um mich herum, folge nur noch seinen Worten. Der Wirt gießt in regelmäßigen Abständen nach. Ich nehme ihn kaum wahr. Wie in einem Film sehe ich Michaels Leben vor meinem geistigen Auge ablaufen. Ich bin total fasziniert.

«Du hast das Erzähltalent deines Vaters und wahrscheinlich eine blühende Fantasie. Du solltest Schriftsteller werden», sage ich, als er mal eine Pause macht.

Lachend winkt er ab. «Ich werde lieber Geschäftsmann, und wenn ich reich bin, kaufe ich in San Francisco ein großes Haus, in das wir alle einziehen können.»

Draußen ist es längst dunkel geworden. Ich weiß nicht, wie lange wir hier schon sitzen. Plötzlich geht das Licht aus. Stromausfall! Aber nur auf unserer Straßenseite.

«Das kommt häufig vor», ruft der Wirt. «Kein Grund zur Aufregung.»

Es ist stockfinster in der Kneipe. Man kann noch nicht einmal die Weinschalen sehen. Der Wirt bringt Kerzen. Trotzdem brechen wir auf. Von der anderen Straßenseite scheint trübes Licht herüber. Wir bummeln einen schmalen Kanal entlang zurück zu unserem Hotel. Geräusche dringen aus den Häusern, Wortfetzen, Gelächter, Musik. Von irgendwoher tönt lautes Klagen. Was ist da passiert? Ein Trauerfall? Was für eine Stadt! Welch eine Atmosphäre! Mir ist, als würde ich in Lu Xuns Kurzgeschichten wandeln, fühle mich fast wie ein Produkt seiner Feder. Ich bin erfüllt von Michaels Geschichten, von denen die wenigsten schön sind. Welch ein Vertrauen er mir entgegenbringt! Ich bin glücklich, aber vielleicht auch nur reichlich beschwipst.

In der ländlichen Umgebung der Hafenstadt Ningbo besuchen wir das weitläufige buddhistische Tiantong-Tempelkloster, das in eine faszinierende Landschaft eingebettet ist. Michael findet inzwischen

Gefallen an meinen Recherchen, die ich für eine Neuauflage unseres Reiseführers anstelle. Und da er sehr aufgeschlossen ist und überall sofort Kontakte knüpft, findet er auch hier im Handumdrehen einen alten Mönch, der uns bereitwillig durch jeden Winkel des Anwesens führt und detailliert Auskunft gibt. Michael führt das Gespräch, ich notiere und stelle gelegentlich eine Zwischenfrage. Unsere spontane Zusammenarbeit läuft perfekt. Beim Abendessen beginnt Michael von seinem Leben in Amerika zu erzählen, von seinen Freunden und Freundinnen, von Menschen, die ihn unterstützen, wie der jüdische Geschäftsmann Hank. Während er in einem Chinarestaurant kellnerte, lernte er ihn kennen. Hank war sein Stammgast, der ihn immer mit einem großzügigen Trinkgeld bedachte. Es gefiel ihm, dass Michael Wirtschaft studierte, jedoch bezweifelte er, dass man das Handwerk eines erfolgreichen Geschäftsmannes an der Universität lerne. Dafür bedürfe es der Praxis, und deshalb bot er ihm einen Job in seiner Firma an. Seitdem steht er unter den Fittichen dieses Mannes und lernt das Investmentgeschäft kennen.

Wir haben wieder Reiswein bestellt, der ihn zu inspirieren scheint. Es gebe da auch noch andere Freunde in San Francisco, zum Beispiel eine japanische Familie, die er häufig besuche und bei der er sich sehr wohl fühle. «Es sind ziemlich strenggläubige Christen, wirklich gute Leute. Vielleicht sollte ich mich ihrer Gemeinde anschließen. Was meinst du?»

«Gute Menschen findest du in allen Religionen, nicht nur bei den Christen. Das siehst du ja an diesem Hank, der Jude ist, wie du sagtest. Bei Strenggläubigen, egal welchen Glaubens, bin ich immer vorsichtig. Da stößt du häufig auf viel Intoleranz.»

Ich erzählte ihm von einem halbjährigen Sprachstudium in England, wo ich mit Mitgliedern einer strenggläubigen christlichen Organisation Kontakt hatte. Nie zuvor habe ich so viel Intoleranz und auch Rassismus erlebt wie bei denen. Und das waren Menschen, die als Missionare in alle Welt geschickt werden sollten.

«Lass dich bloß nicht von solchen Leuten beeinflussen. Was ist das überhaupt für eine christliche Glaubensrichtung, der diese Japaner angehören? Irgendeine merkwürdige Sekte?»

Der Gedanke, Michael könnte in eine jener obskuren Gruppen geraten, von denen manchmal in der Presse zu lesen ist, verdirbt mir den Appetit. Ich beginne, ihm einen langen Vortrag über Freiheit und Toleranz zu halten. Anscheinend hat auch bei mir der Wein gewirkt, denn ich rede ohne Punkt und Komma und immer schneller. Michael hört mir mit weit aufgerissenen Augen zu. Einen solchen Zuhörer hatte ich schon lange nicht mehr. Das inspiriert mich ungemein. «Es ist mir egal, an was du glaubst», schließe ich endlich meinen langen Monolog. «Hauptsache, du bleibst ein toleranter und aufrechter Mensch, unabhängig und frei. Unterwirf dich nie dem Diktat irgendeines Glaubens.»

«Es ist acht Uhr», sagt jemand. Die Kellnerin ist an unseren Tisch getreten.

«Ja und?», frage ich verdutzt.

«Wir schließen.»

Überrascht schauen wir auf unsere Teller. Wir haben kaum etwas angerührt.

«Können wir noch schnell aufessen?», frage ich.

Sie legt die Rechnung auf den Tisch. «Wir haben Feierabend.»

«An diese frühen Schließzeiten werde ich mich nie gewöhnen», sage ich und zahle.

«Macht nichts», meint Michael. «Unser Gespräch war wichtiger als das Essen. Lass uns in deinem Zimmer weiterreden. Ich möchte ein langes Interview mit dir führen und dich alles fragen, was ich auf dem Herzen habe. Du brauchst mir nicht zu antworten, wenn du nicht möchtest. Ich will alles über meinen Vater wissen, alles, was in den letzten Jahren, in denen wir getrennt waren, passiert ist, alles über sein Studium, über seine Arbeit und über euch.»

Der neue Tag dämmert schon, als Michaels Fragen beantwortet sind.

«Findest du nicht auch, dass mein Vater einmalig ist?», platzt er heraus. «Alle meine Freunde in Amerika beneiden mich um ihn, weil er nicht nur mein Vater, sondern auch mein Freund und mein Vorbild ist.» Zum ersten Mal nach so langer Zeit habe er endlich wieder das Gefühl, eine Familie zu haben. «Ehrlich gesagt, habe ich mich vor einem Treffen mit dir unheimlich gefürchtet. Was wäre geschehen, wenn wir uns nicht verstanden hätten?»

«Ich habe ähnlich gedacht», gestehe ich.

«Und nun dieses Wunder. Wir verstehen uns prächtig und können stundenlang über alles sprechen. Das hätte ich nie gedacht.»

Am nächsten Morgen geht es mit einem kleinen Schiff zum heiligen buddhistischen Berg Putuoshan. Die Insel ist vom Tourismus noch weitgehend unentdeckt. Mönche, Nonnen, Wasser- und Obstverkäufer – alle haben Zeit und lassen sich gern auf ein Schwätzchen mit uns ein. Einige halten uns für Australier, andere für Amerikaner, und als ich ihnen erkläre, Michael sei mein Sohn, erkennen sie sogar eine gewisse Ähnlichkeit. Ich möchte mal wissen, wo diese Leute ihre Augen haben, denn Michael sieht trotz seiner dunkelbraunen Haare wie ein echter Chinese aus.

«Ihr solltet nicht nur Klöster besuchen, sondern auch mal zum Schwimmen gehen», rät uns bei brütender Hitze ein Postkartenverkäufer. Nichts lieber als das! Das Meerwasser ist sauber, der Strand fast leer, die Insel Putuoshan ein Traum. Wir rennen in Shorts und T-Shirt ins Wasser, die wenigen chinesischen Touristen – oder vielleicht sind es auch Einheimische – schauen uns überrascht zu. «Keine Badesachen mit?», ruft ein junger Mann. «Nein», entgegnet Michael, «so baden sie alle in Deutschland.» Die Leute schütteln erstaunt den Kopf. Merkwürdige Sitten müssen das sein im fernen Europa. So vergehen drei Tage mit Besichtigungen, Baden und langen nächtlichen Gesprächen. Unendlich scheint es zu sein, was wir uns alles zu erzählen haben.

Die letzte Station unserer Reise führt uns nach Qufu, dem Geburts- und Sterbeort des Konfuzius, der wie kein anderer die chinesische Kultur geprägt hat. Alles an diesem Ort scheint mit Konfuzius zu tun zu haben. Wir besuchen den Konfuziustempel, den Konfuziushain, das Konfuziusgrab und wohnen in der Konfuziusresidenz. Bei so viel Konfuzius wird man selbst auch zum Philosophen. Zumindest geht es Michael so, und er fängt an, große philosophische Reden zu schwingen. In dem verträumten Garten der prächtigen Konfuziusresidenz laden steinerne Tische und Hocker zum Verweilen ein. Nach einem heißen, anstrengenden Tag ist es eine wahre Wohltat, dort die kühlen Abendstunden zu genießen. Wir verbringen die halbe Nacht mit endlosen Debatten über Gott und die Welt, die wir allerdings im Flüsterton halten müssen, um die schon schlafenden Gäste in den angrenzenden Häusern nicht zu stören. Michael entwickelt schon nach zwei Tagen eigene philosophische Thesen. Noch ein paar Tage länger in Qufu, und China hat einen neuen Konfuzius. Doch dazu kommt es nicht. Es ist der letzte Abend unserer Reise. Morgen fliegen wir nach Peking und dann wird er wieder bei seiner Mutter wohnen bis zu seinem Rückflug in die USA. Ich bin todunglücklich. Die letzten Tage sind viel zu schnell vergangen. Wir sitzen auf unseren Steinhockern und trinken kühlen Reiswein.

«Heute kannst du ruhig mal meckern», fordert Michael. «Zähl doch mal auf, was dir an mir alles nicht passt.»

«Wie bitte?»

«Sei doch mal aggressiv.»

«Warum?»

«Dann fällt mir der Abschied nicht so schwer.»

«Na gut.»

Ich gebe mir die größte Mühe, doch jeder meiner redlichen Versuche endet nur in schallendem Gelächter. Als wir am nächsten Abend in Peking ankommen, bringt mich Michael zum Neffen Feng, wo ich die nächsten Tage wohnen werde. Die halbe Familie erwartet uns dort, und sofort werden wieder gemeinsame Ausflüge und Besuche bei den verschiedenen Cousinen und Cousins verabredet. Feng hat ein köstliches Essen vorbereitet. Doch ich bekomme kaum etwas herunter. Auch Michael stochert nur in seinem Essen herum. Gegen Mitternacht bricht er mit den anderen Verwandten auf. Ich bleibe mit Feng und Bing zurück und könnte heulen. Feng möchte noch ein wenig plaudern. Mehr als ein Jahr haben wir uns nicht gesehen.

«Ich bin müde», entschuldige ich mich. «Lass uns morgen reden.»

Die beiden lassen mich allein, doch ich lege mich nicht schlafen. Ich sitze über mein Notizbuch gebeugt und schreibe meine Gedanken nieder. Die letzten Tage gehen mir noch einmal durch den Kopf, die vielen Gespräche, die gemeinsamen Erlebnisse. Wieso bin ich unglücklich? Wieso ist mir zum Heulen zumute? Nur weil eine wunderschöne Zeit zu Ende gegangen ist? Sollte ich nicht glücklich sein? Habe ich nicht endlich bekommen, wonach ich mich immer sehnte: einen Sohn? Und was für einen! Es ist Yuqians Sohn und der einer anderen Frau, aber ein wenig gehört er jetzt auch mir. Das Schreiben beruhigt mich. Langsam breitet sich ein wohltuender Frieden in mir aus. Es ist vier Uhr, als ich endlich schlafen gehe.

Schon am nächsten Tag steht Michael wieder vor der Tür, und auch an den darauf folgenden Tagen verbringen wir viel Zeit miteinander. Yuqians Schwester Minqian ist ungehalten darüber. «Du solltest die Zeit mit deiner Mutter verbringen», herrscht sie ihn an. Ich bin entsetzt. Was mischt sie sich da ein! Eine Gemeinheit, so etwas zu sagen.

«Ich kann meine Zeit verbringen, mit wem ich will», gibt Michael patzig zurück.

Schwiegerpapa lädt uns zum Essen ein. Michael hat jedoch keine Lust hinzugehen. «Warum soll ich ihn besuchen?», fragt er mich. «Nur aus Höflichkeit? Als ich ihn damals nach Vaters Flucht brauchte, wollte er nichts von mir wissen. Und jetzt soll ich plötzlich willkommen sein? Nein, vielen Dank.»

«Dann gehe ich auch nicht hin.»

«Wieso? Dir hat er doch nichts getan.»

«Entweder gehen wir zusammen hin oder gar nicht.»

«Na gut, vielleicht hast du Recht. Immerhin ist der alte Herr schon achtundachtzig und der Letzte seiner Generation.»

Alle sind da, Schwiegerpapa, Genossin Huang Fan, Halbschwester Yilla, deren Mann, die Kinder, Halbbruder Bao'er und Yaping.

Yilla möchte endlich nach Amerika gehen und Michael soll Auskunft geben, wie man das am besten bewerkstelligen kann. Sie spricht Englisch mit ihm. Will sie sein Englisch prüfen? Das ist aber wesentlich besser als ihr eigenes, obwohl das auch nicht schlecht ist. «Da kann man mal sehen, was es bringt, wenn man in Amerika studiert», stellt sie schließlich begeistert fest. Ihren Mann interessiert etwas ganz anderes: Wie kann sein Sportverlag mit amerikanischen Verlagen zusammenarbeiten? Michael kann da gute Tipps geben. Er habe schon viel mit Amerikanern zu tun gehabt, die Kontakte nach China suchen.

Alle sind begeistert von Michael. Ich auch. Ich bin sogar wahnsinnig stolz auf ihn.

Endlich kommt auch Yuqian nach Peking. Ich kann es kaum erwarten. Zu viel Neues gibt es, das ich ihm erzählen möchte. Michael und ich holen ihn vom Flughafen ab.

«Wie findest du ihn?», fragt er mich auf Deutsch.

«Umwerfend!»

«Wirklich?» Er nimmt seinen Sohn in den Arm und lächelt glücklich. «Werde ich dich in den nächsten Tagen noch einmal sehen?»

«Sooft du willst.»

«Dann täglich.»

Ausländische Gäste, die nicht im Hotel, sondern privat unterkommen, müssen sich beim Amt für Öffentliche Sicherheit melden. Ich habe das bis jetzt nicht gemacht, denn Feng meinte, ich könne mir das sparen. Niemand interessiere sich für mich. Yuqian ist da vorsichtiger. «Wir sollten dort gleich hingehen und uns melden», sagt er.

Es ist Freitagnachmittag. Michael schaut auf seine Uhr. «Die haben sicher schon geschlossen. Und samstags arbeiten die wahrscheinlich auch nicht. Wir sollten am Montag hingehen.»

Das machen wir dann auch. Gleich am frühen Montagmorgen werden wir dort vorstellig. Michael begleitet uns. Yuqian geht mit unseren beiden deutschen Pässen an den Tresen und füllt vor einem jungen Beamten zwei Formulare aus. Ich sitze derweil mit Michael etwas abseits auf einer Bank und warte. Noch ein paar andere sitzen dort herum. Anscheinend ist so eine Meldung ein kompliziertes Unternehmen. Der junge Beamte nimmt schließlich die Formulare und Pässe und verschwindet in einem Nebenzimmer. Wir warten geschlagene zehn Minuten, dann tritt aus dem Nebenzimmer plötzlich ein Mann mittleren Alters – mit einem Gesicht, dass einem angst und bange wird.

«Sind das Ihre Pässe?», schreit er und knallt sie vor Yuqian auf den Tisch. Ich falle vor Schreck fast von meinem Platz. Was ist denn jetzt los? Auch Yuqian scheint leicht schockiert zu sein, denn er antwortet nicht.

«Wo wohnen Sie?», schreit der Kerl.

«Wir wohnen bei meiner Schwester, westlich des Jianguo-Tores», antwortet Yuqian ruhig.

«Sie kommen zu spät.»

Mir sträuben sich die Haare, und ich merke, wie mir der Schweiß aus den Poren schießt.

«Wieso?», fragt Yuqian.

«Innerhalb von vierundzwanzig Stunden hat man sich polizeilich zu melden.»

«Ich bin Freitagabend angekommen.»

«Na und? Was haben wir heute für einen Tag?»

«Montag.»

«Dann hätten Sie am Samstagmorgen kommen müssen.»

«Ich wusste nicht, dass Ihr Büro samstags geöffnet ist.»

«Das wussten Sie nicht?», fragt der Beamte und lacht höhnisch. «Das hätten Sie aber wissen müssen.»

Yuqian schweigt.

«Das ist ein schwerer Verstoß gegen unser Gesetz. Ist Ihnen das klar?»

«Was kann ich jetzt tun?», fragt Yuqian.

«Ha! Genau das frage ich mich auch. Ja! Was können Sie jetzt tun?»

Wie lange wird Yuqian diesen anmaßenden Kerl noch ertragen? Das Herz schlägt mir bis zum Hals. Irgendetwas stimmt hier nicht. Der führt sich ja auf, als hätten wir sonst etwas verbrochen. Soll ich aufstehen und eingreifen? Einer Ausländerin gegenüber ist er vielleicht vorsichtiger. Ich stehe auf, doch da überholt mich schon Michael.

«He, alter Liu!», ruft er mit eiskalter Stimme dem Beamten zu. «Wie geht es dir?»

Der alte Liu oder wie immer er heißt, erstarrt und bekommt vor Staunen den Mund nicht mehr zu.

«Du? Du bist auch hier?», stottert er.

«Ja», sagt Michael und legt seinen Arm um Yuqians Schultern.

«Du bist zusammen mit deinem Vater nach Peking gekommen?» Der Beamte starrt Michael an, als hätte er ein Gespenst vor sich.

«Gibt es mit der Meldung irgendein Problem?», fragt Michael.

Das Gesicht des Beamten verzerrt sich zu einem Lächeln. «Ist das eine Überraschung! Seit wann bist du denn zurück?»

«Gibt es mit der Meldung meines Vaters irgendein Problem?», wiederholt Michael seine Frage.

«Aber nein, natürlich nicht», wehrt Liu lächelnd ab. «Selbstverständlich haben wir das gleich erledigt.» Er stempelt die Meldezettel ab und übergibt uns die Pässe. Ich stecke sie wortlos in meine Tasche.

«Dann können wir jetzt gehen?», fragt Michael.

«Ja, sicher.»

Yuqian nimmt mich am Arm und geht mit mir wortlos hinaus. Michael kommt hinter uns her.

«Ich wusste ja nicht, dass das dein Vater ist», höre ich den Beamten sagen.

«Ach, wirklich?», fragt Michael.

Der Beamte folgt uns bis auf die Straße, wo unser Taxi auf uns wartet. Yuqian steigt als Erster ein, ohne sich von dem Mann zu verabschieden.

«Es tut mir wirklich Leid», entschuldigt sich der Beamte bei Michael. «Richte deinem Vater noch einmal meine Grüße aus.»

«Ist schon in Ordnung», entgegnet Michael kalt und steigt ein.

«Grüß bitte auch deine Mutter und deine Tante von mir», ruft der Beamte noch durchs Fenster.

Das Taxi fährt ab. Liu winkt uns hinterher.

«Wer war das?», fragt Yuqian.

«Ein alter Bekannter von Mutter und meiner Tante. Der wusste natürlich ganz genau, wer du bist. Wahrscheinlich wollte er dich fertig machen.»

Das Ganze kommt mir wie ein böser Spuk vor. Dieser Beamte hätte uns wegen einer Kleinigkeit in Teufels Küche bringen können. Wie unsicher ich mich plötzlich in diesem Land fühle! Nicht auszudenken, wenn man der Willkür eines solchen Beamten ausgesetzt ist!

«Was wäre geschehen, wenn du nicht zufällig dabei gewesen wärst?», frage ich Michael. «Der hätte uns den ganzen Aufenthalt hier vermiesen können.»

«Lass dich von solchen Leuten nicht einschüchtern», beruhigt er mich. «Ohne mich hätte er euch schmoren lassen und für eine Menge Unannehmlichkeiten sorgen können. Aber viel mehr hätte er nicht ausrichten können.»

«Das hat mir aber schon gereicht.»

Am nächsten Tag kommt Michael vorbei und erzählt, dass seine Mutter wie auch seine Tante empört waren, als er ihnen von dem Vorfall berichtete. Dieser Beamte habe nicht in ihrem Sinne gehandelt. Die Tante habe signalisiert, dass sie uns gern einmal treffen würde. Sie sei gespannt, mich kennen zu lernen. Auch ich habe große Lust, sie zu sehen.

«Warum nicht?», meint Yuqian. «Beim nächsten Mal können wir uns ruhig einmal treffen. Ich würde ihr dann gern etwas schenken.»

«Gut. Dann bringt ihr einen Fernseher mit», schlägt Michael vor. «Sie wünscht sich einen.»

Dann kommt der Tag, an dem Michael abreist. Wir bringen ihn zum Flughafen und müssen Abschied nehmen. Ich merke, dass mir Tränen in die Augen steigen. Bloß nicht weinen! Aber dann sehe ich, dass auch Michael weint und Yuqian ebenfalls.

«Wann werden wir uns wiedersehen?», fragt Yuqian.

«Nächstes Jahr», schlägt Michael vor.

«Versprochen», stimme ich zu.

Wir umarmen uns, und dann geht er. Yuqian und ich bleiben zurück. Es ist, als wäre ein Teil von uns gegangen. Erst wenige Sekunden ist er fort, und schon habe ich Sehnsucht nach ihm. Ich schaue Yuqian an. Er wischt mir lächelnd die Tränen aus dem Gesicht, dann trocknet er seine eigenen.

«Komm, lass uns nach Hause fahren! Wir müssen jetzt planen, was in den nächsten drei Wochen noch alles zu erledigen ist. Hast du dich schon nach einem Arzt erkundigt? Du wolltest dich doch behandeln lassen.»

«Nein.»

«Warum nicht? Du hattest doch so viel Zeit.»

«Ich brauche keinen Arzt.»

Yuqian schaut mich erstaunt an. «Aber es war doch so verabredet.»

«Wozu willst du noch ein zweites Kind haben? Wir haben doch schon einen wunderbaren Sohn.»

«Ist das dein Ernst?»

«Einen besseren bringe ich sicherlich nicht zustande.»

«Wie bitte?» Yuqian schlingt lachend seinen Arm um meine Schultern, drückt mich an sich und küsst mich.

«Na! Nicht vor all den Leuten hier!», wehre ich ihn ab. «Hast du nicht immer gesagt, in China dürfe man öffentlich keine zärtlichen Gefühle zeigen?»

«Ja, das stimmt», sagt Yuqian glücklich. «Aber auch das ändert sich allmählich in diesem Land.»

Cousine «Schwesterchen» möchte unbedingt mit Yuqian sprechen. Ich weiß schon, um was es geht. Kürzlich hat sie mich zum Essen eingeladen, und ich ahnte, dass es dafür einen bestimmten Grund gab, denn sie bestand darauf, dass ich ohne Michael kam.

«Ich habe gehört, dass ihr mit Nichte Lei großen Ärger hattet», sagte sie, kaum dass ich in ihrer Wohnung stand.

«Wer hat dir das denn erzählt?», fragte ich betont erstaunt. Ich wollte unsere Probleme mit der Nichte nicht in der Verwandtschaft ausplaudern.

«Das hat sich irgendwie herumgesprochen. Was war denn los?»

«Nicht viel», wich ich aus. «Sie wäre wohl gern noch länger geblieben.»

«Minqian wollte aber unbedingt, dass sie zurückkommt. Nach ihrer Scheidung und dem Tod ihres ältesten Sohnes möchte sie natürlich die einzige Tochter in ihrer Nähe haben. Mir wäre das nicht so wichtig.»

«Wie meinst du das?»

«Nun ja, meine jüngste Tochter studiert seit einem Jahr Chemie. Ich würde es gerne sehen, wenn sie ihr Studium in Deutschland fortsetzte. Und nachdem Lei nach China zurückgekehrt ist, habt ihr ja wieder Platz. Ich hätte auch nichts dagegen, wenn sie sich entscheiden sollte, in Deutschland zu bleiben. Ihr werdet also keinen Ärger bekommen.»

Ich wusste vor Schreck gar nicht, was ich sagen sollte. Ich habe nichts gegen ihre Tochter, einen Pummel mit langen Zöpfen. Aber wie lange studiert man Chemie – vier Jahre, fünf Jahre? Wahrscheinlich noch länger, weil sie ja vorher noch Deutsch lernen muss. Habe ich mir nicht geschworen, nie wieder jemanden zum Studium nach Hamburg zu holen? Und nun soll es schon wieder losgehen? Oh nein, nicht noch einmal! Ich weiß, dass Yuqian auch in diesem Fall wird Hilfe leisten müssen. Das sehe ich schon kommen. Von Seiten einiger Cousins und Cousinen wird immer wieder gern darauf hingewiesen, dass es ihr Vater war, Yuqians Onkel Zehn, der einst das Schulgeld für Yuqians Oberschule zahlte. Also soll er jetzt auch für ihre Kinder blechen. Aber der Onkel war ein wohlhabender Kaufmann und kein Angestellter im deutschen öffentlichen Dienst. Was sollte ich tun? Wie konnte ich der Cousine erklären, dass ich kein zweites Mal eine solche Verantwortung übernehmen und auch nicht noch einmal so viel Geld ausgeben wollte?

«Sprich mit Yuqian darüber», sagte ich, «das ist seine Sache!»

«Wieso? Dich geht es doch genauso an wie ihn.»

«Ich habe ihm gesagt, dass ich mich scheiden lasse, wenn er noch einmal jemanden für ein ganzes Studium zu uns holt.»

«Schwesterchen» schaute mich entsetzt an. Ich wollte am liebsten sofort einen Rückzieher machen.

«Das hast du wirklich gesagt?», fragte die Cousine ungläubig. «Das glaube ich nicht.»

«Doch, so ungefähr habe ich es ausgedrückt», behauptete ich.

«Aber ihr versteht euch doch gut. Warum wollt ihr euch dann scheiden lassen?»

«Wollen wir ja gar nicht. Aber ich mache so etwas nicht noch einmal mit. Ihr stellt euch das zu einfach vor, jemanden für mehrere Jahre ins Haus zu holen. Und wenn wir dem Betreffenden ein Leben außerhalb unserer eigenen vier Wände finanzieren sollen, dann wird die ganze Sache zu kostspielig.»

«Schwesterchen» war enttäuscht, was mir Leid tat. Aber ich dachte, dass klare Worte manchmal besser sind als höfliche Ausflüchte.

Als Cousine «Schwesterchen» vor Yuqian nun auf ihre Tochter zu sprechen kommt, verziehe ich mich sogleich ins Nebenzimmer.

«Lass sie doch erst einmal in China das Studium abschließen», schlägt Yuqian vor. «Dann hat sie eine ordentliche Basis und weiß sicher auch genau, was sie will. Man könnte ja dann über ein Aufbaustudium in Deutschland nachdenken.»

Doch dieser Vorschlag gefällt «Schwesterchen» nicht. Sie möchte die Tochter sofort zu uns schicken.

«Ich weiß nicht, ob Petra damit einverstanden ist», höre ich Yuqian sagen. «Sie möchte niemanden mehr für so lange Zeit nach Hamburg holen.»

«Das hat sie mir auch gesagt», bestätigt die Cousine. «Aber schließlich bist du mein Cousin.»

«Das ist schon richtig, allerdings ist das mit den ausländischen Frauen nicht so einfach. Die haben keinen so ausgeprägten Familiensinn wie wir Chinesen.»

«Ja, das scheint wohl so zu sein», stellt «Schwesterchen» bekümmert fest. Bei mir regt sich sofort ein schlechtes Gewissen. Ist es nicht egoistisch von mir, ihr meine Hilfe zu verweigern?

Bruder Diqians Reise in den Westen

Er hat zwei Wirbel in seinem Haar, einen vorn über der Stirn und einen am Hinterkopf.

«Daran siehst du schon, wie stur und kompliziert er ist», sagt Yuqian über seinen älteren Bruder.

«Was ist das für eine Logik?», frage ich ihn.

«So sagt man es aber bei uns in China.»

Diqian kann seine Haarpracht nicht bändigen. Irgendein Büschel steht immer in die Höhe.

«Als wir klein waren, konnte er oft stundenlang heulen, wenn ihm irgendetwas nicht passte.»

Also das typische zweite von drei Kindern, das sich immer benachteiligt fühlt.

Yuqian ist zwar jünger als sein Bruder, dafür aber, zumindest als Kind, um einiges pfiffiger. «Ich war wohl sechs Jahre alt, als ich ihm sagte, er sei gar nicht wirklich das Kind unserer Mutter. Vielmehr hätte sie ihn in einer Mülltonne gefunden. Das hat ihn wahnsinnig geärgert, und er hat gebrüllt wie am Spieß, doch konnte er mir nicht das Gegenteil beweisen.»

Sosehr sie sich als Kinder auch gebalgt haben, als Erwachsene stehen sie sich sehr nahe.

Diqian ist der Philosoph in der Familie, ein kritischer Kopf, den Fragen der Gesellschaft, Politik und Geschichte bewegen. Er hat alle möglichen Weltanschauungen, Ideen und Ideologien verinnerlicht. So ist er sowohl Konfuzianer als auch Kommunist, er ist Sozialist, Christ, aber auch Demokrat, oder einfacher gesagt: Er ist Guan Diqian, mein Schwager, ein Mann, der über den Dingen steht und den ich sehr bewundere.

Er ist Absolvent der renommierten Pekinger Yanjing-Universität. «Ich studierte Journalistik. Einige meiner Lehrer waren Amerikaner, freundliche, engagierte Leute, die mich lehrten, kritisch zu sein und alles zu hinterfragen. Sie hielten ihren Unterricht auf Englisch ab, weshalb ich bis heute die englische Sprache recht gut beherrsche.

Als junger Student war ich ein glühender Idealist, der die Wahrheit sucht. Ich glaubte an das Gute im Menschen und liebte die Freiheit. Unter meinen Kommilitonen gefielen mir besonders jene, von denen ich vermutete, dass sie sich der im Untergrund agierenden Kommunistischen Partei angeschlossen hatten. Diese Studenten waren die besten von uns, die intelligentesten und fleißigsten. Ende Januar 1949 nahm die Volksbefreiungsarmee Peking ein. Fasziniert beobachtete ich, wie diszipliniert und ordentlich deren Soldaten auftraten und wie freundlich und nett sie mit der Bevölkerung umgingen. Das machte mir die Kommunisten noch sympathischer. Nach meinem Examen wäre ich gern zu einer großen Tageszeitung gegangen, doch es gab ab sofort keine freie Wahl des Arbeitsplatzes mehr. Man musste gehen, wohin man geschickt wurde. So landete ich bei keiner Zeitung, sondern wurde zur Stadtteilarbeit abkommandiert. Fortan hatte ich mit Arbeitern, Handwerkern und Bauern zu tun, also mit der – wie man so sagt – einfachen Bevölkerung, doch entgegen meiner anfänglichen Skepsis gefiel es mir dort besonders gut, lernte ich doch gerade bei diesen Menschen Mut, Herzlichkeit und Aufrichtigkeit kennen. Voller Enthusiasmus verschrieb ich mich ganz der Revolution und dem Aufbau einer gerechten sozialistischen Gesellschaft. Doch schon bald bekam ich Ärger, und zwar mit Vertretern aus der Armee, die ebenfalls in die Stadtteilarbeit involviert waren. Von morgens bis abends konferierten diese Leute, rauchten und lamentierten über tausend Dinge, lösten jedoch nie auch nur ein einziges Problem. Mir platzte so manches Mal der Kragen. An der Universität hatte ich zügiges Arbeiten gelernt, was ich jetzt auch von diesen Herren forderte.

1954 trat ich nach reiflicher Überlegung in die Partei ein. Nur widerwillig beugte ich mich der parteiinternen Bevormundung, doch inzwischen sah ich in der Freiheit nur noch einen relativen Begriff. Im Interesse des Proletariats hatte man eben Opfer zu bringen. Ich war damals ziemlich radikal und vertrat Thesen, über die ich heute lache. Vieles von dem, was ich durch meine häusliche Erziehung und das Universitätsstudium angenommen hatte, lehnte ich plötzlich ab, nur weil es westlichen Ursprungs war, zum Beispiel die klassischen europäischen Lieder: Schluss damit!, forderte ich. Nie wieder will ich diese Lieder singen. Wie töricht von mir! Heute genieße ich es, Werke von Schubert und Schumann zu hören. Dann hänge ich meinen alten Träumen nach und denke, dass ich eigentlich immer ein hoffnungsloser Idealist, vielleicht sogar ein Romantiker gewesen bin.»

Diqian ist zurückhaltend und still, kein Wirbelwind wie Yuqian. Er ist geduldig mit anderen, aber kritisch und streng mit sich selbst. Er lebt bescheiden, stellt keine großen Ansprüche, wenn es um äußerliche Dinge geht. Geld gibt er am liebsten nur für Bücher aus, denn er ist ein absoluter Bücherwurm. Niemand in der Familie ist so wissbegierig wie er. Kein anderer grübelt so viel über die großen Dinge dieser Welt nach. Wenn er spricht, dann immer mit leiser Stimme, manchmal so leise, dass ich mich anstrengen muss, ihn zu verstehen. Um seinen Worten Nachdruck zu verleihen, gestikuliert er und krümmt dabei die knotigen Finger, als hielten sie einen unsichtbaren Tennisball. Doch wie bei Haydns Symphonie mit dem Paukenschlag kann auch er urplötzlich explodieren, wenn ihm irgendetwas total gegen den Strich geht.

Als ich ihn kennen lerne, ist er Anfang fünfzig, eigentlich noch gar nicht so alt, aber er sagt ständig: *Lao le!* Ich bin alt! Ich kann es schon nicht mehr hören.

«Wenn du im Westen einem Sechzigjährigen sagst, er sei alt, bekommst du Ärger», sage ich. «Du hast zehn Jahre deines Lebens durch die Kulturrevolution verloren, aber das haben andere auch. Du kannst noch so vieles machen. Darum sag nicht immer, du seist alt, denn sonst bist du es bald wirklich.»

Noch vor vier Jahren hat er geseufzt und behauptet, er würde nie die Erlaubnis erhalten, seinen Bruder, einen ehemaligen Konterrevolutionär, zu besuchen. Als Chefredakteur einer Parteizeitung brauche er sich da überhaupt keine Hoffnungen zu machen. Doch Chinas Reformpolitik schreitet sichtlich voran, und mit ihr verändert sich allmählich Yuqians Status: Vom Konterrevolutionär mausert er sich zu einer respektierten Persönlichkeit.

Im Februar 1985 wird für Diqian ein Traum Wirklichkeit. Zum ersten Mal in seinem Leben reist der inzwischen Sechsundfünfzigjährige ins Ausland, nach Westeuropa, und zwar für ein halbes Jahr. Er fliegt natürlich nicht. Das ginge ja viel zu schnell, meint er. Er möchte jeden Kilometer, den er zurücklegt, bewusst miterleben und genießen. Also fährt er mit der Transsibirischen Eisenbahn, schaut sich Moskau und Berlin an und steigt schließlich mit einem kleinen

Köfferchen in der Hand in Hamburg aus dem Zug. Da steht er nun freudestrahlend auf dem Bahnsteig, die grauen Haare wieder schön schwarz gefärbt und vollkommen neu eingekleidet.

«Unglaublich», jubelt der sonst so stille Diqian und drückt seinem Bruder glücklich die Hand, «was ich in diesen wenigen Tagen schon alles gesehen und erlebt habe!»

Aus gegebenem Anlass habe ich unsere ganze Wohnung auf Hochglanz poliert und das Zimmer, in dem er die nächsten sechs Monate wohnen soll, mit Blumen geschmückt. Ich habe englischsprachige Hamburg-Informationen gesammelt, alles, was es zur Geschichte, Kultur, Politik, Wirtschaft und so weiter über unsere Stadt zu lesen gibt, denn Diqian will immer alles ganz genau wissen und kann endlos Fragen stellen. Zudem hat er ein fabelhaftes Gedächtnis. Er wusste letztes Jahr noch ganz genau, was ich ihm drei Jahre zuvor erzählt hatte.

Diqian hat sich auf Deutschland gut vorbereitet. Und dennoch ist alles neu für ihn und unglaublich aufregend. Er beobachtet, notiert seine Eindrücke, stellt Fragen. An manchen Tagen sitzen wir bis in die tiefe Nacht zusammen und reden miteinander. Für ihn ist unser Lebensrhythmus ungewohnt. Wir bleiben gern bis Mitternacht oder noch ein wenig später auf. Er würde am liebsten schon, wie in China üblich, kurz nach neun Uhr ins Bett gehen und morgens um sechs aufstehen. «Was seid ihr nur für Nachtmützen», staunt er, gewöhnt sich aber schnell an die langen Nächte.

Im Fernsehen läuft gerade eine Serie über die Seidenstraße, die beim deutschen Publikum sehr gut ankommt. Bei einem Spaziergang durch unser Viertel spricht ein wildfremder Deutscher Diqian auf Englisch an.

«Woher kommen Sie?»

«Aus China.»

Da streckt der Mann seinen Daumen in die Höhe. «Die chinesische Kultur ist einmalig», sagt er.

Diqian ist begeistert. «Waren Sie schon mal in China?»

«Nein, aber gestern Abend habe ich im Fernsehen etwas über Chinas Seidenstraße gesehen.»

Wann immer Diqian in der Stadt unterwegs ist und nach dem Weg fragt, trifft er auf Leute, die ihm freundlich Auskunft geben und ihn häufig sogar noch ein Stück des Weges begleiten. Von kühlen und reservierten Hamburgern keine Spur. Ich bin selbst ganz überrascht. Vielleicht ist es seine freundliche, bescheidene Art, die ihn so sympathisch macht und die Leute anzieht. Selbst meinen Vater nimmt er ganz für sich ein, und das will schon etwas heißen, denn der ist auch recht stur und zurückhaltend. Diqian ist von dem alten Herrn tief beeindruckt. So konträr ihre Weltanschauungen auch sind – mein Vater ist im Vergleich zum revolutionären Diqian stockkonservativ –, verstehen sie sich doch fabelhaft. Sie fahren zusammen in die alte Hansestadt Lübeck. Natürlich hat sich mein Vater auf diesen Ausflug bestens vorbereitet, sodass er Diqian die Geschichte der Stadt und alle historischen Baudenkmäler erklären kann. Diqian fotografiert, fragt nach und erhält noch detailliertere Antworten. Erstaunlich: Zwei so zurückhaltende Menschen haben so viel miteinander zu sprechen. Vor allem ist mir auch ein Rätsel, wo mein Vater die letzten Reste seines Schulenglisch herzaubert. Und dann setzt er sich auch noch hin und nimmt tagelang für Diqian klassische Musik auf, nur weil die beiden mal über verschiedene Komponisten gefachsimpelt haben. Diqian kennt sich einigermaßen aus und liebt klassische Musik. Leider besitzt er weder Schallplatten noch Kassetten. Nun sorgt mein Vater für Abhilfe. Zwanzig, dreißig Kassetten mit den Lieblingsstücken seiner Schallplattensammlung schenkt er ihm. Diqian weiß vor Freude gar nicht, was er sagen soll. Kein Wunder, dass ihm mein Vater der Liebste wird unter seiner angeheirateten deutschen Verwandtschaft.

Als Diqian im Februar bei uns eintrudelt, sieht er richtig pummelig aus. Doch schon in den nächsten Tagen schrumpft er um mehrere Kleidergrößen zusammen. Ich beobachte das mit zunehmender Sorge und alarmiere Yuqian. Wie kann man nur so rapide abnehmen!

Yuqian lacht sich halb tot. «Bei uns ist zu gut geheizt», klärt er mich auf. «Du kennst doch das chinesische Zwiebelsystem. Er legt jetzt eine Schale nach der anderen ab, trägt also keine daunengefütterten Unterhosen mehr wie am ersten Tag und auch keine drei Pullover übereinander. In Peking und in Russland war es wesentlich kälter.»

Yuqian muss für vier Wochen nach China reisen, um an einem Kongress teilzunehmen und einige Universitäten zu besuchen. Für mich gibt es keinen Zweifel, dass ich mit seinem Bruder gut auskommen werde, so unkompliziert, wie ich ihn bis jetzt erlebt habe. Kaum sind wir allein, fällt mir auf, dass Diqian krank sein muss. Er hält strengste Diät. Wenn ich eine Diagnose wagen dürfte, dann würde ich auf ein Magengeschwür tippen. Wäre ja auch kein Wunder, nach den vielen Schicksalsschlägen, die er in den letzten zwanzig Jahren erlitten hat. Zum Glück habe ich eine Krankenversicherung für ihn abgeschlossen – für alle Fälle. Man weiß ja nie, was in den nächsten sechs Monaten alles passiert.

«Fühlst du dich nicht wohl?», frage ich ihn. Er sieht mal wieder richtig blass aus.

Doch er winkt ab. «Mach dir um mich keine Sorgen.»

«Du solltest dich einmal gründlich untersuchen lassen», schlage ich vor. «Ich kenne einen guten Internisten. Er ist sogar Chinese, sodass du keine Sprachprobleme haben wirst.»

Doch Diqian will davon nichts wissen. Stattdessen präsentiert er mir eine pralle Plastiktüte voller Medikamente. «Ein Chinese reist niemals ohne seine Medizin», sagt er. «Ich bin auf alles vorbereitet.»

Ich inspiziere den Inhalt der Plastiktüte. Medikamente gegen Husten, Schnupfen, Heiserkeit, Bauch- und Kopfschmerzen, Verstauchungen, Wunden – es ist alles da. Das meiste sind Präparate der traditionellen Kräutermedizin. Die seien besser verträglich als westliche Medikamente, sagt er, denn sie hätten keine schädlichen Nebenwirkungen.

«Wir Chinesen schätzen unsere traditionelle Medizin. Sie basiert auf Jahrtausende alten Erfahrungen.»

«Versprich mir trotzdem, dass du mir Bescheid sagst, wenn es dir nicht gut geht.»

«Versprochen.»

Bevor ich morgens ins Büro gehe, frühstücken wir zusammen. Ich koche eine große Kanne Tee. Doch die reicht kaum. Ich muss immer noch einen zweiten Aufguss machen. Denn Diqian ist morgens wie ausgedörrt. Dann knabbert er an seinem Sesambrötchen, das ich morgens frisch beim Bäcker kaufe. Yuqian verdrückt davon normalerweise zwei Stück, belegt mit Schinken und Ei. Sein Bruder bekommt nicht mal eins hinunter.

«Soll ich dir lieber chinesisches Frühstück machen, mit Reissuppe und salzigem Gemüse?» Das würde seiner Diät vielleicht näher kommen.

«Nicht nötig. Tee und Brötchen sind wunderbar.»

«Möchtest du ein weiches Ei haben?»

«Nicht nötig.»

«Ich kaufe dir morgen etwas Schinken.»

«Nur wenn du selbst welchen isst. Meinetwegen brauchst du keinen zu kaufen.»

Ich kaufe ihn trotzdem. Die Butter wird aufs Brötchen gekratzt, nur manchmal verirrt sich auch ein winziger Klecks Marmelade drauf. Von dem Schinken nimmt er nur ein kleines Stück, zwei, drei Tage später muss ich den Rest wegwerfen, denn ich mag morgens auch keinen Schinken. Mittags macht er sich ein paar Nudeln, sagt er, kontrollieren kann ich das nicht, denn ich bin ja im Büro. Abends koche ich für uns mal deutsch, mal chinesisch. Beides scheint ihn nicht sonderlich zu begeistern. Vielleicht sollte er mir mal zeigen, was er gerne isst. Der Supermarkt, in den ich ihn dann bringe, erschlägt ihn.

«Dieses Angebot!», stöhnt er, als wir mit einem großen Einkaufswagen durch die Reihen ziehen. «Da weiß man ja gar nicht, was man nehmen soll.»

«Zeig mir bitte, auf was du Appetit hast», sage ich.

Ich führe ihn zum Fleisch, zum Gemüse. «Möchtest du dies essen oder jenes?»

«Mach dir bitte keine Umstände.»

«Aber essen müssen wir ja trotzdem etwas», sage ich.

«Ja, aber bitte so einfach wie möglich.»

Er will kein Rind, kein Schwein, kein Hühnerfleisch. Ist er vielleicht Vegetarier? Aber ich meine mich zu erinnern, dass er in Peking sehr wohl Fleisch gegessen hat. Oder ist er nur höflich? Vielleicht möchte er vermeiden, dass ich zu viel Geld ausgebe. Ich lege ein Huhn in den Einkaufswagen.

«Wir essen in China viel weniger Fleisch als ihr im Westen», stellt er fest. Das klingt wie ein Vorwurf. Also fliegt das dumme Huhn wieder hinaus. Dann eben Gemüse, doch auch hier: Dies ist nicht nötig und das auch nicht, es ist ein wahres Kreuz mit ihm, und ich bin ratlos. Schließlich einigen wir uns auf ein paar Kartoffeln, Wurzeln und Porree. Auch gut, denke ich, dann gibt es eben Eintopf.

«Wie steht's mit Suppenknochen?»

«Ja, sehr gut. Aber bitte nicht so viele.»

Die Suppe ist schnell gekocht, er kann sie gut vertragen, sie schmeckt ihm sogar. Endlich! Ich bin erleichtert. Doch was sollen wir morgen essen, übermorgen und die Tage danach? Ganz einfach: Eintopf. Immer wieder Eintopf, in allen Variationen. Eigentlich mag ich gar keinen Eintopf.

Nach vier Wochen kommt Yuqian zurück.

«Wie seht ihr denn aus?», fragt er entsetzt, als wir ihn am Flughafen willkommen heißen. Ich habe in den letzten Wochen sechs Kilo abgenommen. So eine Magendiät ist hervorragend für die schlanke Linie. Diqian scheint auch etwas dünner geworden zu sein.

An diesem Abend stelle ich mich in die Küche und koche eins von Yuqians Lieblingsgerichten: Eisbein auf chinesische Art, geschmort mit Sojasauce, Reiswein, Kandis, Ingwer, Zimt und Anis. Dampfender Reis steht auf dem Tisch, kurz angebratenes quietschgrünes Gemüse und kross gebratene Porreefladen. Yuqian greift ordentlich zu. Er hat wie immer einen gesegneten Appetit, doch was sehe ich da? Bruder Diqian greift zur glasig geschmorten Eisbeinhaut, verdrückt ein Stück nach dem anderen, nimmt von dem Gemüse, ein ganzer Porreefladen verschwindet in seinem Bauch. Muss der einen Hunger haben! Ruck, zuck ist eine Schale Reis geleert und schon füllt er sich eine zweite auf, sogar mit Berg. Ein weiteres Stück Eisbeinhaut wandert in seinen Mund. Er kaut mit vollen Backen.

«Schmeckt prima», sagt er mit glänzenden Augen.

Merkwürdig, der ist wie ausgewechselt. «Als du weg warst, hat er kaum etwas gegessen», sage ich zu Yuqian auf Deutsch. «Nur immer Suppe. Ich dachte schon, er sei magenkrank.»

Yuqian schaut seinen Bruder besorgt an. «Was war denn los mit dir? Warum hast du so wenig gegessen?»

Der winkt ab. «Nichts war los mit mir. Petra hat schon genug zu tun, da wollte ich ihr nicht noch mehr Umstände machen.»

«Was heißt hier Umstände», protestiere ich. «Wir waren doch gemeinsam einkaufen. Ich habe dich immer wieder gefragt, was du haben möchtest. Du hast alles abgelehnt.»

Yuqian schaut seinen Bruder prüfend an. «Sag mal, warst du wieder mal zu bescheiden?»

Diqian druckst herum. Yuqian schüttelt lachend den Kopf. «Ein typisch deutsch-chinesisches Missverständnis. Früher ist mir so etwas auch oft passiert. Chinesen lehnen höflich ab, weil man uns zu

Bescheidenheit erzogen hat, und die Deutschen nehmen das für bare Münze und insistieren nicht weiter.» Er klopft Diqian freundlich auf die Schulter. «Du bist in Deutschland und nicht in China. Wenn man dich etwas fragt, erwartet man eine klare Antwort. Du darfst dich nicht zieren.»

Yuqian nimmt seinen Bruder mit in die Universität. Dort lernt er junge deutsche Studenten kennen, unterrichtet sie sogar. Diqian ist begeistert. Wissenschaftliche Arbeit, ja, das wäre genau das, was ihm läge. Nach seinen Jahren bei der Stadtteilarbeit war ihm schließlich doch eine journalistische Tätigkeit zugewiesen worden. Er landete bei einer kleinen Parteizeitschrift, wo er die Arbeit schon nach kurzer Zeit unbefriedigend und langweilig fand. Doch wie schon erwähnt, kann man nicht einfach wechseln. So sitzt er noch heute dort und ist total frustriert.

Wie durch ein Wunder lernte Yuqian kürzlich den Leiter eines großen Pekinger Verlages kennen. Dieser erzählte ihm, er suche händeringend nach fähigen Redakteuren für die Herausgabe einer umfangreichen Enzyklopädie. Yuqian stellte ihm sofort seinen Bruder vor, und der war begeistert. An der Herausgabe eines solchen Jahrhundertwerkes mitzuarbeiten: welch eine Chance! Diqian sagte begeistert zu, doch hatte er sich zu früh gefreut, denn ob man gehen darf oder nicht, bestimmen immer noch die Vorgesetzten. Die Leute in seinem Verlag müssen ihn freigeben, das taten sie aber nicht. Jeder auch nur einigermaßen gute Redakteur könne seine Arbeit übernehmen, sagt Diqian, doch dem widerspricht der zuständige Parteisekretär. Man könne ganz und gar nicht auf ihn verzichten, behauptet er, und bewilligt ihm zum Trost eine sechsmonatige Beurlaubung zwecks Auslandaufenthalt. Yuqian vermutet Neid hinter der ablehnenden Haltung des Parteisekretärs.

«Jeder würde gern bei diesem Projekt mitmachen», sagt er. «Auch so ein Herr Parteisekretär. Wahrscheinlich fragt er sich, warum man dich und nicht ihn haben will.»

Der Enzyklopädie-Verlag legt sich wirklich für Diqian ins Zeug und stellt mehrere Anträge, um ihn freizubekommen. Es liege im Interesse von Volk und Vaterland, einen Mitarbeiter wie ihn für ein solches Projekt zu gewinnen. Doch Diqians Verlag bleibt stur.

«Das ist deine Chance», beharrt Yuqian und stachelt den Bruder zu Protest auf. «Du musst die Leute zwingen, dich freizugeben.»

Diqian nickt nur hilflos. Lauter Protest ist nicht seine Art.

«Ich werde nach meiner Rückkehr noch einmal mit den Vorgesetzten reden», sagt er. Er hofft, dass die Verlagsleitung bis dahin selbst erkannt hat, dass die Arbeit auch ohne ihn läuft, und ihn gehen lässt.

Diqian staunt über unsere vielen chinesischen Besucher, darunter Schriftsteller, Dichter und Maler.

«Was für ein interessantes Leben du führst», sagt er zu Yuqian. «An solche Leute kommst du in China nie heran.»

Doch er staunt auch über das Arbeitspensum, das Yuqian bewältigt. Unterricht, Übersetzungen, die Herausgabe von Büchern und Zeitschriften. «Du leistest das Dreifache von dem, was ich mache.»

«Im Westen kannst du dich nach eigenem Antrieb entfalten», sagt Yuqian, «in China lässt man dich nicht. Das siehst du ja an dir.»

Diqian hört das nicht gern, denn in solchen Bemerkungen spürt er die versteckte Kritik an der Kommunistischen Partei, und zu der gibt es für ihn keine Alternative. Stundenlang habe ich mit ihm darüber gesprochen, als Yuqian in China war. Ich verstehe das nicht, wie eine Partei nach so vielen Fehlern noch immer an der Macht sein darf, habe ich ihm gesagt. Allein die Kulturrevolution, eine Kampagne, die das Land an den Rand des Ruins geführt hat, und das unter der Führung der Kommunistischen Partei! Wieso wählt man sie nicht ab? Sicher, es gibt keine freien Wahlen in China. Dann muss man eben einen Aufstand machen oder streiken.

Es seien Fehler gemacht worden, ja. Schwere Fehler mit furchtbaren Folgen. Doch das, was man in China versucht, habe bisher noch kein anderes Land geschafft. Es gebe keine Vorbilder, keine Muster. China sei ein riesiges Land mit einer Bevölkerung, die größer ist als die von ganz Europa, inklusive Russland, USA und Japan zusammengerechnet. Um so ein riesiges Land aus der Armut in ein modernes Zeitalter zu führen, bedürfe es einer starken Führung. Westliche Demokratien seien keine Alternative. Ein Mehrparteiensystem in einem Land mit einem hohen Anteil an Analphabeten würde Chaos bringen, und das sei das Letzte, was sich China leisten könne. Man müsse an die Nation denken und die Interessen des Einzelnen hintanstellen.

Yuqian muss an einem Kongress in Wien teilnehmen.

«Hast du Lust mitzukommen?», fragt er seinen Bruder, und der ist sofort begeistert. Sie fahren mit dem Auto. Österreich gefällt ihm gut. Nach Ungarn ist es auch nicht weit, stellt er nach einem Blick auf die Landkarte fest. Die Nähe der Nachbarländer ist eine ganz neue Erfahrung für ihn. In China kann man tagelang mit dem Zug fahren und ist immer noch im eigenen Land, während man in Europa an einem einzigen Tag gleich in mehrere Länder gelangen kann, in denen sogar unterschiedliche Sprachen gesprochen werden. Yuqian versteht den Wink des Bruders und zeigt ihm Budapest. Als sie nach Wien zurückfahren, werden sie auf der ungarischen Seite gleich dreimal kontrolliert, während sich die österreichischen Grenzbeamten nicht blicken lassen.

«Da kannst du mal sehen, wie frei der Westen ist», belehrt Yuqian seinen Bruder.

Doch Diqian sieht das anders. «Daran kannst du mal sehen, wie zuverlässig im Sozialismus gearbeitet wird.»

Diqian wird in Hamburg wieder richtig jung. Die vielen Studenten, Freunde, Bekannten und dann der Nachschub aus China! Ein entfernter Onkel und eine Tante rücken an. Yuqian hat sie eingeladen. «Wenn ich ihnen nicht die Chance gebe, werden sie niemals ins Ausland reisen können», sagt er. Beide sind schon Ende sechzig, stecken aber noch voller Lebensmut und Unternehmungslust.

Die Tante stellt sich in die Küche und verkündet: «Für die nächsten drei Monate übernehme ich hier das Regiment, wenn du nichts dagegen hast.»

«Dagegen habe ich absolut nichts. Von mir aus kannst du dann noch länger bleiben.»

Das hört die Tante gern. Von nun an gibt es drei warme Mahlzeiten am Tag.

«Wie in China», sagt Yuqian zufrieden.

Dann reist Michael aus den USA an, denn wir hatten ja abgemacht, uns jedes Jahr zu treffen. Yuqian ist selig angesichts des vielen Besuchs. Endlich kann er allen Leuten einen Teil seiner Familie vorstellen. Wie viele Gerüchte hat es in Hamburg um ihn gegeben! Für einen kommunistischen Spion hielten ihn die politisch rechtsgerichteten Chinesen, für einen Konterrevolutionär die linksgerichteten, um seine Person rankte sich immer etwas Geheimnisvolles. Doch nun sind sie gekommen, Bruder, Sohn, Onkel und Tante. Er lädt deutsche Freunde ein und die halbe chinesische Kolonie. Diqian studiert derweil die Europakarte. Eigentlich ist es gar nicht so weit bis nach Holland, Belgien und Frankreich, und nach Italien ist es eigentlich auch nur ein Katzensprung, wenn man schon mal in Südfrankreich ist. Wie gut, dass Yuqian einen alten Mercedes hat, mit dem man gemütlich durch Europa juckeln kann. Das macht er dann auch. Er dreht mit allen zusammen eine richtig große Runde. Als nach sechs Monaten auch der Letzte von ihnen abgereist ist, bin ich traurig. Ich mag es, wenn zu Hause etwas los ist, auch wenn ein solcher Ansturm manchmal anstrengend sein kann.

Als Reiseleiter unterwegs in China

Unser Kunst- und Reiseführer läuft gut. Eine dritte Auflage ist in Vorbereitung. Schon die zweite hat viel Arbeit gemacht, denn um die Daten zu aktualisieren, muss man ständig durch das Land reisen und sämtliche Sehenswürdigkeiten abklappern. Wie kann man das bewerkstelligen, ohne dabei pleite zu gehen? Wir haben die Antwort gefunden: Man verdingt sich als Reiseleiter. Das ist ganz einfach, dachte ich. Alles wird organisiert. Man braucht nur alle Schäfchen beisammenzuhalten. Pustekuchen! Schon nach drei Begleitungen weiß ich: Ein einziger Mistmops unter den Reisenden kann die ganze Gruppe sprengen. Yuqian drückt es chinesisch aus: Ein Mäuseschiss verdirbt die ganze Suppe. Es ist reiner Wahnsinn, was ein Reiseleiter so alles erleben kann. Die Leute bringen ja nicht nur sich selbst, sondern auch ihren ganzen Sack an Problemen mit, den sie so durchs Leben schleppen. Damit kann ich noch gut umgehen. Was ich aber überhaupt nicht abkann, ist Arroganz und Überheblichkeit gegenüber dem Gastland. Ich erinnere mich an einen ganz speziellen Fall: einen Tierarzt aus Süddeutschland. Schon in Peking fiel er mir unangenehm auf. Ein Gruppenmitglied fragte, ob es in Peking nicht möglich sei, eine ganz normale chinesische Familie zu besuchen und nicht so eine Vorzeigefamilie, wie sie die anderen Reisegruppen immer vorgesetzt bekommen. Da die Gruppe nur aus zehn Personen bestand, fand Yuqian, dass er sie zu seinem Vater nach Hause bringen könne. Der freute sich sogar. So viele Ausländer auf einem Haufen! Und die meisten sprachen sogar Englisch. Inzwischen waren Kontakte zu Ausländern nicht mehr problematisch. Ganz im Gegenteil, Schwiegerpapa war richtig stolz darauf, eine so große Gruppe zu Hause begrüßen zu können. Eine Stunde lang stand er den interessierten Deutschen Rede und Antwort. Nur eine Frage irritierte ihn: «Mein Herr, was denken Sie über die gelbe Gefahr?», fragte der Tierarzt.

«Gelbe Gefahr?» Schwiegerpapa dachte ein Weilchen nach. «Mein lieber Freund», sagte er schließlich, «ich bin schon siebenundachtzig Jahre alt, aber in meinem ganzen langen Leben habe ich nur die ‹weiße Gefahr› kennen gelernt. Engländer, Franzosen, Amerikaner, Deutsche und viele andere Nationen kamen in unser Land und haben es über viele Jahre ausgebeutet und zu erobern versucht. Und schauen Sie sich die heutige Welt an: Nicht chinesisches, sondern amerikanisches und russisches Militär ist in allen Teilen der Welt stationiert. Wo also sehen Sie die gelbe Gefahr?»

Bei der Besichtigung der zweitausend Jahre alten Terrakotta-Armee in Xi'an verstieß er gegen das Fotografierverbot. Ich warnte ihn noch.

«Hier gibt es Aufpasser», sagte ich. «Die können ganz unangenehm werden.»

Und schon wurde er erwischt und sollte seinen Film abliefern. Da war das Geschrei natürlich groß. Wie eine Mutter ihren Sprössling verteidigt, so sollte ich ihm aus der Klemme helfen. Und als mir das nicht sogleich gelang, rannte er laut pöbelnd aus der Halle.

Jener Herr war zu meinem Kummer auch noch Alkoholiker. Er brauchte täglich seinen Wodka, ohne den er keine Ruhe fand. Doch kaum verließen wir Peking, gab es keinen Wodka mehr zu kaufen. Als Reiseleiter kommt man da in höchste Nöte. Man muss improvisieren, Überzeugungsarbeit leisten, und das tat ich sehr erfolgreich, indem ich ihm den berühmten Maotai-Schnaps besorgte. Der schmeckt sowieso viel besser als Wodka, behauptete ich, und dank seiner schlappen sechsundfünfzig Prozent Alkoholanteil wirkt er auch viel schneller. Der Tierarzt war zufrieden und hatte fortan keine russische, sondern eine chinesische Fahne. Doch kaum kamen wir in die tiefe Provinz, gab es auch keinen Maotai mehr. Der Mann rastete richtig aus.

«Besorgen Sie mir gefälligst einen anständigen Schnaps», herrschte er mich an. «Den billigen Fusel, den es hier gibt, kann man nicht trinken.»

Als ich ehrlichen Herzens mein Bedauern ausdrückte, baute er sich vor mir auf und setzte zur Generalkritik an. «Alles an dieser Reise ist Scheiße», schimpfte er und redete sich richtig in Rage. Die Gruppe schaute betroffen drein. Ich ließ ihn reden, rührte mich nicht von der Stelle. Was sollte ich antworten? Es gab keinen guten Schnaps in diesem Nest, das war eine unabänderliche Tatsache, und auch in den nächsten Tagen würde ich keinen besseren besorgen können. Ich war ratlos. Ich schaute mir den Kerl an, wie er vor mir hin und her hüpfte, er erinnerte mich an Rumpelstilzchen, und dann – ja, dann war er plötzlich wie weggezaubert. So etwas kann doch nicht sein, dachte ich. Jemand löst sich doch nicht einfach in Luft auf, auch nicht in China! Da hörte ich zu meinen Füßen einen wütenden Aufschrei: «Scheiße!» Ich schaute zu Boden und da sah ich ihn. Er muss auf einem wackligen Gullydeckel gestanden haben, was in China immer gefährlich ist, denn dort sind Gullydeckel meistens eine ziemlich unsichere Angelegenheit, wenn sie nicht überhaupt fehlen. Jedenfalls war dieser Herr in die Klärgrube geplumpst und stand hüfthoch in einer stinkenden Brühe. Zu meiner Schande muss ich gestehen, dass er mir nicht besonders Leid tat.

Das Beste an jener Reise war die nette chinesische Reisebegleiterin. Die möchten wir diesmal wieder haben, sagen wir dem Veranstalter, als wir Ende 1985 erneut eine Reiseleitung übernehmen. Das staatliche chinesische Reisebüro sieht darin kein Problem.

Wir kommen in Peking an, aber merkwürdig: Unter den Abholern entdecke ich einen jungen Mann, der ein Schild mit Yuqians Namen hochhält. Wieso ein Mann? Wir hatten doch um eine Frau gebeten. Doch nein, da sehe ich sie schon stehen. Sie kommt schnurstracks auf mich zu und zieht mich am Arm zur Seite. Ich will sie begrüßen, doch sie fällt mir ins Wort.

«Ich darf euch nicht begleiten. Es ist extra jemand vom Sicherheitsdienst für euch abgestellt worden. Seid vorsichtig mit dem, was ihr sagt.»

«Wieso denn das?»

«Yuqian steht noch immer auf der Beobachtungsliste.»

«Aber …»

«Hast du mich verstanden?»

«Ja.»

Darauf drückt sie mir kurz die Hand und verschwindet. Yuqian ist inzwischen zu jenem jungen Mann mit dem Schild gegangen, und der sammelt daraufhin etwas umständlich unsere Gruppe zusammen. Schnell wird klar, dass er keinerlei Erfahrung mit Reiseleitungen hat und nicht viel über sein Land weiß, schon gar nichts über die kulturellen Sehenswürdigkeiten. Aber er hat andere Qualitäten. Er ist ein freundlicher, aufgeschlossener Bursche, der nebenbei noch allerlei Privatgeschäfte tätigt, und was er ganz hervorragend kann, ist, aus der Hand zu lesen. Auf den langen Strecken, die wir mit dem Zug zurücklegen, sorgt er damit für beste Unterhaltung, bis er einem ledigen älteren Schweizer in der Gruppe, der von einer hübschen Ehefrau und intelligenten Kindern träumt, sagt, dass er ein hoffnungsloses Muttersöhnchen sei und bis an sein Lebensende allein bliebe. So überspitzt sagt er es natürlich nicht, aber vom Inhalt her schon. Das mit dem Muttersöhnchen scheint auch tatsächlich zu stimmen. Jedenfalls hat der arme Kerl daraufhin keine Lust mehr und möchte seinem Leben lieber ein Ende setzen. Zum Glück sind die Waggontüren verriegelt, und ein ziemlich gut geschulter Polizeipräsident, ebenfalls ein Mitglied unserer Gruppe, leistet harte Arbeit, ihn von den verriegelten Türen wegzuholen. In einem langen Gespräch überzeugt er ihn schließlich, dass chinesische Wahrsager sowieso nur große Scharlatane seien. Kein Wort solle er ihm glauben. Er könne jede Frau kriegen, wenn er nur wolle.

Daraufhin ist das Handlesen erst einmal abgeschrieben, obwohl der junge Mann, wie mir einige hinter vorgehaltener Hand sagen, ein echter Könner sei.

Da wir vorgewarnt sind, hält sich Yuqian mit seinen Kommentaren zurück. Nur manchmal kann er sich nicht beherrschen und platzt wieder mal mit Kritik und Verbesserungsvorschlägen heraus. Dem jungen Mann vom Sicherheitsdienst scheint er damit jedoch aus dem Herzen zu sprechen.

«Unsere Partei misstraut immer den ehrlichen, aufrechten Menschen, die unser Land eigentlich so dringend braucht», sagt er zum Abschied.

«Wie meinst du das?», fragt Yuqian.

Da gesteht ihm der junge Mann, dass er eigentlich kein echter Reisebegleiter sei, sondern nur in besonderen Fällen eingesetzt werde.

China in Aufbruchstimmung

Schwiegerpapa, inzwischen neunzig Jahre alt, findet, dass es im Westen ganz schön gefährlich zugeht. Kürzlich ging im Hamburger Hafen eine Barkasse unter mit einer Geburtstagsgesellschaft drauf. Darüber hat sogar das Pekinger Abendblatt berichtet. «Passt bloß auf», schrieb er uns daraufhin. «Macht lieber keine Hafenrundfahrt!» Ohnehin findet er, dass es allmählich Zeit für Yuqian wird, ganz nach China zurückzukehren. «Du warst lange genug im Ausland», sagt er. «Warum kommst du nicht zurück? Mit deinen Erfahrungen stehst du in China hoch im Kurs.»

Nie zuvor habe ich in Peking so viel Optimismus gespürt wie im Sommer 1986. China steht vor einer atemberaubenden Entwicklung. Peking und Shanghai werden die künftigen politischen, wirtschaftlichen und kulturellen Zentren Asiens sein, da gibt es gar keinen Zweifel. Ausländische Firmen gründen Vertretungen, überall wird englisch-, deutsch- und chinesischsprachiges Personal gesucht. Mit meiner Ausbildung hätte ich beste Voraussetzungen, hier einen Job zu finden. Auch Yuqian ist von der unglaublichen Aufbruchstimmung, die allenthalben zu spüren ist, überrascht. Im letzten Jahr hat ihm eine chinesische Universität einen Professorentitel verliehen. Er kann dort jederzeit Vorlesungen halten. Schwiegerpapa meint, Yuqian könne mit seinen Qualifikationen ohne Probleme einen Lehrstuhl bekommen. Sollen wir es wirklich wagen und uns in China niederlassen?

Die Pressezensur ist gelockert worden. In den Zeitungen werden Fälle von Korruption, Bestechung und Veruntreuung angeprangert, Berichte über Schlamperei und Unzulänglichkeit unter den Funktionären führen in der Bevölkerung zu großer Empörung. Yuqian sieht darin einen enormen Fortschritt. Wenn die Funktionäre für ihre Vergehen zur Verantwortung gezogen werden, wenn sie für ihre Fehler einstehen müssen, dann gibt es Hoffnung. Er lässt sich von der neuen Stimmung anstecken, besucht tausend Leute und führt Interviews mit Journalisten, Wissenschaftlern und Künstlern.

«Wo willst du das bloß alles veröffentlichen?», frage ich ihn.

«Das weiß ich noch nicht. Aber es ist mir wichtig, mich mit den Wortführern dieser neuen Bewegung auseinander zu setzen.»

Wir treffen den Journalist und Schriftsteller Liu Bingyan, einen Mann voller Ideale, der sich auch als Parteimitglied und überzeugter Kommunist nicht scheut, Berichte über Verfehlungen und Korruption innerhalb der Kommunistischen Partei zu veröffentlichen. Manchen gilt er als Nestbeschmutzer, anderen als Vorbild, das Hoffnungen weckt. Die aktuelle Entwicklung in China gebe Anlass zu größtem Optimismus, sagt er. Es sei atemberaubend, den rasanten Modernisierungsprozess und die mutige Reform- und Öffnungspolitik mitzuerleben. Nie habe ich einen Mann erlebt, der mit seiner Begeisterung so mitreißend wirkt.

«Du solltest unbedingt nach China zurückkehren», fordert er Yuqian auf. «Sieh mich an! Schriftsteller und Journalisten können wieder frei arbeiten. Ich würde China niemals verlassen, um in einem westlichen Land zu leben. Hier werde ich gebraucht. Hier leben meine Leser.»

Auch Zhao Fusan, Philosoph und Theologe, der als Vizepräsident der Akademie der Sozialwissenschaften ein einflussreicher Wissenschaftler ist, überrascht uns mit grenzenlosem Enthusiasmus. Yuqian und er kennen sich aus alten Shanghaier Tagen. Zhao Fusan war immer wie ein älterer Bruder für ihn.

«Du musst zugeben, dass deine Flucht damals ein großer Fehler war», sagt dieser streng. «Du warst mal wieder viel zu emotional.» Doch dann zuckt er lächelnd mit den Schultern. «Aber so bist du nun mal, da kann man nichts machen. Trotzdem! Es wird Zeit zurückzukehren.»

Wir besuchen den Schriftsteller Wang Meng, den Literaturkritiker und Dramaturgen Wu Zuguang und den Maler Huang Yongyu. Sie alle waren Opfer vorangegangener politischer Kampagnen, genau wie Yuqian, doch nun blicken alle voller Optimismus in die Zukunft. Ich sehe es Yuqian an: Er würde gern zurückkommen. Bereut er, dass er China damals verlassen hat? «Unsinn», sagt er, als ich ihn frage. «Aber China verändert sich tatsächlich. So langsam kann man wirklich allen Ernstes darüber nachdenken, für ein paar Jahre hier zu leben.»

Bruder Diqian wird es richtig schwindelig, wenn er sieht, mit welchem Elan Yuqian seine Interviews führt. Der stille Mann mahnt zur Vorsicht. Es sei schon immer so gewesen: Sobald Yuqian in euphorische Stimmung geraten war, passierte etwas.

«Wie meinst du das?», frage ich ihn.

«Er fiel dann immer irgendwelchen politischen Kampagnen zum Opfer.»

«Macht Begeisterung blind?»

«Nicht unbedingt. Aber Yuqian passt mit seinem Temperament einfach nicht nach China. Er sollte lieber im Westen bleiben, denn hier wird er über kurz oder lang wieder Probleme bekommen.»

Ich verstehe Bruder Diqian nicht. Wieso diese Vorsicht, diese mangelnde Begeisterung? «Du bist zu pessimistisch», werfe ich ihm vor. «Alle sind begeistert von der neuen Aufbruchstimmung, nur du nicht. Nimm dir ein Beispiel an dem Journalisten Liu Bingyan. Der berichtet pausenlos über irgendwelche Korruptionsfälle, sogar in der Volkszeitung. Warum tust du das nicht?»

Diqian seufzt nur ratlos. «Ich bin zu alt.»

«Das hast du schon vor fünf Jahren gesagt. Liu Bingyan ist genauso alt wie du und hat sogar noch stärker unter den politischen Bewegungen gelitten. Trotzdem setzt er sich mit großer Leidenschaft für die neue Bewegung ein.»

Diqian ist frustriert. Sein Traum von der Mitarbeit an der Enzyklopädie ist endgültig geplatzt. Nach seiner Rückkehr aus Deutschland waren seine Vorgesetzten noch immer der Meinung, dass man auf ihn nicht verzichten könne, auch wenn es sechs Monate lang sehr gut ohne ihn gegangen war. Wenn ihm das Projekt so wichtig sei, dann könne er ja nach seiner Pensionierung in frühestens drei Jahren an dem Jahrhundertwerk mitarbeiten, sagte man ihm, wohl wissend, dass es dann zu spät ist.

Diqian hat resigniert. «Da kann man nichts machen.»

Welch ein Unterschied zwischen den Brüdern! Obwohl nur zwei Jahre jünger, steckt Yuqian noch immer voller Ideen, neuer Pläne und kritikbereitem Engagement. Resignation kommt für ihn nicht in Frage.

Ein befreundeter deutscher Journalist, der für drei, vier Jahre in Peking arbeitet, ist auf Heimaturlaub gegangen. Nur zu gern hüten wir seine Wohnung. Sie befindet sich in einem abgeschirmten Ausländerviertel, an dessen Tor grimmig dreinschauende chinesische Wachposten stehen. Ausländer können unbehelligt passieren. Chinesen müssen sich ausweisen und Rede und Antwort stehen, wer sie sind und zu wem sie wollen. Niemand in unserer Verwandtschaft hätte es früher gewagt, allein einen Fuß in dieses Viertel zu setzen. Heute ist alles anders. Verwandte, Freunde, Bekannte: Alle kommen und gehen, wie es ihnen gerade gefällt.

An einem Sonntagnachmittag lädt Yuqian die gesamte Sippe in unser neues Domizil ein. Dem Wachposten sagt er: «Heute bekomme ich Besuch, lass alle rein, die meinen Namen nennen», und das sind eine ganze Menge. Groß und Klein, Alt und Jung, alle kommen. Platz gibt es genug in der geräumigen Wohnung, die mit einfachen, aber praktischen Möbeln europäisch eingerichtet und hier und da mit chinesischen Antiquitäten bestückt ist.

«So sieht es also aus bei euch in Europa», stellt Halbbruder Bao'er fest und lässt staunend seinen Blick durch das Wohnzimmer wandern; vor allem die vielen englisch-, französisch- und deutschsprachigen Bücher in den Ikea-Regalen faszinieren ihn.

Auch Neffe Feng kommt. Ihn begeistern die bequemen, beigefarbenen Polstermöbel, und seine kleine Tochter Wei bemerkt sehr schnell, dass man diese auch als Trampolin benutzen kann.

Feng hat in den letzten zwei Jahren fleißig Englisch gelernt. Halb China lernt zurzeit Englisch, denn alle wollen plötzlich mit dem Ausland Geschäfte machen. Im Fernsehen, im Radio, in den Buchläden, überall werden Sprachkurse angeboten. Feng ist es gelungen, vom Fabrikarbeiter zum Englischlehrer an einer Art Berufsschule aufzusteigen, was ihn sehr glücklich macht. Er sei ohnehin in letzter Zeit sehr erfolgreich, sagt er. Er habe ein Netz von Beziehungen aufgebaut, die in China immer wichtiger würden. So sei es ihm gelungen, für mehrere Leute eine bessere Arbeit zu finden. Bestes Beispiel sei seine Frau Bing. Sie verkauft jetzt keine Schuhe mehr, sondern arbeitet als Telefonistin in einer Fabrik. Wer immer etwas braucht, behauptet Feng vor seiner versammelten Verwandtschaft, könne sich vertrauensvoll an ihn wenden. Ihm würde schon etwas einfallen. Und das nehmen ihm auch alle ab, denn der letzte Coup, den er gelandet hat, war sowieso bühnenreif: Minqian hat im Gesamtchinesischen Frauenverband eine steile Karriere gemacht, was nach den Schicksalsschlägen der vergangenen Jahre Balsam für ihre Seele war. Dennoch war sie, wann immer man sie traf, unzufrieden, nervös und abgeschlagen. Sie müsste mal richtig Urlaub machen, dachte ich, sie arbeitet einfach zu viel. Von Urlaub hat man in China noch nicht viel gehört. Zum Neujahrsfest gibt es ein paar freie Tage und zu anderen Festtagen auch. Aber richtig Urlaub und Erholung? Nein, das könne sich China noch nicht leisten, heißt es. Feng glaubte nicht an mangelnden Urlaub als Ursache für Minqians ewigen Missmut. Es sei ihre Lebenssituation, die der Mutter zu schaffen mache, und außerdem sei sie mit ihren Kindern unzufrieden. Feng bringe beruflich nicht viel zuwege, und mit Lei gebe es seit ihrer Rückkehr aus Deutschland auch ständig Probleme. Minqian sei einsam. Sie brauche einen neuen Lebenspartner. Also ging Feng auf die Suche nach einem Heiratskandidaten für seine Mutter.

Nichts ist Chinesen so unangenehm wie die Vorstellung, im Alter allein leben zu müssen, ohne Ehemann, ohne Kinder. Ich hatte Minqian schon einmal gefragt, ob sie an einer neuen Partnerschaft interessiert sei. Natürlich, sagte sie, aber für eine Frau Ende fünfzig sei es nicht leicht, einen passenden Mann zu finden.

«Du brauchst ja nicht gleich zu heiraten», meinte ich. «Such dir doch jemanden, mit dem du ab und zu mal etwas unternimmst.»

Ich hatte schon den einen oder anderen Mann in ihrem Bekanntenkreis kennen gelernt, den ich ganz passend fand.

«Nein», lehnte sie entschieden ab. «Ich wünsche mir einen zuverlässigen Ehepartner und keine lose Beziehung. Das schickt sich nicht.»

Chinesen spielen gern Ehevermittler. Wenn jemand im heiratsfähigen Alter noch nicht unter der Haube ist, scheinen bei Verwandten, Kollegen und Bekannten die Alarmglocken zu läuten, und alle werden aktiv. Häufig sind es auch die Betroffenen selbst, die um Unterstützung bei der Partnersuche bitten. Mehrere Male sollte ich selbst auch schon verkuppelt werden, als ich als Dolmetscherin für chinesische Journalisten in Deutschland unterwegs war. Ob ich nicht Lust hätte, einen seiner zwei wohlgeratenen Söhne zu heiraten, fragte mich ein alter Herr. Er wusste nichts von Yuqian.

Nicht nur junge Ledige werden verkuppelt, sondern auch ältere

Geschiedene oder Verwitwete. Eigentlich finde ich das sehr praktisch. Welcher ältere Mensch geht schon gern allein auf die Pirsch nach einem neuen Partner. Vielen mangelt es auch an Gelegenheit, vor allem in China. Da ist es doch viel besser, wenn ein Heer von hilfreichen Geistern aktiv wird. Für Diqian fanden die Verwandten schon kurz nach seiner Scheidung eine neue Frau. Nur bei Minqian versagten sie auf der ganzen Linie. Minqian ist ein schwieriger Fall: Emanzipiert, sehr anspruchsvoll, ehrgeizig, klug und äußerst erfolgreich – ihre Position kommt inzwischen der einer Vizeministerin gleich – und dabei ist sie noch schlank und hübsch anzusehen. Wie findet man da einen passenden Mann? Kollegen, Freunde, Bekannte und Verwandte stellten ihr den einen oder anderen Kandidaten vor, doch ohne Erfolg. An jedem setzte sie etwas aus, und irgendwann hatten die Leute keine Lust mehr und gaben die Suche auf.

Da übernahm Feng den Fall. Die Fäden seines Netzes reichten inzwischen weit über Peking hinaus bis nach Tianjin und Shanghai. Er ließ wohl wirklich alle seine Verbindungen spielen, denn irgendwann, über zehntausend Ecken, fand er ihn, den Mann, den seine Mutter heiraten sollte: Ein pensionierter Pilot, also Armeeangehöriger, das ist seriös. Natürlich ein altes Parteimitglied, das war ein wichtiges Kriterium. Nettes Wesen, vor allem sehr geduldig, was bei der energischen Minqian nur von Vorteil sein kann. Sechs Jahre älter als sie, verwitwet, mit fünf erwachsenen Kindern und ein paar Enkelkindern. Passt!, befand Feng fachmännisch, und nach einiger Zeit und genauer Begutachtung fand Minqian das auch. Das einzige Hindernis war, dass er in einer Stadt in der Nachbarprovinz lebte, immerhin zwei Autostunden von Peking entfernt. Doch er war gern bereit, für Minqian in die Hauptstadt zu ziehen und seine Familie zurückzulassen. So stand einer Heirat nichts mehr im Wege.

Dieser Mann besaß nur Vorteile, fand Feng, und deshalb wollte er fair sein und den Bräutigam nicht im Unklaren lassen. «Ich habe ihn vor der Hochzeit über alle Nachteile und Macken meiner Mutter aufgeklärt. Schließlich sollte er nicht die Katze im Sack heiraten», vertraut er mir an.

«Was hast du ihm denn erzählt?»

«Dass sie ziemlich launisch und ungeduldig ist. Davon kann ich ja ein Lied singen. Dass sie sich nie um den Haushalt und wenig um die

Familie kümmert und eigentlich immer nur ihre Arbeit, Partei und Politik im Kopf hat.»

«Und was hat er darauf geantwortet?»

«Das sei ihm nur recht. Schließlich hätte er als Pensionär genügend Zeit, den Hausmann zu spielen.»

Zhang heißt der frisch verliebte Ehemann. Schon nach dem ersten Treffen muss ich zugeben, dass Feng einen wirklichen Glücksgriff getan hat. Dieser Mann ist freundlich und aufgeschlossen, hat einen klaren Kopf, einen kritischen Geist, viel Humor und noch mal so viel Witz. Zudem vergöttert er Minqian und verwöhnt sie nach Strich und Faden. Wo findet man einen solchen Mann? Allein bestimmt nicht. Das kann nur Feng!

«Hast du nicht bemerkt, wie sehr sich meine Mutter verändert hat?», fragt Feng.

«Eindeutig», bestätige ich seinen Eindruck. Tatsächlich wirkt sie wesentlich zufriedener als sonst, schminkt sich sogar ein wenig, was bei Frauen ihres Alters in China ganz selten zu sehen ist.

Feng kommt fast jeden Tag zu uns. Wider Erwarten gibt es an seiner Berufsschule nicht viel zu tun. Kaum jemand lernt Englisch. «Wie kann das sein, wo doch halb China Englisch lernt?», frage ich. Die Berufsschule sei seiner früheren Fabrik angeschlossen, und deshalb sind es die fabrikeigenen Arbeiter, die dort die Kurse besuchen. Die haben aber nicht viel Lust, Englisch zu lernen. So ist es für Feng denn nur der Status, der sich durch den Aufstieg vom Arbeiter zum Englischlehrer verbessert hat. Von beruflicher Erfüllung kann keine Rede sein.

Feng hat jetzt noch mehr Zeit als früher, und er nutzt dies, um sein Englisch zu praktizieren, am besten natürlich mit Ausländern. An einem Samstagvormittag steht er völlig außer Atem vor unserer Tür. Offenbar ist er den ganzen Weg gerannt. Der Kopf ist hochrot, auf der Stirn perlt Schweiß.

«Du musst mir unbedingt helfen», keucht er.

«Was ist denn los?»

«Mitglieder der amerikanischen Botschaft ...», er ringt nach Luft.

«Ja ...?» Mir wird ganz kalt. Hoffentlich ist nichts passiert.

«Mitglieder der amerikanischen Botschaft verkaufen ihre Möbel.»

«Na und? Was ist daran so aufregend?»

«Ich habe sie mir schon angesehen und eine ganz wunderbare Sesselgarnitur gefunden. Sie ist beigefarben, genau wie die hier bei euch, nur viel größer.»

«Was willst du mit einer so riesigen Sesselgarnitur? Die passt doch gar nicht in dein kleines Wohnzimmer.»

«Ich hab schon alles ausgemessen. Sie passt.»

«Dann kauf sie doch.»

«Das geht nicht. Die Amerikaner dürfen nicht an einheimische Chinesen verkaufen, sondern nur an Ausländer, die in Peking ansässig sind.»

«Wie kann ich dir da helfen? Ich bin doch nur als Tourist hier.»

«Du hast doch eine Bekannte, die an der deutschen Botschaft arbeitet. Die könnte für mich die Möbel kaufen.»

Das ist mir unangenehm. Diese Bekannte steht zurzeit wahnsinnig unter Stress. Soll ich sie da noch mit einem Möbelkauf belästigen? Und das an ihrem wohlverdienten Wochenende? Aber es hilft nichts. Feng drängt, und ich weiß, dass er und jeder andere Verwandte noch wesentlich höhere Hürden nehmen würden, um mir einen Wunsch zu erfüllen. Also rufe ich sie an und bitte um diesen Gefallen.

«Eigentlich ist das verboten», stellt die Bekannte fest. «Wenn ich die Möbel kaufe, darf ich sie nicht an Einheimische weiterverkaufen.» Typisch deutsch! Als ob ich das nicht wüsste. Aber dann lässt sie sich doch breitschlagen und geht die Möbel kaufen. Feng ist selig. Innerhalb eines Tages renoviert er sein Wohnzimmer. Das ist jetzt gar kein Problem mehr. Es gibt Farben zu kaufen, Tapeten und alles, was man zur Renovierung eines Zimmers braucht, wenn auch nur in bescheidener Auswahl, aber immerhin. An den ehemals weiß verputzten Wänden klebt jetzt eine schöne Tapete mit dichtem, blauem Bambusmuster, das so gar nicht zu der mächtigen amerikanischen Sesselgarnitur passen will und den ohnehin kleinen Raum noch kleiner erscheinen lässt. Aber das spielt keine Rolle. Feng und Bing finden es todschick.

Ende 1986 demonstrieren Studenten in mehreren Städten für Demokratie und Freiheit. Daraufhin beginnt die Kampagne «Kampf gegen die bürgerliche Liberalisierung». Deng Xiaoping fürchtet, dass mit einer bürgerlichen Liberalisierung der kapitalistische Weg des Westens eingeschlagen werde.

Feng will fort

Im darauf folgenden Jahr komme ich wieder. Diesmal dolmetsche ich für eine Handelsdelegation einwöchige Gespräche in Peking. Dolmetschen bringt mir Spaß, es ist wesentlich abwechslungsreicher als stupide Büroarbeit. Deshalb habe ich bei der deutsch-chinesischen Handelsfirma aufgehört.

Seit dem letzten Aufenthalt sind nur acht Monate vergangen, doch die Stimmung hat sich radikal verändert. Mit den tief greifenden Veränderungen auf wirtschaftlichem Gebiet waren Rufe nach politischen Reformen laut geworden. Konservative Parteifunktionäre – in China versteht man darunter ultralinke Kräfte – sahen einen kapitalistischen Liberalismus aufkeimen und riefen sofort zu einer Gegenbewegung auf. Drei prominente Intellektuelle wurden daraufhin aus der Partei ausgeschlossen, darunter Liu Bingyan, jener bekannte Journalist und Schriftsteller, der noch im letzten Jahr so optimistisch in die Zukunft geschaut hatte. Dessen kritische Artikel dürfen nun nicht mehr veröffentlicht werden. Von der faszinierenden Aufbruchstimmung ist nichts mehr zu spüren, die kritischen Stimmen sind verstummt. Wenn man jemandem ein Haar ausreißt, dann zuckt der ganze Körper, sagt Yuqian. So sei es auch mit dem Parteiausschluss dieser drei Wortführer. Drei der Ihren hat es erwischt – die chinesischen Intellektuellen haben wieder Angst und halten den Mund.

Auch Feng hat sich verändert. Er ist nicht mehr der unternehmungslustige junge Mann, als den ich ihn bisher immer erlebt habe, stattdessen wirkt er niedergeschlagen und müde. Schon als Arbeiter hatte er nicht viel zu tun, aber als Englischlehrer sei es noch schlimmer. Er möchte endlich etwas schaffen für sich, für Bing und seine kleine Tochter Wei. Aber wie? Die Schule bietet keine Perspektive, die Fabrik erst recht nicht.

«Nur weil ich in der Kulturrevolution aufgewachsen bin, habe ich nichts gelernt, und weil ich nichts gelernt habe, bieten sich mir keine Chancen. Ich bin im Grunde genommen schon tot.»

«Du bist kein Einzelfall», hält ihm seine Mutter vor. «Eine ganze Generation teilt dein Schicksal, und trotzdem finden die Leute ihren Weg.»

«Warum machst du dich nicht selbstständig?», frage ich. «Kleinunternehmer werden doch wieder zugelassen. Du könntest ein Serviceunternehmen gründen und Wohnungen renovieren. Das ist jetzt überall im Kommen.»

Diese Idee stammt eigentlich von Yuqian. Er glaubt, dass Handwerks- und Servicebetriebe in China eine große Zukunft haben. Doch Minqian hält nichts von einer Selbstständigkeit, denn dann gehört Feng keiner Einheit mehr an und fällt aus dem sozialen Netz. Und wenn ich ehrlich bin, kann ich mir Feng auch nicht besonders gut als Handwerker vorstellen. Die Sache mit dem Lautsprecher, der mir beinahe den Schädel zerschmettert hat, ist mir noch in bester Erinnerung.

Mehrere Tage druckst er herum, bis es plötzlich aus ihm herausplatzt: «Kannst du etwas für mich tun?»

«Wieder ein Möbelkauf?»

«Nein, schlimmer.» Er lacht verlegen. «Kannst du mich nach Deutschland holen?»

«Nach ...» Mir fehlen die Worte. Ich schaue ihn sprachlos an.

«Ich weiß, du hattest viel Ärger mit meiner Schwester. Deshalb ist es mir auch peinlich, dich mit dieser Bitte zu belästigen.»

Oh ja, die Erfahrungen mit seiner Schwester waren wirklich nicht angenehm, und deshalb werde ich auch kein zweites Mal jemanden zu uns holen, sonst hätte ich ja schon längst wieder die Tochter von Cousine «Schwesterchen» am Hals.

«Was willst du denn in Deutschland machen? Studieren?»

«Nein, arbeiten.»

«Arbeiten? Wie stellst du dir das vor?» Das wird ja immer schlimmer. Arbeitsplätze sind sicherlich noch schwieriger zu bekommen als Studienplätze.

«Ich kenne mehrere Leute, die ins Ausland gegangen sind, nach Japan, Kanada, in die USA oder nach Australien. Allen geht es gut. Dort hat man eben ganz andere Chancen als hier.»

«Für die USA oder Australien mag das zutreffen. Das sind ja auch Einwanderungsländer. In Deutschland ist das ungleich schwerer. Als was willst du denn arbeiten?»

Er schaut mich treuherzig an. «Irgendetwas wird sich schon finden. Ich bin zu allem bereit.»

«Stell dir das bloß nicht so einfach vor.»

«Die anderen sind ja auch nicht schlauer als ich und haben es doch geschafft. Hauptsache, ich bin erst einmal draußen.»

«Was haben sie geschafft? Vielleicht behaupten sie das nur. Niemand kann das nachprüfen.»

«Schlechter als hier kann es ihnen im Ausland nicht gehen. Hier fühlst du dich doch wie eine lebendige Leiche.»

Schon möglich – aber trotzdem. Wie stellt er sich das überhaupt vor? Zum Arbeiten nach Deutschland?! Wahrscheinlich hat er noch nie etwas von einer Arbeitserlaubnis gehört. Oder will er schwarzarbeiten? Als Putzmann, Gelegenheitsarbeiter im Hafen oder in der Landwirtschaft? Nein, Feng als malochender Schwarzarbeiter, das kann ich mir nicht vorstellen.

Feng lächelt verlegen. Die Situation ist ihm unangenehm. Mir auch.

«Ich weiß wirklich nicht, was du in Deutschland arbeiten könntest.»

«Ich könnte euch doch bei der Computerarbeit helfen.»

Das verblüfft mich nun doch. «Verstehst du denn etwas von Computern?»

«Ich kann ganz gut mit dem chinesischen Textverarbeitungssystem umgehen.»

«Seit wann denn das? Du hast doch gar keinen Computer.»

«Aber einer meiner Freunde hat einen. Da habe ich es gelernt. Und Bao'er hat mir auch einiges gezeigt.»

Bao'er? Sicher, Yuqians Halbbruder ist ein Experte auf diesem Gebiet. Aber nur mal so einiges gezeigt bekommen, das reicht doch nicht, um wirklich den Umgang mit einem Computer zu beherrschen.

«Ihr habt doch ein chinesisches Übersetzungsbüro. Da könnte ich doch mitmachen. Sicherlich gibt es viel zu tippen.»

«Ein chinesisches Übersetzungsbüro? Nein, wer hat dir denn das erzählt? Wir übersetzen gelegentlich Texte ins Chinesische, das ist schon richtig, aber dazu braucht man keine Firma. Das machen wir einfach nebenbei.»

«Dann lass uns doch gemeinsam eine Firma gründen und richtig ins Chinageschäft einsteigen. Ich kenne so viele Leute, die mit dem Ausland Geschäfte machen wollen.»

Als hätten wir nicht schon selbst darüber nachgedacht! Seit Beginn der Öffnungspolitik boomt das Chinageschäft. Ständig rufen irgendwelche Kaufleute bei Yuqian an und befragen ihn zu Vertragsverhandlungen, Standortwahl in China oder zu simplen Gastgeschenken. Natürlich sollen diese Ratschläge immer umsonst erteilt werden. Das muss man sich mal vorstellen: Jemand geht zum Rechtsanwalt und verlangt einen Rat, ohne dafür zahlen zu wollen. Kein normaler Mensch käme auf diese Idee. Nur wenn man an der Universität anruft, bei Yuqian, dann muss alles kostenlos sein. Ein Anrufer bat sogar um konkrete Hilfe für seinen Vortrag. Yuqian sollte ihm Beispiele diktieren zu kulturellen Unterschieden zwischen Deutschen und Chinesen. Daher haben wir schon manches Mal daran gedacht, ein Beratungsbüro aufzumachen.

Fengs Bemerkung über die chinesische Textverarbeitung macht mich nachdenklich. In letzter Zeit häufen sich die Aufträge für schriftliche Übersetzungen, deshalb ist es auch ein ewiges Problem, wie wir sie per Computer zu Papier bringen. Yuqian kann und will nicht tippen. Er lehnt die Benutzung eines Computers rundheraus ab. Das sei ihm alles viel zu kompliziert. Darauf will er sich nicht mehr einlassen. Zum ersten Mal hält er sich für irgendetwas für zu alt. Also müssen wir immer chinesische Studenten anheuern, die aber nicht unbedingt dann Zeit haben, wenn wir sie brauchen. Eigentlich finde ich es lächerlich, dass Yuqian sich nicht auf die neue Zeit einstellen will. Einen Computer bedienen zu lernen – was ist das schon? Ein, zwei Wochen Einarbeitung, höchstens. Aber dafür ist man unabhängig und braucht den Studenten nicht immer hinterherzulaufen, hab ich ihm schon mehrmals gesagt. Doch der Herr weigert sich. Wenn nun Feng käme und diese Arbeit übernähme, wäre das natürlich gar nicht schlecht. Mir ist bei der ganzen Sache jedoch nicht ganz wohl. Woher weiß ich denn, ob er wirklich mit Computern umgehen kann? Behaupten kann das ja jeder.

Feng schaut zu Boden. Er wartet auf meine Antwort. Ich habe mich immer noch nicht zu seinem Vorschlag, der Gründung einer gemeinsamen Firma, geäußert. Aber was soll ich sagen? Das ist doch eine Schnapsidee. Eine Firma gründen – das heißt Verwaltung, Steuern, Bürokratie. Und das hasse ich. Schon allein die Steuererklärungen rauben mir den letzten Nerv. Ein Graus! Nein, nein, ich gründe keine Firma, ganz ausgeschlossen. Und ich will ihn auch nicht nach Deutschland holen.

Aber kann ich ihm diese Bitte abschlagen? Fühle ich mich ihm gegenüber nicht längst verpflichtet? Jedes Mal, wenn ich nach China komme, wohne ich bei ihm, und er hat immer Zeit für mich. Niemals habe ich auch nur darüber nachgedacht, ob ich ihm zur Last fallen könnte. Wieso nehme ich seine Hilfe so selbstverständlich an, aber ziere mich, wenn er mich braucht? Nein, ich muss ihm eine Chance geben. Ob Yuqian einverstanden ist? Warum fragt er seinen Onkel nicht selbst? Er könnte ihm doch schreiben. Ich sollte lieber doch ablehnen. Eine dumme Situation.

«Feng stellt sich das Leben im Ausland viel zu einfach vor», ergreift seine Frau Bing das Wort. «Yilla soll ja auch nicht gerade glücklich sein.»

Ja, das ist wahr. Halbschwester Yilla ist vor zwei Jahren nach Kalifornien gegangen, endlich, nachdem sie sich jahrelang um eine Stelle als Gastlektorin bemüht hatte. Yuqian bürgte schließlich für sie, sodass sie einen Studienplatz beantragen konnte. Ein halbes Jahr wollte sie bleiben, so war es abgemacht mit ihren Eltern, die die Betreuung der beiden Söhne übernahmen. Doch kaum war sie in Amerika, da entschloss sie sich, noch einmal ein ganzes Anglistikstudium durchzuziehen, was voraussichtlich mehrere Jahre in Anspruch nehmen wird. Das Ganze muss sie allein finanzieren. Kein Problem, dachte sie, lukrative Jobs gibt es zur Genüge. So heuerte sie als Haushaltshilfe bei einem amerikanischen Ehepaar an. Das ging natürlich schief. Zu Hause hat sie im Haushalt nie einen Finger gekrümmt, im Gegenteil, das Dienstmädchen wurde stets hin und her gescheucht. Und nun sollte sie selbst für andere putzen? Das gefiel ihr ganz und gar nicht. Sie wechselte mehrere Jobs, keiner war nach ihrem Geschmack. Bei Schwiegervater herrscht nun große

Unruhe. «Ein hartes Leben, das Yilla in Amerika zu ertragen hat», befand ihre Mutter, Genossin Huang Fan. Als ich sie besuchte, kullerten ihr Tränen über das Gesicht. Die Situation ist schwierig. Yillas jüngster Sohn weint ständig, weil er die Mutter vermisst, und der ältere will in der Schule nicht mehr lernen. Die Großeltern sind ratlos und die beiden Dienstmädchen überfordert.

«Warum kümmert sich Yillas Mann nicht um seine Kinder?», fragte ich.

«Der hat in seinem Verlag zu viel zu tun. Wenn der abends nach Hause kommt, ist er nur noch müde und ungeduldig», erzählte Schwägerin Yaping.

Feng schaut mich gespannt an. Ich weiß, dass ich eine Entscheidung fällen muss, aber ich will Zeit gewinnen.

«Was wird aus Bing und deinem Kind, wenn du fortgehst? Vielleicht werdet ihr euch lange Zeit nicht sehen können.» Ich wende mich an Bing: «Was hältst du denn überhaupt von Fengs Plänen? Bist du einverstanden, wenn er ins Ausland geht?»

Sie nickt zustimmend. «Viele chinesische Ehepaare leben für Jahre getrennt. Das ist nichts Neues.»

«Viele Ehen gehen dadurch aber auch kaputt», ergänze ich. «Ihr seid doch sehr glücklich miteinander. Warum wollt ihr solch ein Risiko eingehen?»

«Vielleicht bietet sich im Ausland eine Chance. Warum sollen immer nur die anderen Glück haben? Nein, ich bin nicht dagegen, wenn er geht. Im Gegenteil: Ich sehe darin die einzige Hoffnung für unsere Zukunft.»

Welch ein Wahnsinn! Ich soll für einen ungelernten Arbeiter in Deutschland eine Arbeitserlaubnis beantragen? Auslachen wird man mich, wenn ich bei den Hamburger Behörden vorspreche. Da kommt mir eine Idee: Warum soll ich seinen Wunsch ablehnen, wenn es sowieso die deutschen Behörden tun werden? Überlassen wir die Entscheidung doch dem Schicksal. Ich kann es ja versuchen, werde mir aber bestimmt kein Bein ausreißen, wie Yuqian es damals für Nichte Lei tat.

«Feng, glaubst du an das Schicksal?»

«Ja. Alles im Leben ist vorbestimmt.»

«Na gut. Ich glaube auch daran. Dann machen wir es so: Ich werde mich bemühen, dich nach Deutschland zu holen. Aber das wird sehr schwierig sein. Ich kann dir keine großen Hoffnungen machen. Wenn es das Schicksal aber will, dann werden sich alle Schwierigkeiten von selbst regeln, wenn nicht, dann sollte es eben nicht sein.»

Feng strahlt über das ganze Gesicht und schüttelt mir begeistert die Hand. «Ich wusste, dass du mir hilfst. Du wirst es schaffen. Das fühle ich.»

Nach einer Woche bin ich wieder in Hamburg und bespreche mit Yuqian den Fall. Er ist einverstanden. Wenn jemand für ihn tippt, ist sowieso die halbe Welt in Ordnung. Also wandere ich zur Ausländerpolizei. Ein unangenehmer Platz: Lange unfreundliche Flure, im Schacht des Treppenhauses sind zwischen den Stockwerken Netze gespannt. Wahrscheinlich ist hier schon der eine oder andere heruntergesprungen. Sollte mich nicht wundern. Chinesische Freunde haben mir erzählt, sie kämen sich in diesen Räumen vor, als hätten sie etwas auf dem Kerbholz oder würden Unmögliches verlangen. Nun ja, da bin ich ja an der richtigen Stelle, denn ich will ja tatsächlich Unmögliches. Auf allen Bänken sitzen Leute und warten. Gelb, braun, weiß, schwarz – ich glaube, hier ist jede Hautfarbe vertreten. Ich ziehe eine Nummer, lese in meinem Buch, das ich in weiser Voraussicht mitgebracht habe, und warte einen ganzen Vormittag. Die hellgrüne Farbe an den Wänden geht mir langsam auf die Nerven. Wahrscheinlich waren die Maler farbenblind. Endlich leuchtet meine Nummer auf. Nun wird es sich zeigen, was das Schicksal für meinen lieben Feng bereithält.

«Wie bitte hole ich meinen chinesischen Verwandten nach Deutschland?»

«Zu Besuch?»

«Nein, um zu arbeiten.»

Der Mann zieht die Augenbrauen hoch. «Ist das Ihr Ernst?»

«Ja.»

«Hm. Wo soll er denn arbeiten?»

«Bei mir. Ich möchte wissen, ob das überhaupt möglich ist, und wenn ja, wie ich vorzugehen habe.»

Der Mann ist nett, und das in diesem Amt! Hätte ich nicht gedacht. Er erklärt mir die gesamte Prozedur, ich kann es nicht glauben, er muss ein Engel sein, jemand, der für Feng Schicksal spielen will, und dann gehe ich genau nach seinem Plan vor. Zuerst muss ich eine Firma gründen. Das ist schnell getan, man braucht nur einen Gewerbeschein, aber den bekommt man schon für ein paar Mark. Damit meldet man das Gewerbe sozusagen an, in meinem Fall ein Übersetzungsbüro, und dann beantrage ich beim Arbeitsamt für meinen einzigen Mitarbeiter, der noch dazu ein Ausländer aus einem nichteuropäischen Land ist, eine Arbeitserlaubnis.

«Mein Mitarbeiter muss fit sein in chinesischer Textverarbeitung», sage ich.

Die Dame vom Arbeitsamt glaubt, dass so ein Mitarbeiter schnell zu finden sei, wenn nicht in Hamburg, dann im übrigen Deutschland, und wenn nicht in Deutschland, dann in Europa.

«Aber er muss die Textverarbeitung der Volksrepublik China beherrschen, nicht die aus Hongkong oder Taiwan. Die nützt mir nichts. Ich brauche die Pekinger Variante», grenze ich meinen Wunsch vorsichtshalber ein. Nun sieht die Situation schon schwieriger aus.

Sie findet keinen. Nach einigen Wochen flattert die Arbeitserlaubnis ins Haus. Feng darf kommen. Im Januar 1988 trifft er ein. Wochenlang habe er sich auf seinen Job vorbereitet, sagt er, habe nichts anderes mehr gemacht als mit einem Computer gearbeitet und chinesische Softwarebücher studiert.

Wir quartieren ihn in unser Glückszimmer ein. Solch ein Zimmer, das Glück bringt, gibt es wirklich. *Fengshui*, Wind und Wasser, nennt man auf Chinesisch das Zusammenspiel der Energien von Universum, Natur und Mensch. Früher legte man nach dieser Lehre Paläste, Tempel und Gräber an. Heute richtet man sich die Wohnung oder das Büro danach ein. Das Umfeld, in dem sich ein Mensch bewegt, soll sich günstig auf ihn auswirken. Da gibt es Plätze, die zum Beispiel die Partnerschaft, die Gesundheit oder die finanzielle Lage beeinflussen. Eines unserer Zimmer scheint einen besonders positiven Einfluss auf die persönlichen Wünsche unserer Langzeitgäste zu haben. Wer immer sich dort einquartiert, für den beginnt bald eine Glückssträhne. Da findet eine arbeitslose Akademikerin ihren Traumjob, eine Freundin besteht ihr Examen, anstatt es zu vermasseln, ein frisch geschiedener Mann begegnet der Frau seines Lebens. Ich könnte die Liste beliebig fortführen. Es ist ein Phänomen, das nicht nur mir, sondern vielen unserer Freunde und Bekannten aufgefallen ist, sodass schon so mancher mit seinem Einzug gedroht hat, nur um auch mal ein wenig Glück zu haben. Natürlich lachen alle darüber, und niemand mag so recht daran glauben. Trotzdem scheint etwas dran zu sein.

«Ab jetzt wohnst du in unserem Glückszimmer», sagt Yuqian zu Feng, «und dann werden wir weitersehen.»

Glück hat Feng wirklich, und zwar das Glück, eine so nette Tante zu haben. Alle anderen wären mit solch einem Mitarbeiter längst wahnsinnig geworden. Feng erledigt seine Arbeit im Handumdrehen. Er tippt wie ein Weltmeister, aber leider ist er auch ein Weltmeister im Fehlermachen. Alles muss ich hinterher genau kontrollieren. Er selbst bemerkt seine Fehler nicht, ist deshalb auch nicht imstande, die fertigen Texte noch einmal zu überprüfen. Da ist zum Beispiel der Fall mit einem Plakat. Wir übersetzen die Ankündigung einer großen Verkaufsausstellung. Das Plakat soll zu Hunderten in Shanghai ausgehängt werden. Der Text besteht aus nur vier Zeilen. Es muss alles sehr schnell gehen. Yuqian ist nicht im Haus, und ich habe gerade Besuch. «Feng, pass gut auf! Du musst den Text genau überprüfen, bevor du ihn bei der Werbeagentur ablieferst», schärfe ich ihm ein. Was sind schon vier Zeilen. Die wird er wohl mal selber überprüfen können. Also bringt Feng den abgetippten Text zur Agentur. Wenig später ruft deren Mitarbeiter an und fragt, ob man den Text an einer anderen Stelle umbrechen kann als an der von Feng gewählten. So würde aus dem Vierzeiler ein Sechszeiler werden, was besser ins Layout passe. Ich lasse mir von Feng eine Kopie des Textes geben und erstarre. Feng hat das wichtigste Wort vergessen: Verkaufsausstellung! «Wir machen lieber selbst einen Sechszeiler draus», sage ich der Agentur. «Wir tippen noch einmal alles für Sie ab.» So entgehen wir haarscharf einer mittleren Katastrophe. Feng ist das furchtbar peinlich, und vor Ärger würde er sich am liebsten seinen hochroten Kopf abreißen, aber so sind alle seine Fehler. Schimpfen hilft da nichts, er macht es nicht mit Absicht. Also muss man sich darauf einstellen.

Andererseits ist es wie schon in Peking angenehm, ihn um sich zu haben. Er ist ein lieber Kerl, stets gut gelaunt und hilfsbereit, und – was besonders wichtig ist – er kocht hervorragend. Da bei uns ständig gekocht wird, nicht deutsch, sondern chinesisch, ist er uns eine große Hilfe. Ich kann inzwischen auch ganz gut kochen, sogar ein ganzes chinesisches Bankett ausrichten, wenn es sein muss. Doch das mache ich am liebsten nur für deutschen Besuch, weil ich dann mogeln kann, ohne dass es bemerkt wird. Entsprechendes gilt natürlich auch für chinesischen Besuch, für den ich lieber deutsch koche. Eine typisch deutsche Weihnachtsgans wollten chinesische Freunde bei uns essen. Die habe ich ihnen dann auch serviert, und sie schmeckte allen hervorragend – kein Wunder, es war ein chinesisches Rezept, aber da es Kartoffeln und Rotkohl dazu gab, hielten sie es tatsächlich für ein typisch deutsches Weihnachtsessen und lobten es über alle Maßen.

Feng ist noch kein Dreivierteljahr in Hamburg, da packt ihn schon die Sehnsucht nach seiner Frau. Heimweh hat er nicht, deswegen kommt für ihn ein Urlaub zu Hause auch nicht in Frage. Aber wenn Bing nach Hamburg kommen könnte, das wäre traumhaft, meint er.

«Wie lange soll sie denn bleiben?», fragt Yuqian. Ich habe mir solche Fragen längst abgewöhnt. Unter einem Monat läuft bei chinesischen Verwandten sowieso nichts.

«Drei Monate», schlägt Feng vor. «So lange läuft doch ein normales Besuchsvisum.» Anscheinend hat er sich schon genau erkundigt.

Yuqian ist einverstanden. «Wir können es ja versuchen.»

Versuchen? Bei uns klappt doch immer alles. Wie oft habe ich gehört, dass Chinesen die Einreise nach Deutschland verweigert oder zumindest erschwert wird. Wir kennen solche Probleme nicht. Bing bekommt sofort ihr Visum.

Auch für sie ist es die erste Auslandsreise, doch binnen kürzester Zeit hat sie sich akklimatisiert. Sie wandert durch die Hamburger Innenstadt, inspiziert alle großen Kaufhäuser, und nach einer Woche weiß sie Bescheid. Von nun an bleibt sie fast nur noch zu Hause und macht sich im Haushalt nützlich. Ihre große Spezialität ist das Nähen von Schonbezügen für jede Art von Sitzgelegenheiten. Wie gut, dass wir ein Sofa, mehrere Sessel und etliche Stühle mit Sitzkissen haben, findet sie. Die müssen jetzt alle neu ‹eingekleidet› werden. Sie besteht darauf.

«Wozu brauchen wir Schonbezüge?», frage ich. «Ein Polster wird nicht so schnell schmutzig, und wenn doch, reinige ich es eben oder besorge einen neuen Bezug. Und wenn auch das nicht hilft, dann kaufen wir etwas Neues.»

Das sei Verschwendung, sagt sie. Bei entsprechend schonender Behandlung könnten Bezüge ein ganzes Leben halten.

«Dann soll ich mir ein ganzes Leben lang einen hässlichen Schonbezug ansehen, während das schöne Polster nie zum Vorschein kommt?»

«Ein Schonbezug muss nicht hässlich sein.»

Ich merke schon, dass ich um die Schonbezüge nicht herumkomme. Aber bitte keine beigebraunen aus Baumwolle und mit Spitzendeckchen drauf, wie sie überall in China zu sehen sind.

«Besorg mir Stoff, und ich nähe dir welche.»

Ich soll Geld für Schonbezüge ausgeben, die nach ihrer Abreise sicher im Keller landen? Nein, ich muss eine andere Lösung finden. Da ist es nur gut, dass ich mich nie von etwas trennen kann. In einem Koffer finde ich zwei große, flauschige Tagesdecken für ein Doppelbett, die eine ist grün und die andere grün gestreift, Hochzeitsgeschenke von chinesischen Freunden, schreckliche Dinger, weshalb sie auch gleich in den Koffer wanderten. Das ist der ideale Stoff, sage ich. Bing ist nicht begeistert. Trotzdem macht sie sich an die Arbeit, und schon nach wenigen Tagen sind Sofa, Sessel, Stühle und Hocker grün bezogen. Ein bisschen viel Grün für eine mit blauem Teppichboden ausgelegte Wohnung, aber eigentlich sieht es gar nicht schlecht aus.

Feng hat inzwischen die Sperrmüllabfuhr entdeckt. Alle drei Monate darf jeder Anwohner in unserem Viertel abends sein Gerümpel auf die Straße stellen, das dann am nächsten Morgen von der Stadtreinigung abgeholt wird. An einem solchen Abend ist immer etwas los. Allein oder in kleinen Gruppen streifen die Leute durch unsere Straßen und stöbern in dem Gerümpel herum, denn häufig wollen die einen etwas loswerden, was die anderen noch gut gebrauchen können. Befreundete Studenten haben sich auf diese Weise ganze Wohnungen eingerichtet. Ein guter Bekannter, ein Student im höheren Semester, verdient sich sein Geld, indem er Jugendstilmöbel auf Flohmärkten und beim Sperrmüll ausfindig macht, sie aufpoliert und dann verkauft. Die besten Stühle fand er einmal vor einem Puff nahe der Reeperbahn. Feng hat viele Wundergeschichten über den Hamburger Sperrmüll gehört und macht sich jetzt auch immer auf die Pirsch, allerdings ohne nennenswerten Erfolg. Da kommt ihm Bing gerade recht, denn die hat ein viel besseres Auge. Eines Abends kommen die beiden aufgeregt von einem Spaziergang zurück. Sie hätten in einer der Nebenstraßen zwei ganz fabelhafte Sessel entdeckt. Ziemlich altmodisch und vielleicht auch ein wenig zu groß, aber mit dunkelblauem Velours bezogen und insgesamt in allerbestem Zustand. Sie würden hervorragend in unser Wohnzimmer passen. Wir hätten sowieso zu wenig Sitzmöbel bei den vielen Studenten, die uns ständig besuchen. «Du brauchst dich um nichts zu kümmern. Wir erledigen das ganz allein. Und wenn sie dir nicht gefallen, dann stellen wir sie eben wieder auf die Straße.»

«Ist denn morgen Sperrmüll?», frage ich erstaunt. «Davon weiß ich ja gar nichts.»

«Sonst würden die Sessel doch nicht auf der Straße stehen», meint Feng.

Das ist logisch. Wer hat auch schon alle Sperrmülltermine im Kopf. «Na gut, wenn ihr meint, dann könnt ihr die Sessel holen.»

Die beiden ziehen los. Wenig später höre ich sie zurückkommen. Zufällig taucht in diesem Moment ein deutscher Freund auf. Gerade zur rechten Zeit: Er muss mit anfassen. Feng stöhnt, der Freund flucht, Bing dirigiert. Das enge, steile Treppenhaus ist wahrlich nicht zum Möbeltransport geeignet. Endlich ist das Trumm im zweiten Stock: Ein wunderschöner Ohrensessel, anscheinend frisch bezogen – und so etwas werfen die Leute weg? Den Deutschen geht es wirklich zu gut, meint Bing. Ruht euch erst einmal aus, schlage ich vor und verteile Wasser. Feng setzt sich in das gute Stück. Sehr bequem!, stellt er fest. Er möchte gar nicht mehr aufstehen. Wir sollten lieber gehen und den zweiten Sessel holen, rät Bing, sonst kommen uns andere Leute zuvor, und schon brechen sie wieder auf. Doch kurz darauf kehren sie enttäuscht zurück. Der zweite Sessel ist fort. Bing macht Feng Vorwürfe: Wir hätten schneller arbeiten sollen. Jetzt haben ihn andere mitgenommen.

Mir kommt die ganze Sache inzwischen merkwürdig vor. Der letzte Sperrmülltermin war doch erst vor wenigen Wochen.

Wir gehen hinunter auf die Straße, drehen eine kleine Runde durch das Viertel. Niemand hat etwas auf die Straße gestellt. Vielleicht waren die Sessel gar nicht für den Sperrmüll bestimmt? Vielleicht sind sie angeliefert worden oder sollten abgeholt werden?

«Aber es war niemand zu sehen», sagt Feng. Er führt uns zu dem Haus, vor dem die Sessel gestanden haben. Niemand rennt dort aufgeregt hin und her und sucht verzweifelt nach seinem Mobiliar.

«Dann werden wir ihn eben behalten», meint Yuqian, und seitdem genießen wir das gute Stück.

Nach drei Monaten macht sich Bing auf den Heimweg. Doch sie möchte nicht auf direktem Weg zurückfliegen, sondern einen Umweg einlegen. «Könnte ich nicht über die USA nach China reisen?», fragt sie. «Meine Cousine lebt in San Francisco. Ich würde sie gern für zwei, drei Wochen besuchen.»

Eigentlich können Chinesen, die in Deutschland nicht ansässig sind, ein Besuchsvisum für die USA nur in Peking beantragen. Aber da Bing drei Monate lang in dem Glückszimmer geschlafen hat, sollte es mich nicht wundern, wenn das amerikanische Generalkonsulat eine Ausnahme macht.

«Da brauchst du gar nicht hinzugehen», meinen chinesische Freunde. «Die Amerikaner sind unheimlich streng.»

Bing geht trotzdem zum Konsulat, zusammen mit Yuqian, der für sie bürgt und übersetzt, denn Bing spricht kein Wort Englisch. Ich weiß nicht, was die beiden dem Beamten dort alles erzählen. Aber als sie zurückkommen, hat Bing ein dreimonatiges Besuchsvisum in der Tasche.

Das Glückszimmer hat wieder mal seine Wirkung getan.

Im April 1989 lösen Studenten eine große Protestbewegung auf dem Tian'anmen-Platz im Zentrum Pekings aus. Am 4. Juni wird sie von Truppen der Volksbefreiungsarmee blutig niedergeschlagen.

Der 4. Juni 1989

Tagelang sitzen wir wie gebannt vor dem Fernseher und verfolgen mit Entsetzen die Ereignisse um den 4. Juni. Wir mögen nicht glauben, was uns die Bilder zeigen. Panzer rollen durch die Stadtmitte Pekings, Panzer gegen Studenten, Krieg gegen die künftige geistige Elite des Landes. Was machen unsere Neffen und Nichten, die Geschwister, die Cousins und Cousinen? Ist jemand von ihnen unter den Opfern? Es wäre doch möglich, dass sie an den Demonstrationen teilgenommen oder vielleicht auch nur als Schaulustige in der Nähe gestanden haben. Yuqian ruft bei seinem Vater an. Alle sind wohlauf, heißt es, ohne Ausnahme. Das genügt Yuqian, mehr will er nicht wissen – wer weiß, ob das Telefon abgehört wird. Fast täglich ruft Michael aus den USA an: «Was sollen wir tun? Man kann doch nicht einfach zusehen, was dort passiert.» Die drei Nichten aus Japan melden sich: «Wisst ihr Näheres aus Peking? Geht es allen gut?» Wo man hinhört, herrschen Wut, Enttäuschung und Angst, Angst vor der Zukunft. Ist das der Sieg der Ultralinken?, fragen sich viele. Gibt es einen Rückfall in kulturrevolutionäre Zeiten? In einer einzigen Nacht sind Hoffnungen, Chancen und Vertrauen zerstört worden. Wer glaubt jetzt noch an Reformen und einen Fortschritt?

Wir sind tagelang wie gelähmt. Die Studenten seien vom Ausland gesteuert worden, hätten das Land in Anarchie stürzen wollen, heißt es von Seiten der chinesischen Regierung. Von einem parteifeindlichen und antisozialistischen Aufruhr ist die Rede. Im fernen Deutschland kann ich mir das nur schwer vorstellen. Was haben die Studenten denn verlangt? Sie haben weitere Reformen und mehr Demokratie angemahnt und zum Kampf gegen Korruption und

Vetternwirtschaft aufgerufen. Niemand hatte den Abgang der Kommunistischen Partei gefordert.

Yuqian hat die wochenlangen Demonstrationen im Fernsehen verfolgt. Je länger sie dauerten, desto unruhiger wurde er. «Leute, geht nicht zu weit! Verlangt nicht zu viel!», warnte er in einem Zeitungsartikel. «Die Reformbewegung braucht Geduld und Zeit.»

Auch in Hamburg wurde demonstriert. Aus dem ganzen Bundesgebiet kamen chinesische Studenten zusammen und zogen mit Transparenten durch die Hamburger Innenstadt, um die Forderungen ihrer Kommilitonen in Peking zu unterstützen.

Und nun dieses Ende.

In keinem Land der Welt dürften Studenten wochenlang das Zentrum der Hauptstadt und damit das Zentrum des ganzen Landes lahm legen, sagen Vertreter der chinesischen Regierung. Das mag stimmen. Aber rechtfertigt das den Einsatz von Panzern gegen Unbewaffnete? Mit Panzern verteidigt man sich gegen einen äußeren Feind und löst keine inneren Probleme.

Deutsche wie chinesische Freunde sind empört. «Nie wieder fahren wir nach China», sagen einige. «Jedenfalls nicht, solange die Kommunisten an der Macht sind.»

«Nie wieder?», fragt Yuqian. «Aber meine Familie lebt dort. Ich muss dorthin.»

Ein guter Freund aus China schreibt uns: «Gerade jetzt müsst ihr kommen. Wir brauchen den weiteren Dialog mit dem Westen. Lasst uns nicht im Stich!»

Die chinesische Regierung bemüht sich um Schadensbegrenzung. Deng Xiaoping fährt demonstrativ in die südchinesische Sonderwirtschaftszone Shenzhen, wo mit der Marktwirtschaft experimentiert und ausländisches Kapital investiert wird: ein Signal an die internationale Geschäftswelt. Es geht weiter mit der Öffnungspolitik, die Reformen werden in noch umfangreicherem Rahmen fortgesetzt. Kommt nach China und investiert in den Markt der Zukunft!

Wir allerdings fliegen zunächst nicht nach China, sondern lieber in die entgegengesetzte Himmelsrichtung, und zwar in die USA zu Michael. Bisher trafen wir uns meist in China, manchmal kam er auch nach Deutschland. Michael ist inzwischen ein Geschäftsmann geworden, der als Mittler zwischen amerikanischen und chinesischen Investoren zu agieren versucht, ein hartes Geschäft, bei dem man viel Geduld braucht. Es sprudelt nur so aus ihm heraus: Asiatisches Kapital fließe vermehrt in die USA und amerikanisches nach China. Die Investoren brauchten Informationen, und was liege da näher, als in dieser Branche Dienst leistend tätig zu werden.

«Glaubst du denn, dass nach dem 4. Juni noch jemand in China investieren will?», frage ich voller Zweifel.

«Die begonnene Öffnung ist nicht rückgängig zu machen. Die Reformer haben einen Rückschlag erlitten, das ist eindeutig; aber den werden sie überwinden. China bleibt der Markt der Zukunft.»

Er erzählt von unglaublichen Möglichkeiten, die man nur nutzen müsse. So viele Pläne und so gute Ideen, aber zu wenig Zeit, um sie alle umzusetzen! Manchmal kann ich es kaum glauben. Noch vor fünf Jahren spazierte er wie ein Schüler in kurzen Hosen und Turnschuhen durch China, und nun kommt er im feinen Zwirn daher. Allerdings habe er ein Handikap, sagt er.

«Was denn?», frage ich.

«Ich sehe zu jung aus.»

«Das stimmt, aber wo liegt das Problem?»

«Ich bin schon über dreißig und sehe trotzdem noch aus wie ein Abiturient. In der Geschäftswelt ist das ein Nachteil. Manche nehmen mich nicht ernst.»

Michael will einen großen amerikanischen Konzern besuchen. «Kannst du mir einen Gefallen tun?», fragt er mich.

«Eigentlich ja», antworte ich vorsichtig. «Was denn?»

«Kannst du mich zu dem Treffen begleiten?»

«Wieso denn das? Ich weiß doch gar nicht, um was es geht.»

«Das macht nichts. Du brauchst nichts zu sagen. Du sitzt einfach nur neben mir.»

«Und was soll das?»

«Wenn du als meine europäische Assistentin auftrittst, dann lässt mich das seriöser erscheinen.»

«Meinst du wirklich, dass das wirkt?» Ich bin da doch etwas skeptisch, aber Yuqian findet die Idee hervorragend. Schon am nächsten Nachmittag geht es los. Michael trägt die dicke Aktentasche bis in den Eingangsbereich des Unternehmens. Dann muss ich sie tragen. Assistentinnen machen das so, behauptet er.

«Für dich würde ich nie arbeiten», protestiere ich und schleppe die dicke Tasche hinter ihm her.

Die Amerikaner sind beeindruckt. «Ihr jungen Leute seid die Hoffnung Chinas», sagt einer von ihnen gegen Ende des Gesprächs. «In China geboren, in den USA ausgebildet und nun als Mittler zwischen beiden Ländern tätig. Toll!»

Michael hat seine amerikanischen Gesprächspartner mit klarem Sachverstand und geschickter Verhandlungstaktik beeindrucken können. Auch mich hat er beeindruckt. Niemals hätte ich erwartet, dass er derart professionell und gewandt auftreten kann.

«Wo hast du das bloß gelernt?», frage ich ihn. «So lange bist du doch noch gar nicht im Geschäft.»

«Ich hab dir doch von Hank erzählt, dem jüdischen Geschäftsmann, bei dem ich gearbeitet habe. Der hat mir alles beigebracht. Er war der beste Lehrer, den ich überhaupt finden konnte, viel besser als alle, die mich an der Universität unterrichtet haben. Ich begleitete ihn zu vielen Gesprächen, entwickelte vor den Verhandlungen unter seiner Anleitung Strategien und Zielvorgaben. Er wusste immer ganz genau, was er erreichen wollte, wenn er sich mit jemandem traf. Nichts überließ er dem Zufall, niemals setzte er alles auf eine Karte. Wenn du ein Geschäft machen willst, sagte er, musst du immer einen Ersatzplan in petto haben, der dich rettet, falls etwas schief geht.»

Es ist ganz offensichtlich: Michael eignet sich fürs Geschäftsleben. Dennoch liegt ein langer Weg vor ihm, denn um das alles zu verwirklichen, was er sich vorgenommen hat, bedarf es eines langen Atems und einer stabilen politischen Lage in China. Und das steht nach dem 4. Juni mehr als in Frage. Doch Michael ist optimistisch. Hoffentlich behält er Recht!

Wir treffen Bing in San Francisco. Eigentlich hatte sie nur für drei Wochen bei ihrer Cousine bleiben wollen, aber diese sagte gleich nach ihrer Ankunft: Wenn du schon mal da bist, dann kannst du hier auch arbeiten. Das war Bing nur recht. Ihre Reise um die halbe Welt hatte viel Geld gekostet. Warum sollte sie sich nicht ein paar Dollar verdienen? Als Haushaltshilfe fand sie sofort einen Job. Die Arbeit gefiel ihr, und da sie flink und patent ist, waren ihre Arbeitgeber zufrieden mit ihr und behandelten sie sehr nett. Am liebsten wäre sie ein ganzes Jahr geblieben, aber wie sollte sie das mit einem Touristenvisum zuwege bringen? Unmöglich, das war ihr klar. Ihre drei Monate waren noch nicht um, da rückten in Peking die Panzer gegen die Studenten vor. Während für die einen eine Welt zusammenbrach, bot sich für Bing eine einmalige Chance: Die amerikanischen Behörden gaben bekannt, dass alle Chinesen aus der Volksrepublik, die vor dem 4. Juni eingereist waren, in den USA bleiben dürften. Aus den drei Monaten ist für Bing ein unbefristeter Aufenthalt geworden. Eine Fügung des Himmels, glaubt sie, oder die anhaltende Wirkung des Glückszimmers.

«Es gefällt mir in San Francisco viel besser als in Peking», sagt sie. «Ich habe in drei Monaten mehr Geld verdient als in Peking in einem ganzen Jahr. Warum soll ich denn nach China zurückkehren?»

«Was wird aus deiner Tochter?»

«Die bleibt zunächst bei Minqian, aber sobald ich die Möglichkeit habe, werde ich sie zu mir holen.»

Bing bleibt in den USA, und Feng kann sich von Stund an nicht mehr konzentrieren. Er will auch nach Amerika, denn dort könne man sich ganz anders entfalten als in Deutschland.

«Bing kann kein Wort Englisch, und trotzdem hat sie sofort einen Job gefunden. Dann finde ich erst recht einen.»

«Das mag sein», sage ich, «aber wie willst du an ein entsprechendes Visum kommen? Bing kann dich wahrscheinlich erst nachholen, wenn sie eine Greencard bekommen hat.»

Feng schaut mich entsetzt an. «Ich soll fünf Jahre warten? So lange dauert es doch, bis man die bekommt.»

Ich kann nur mit den Achseln zucken. «Ich weiß auch nicht, wie man dir da helfen soll. Am besten, du legst dich schön in das Glückszimmer und träumst von deinen Wünschen. Dann werden wir ja sehen, was passiert.»

Herbst und Winter vergehen. Ein neuer Frühling bricht an, und aus Peking trifft die Nachricht ein, dass Minqian als offizielle Vertreterin der chinesischen Frauen an einer UNO-Konferenz in New York teilnimmt.

«Das ist die Gelegenheit», meint Yuqian. «Du besuchst deine Mutter in New York. Vielleicht kannst du dann dort bleiben.»

Die UNO bestätigt, dass Fengs Mutter an der Konferenz in New

York teilnimmt. Mit dieser Bestätigung beantragt er beim amerikanischen Generalkonsulat ein Besuchsvisum. Der Dienst habende Beamte findet das merkwürdig. «Wieso fahren Sie nicht nach Peking zurück, wenn Sie Ihre Mutter sehen wollen?» Feng hat diese Frage erwartet, aber ein triftiges Argument ist ihm nicht eingefallen. So meint er nur vielsagend: «Die politische Lage spricht wohl eher für ein Treffen in New York.» Das scheint dem Beamten einzuleuchten. Er solle in fünf Tagen wiederkommen, sagt er zu Feng.

Von nun an weigert sich Feng, auch nur für ein Stündchen das Glückszimmer zu verlassen, schließlich ginge es jetzt ums Ganze. Bibbernd harrt er in der kleinen Kammer aus. Yuqian und ich zittern aus Sympathie mit. Chinesische Freunde glauben an einen hoffnungslosen Fall. Das klappt nie, meinen sie. Die Amis sind ganz ekelhaft. Dann kommt die Stunde der Wahrheit. Feng geht zum Konsulat. Yuqian und ich bleiben draußen stehen und ahnen Schreckliches. Der arme Feng, wird er eine Absage verkraften? Da taucht er wieder auf. Was heißt: Er taucht auf? Er kommt gerannt, mit rotem Kopf und leuchtenden Augen. «Ich hab's geschafft», schreit er und reißt die Arme hoch. Er fällt uns beiden um den Hals, Freudentränen laufen ihm über das Gesicht. «Ich kann fahren!»

Drei Wochen New York hat man ihm genehmigt. Feng setzt sich ins Flugzeug und reist zu seiner Bing nach San Francisco. Sicherheitshalber nimmt er alle seine Sachen mit. Als er in die USA einreist, ist es Ende März. Gleich darauf erlassen die amerikanischen Behörden eine neue Bestimmung: Alle Chinesen aus der Volksrepublik, die vor dem 1. April eingereist sind, dürfen bleiben. Warum und wieso? Keine Ahnung. Wichtig ist nur, dass Bing und Feng jetzt ganz offiziell in den USA leben und beide zudem Arbeit haben. «Dem Glückszimmer sei Dank», jubelt Feng ins Telefon.

Halbbruder Bao'er

Feng ist fort, wir sind allein. Ein ungewohntes Gefühl: keine Langzeitgäste im Haus, keine Freunde und Verwandten. Ich kann es kaum glauben. Da kommt ein Anruf aus Peking. Yaping, die Frau von Halbbruder Bao'er, ist am Apparat. Es muss etwas mit Schwiegerpapa passiert sein, schießt es mir sofort durch den Kopf. Was sonst ist so wichtig, dass sie das teure Telefonat nicht scheut? Ich wage nicht, nach Schwiegerpapa zu fragen. Immerhin ist er inzwischen fünfundneunzig Jahre alt. Mit klopfendem Herzen warte ich ab. Ihre Stimme klingt vergnügt. Merkwürdig. Dann muss mit dem alten Herrn alles in Ordnung sein. Was ist es dann?

«Bao'er ist unglücklich», rückt sie mit der Sprache raus.

«Wieso? Was ist passiert?»

«Er hält es hier nicht mehr aus. Er versauert in China. Die Situation für Software-Experten hat sich nach dem 4. Juni extrem verschlechtert. Es mangelt an ausländischen Investitionen. Ein so fähiger Mensch wie er möchte etwas schaffen, etwas Neues entwickeln, aber es bieten sich keine Chancen. Könnt ihr ihm nicht helfen?»

«Wie denn?»

«Indem ihr ihn zum Beispiel für einige Monate nach Deutschland holt. Er war noch nie im Ausland. Vielleicht bieten sich bei euch Möglichkeiten.»

Ich bin völlig überrascht. Bao'er sucht im Ausland Arbeit?

«Wann will er denn kommen?»

«Sofort.»

«Aber so schnell finden wir doch gar keine Stelle für ihn. Das dauert Monate.»

«Dann holt ihn als Tourist zu euch. Auf jeden Fall will er hier nicht länger bleiben.»

«Wieso ruft er nicht selbst an?»

«Es ist ihm unangenehm, euch um diesen Gefallen zu bitten.»

«Gut, dann werde ich mit Yuqian sprechen.»

Es ist schon merkwürdig: Die Generation der Eltern hat für die Revolution gekämpft, sich ein Leben lang für den Aufbau des Sozialismus eingesetzt, und die Generation der Kinder will damit nichts mehr zu tun haben. Die verlässt das Land. Feng, Bing, Michael, Yilla, die Söhne von Yingqian, sie alle leben in den USA, die drei Töchter von Cousine Huishan in Japan, die jüngste von Cousine «Schwesterchen» ist vor ein paar Monaten als Aupairmädchen nach Deutschland gekommen, und auch Nichte Lei lebt nicht mehr in Peking. Sie ist schon vor einem Jahr nach Süddeutschland gegangen. Und nun also Bao'er, dieser zurückhaltende, freundliche Mann. Niemals wird er laut und emotional wie Yilla oder Yuqian, jedenfalls nie, wenn wir dabei sind.

Bao'er verherrlicht die USA. Das weiß jeder in der Familie, und damit bringt er regelmäßig seine beiden älteren Halbgeschwister Minqian und Diqian gegen sich auf. In Amerika sei alles viel besser als in China, behauptet er, obwohl er noch nie dort gewesen ist. Dort herrsche die große Freiheit, jeder könne tun und lassen, was er wolle, und dickes Geld verdiene man dort auch. Bao'er weiß über die USA bestens Bescheid.

«Woher weißt du das alles?», fragte ich ihn einmal. «Aus Büchern und Zeitungen?»

«Nein, aus amerikanischen Spielfilmen», antwortete er treuherzig.

«Aber die entsprechen doch nicht der Realität.»

Das kann ihn jedoch nicht beirren. Nichts wäre ihm lieber, als irgendwann in die USA auszuwandern.

Yuqian mag seinen Halbbruder, der mehr als zwanzig Jahre jünger ist als er. Schon als Kind sei er ein Tüftler und Erfinder gewesen, habe ihm häufig komplizierte Fragen gestellt und stundenlang über technische Probleme nachgedacht. Während der Kulturrevolution kam er von der Schulbank direkt zur Arbeit in eine Fabrik. Dort fiel er bald auf, weil er es schaffte, jeden Defekt zu reparieren, egal ob es sich um Maschinen oder Produktionsprozesse handelte. Als die Universitäten ihren Lehrbetrieb wieder aufnahmen, gehörte er zu den ersten Studenten für Elektrotechnik und später zu den ersten Spezialisten für Hard- und Software. Seit Jahren leitet er nun schon die Computerabteilung an der Hochschule für Industrietechnik.

«Ich besorge ihm ein Besuchsvisum. Dann kann er sich selbst ein Bild über die Möglichkeiten in Deutschland machen», entscheidet Yuqian. Schon kurz danach trifft Bao'er ein.

Wir haben drei Computer im Haus. Die inspiziert er als Erstes, noch bevor er seinen Koffer auspackt. Einer von den dreien wandert sofort in sein Zimmer. Ohne Computer scheint dieser Mensch nicht lebensfähig zu sein. Morgens, gleich nach dem Aufstehen und noch bevor er ins Bad geht, schaltet er ihn ein und abends, kurz bevor er die Augen schließt, wieder aus. Eigentlich hatte ich angenommen, dass er sich auch mal etwas von Hamburg anschaut, schließlich ist er das erste Mal im Ausland, und Hamburg ist ja nicht ganz unattraktiv. Doch Bao'er bleibt am liebsten zu Hause vor seinem Bildschirm. Yuqian kramt sämtliche Geräte hervor, die irgendwann einmal ihren Geist aufgegeben haben: Radio, Staubsauger, Rasierapparat, tragbarer Fernseher ... Bao'er haucht jedem Stück wie mit Zauberhand wieder Leben ein.

Eine interessante Arbeit ist das Wichtigste im Leben, findet Bao'er, alles andere ist Zeitverschwendung. Selbst ein Essen zusammen mit Freunden, das vielleicht über mehrere Stunden geht, ist völlig überflüssig. Essen sei zwar notwendig, daran gebe es nichts zu deuteln, aber es müsse zügig vonstatten gehen. Arme Yaping! Wie hält sie es nur mit diesem Arbeitstier aus? Manchmal verwickle ich ihn in ein Gespräch, doch nur selten vergisst er dabei die Zeit und bleibt länger, als er es sich normalerweise gestatten würde. Das heißt aber nicht, dass er sich um nichts anderes kümmerte. Bitte ich ihn um Hilfe bei der Arbeit im Haushalt oder im Garten, ist er sofort zur Stelle und erledigt alles schnell und gründlich. Er ist das glatte Gegenteil von Feng.

Eines Tages geschieht ein Wunder. Ich traue meinen Ohren nicht: Bao'er möchte seine Kochkünste unter Beweis stellen.

«Du und kochen? Ist das keine Zeitverschwendung?»

«Normalerweise ja», meint er lächelnd, «aber eure Kochkünste haben mich inspiriert. Da habe ich mir etwas ganz Besonderes ausgedacht.»

Einen ganzen Nachmittag steht er in der Küche. Keiner darf ihm helfen. Ich höre es knallen und klopfen. Was macht der Kerl bloß? Schließlich ist es so weit. «Zu Tisch!», ruft er und schaut uns erwartungsvoll an. Bei dem Zeitaufwand hätte ich ein mehrgängiges Menü erwartet, aber auf dem Tisch steht nur ein Gericht.

«Was ist denn das?», frage ich.

«Probier, dann weißt du es!»

Wie kleine orangefarbene Fächer liegen sie da, und nach dem ersten Bissen weiß ich, dass es Scampi sind. Das Fleisch hat er fein säuberlich aus der Schale gelöst, klein gehackt, mit dem Fünf-Düfte-Puder gewürzt, paniert, in Fächerform gebracht und mit den kleinen Schwanzspitzen versehen, zum Schluss dann in Öl gebraten. Reiner Wahnsinn. Es schmeckt Klasse, aber welch ein Aufwand! Wir loben ihn in den Himmel. Trotzdem will er sich zu keinen weiteren Experimenten überreden lassen. Dieses eine Gericht hat ihn vollkommen erledigt.

Wirklich glücklich ist Bao'er, wenn man seine Hilfe als Computerfachmann anfordert. Yuqian schreibt seine Texte noch immer mit der Hand. Bao'er könnte ihn doch in die chinesische Textverarbeitung einführen, denke ich. Wenn ich selbst gleich mitmachte, könnte ich in Zukunft ebenfalls Chinesisch tippen. Das wäre eine unglaubliche Erleichterung. Nichts fürchte ich mehr, als einen chinesischen Brief handschriftlich zu verfassen.

«Bao'er», frage ich, «könntest du uns nicht die chinesische Textverarbeitung beibringen?»

Bao'er ist begeistert, bereitet sich zwei Tage lang auf den Unterricht vor, und dann geht es los. Wie die ABC-Schützen sitzen wir vor ihm. Er zeigt auf den Bildschirm, erklärt, tippt und skizziert mit einem Bleistift auf weißem Papier die verschiedenen Ebenen innerhalb irgendwelcher unsichtbaren Systeme, fängt sozusagen bei Adam und Eva an, wenn man das mal auf die Computertechnik überträgt. Der Aufbau eines Computers wird uns erklärt, dann das gesamte Betriebssystem. Mag ja sein, dass das alles sehr wichtig ist und in seinen Erklärungen auch eine gewisse Systematik steckt, aber – du lieber Himmel – ich wollte doch eigentlich nur Schreiben lernen. Langsam kapiere ich überhaupt nichts mehr und auf Chinesisch schon gar nicht.

Ich schaue Yuqian an. Der verzieht unglücklich das Gesicht. «Ich möchte doch nur lernen, wie man ein chinesisches Schreibprogramm bedient», meint er kleinlaut. Er versteht natürlich noch viel weniger als ich, denn ich beherrsche ja wenigstens die deutsche Textverarbeitung.

Bao'er hält sofort einen Stapel Papier hoch. «Ich hab dir alles aufgeschrieben», sagt er. «Da kannst du jederzeit nachschlagen, wenn ich fort bin.»

Und schon geht es weiter. Nach einer halben Stunde hat er sich richtig in Stimmung geredet, die ganze Aktion macht ihm riesigen Spaß, das merkt man. Yuqians Augen werden immer kleiner. Ich tippe ihn an: Nur nicht einschlafen, junger Mann! Doch da nickt er schon ein. Wie peinlich! Was soll Bao'er denken? Dem ist das natürlich nicht entgangen. Er wird langsam nervös, redet immer lauter, doch das stört Yuqian überhaupt nicht in seinem Schlaf. Ich kann nicht anders, ich muss laut loslachen. Das weckt meinen Liebsten nun doch auf. Kopfschüttelnd steht er auf. «Bao'er, entschuldige bitte», stammelt er, «aber das ist mir alles zu kompliziert. Ich schreibe lieber mit der Hand weiter.»

Bao'er versteht die Welt nicht mehr. «Wieso stellst du dich so an? Es geht doch kinderleicht.»

Drei Monate bleibt er, nimmt Kontakt zu deutschen Firmen auf und spricht mit Fachkollegen. Es müsste doch eigentlich ganz einfach sein, mit seinen Fachkenntnissen irgendwo eine Arbeit zu finden, zumal er sehr gut Englisch spricht. Aber die Arbeit sollte natürlich auch anspruchsvoll sein, nur so zum Geldverdienen möchte er nicht im Westen bleiben. Am liebsten würde er in die Forschung gehen. Das erweist sich jedoch als sehr schwierig und mit einem Touristenvisum in der Tasche als unmöglich.

«Am besten bittest du zuerst einmal um Asyl», rät ihm ein Freund. «Das ist seit dem 4. Juni ganz einfach. Auf jeden Fall kannst du dann bleiben.»

«Asyl? Warum denn das?» Das käme für ihn überhaupt nicht in Frage.

Also kann er Deutschland vergessen. Yuqian fragt einen Freund in Hongkong, dessen Firma Software entwickelt. Der will den Halbbruder sofort haben und arrangiert alles für seine Einreise. Nach einem solchen Tüftler habe er schon lange gesucht.

So macht sich Bao'er auf den Weg nach Hongkong, und wir fliegen nach Peking. Es ist Spätsommer 1990. Über ein Jahr ist seit den Studentenunruhen vergangen. Eine seltsame Stimmung herrscht im Land. Die Leute wirken müde und enttäuscht. Viele fühlen sich geschlagen und verraten. Politik ist kein Thema mehr. Lasst die da oben predigen, wen interessiert noch Volk und Vaterland! Es gibt keine Ideale mehr. Für die Gemeinschaft leben? Warum denn das? Das eigene Leben steht im Mittelpunkt, und um das so schön wie möglich zu gestalten, braucht man Geld. Das ist jetzt das Einzige, was noch zählt. Geld ist ein messbarer Wert. Da weiß man, was man hat. Und so scheint die Regierung mit den Menschen einen Pakt zu schließen: Wir kümmern uns um die Politik und ihr euch ums Geldverdienen.

Eines Nachts trifft es mich wie ein Schlag. Ich sitze an meinem Computer und überarbeite gerade eine Übersetzung, die unbedingt fertig werden muss. Plötzlich rast mein Herz. Ich bekomme panische Angst. Luft! Ich brauche dringend frische Luft. Ich springe von meinem Stuhl, öffne das Fenster und atme tief durch. Die frische Luft tut mir gut, doch sie beruhigt mich nicht. Ich fühle mich wie elektrisiert. Wie lange habe ich heute am Computer gesessen? Acht oder zehn Stunden? Schon die ganze Woche geht das so. Es heißt ja immer, dass man Pausen einlegen soll, aber das habe ich natürlich nicht gemacht. Yuqian ist in China, dafür ist eine chinesische Freundin da, eine Musikerin, die für ein paar Wochen bei uns wohnt. Ein beruhigendes Gefühl, nicht allein zu sein. Sie sitzt vor dem Fernseher, schaut sich irgendeinen Film an. Ich geselle mich zu ihr, wohl wissend, dass sie mir nicht helfen kann, aber allein ihre Anwesenheit wird mir gut tun.

«Wie ist der Film?», frage ich sie und bemühe mich, so normal wie möglich zu klingen. Sie schaut mich mit großen Augen an: «Wie siehst du denn aus?»

«Wie denn?»

«Wie ein Gespenst. Ganz blass. Ist dir nicht gut?»

«Ich fühle mich miserabel», gebe ich zu und laufe unruhig im Zimmer umher.

«Du hast zu viel gearbeitet. Ruh dich aus. Soll ich dir einen Tee kochen?»

Ich winke ab und setze mich, halte es aber nicht lange aus. Diese Unruhe, diese Angst, was ist bloß los mit mir? Ich laufe auf und ab, reiße die Fenster auf.

Die Freundin springt auf, weiß nicht, was sie machen soll. «Wir müssen Hilfe holen. Du brauchst einen Arzt.»

«Es ist nicht so schlimm», beruhige ich sie und laufe weiter im Zimmer umher. «Ich bin nur etwas überdreht, weil ich so lange am Computer gesessen habe. Es wird sich gleich geben.»

Doch es wird immer schlimmer. Ob das ein Herzinfarkt ist? Wie sind die Symptome eines Herzinfarkts? Bestimmt ganz ähnlich. Ja, ich brauche wirklich Hilfe. Ich schaue auf die Uhr: kurz vor Mitternacht. Ich muss einen Notarzt rufen. Wie lautet noch gleich die Nummer? Wo ist das Telefonbuch? Ich greife mir den dicken Wälzer, doch ich bin viel zu zittrig, als dass ich noch lange nachschlagen könnte. Stattdessen wähle ich die Nummer meiner Schwester. Sie meldet sich sofort.

«Ich glaube, ich sterbe gleich.»

Wenig später trifft der Notarzt ein und kurz darauf meine schon halbwegs um mich trauernde Schwester. Doch der Arzt beruhigt uns. Mit einem Herzinfarkt habe das nicht viel zu tun, urteilt er: «Totale Erschöpfung, weiter nichts.» Zufällig versteht er etwas von Chiropraktik und wendet diese auch gleich an. Ein paar Griffe, und schon entspannt sich mein Körper. Zusätzlich verordnet er mir acht Stunden Schlaf und einen computerfreien Tag. Die Therapie wirkt Wunder. In den nächsten Wochen folgen zwei, drei weitere Attacken, die sich jedoch mit dieser Therapie immer wieder von selbst verflüchtigen. Yuqian drängt: «Lass dich gründlich untersuchen. Du darfst diese Sache nicht so leicht nehmen.»

Ein befreundeter Arzt ist derselben Meinung und arrangiert einen Untersuchungstermin im Universitätskrankenhaus. Es wird die peinlichste Veranstaltung, die ich je erlebt habe, und ich kann nur sagen: nie wieder! Ich lasse sämtliche Untersuchungen über mich ergehen. Ein Ergebnis ist besser als das andere.

«Tja», meint der Dienst habende Arzt, als er die Testergebnisse sieht. «Alles hervorragend.»

«Das wundert mich», vermelde ich kleinlaut, «denn manchmal überkommt mich eine ganz schreckliche Unruhe und so ein merkwürdiges Herzrasen.»

Der Experte schaut mich skeptisch an. «Vielleicht sind Sie nur ein wenig hysterisch?»

Für einen Moment bin ich sprachlos, denn alles mag ich sein, aber hysterisch war ich eigentlich noch nie. «Wollen Sie damit sagen, dass ich simuliere?»

Er zuckt nur ratlos die Achseln. «Ich kann nichts für Sie tun», sagt er und verlässt den Raum. In der Tür wendet er sich noch einmal um und zwinkert mir zu. «Vielleicht sind Sie ein Fall für den Psychiater?»

Erst auf dem Heimweg fällt mir ein, was ich dem Kerl am liebsten alles an den Kopf geworfen hätte. Stattdessen lasse ich meinen Frust an Yuqian aus: «Da siehst du mal wieder, wohin deine Vorsicht führt. Die Untersuchung wäre gar nicht nötig gewesen.»

Yuqian ist empört. «Das ist mal wieder typisch für eure westlichen Ärzte. Die betrachten nur das Detail, nie das Ganze.»

Mit der Zeit verpufft meine Wut. Vielleicht hätte ich den Vorfall irgendwann auch vergessen, wenn ich nicht für einen chinesischen Arzt gedolmetscht hätte. Der hält einen Vortrag über die traditionelle chinesische Medizin und die Jahrhunderte alte Tradition der Lebenspflege. In allem, was er sagt, bestätigt sich für mich, was Yuqian mir seit Jahren predigt. Treib Qigong, damit die Energie durch deinen Körper fließen kann. Pfleg deine Gesundheit! Beug Krankheiten vor! Wie amüsiere ich mich immer, wenn er bei jedem Besuch in China zu einem traditionellen Arzt rennt und sich Arzneien zur Stabilisierung der Gesundheit verschreiben lässt, obwohl er gar nicht krank ist. Deutsche Freunde witzeln schon immer und sagen, ja, ja, du besorgst dir wohl Potenzpillen. Yuqian lacht sie aus. «Ihr Europäer reagiert erst, wenn euch etwas wehtut. Ihr müsst vorbeugen. Das ist das Wichtigste. Wir Chinesen nehmen Medizin, um gesund zu bleiben. Ihr nehmt sie, um gesund zu werden. Das ist der Unterschied. Wir warten nicht erst ab, bis wir krank werden.»

Vorbeugung ist sein Zauberwort. Man müsse alles tun, um die Entstehung von Krankheiten zu verhindern. Yuqian ist darin wirklich groß. Jeden Morgen übt er sich in den langsamen, eleganten Bewegungen des Schattenboxens, der Kunst, gegen einen imaginären Feind zu kämpfen. Jeder Wirbel, jedes Gelenk, jeder Muskel wird gelockert, wenn er sich im Zeitlupentempo dreht und windet. Keine Überstreckungen, keine abrupten Bewegungen, sie müssen sanft und fließend sein und begleitet werden von ruhigem und tiefem Ein- und Ausatmen. Nur so entspannt sich der Körper und mit ihm der Geist.

Der chinesische Arzt, für den ich dolmetsche, spricht über die grundlegenden Ideen der traditionellen chinesischen Medizin, er erzählt von Energieströmen, von den polarisierenden Kräften Yin und Yang und dem Gesetz der Harmonie. Er behauptet, die traditionelle chinesische Medizin könne mit ihrem Diagnoseverfahren entstehende Krankheiten orten, noch bevor diese für die westliche Medizin erkennbar würden.

«Stellen Sie sich eine Skala von eins bis hundert vor», sagt er. «Die westliche Medizin entdeckt eine Krankheit erst bei fünfzig und spricht von einem Frühstadium. Wir erkennen sie schon bei zehn, obwohl man in diesem Stadium noch gar nicht von einer Krankheit, sondern nur von einer Störung des Energieflusses sprechen kann.»

Wenn man dolmetscht, muss man genau hinhören, was gesagt wird. Bei seinen letzten Worten habe ich mit gespitzten Ohren zugehört und darüber das Dolmetschen fast vergessen. Sofort muss ich an das leidige Untersuchungsergebnis denken. Der Vorwurf der Hysterie sitzt wohl tiefer als angenommen. Könnte es sein, dass auch bei mir eine Störung des Energieflusses vorliegt? Kaum ist der Vortrag zu Ende, erzähle ich dem Arzt von meinem Fall. Er hört genau zu, will alle Symptome im Detail wissen. Und dann behauptet er, dass ich mich normalerweise am liebsten in den Farben Schwarz oder Dunkelblau kleide, obwohl ich heute von Kopf bis Fuß pinkfarben angezogen bin. Volltreffer! Aber – woher weiß er das? Der Mensch kennt mich doch gar nicht.

«Und ängstlich bist du auch. Grundlos ängstlich.»

«Stimmt.»

«Stärk deine Nierenenergie!», rät er mir.

«Was hat die mit meinem Herzen zu tun?»

Er lächelt. «Mehr, als du denkst. Stundenlange Computerarbeit führt zu starker Erschöpfung. Erschöpfungszustände greifen die Nierenenergie an. Wenn diese zu schwach wird, strömt sie nicht mehr nach unten, sondern schießt nach oben und stört das Herz. Stärk also deine Nierenenergie, damit sie wieder nach unten strömt. Dann werden diese Beschwerden verschwinden.»

«Und wenn ich das nicht mache?»

«Dann wirst du irgendwann herzkrank.»

«Meinen Sie, meine Nieren wären jetzt schon geschädigt?»

«Der Begriff der Nierenenergie ist abstrakt. Er bezeichnet nicht den akuten Zustand der Nieren.»

So ganz verstehe ich das nicht. Trotzdem spüre ich, dass hier die Lösung meiner Beschwerden liegt. Ich möchte unbedingt mehr über die traditionelle chinesische Medizin und ihre Wege der Gesunderhaltung erfahren. Da erzählt mir ein Freund von einem Meister in Südwestchina, der ein hervorragender Lehrer des Qigong sein soll. Qigong beinhaltet das Training der Lebensenergie Qi. Die traditionelle chinesische Medizin geht davon aus, dass unser Körper von Energiebahnen durchzogen ist, auf denen das Qi zirkuliert. Auf dieser Annahme basieren Akupunktur, Akupressur und verschiedene Bewegungstherapien. Hält man das Qi im Fluss, hilft dies das Entstehen von Krankheiten zu verhindern. Es ist klar, dass ich unbedingt Qigong lernen muss.

Yuqian ist begeistert: «Endlich hast du es begriffen! Wir fangen gleich morgen an.»

«Womit?»

«Mit dem Qigong.»

Ich soll bei ihm lernen? Beim eigenen Mann? Wieso so einfach, wenn es auch kompliziert geht? Klar, dass ich mich für den berühmten Meister im fernen Südwestchina entscheide. Schon kurze Zeit später fliege ich mit meiner Freundin Anke zu ihm.

Meister Fan, so heißt er, ist Mitte vierzig, ein stämmiger Typ mit Bürstenschnitt und hellwachen Augen. Mit Ausländern habe er bisher kaum Kontakt gehabt, sagt er und gesteht, dass für ihn alle Europäer gleich aussehen. Wie zum Beispiel zeigt er auf Anke, klein und blond, und mich, einen Kopf größer und braun. «Seht euch doch an! Kaum ein nennenswerter Unterschied.»

Meister Fan wirkt in einem Sanatorium. Er hat keine festen Sprechzeiten, bietet auch keine Kurse an, trotzdem herrscht Hochbetrieb bei ihm. Von nah und fern eilen Leuten heran, nehmen bei ihm Unterricht oder lassen sich behandeln. Viele von ihnen sind Spitzensportler mit komplizierten Verletzungen, zum Beispiel Basketballspielerinnen aus Peking oder Langstreckenläufer.

Jeden Morgen pünktlich um neun treten wir bei ihm an und werden zur Sehenswürdigkeit des ganzen Sanatoriums. Patienten wie Ärzte und Krankenschwestern schauen uns zu, wenn wir nach seinen Anweisungen lange Schwerter um unseren Körper kreisen lassen, sie nach hinten schwingen, um sie dann wieder nach vorn schnellen zu lassen. Atem und Bewegung müssen eine Einheit bilden, sagt er, müssen miteinander harmonieren, der Blick muss gefasst und konzentriert sein, der Körper locker und entspannt, aufrecht und gelöst. Nur so kann die Energie, das Qi, auf den körpereigenen Energiebahnen zirkulieren.

Meister Fan ist begeistert von dem Ehrgeiz seiner beiden ausländischen Schülerinnen. Nach jedem Unterricht üben wir am Nachmittag das frisch Erlernte und führen es ihm am nächsten Morgen vor. Einen ganzen Monat wollen wir bleiben, doch schon nach kurzer Zeit scheint uns das Schicksal einen Strich durch die Rechnung zu machen. Eines Morgens kann Anke ihr rechtes Ellbogengelenk nur noch unter größten Schmerzen bewegen. Wahrscheinlich hat sie regelmäßig ihren Arm überstreckt, als sie das Schwert nach vorn schnellen ließ.

«Damit ist für mich der Unterricht wohl gelaufen», meint sie traurig, denn als erfahrene Krankengymnastin weiß sie, dass die Heilung solcher Zerrung oder was immer ihren Ellbogen so schmerzhaft macht, wohl vier bis sechs Wochen dauert.

«Komm trotzdem mit», bitte ich sie. «Du kannst zumindest zuschauen.»

Aus alter Gewohnheit klemmt sie sich ihr Schwert unter den gesunden Arm, und schon sausen wir mit einer Fahrradrikscha zu unserem Meister.

«Anke kann nicht mehr mitmachen», sage ich zu ihm, kaum dass wir vor ihm stehen. «Sie hat sich den Arm verletzt.»

«Wie ist das passiert?», möchte Meister Fan wissen und drückt an ihrem Ellbogen herum. Anke verzieht vor Schmerzen das Gesicht.

«Nicht so heftig!», schreie ich für sie.

Schließlich muss sie sich neben ihn setzen. Mit Zeige- und Mittelfinger bildet er einen Pfeil und zielt auf ihr Ellbogengelenk, ohne es zu berühren. Dann schließt er die Augen und lässt seine Energie in ihre Verletzung strömen, wie wir es schon häufig ungläubig beobachtet haben, wenn er die Sportler behandelte. Endlich können wir selbst erleben, ob diese Therapie wirklich etwas bringt. Gespannt wie ein Flitzbogen beobachte ich Anke. Keine Regung soll mir entgehen.

«Merkst du was?», frage ich sie leise auf Deutsch.

«Nee», meint sie trocken. Sie glaubt sowieso nicht recht an diesen ganzen Hokuspokus mit dem Qi, wovon Meister Fan uns in den letzten Tagen so viel erzählt hat. Wie soll es dann klappen? Man muss doch dran glauben – oder nicht?

Zehn Minuten dauert die Behandlung. Dann steht Meister Fan auf. «So, nimm dein Schwert! Wir fangen an.»

«Wie Jesus», mokiert sich Anke, «... und der Lahme konnte wieder gehen.»

Auch sie erhebt sich von ihrem Platz, doch plötzlich stutzt sie und beugt ihren Arm. «Das ist ja unglaublich», ruft sie und schaut mich mit weit aufgerissenen Augen an.

«Ist es weg?», frage ich.

«Fast.»

«Wie meinst du das – fast?»

«Sieh doch. Ich kann meinen Arm wieder bewegen. Die Schmerzen sind kaum noch zu spüren.» Ungläubig nimmt sie ihr Schwert, schwingt es nach links und rechts, nach vorn und hinten. Es geht tatsächlich. Vorhin konnte sie das Schwert noch nicht einmal heben.

«Können wir mit dem Unterricht nun endlich anfangen?», fragt Meister Fan ungeduldig.

Wir treten artig an und schon geht es los.

Am nächsten Tag setzt er die Behandlung fort, zehn Minuten lang. Die Beschwerden sind fort. Wir sind begeistert.

Um die Energie im Körper bewusst zirkulieren zu lassen, muss man sie erst einmal erspüren lernen. Das sei ein langer Weg, erklärt Meister Fan. Aber genial ist es ja, sie dann auch noch auszusenden, um andere zu behandeln, finden wir beide. Wie gern würden wir das von ihm lernen, am liebsten natürlich innerhalb der noch verbleibenden drei Wochen. Doch Meister Fan lächelt nur weise und schüttelt den Kopf über unsere Ungeduld. «Qigong lässt sich nicht in wenigen Wochen erlernen, auch nicht in wenigen Monaten. Es bedarf mehrerer Jahre, und dazu braucht ihr Geduld, Disziplin und Ausdauer. Erst dann dürft ihr darüber nachdenken, ob ihr mit eurer Energie anderen Menschen helfen wollt.»

Meister Fan ist ein bescheidener Mann. Ob er nicht einmal Lust hätte, nach Deutschland zu kommen, frage ich ihn. Vielleicht könnte ich Vorträge und einen Kurs für ihn organisieren.

Nicht nötig, sagt er, er sei schon überall gewesen. Das überrascht mich. Hatte er nicht gesagt, wir gehörten zu seinen ersten ausländischen Schülern?

«Nachts geht meine Seele auf Reisen und schaut sich die Welt an», erklärt er uns.

«Die Seele geht auf Reisen?» Ich kann ein Lächeln nicht unterdrücken. «Das ist natürlich ungleich billiger, als wenn der Körper auf Reisen geht. Und Probleme mit dem Visum gibt es dann auch nicht.»

Meister Fan schaut mich prüfend an. Wahrscheinlich gefallen ihm meine Zweifel nicht.

«Wollen wir einen Versuch wagen?», fragt er.

«Immer.»

«Willst du wissen, wie es deinem Mann geht?»

«Gern. Können Sie das etwa sehen?»

«Ich kann es spüren.»

Anke zieht ihre rechte Augenbraue hoch. Ich weiß, was das heißt. Für sie beginnt jetzt wieder der Hokuspokus.

Meister Fan stellt zwei Stühle einander gegenüber. Auf den einen soll ich mich setzen, auf den anderen setzt er sich. Er umfasst meine Handgelenke. Aufrecht sitzt er da, scheinbar ganz entspannt. Mit seinem weißen T-Shirt und dem Bürstenschnitt wirkt er eher wie ein Mittelgewichtsboxer und nicht wie ein Meister der unsichtbaren Energien. Er schließt seine Augen und atmet ruhig. Das mache ich dann auch sofort. Ich bin ein wenig nervös. Hoffentlich hypnotisiert er mich jetzt nicht. Gut, dass Anke in der Nähe sitzt.

«Wie heißt dein Mann?», fragt er mich.

«Yuqian.»

«Gut. Konzentriere dich jetzt auf Yuqian.»

Wie soll das gehen? Ich konzentriere mich auf Yuqian, und dann sieht er ihn oder was? Das glaubt er doch wohl selber nicht. Aber ich will diesen Versuch mitmachen. Interessant ist er auf jeden Fall. Ich entspanne mich und spüre den leichten Druck seiner Hände. Plötzlich durchströmt mich eine angenehme Ruhe. An Yuqian denken, sage ich mir und konzentriere mich auf ihn. Merkwürdigerweise gelingt mir das schneller als angenommen. Ich sehe ihn leibhaftig vor mir, spüre seine Nähe und verliere mich langsam ganz in Gedanken an ihn. Meister Fan lässt meine Handgelenke los. «Es ist gut», höre ich ihn leise sagen. Wie aus einem Traum erwache ich. Wie viel Zeit ist inzwischen vergangen? Wenige Minuten oder eine halbe Stunde? Ich öffne die Augen, er nickt mir zu.

«Yuqian ist erkältet, eine Grippe.»

«Ist das wahr?»

«Ja. Aber es ist nicht so schlimm.»

Ich schaue meine Freundin an. Die zuckt ratlos mit den Schultern. «Ich würde auch gern wissen, wie es meinem Mann geht», sagt sie, und schon macht er mit ihr denselben Versuch. Ihr Mann habe heute starke Rückenschmerzen, heißt es schließlich.

So schnell sind wir noch nie in unser Hotel zurückgesaust. Ungeduldig feuern wir unseren Rikschafahrer an. Der scheint zu glauben, es ginge bei uns um Leben und Tod. Kaum im Hotel angekommen, nichts wie zum Telefon und zu Hause angerufen.

«Was macht deine Erkältung?», frage ich Yuqian.

«Wieso», schnieft er überrascht ins Telefon, «woher weißt du davon?»

Und Ankes Mann? Ja, der hat tatsächlich Rückenschmerzen. Er könne sich kaum rühren.

Ich schaue Anke an: «Wie ist das möglich? Wie hat er das gemacht?»

«Ich mag darüber gar nicht nachdenken», antwortet sie kopfschüttelnd. «Es ist mir irgendwie unheimlich. Schon die Behandlung meines Ellbogengelenkes war merkwürdig, und nun auch noch das.»

«Über zehntausend Kilometer hinweg kann er spüren, wie es anderen Menschen geht. Stell dir vor, er würde uns das beibringen.»

Die Freundin lacht. «Was du alles lernen willst! Du hast doch gehört, was er letztes Mal gesagt hat: mehrere Jahre Geduld, Disziplin und Ausdauer. Dann kannst du langsam an so etwas denken.»

Wenn Yuqian nicht gewesen wäre, hätte ich Medizin studiert. Seinetwegen habe ich mich für die Sinologie entschieden. Warum nicht einen Kompromiss schließen und die traditionelle chinesische Medizin studieren?, frage ich mich inzwischen. Allerdings finde ich die deutsche Naturheilkunde auch sehr interessant, denn es gibt so viel Gemeinsames mit der chinesischen Medizin. Manches, was ich in China oder von Yuqian höre, kenne ich aus deutschen Sprichwörtern. Die Chinesen ordnen die Wut der Leber zu. Die Deutschen sagen, jemandem sei eine Laus über die Leber gelaufen. In China ist das Sinnesorgan des Herzens die Zunge. Wir sagen, jemand trägt sein Herz auf der Zunge. Gibt es ein Urwissen, das Europäer wie Chinesen gleichermaßen besitzen? Ein spannendes Thema, finde ich. Ich mache eine Ausbildung zur Heilpraktikerin und studiere nebenbei chinesische Medizin. Yuqian ist begeistert, ist er doch größter Nutznießer dieser ganzen Aktion. Kräuterkunde, Diätetik, Akupressur, Kratzmassagen, alles wird an ihm ausprobiert. Nur vor meinen Akupunkturnadeln nimmt er Reißaus. Alles, was piekt, ist nichts für meinen Yuqian. Aber da gibt es ja noch Schwester, Schwager, Neffen und Freunde, die sich gern mal gegen Allergie, Tinnitus oder sonst etwas akupunktieren lassen.

Meine chinesischen Verwandten trauen ihren Ohren nicht. «Du lernst chinesische Medizin in Deutschland? So ein Unsinn. Komm nach China!» Also hospitiere ich in China bei Kräuterprofessoren, Akupunkturärzten, Ernährungsspezialisten und immer wieder bei Qigong-Meistern. Meine liebe Verwandtschaft ist total aus dem Häuschen und präsentiert mir jedes Mal neue Koryphäen. In Shanghai lerne ich einen der berühmtesten Kräuterärzte kennen, sechsundachtzig Jahre jung und seit sechzig Jahren optimistischer Kettenraucher. Er ist fit wie ein frischer Sechziger. Ich treffe eine Ärztin, die tibetische Medizin praktiziert und mich in den Lamaismus einführt. Eine intensive Freundschaft beginnt. In Shanghai arbeite ich wochenlang mit Krebskranken zusammen, die das Guo-Lin-Qigong, eine bestimmte Atem- und Bewegungstherapie, begleitend zur schulmedizinischen Behandlung betreiben und erstaunliche Erfolge erzielen. Bei den Leitern ihrer Selbsthilfeorganisation lerne ich die Methode und drehe schließlich zusammen mit einer chinesischen Regisseurin einen Film über diese Leute. Als der Film fertig ist und ich ihn einigen deutschen Sendern anbiete, bekomme ich nur Absagen: Man solle den Krebskranken keine falschen Hoffnungen machen, heißt es lapidar. Falsche Hoffnungen? Wenn ich so etwas höre, könnte ich platzen vor Zorn. Dutzende von Krebskranken, die ich in Shanghai und Peking gesprochen habe, bemerkten durch dieses spezielle Qigong eine Stärkung ihrer Abwehrkräfte und Verbesserung ihres Allgemeinzustandes. Das ist doch schon etwas. Wie kann man da von falschen Hoffnungen sprechen! Aber mein Protest nützt nichts. Anscheinend besteht kein Interesse, oder ich bin an die falschen Personen geraten. Viele Leute hier im Westen meinen ja, das sei alles nur Einbildung mit dem Qigong, der Akupunktur und der ganzen traditionellen chinesischen Medizin. Von manchen Leuten höre ich: «Akupunktur? Kräutertherapie? Hab ich alles schon ausprobiert. Genützt hat es aber nichts.» Wenn sich nach wenigen Behandlungen nicht gleich ein Erfolg einstellt, wird die ganze Sache gleich verurteilt. Die Wirkung von Qigong spürt man jedoch erst nach mehreren Monaten kontinuierlicher Übung, und auch die Akupunktur, Akupressur und Kräutertherapie sind Behandlungsmethoden, die in den meisten Fällen langfristig angewandt und stetig dem Heilungsprozess angepasst werden müssen.

So zeige ich den Film eben nur einem kleinen Kreis von Betroffenen und Interessierten und gebe in kleinen Gruppen das weiter, was ich von den Shanghaiern gelernt habe. Es ist mir jedes Mal eine Freude, wenn sich die Leute nach Monaten täglichen Übens bei mir melden und von ihren Fortschritten berichten. Auf diese Weise kommt die Botschaft des Shanghaier Krebsvereins doch noch an die richtige Adresse. Vielen ist sie eine große Ermutigung, denn die Veteranen des Shanghaier Krebsvereins sind wirklich bewundernswert. Sie, die seit vielen Jahren den Krebs überstanden haben, werden für viele frisch Erkrankte zu wahren Schutzengeln. Aufgrund ihrer eigenen Erfahrungen informieren sie die Kranken über den Verlauf von Krankheit und schulmedizinischer Behandlung, sie unterrichten sie täglich in Qigong und leisten Hilfe, soweit es ihnen möglich ist. Das machen sie ehrenamtlich, denn der Verein hat kein Geld. Staatliche Hilfe bekommt er nicht. Von den niedrigen Mitgliedsbeiträgen ist selbst das Porto zum Verschicken eines Informationsblatts kaum zu bezahlen. Private Spenden sind deshalb wichtig, aber die fließen nur spärlich, obwohl es in China allmählich wieder viele reiche Leute gibt.

Seit Beginn der neunziger Jahre strömt aus den westlichen Industrienationen zunehmend Kapital, Technologie und Know-how nach China. Die Partei strebt Marktwirtschaft und einen Sozialismus chinesischer Prägung an.

China im Wirtschaftsboom

Wann immer ich jetzt ins Land komme, reibe ich mir nur noch die Augen. Ich kann es kaum fassen, was um mich herum passiert. Was geht hier vor? Meine Verwandten lachen nur: «Ganz einfach, wir praktizieren jetzt die Marktwirtschaft.»

China erlebt einen atemberaubenden Boom. Jahrzehntelang haben sich die Städte kaum verändert, und plötzlich hat es den Anschein, als müsse man die Stadtpläne jedes halbe Jahr erneuern. Überall wird abgerissen, ausgeschachtet und neu gebaut. Gigantische Bauvorhaben und Infrastrukturprojekte verändern das Land. Autobahnen und Brücken, moderne Flughäfen und U-Bahn-Systeme entstehen in kürzester Zeit, Wolkenkratzer sprießen aus der Erde, ganze Städte verändern ihr Gesicht in einem Tempo, das in Europa unvorstellbar ist. Doch manchmal bekomme ich es auch mit der Angst zu tun, vor allem in Peking. Diese altehrwürdige Kaiserstadt hat schon einmal großen Schaden genommen, als in den fünfziger und sechziger Jahren die historische Stadtmauer und alle prächtigen Ehrentore abgerissen wurden, weil sie Straßenbauprojekten im Wege standen. Jetzt geht es der Stadt erneut an den Kragen: Die alten Stadtviertel mit ihren traditionellen Hofhäusern und winkligen Gassen sollen verschwinden. China ist vom Modernisierungsfieber befallen, und modern bedeutet: westlich.

«Wenn es in diesem Tempo weitergeht, verlieren eure Städte ihre kulturelle Einzigartigkeit. Dann sieht Peking bald so aus wie jede andere westliche Metropole», beschwere ich mich bei Weidong, dem Mann von Cousine Huishan. «Du verstehst etwas von Architektur. Du hast es schließlich studiert. Also, was sagst du dazu?»

«Sie reißen nicht alles ab», beruhigt er mich. «Die meisten Altstadtviertel bleiben erhalten. Nur am Stadtrand und dort, wo Fabriken oder baufällige Häuser standen, werden Hochhäuser gebaut.»

Cousine Huishan ist inzwischen in Pension. Frauen werden recht früh pensioniert, mitunter schon mit fünfzig Jahren oder noch früher, weil es genug junge Leute gibt, die nachrücken wollen. Huishan fühlt sich noch zu jung für den Ruhestand, und da sie aufgrund ihrer Fachkenntnisse bekannt ist in ihrer Branche, war es für sie kein Problem, in einer ausländischen Firma unterzukommen, in der sie sogar wesentlich mehr Geld verdient als früher in ihrem Staatsbetrieb. Eben wegen dieser besseren Bezahlung versuchen jetzt immer mehr junge Leute in ausländischen Firmen anzuheuern, auch wenn sie damit aus dem sozialen Netz fallen. Doch das ist sowieso recht marode geworden.

Dank ihrer verbesserten finanziellen Lage konnten Huishan und Weidong es sich endlich leisten, ihr Haus zu renovieren. Als feststand, dass ihr Viertel nicht abgerissen würde – die vielen wichtigen Leute, die dort wohnen, ziehen es eben auch vor, in wunderschönen Hofhäusern und nicht in sterilen modernen Kästen zu wohnen –, da entwickelte Weidong Pläne für die komplette Restaurierung seines Hauses. Selbst das Fundament wurde erneuert, die windschiefen Außenwände durch gut isolierte ersetzt, ein neues Dach draufgesetzt, Heizung, Bad und Küche eingebaut. Als Erstes fällt mir eine imposante Freitreppe auf, die eher zu einem europäischen Herrenhaus als zu einem Pekinger Hofhaus passt – aber egal. Weidong und Huishan finden sie todschick.

Auch Bruder Diqian kommt endlich aus seiner kalten, dunklen Wohnung heraus und zieht in den neunten Stock eines Hochhauses in den Norden der Stadt. Dort ist die Luft noch nicht so verpestet wie im Südosten, wo er vorher gewohnt hat. Als ich ihn das erste Mal besuche, kommt mir seine lichtdurchflutete, gemütliche Vierzimmerwohnung wie eine Oase inmitten einer unwirtlichen Lehmwüste vor. Die vier Hochhäuser seiner Siedlung stehen neben einer staubigen Lehmpiste. Von Läden keine Spur, einkaufen kann man nur bei Bauern und fliegenden Händlern, die ihre Waren auf Holzkarren oder Plastikplanen anbieten. Wie übel muss seine alte Wohnung gewesen sein, dass er bereit war, in diese Einöde zu ziehen! Noch nicht einmal seine Post ist hier zustellbar.

Ein Jahr später komme ich wieder und traue meinen Augen nicht. Die Lehmpiste hat sich in eine sechsspurige moderne Straße verwandelt. Links und rechts stehen neue Hochhäuser, ein Hotel ist zu sehen und sogar ein Kaufhaus. So lässt es sich schon besser leben, meint Diqian zufrieden. Nach weiteren fünf Jahren schaue ich von seiner Wohnung auf Grünanlagen und einen ganzen Wald von neuen Hochhäusern. Was immer man braucht, befindet sich in unmittelbarer Nähe: Geschäfte, Restaurants, Hotels und ein Krankenhaus. In nur acht Jahren ist hier eins von Pekings vielen neuen Stadtzentren entstanden. Unglaublich, wie schnell die Stadt sich verändert! Vertraute Plätze wirken manchmal schon nach einem Jahr völlig fremd. Einmal versuche ich das Haus wiederzufinden, in dem Feng gewohnt hat. Eigentlich sollte das kein Problem sein, so oft, wie ich dort gewohnt habe. Ich grase das ganze Viertel ab. Die Straße, die zu seiner Siedlung führte, ist verschwunden, die Mauer, die sie umgab, ebenfalls. Ich finde den Wohnblock nicht mehr, obwohl ich weiß, dass er nicht abgerissen wurde. Es ist, als wäre ich nie dort gewesen.

Seit Feng in den USA lebt, wohnen wir meist bei Minqian, die inzwischen aus dem Zentrum in den Westteil der Stadt gezogen ist. Der Frauenverband hat ihr dort eine nagelneue Fünfzimmerwohnung zugewiesen. Die stand ihr nach einem weiteren Karrieresprung zu. Das ist jetzt schon ein paar Jahre her. Inzwischen hat sie die Wohnung dem Frauenverband für dreißigtausend Yuan abgekauft, ein Witz für die hundertfünfzig Quadratmeter, denn der Marktpreis liegt heute bei etwa siebentausend Yuan pro Quadratmeter. Schon seit einiger Zeit verkaufen die staatlichen Institutionen die Wohnungen an ihre Mitarbeiter. Das ist eine neue Politik, die die Einheiten finanziell entlasten soll. Diese mussten früher riesige Investitionen tätigen, um ihren Mitarbeitern Wohnraum zur Verfügung zu stellen, und das zu lächerlich niedrigen Mieten. Dabei verfielen die Häuser, weil sich niemand für die Pflege verantwortlich fühlte. Damit ist nun Schluss. Seit die Wohnungen zu Eigentum gemacht werden, herrscht ein wahrer Renovierungsboom. Überall wird gebohrt, geklopft und geschliffen. Ganze Straßenzüge gibt es, wo ein Laden neben dem anderen Baumaterial anbietet. Bei der

Renovierung sind der Fantasie keine Grenzen gesetzt. Viele Wohnungsbesitzer orientieren sich an den überall aus dem Boden schießenden modernen Hotels, deshalb gleichen ihre Wohnzimmer mit verschachtelten Decken und indirektem Licht oft einer Hotellobby.

Minqians Wohnung liegt in einem Häuserkomplex direkt an der sechsspurigen zweiten Ringstraße, und was das bedeutet, erfahre ich gleich in der ersten Nacht, die ich dort verbringe. Da wache ich nämlich urplötzlich auf und wähne mich auf dem Mittelstreifen einer deutschen Autobahn. All die Lastwagen und Schwertransporter, die tagsüber Fahrverbot haben, donnern nachts in einem Affenzahn dort entlang. Ich bekomme überhaupt kein Auge mehr zu, bis ich den glorreichen Einfall habe, aus Watte und Nivea-Creme dicke Stöpsel zu basteln und sie mir in die Ohren zu stopfen. Aus dem mörderischen Donnern wird ein dumpfes Brummen. Endlich finde ich wieder etwas Schlaf. Am Tag geht der Lärm weiter, wenn auch nicht mehr so dröhnend, weil die Lastwagen fehlen. Ich frage mich, wie Minqian es hier aushält. Das ist reiner Wahnsinn, was sich auf dieser Ringstraße an Verkehr entlang wälzt. Wo kommen bloß die vielen Autos her? Auch Taxis sind im Überfluss vorhanden. Wenn wirklich irgendwann mal jede Familie ein Auto besitzt, wird Peking an den Abgasen ersticken. Fast sehnt man sich nach den alten Zeiten zurück, als alle nur Fahrrad fuhren.

Seit 1990 ist Minqian im Ruhestand. Doch wie es sich für eine echte Powerfrau gehört, rackert sie natürlich weiter. Sie gibt Englischunterricht an Schulen und privat, fertigt Übersetzungen an, leitet den Verein der Rentnerinnen des Frauenverbandes, schreibt Bücher und singt in drei Chören. Im Moment scheint ganz China zu singen, jedenfalls die ältere Generation. Yuqians gesamter Freundes- und Bekanntenkreis ist in irgendwelchen Chören organisiert. Schlimm ist es – finde ich jedenfalls –, wenn bei einem Treffen gleich mehrere Chorsänger zusammenkommen, die dann unbedingt Kostproben ihrer Künste zum Besten geben wollen. Ich habe nichts gegen Chöre. Sollen sie doch singen, wie sie lustig sind. Aber wenn so zwei, drei zittrige Stimmen voller Inbrunst ein Liedchen anstimmen, klingt das wirklich nicht besonders toll. Ich soll natürlich auch immer etwas vorsingen. Ein schönes deutsches Volkslied oder am besten eins von Schubert. Ich drücke mich dann ganz gern und schiebe Yuqian vor, der für sein Leben gern singt. Sein Shanghaier christlicher Studentenchor, in dem er vor der Revolution gesungen hat, möchte ihn unbedingt zurückgewinnen. Schon vor einigen Jahren haben sich die ehemaligen Mitglieder wieder organisiert. Einmal die Woche wird geübt und manchmal sogar ein Konzert gegeben. Yuqian soll mitsingen, doch der vertröstet die Leute. «Jetzt nicht, aber später, wenn ich irgendwann wieder in Shanghai wohne, dann mache ich mit.»

In Minqians Wohnsiedlung wird wie überall in China jeden Morgen Frühsport getrieben. Früher mochte ich da nie so recht mitmachen. Es war mir immer zu früh. Wer geht schon gern um fünf oder sechs Uhr zur Fitness? Doch dann fuhr ich einmal nach Nanjing, um bei einem zweiundachtzigjährigen Professor für Kräutermedizin ein Praktikum zu machen. Gleich am ersten Tag erzählte er mir, er gehe jeden Morgen zum Qigong in einen Park. Das fand ich interessant. Der Herr war fit wie ein junger Spund. Er brauchte noch nicht einmal eine Brille. Von dem musste es einiges zu lernen geben.

«Wenn Sie nichts dagegen haben, komme ich ab morgen mit», sagte ich leichtsinnigerweise, was dem alten Herrn gefiel.

«Gut, dann hole ich dich morgen früh ab.»

«Wann?»

«Um halb sechs.»

Das tat weh, war aber nicht mehr rückgängig zu machen. Am nächsten Morgen stand er pünktlich auf die Minute vor meinem Studentenwohnheim, und dann führte er mich in einen weitläufigen Park, wo Hunderte von Menschen in aller Ruhe Taiji und Qigong übten. Manche tanzten auch europäische Standardtänze, joggten, machten gymnastische Übungen oder brüllten irgendwelche Laute in die Büsche. Ich fragte mich, was wohl die Hamburger sagen würden, wenn jeden Morgen um sechs so viele Leute in den Alsteranlagen stünden und sich in sanften Bewegungen drehten. Wäre doch gar nicht schlecht! Das würde sicher zu Protesten der Ärzte führen, denn dann hätten diese nicht mehr so viel zu tun.

Meinem alten Kräuterprofessor herrschte in dem Park zu viel Trubel. Er wolle mir nur mal einen Eindruck verschaffen, was um diese Zeit in Nanjing so los sei, sagte er. Danach gingen wir in «seinen» Park, eine verträumte, überschaubare Anlage mit vielen Nadelbäumen, Bambus und einem Teich, an dessen Ufer er in aller

Stille seine «Brokatübungen» machte und ich seinen Bewegungen folgte.

Auch Minqian geht zum Frühsport. Klar, dass ich da nun mitmache. An meinem ersten Morgen folge ich ihr neugierig in die schön begrünte Hofanlage – Bäume, Sträucher und Blumen, so weit das Auge reicht, allerdings darf man nicht den Blick heben, denn dann sieht man die sechs Hochhäuser mit ihren jeweils zweiundzwanzig Stockwerken, die den kleinen Hof umstehen. An der einen Ecke des Hofes führt ein Weg direkt zum Eingangstor der Siedlung, wo ein Uniformierter den Zutritt in die ummauerte Wohnanlage bewacht, was den Eindruck erweckt, dass hier nur wichtige Leute wohnen. Er soll jedoch nur abschreckend auf Einbrecher und andere Ganoven wirken, von denen es in letzter Zeit ziemlich viele in Peking gibt. Deshalb haben ihm die Bewohner die Uniform verpasst.

Es ist einer jener heißen Tage, an denen man es nur in klimatisierten Räumen aushält oder am liebsten unter der Dusche steht. Nur die frühen Morgenstunden sind einigermaßen erträglich. Zwanzig, dreißig Leute stehen schon im Hof, meist ältere Semester, und warten auf die Vorturnerin. Einige nicken meiner Schwägerin zu. Man kennt sich hier.

«Das ist Genosse Wang», stellt mich Minqian einem älteren Herrn vor. «Er gehört zu unserer Sportgruppe.» Und zu Herrn Wang gewandt sagt sie: «Das ist meine Schwägerin, die Frau meines jüngsten Bruders. Sie kommt aus Deutschland.»

Herr Wang begrüßt mich freundlich. «Wollen Sie bei uns mitmachen?»

«Ja, jedenfalls für die Zeit, die ich hier wohne.»

«Genosse Wang war Botschafter», sagt Minqian.

«In Libyen», ergänzt Genosse Wang.

Eine Frau, etwa Anfang siebzig, mit Dauerwelle und einem an den Seiten hochgeschlitzten Rock kommt anspaziert und wird von allen freundlich begrüßt. Ist das unsere Vorturnerin? Das kann doch wohl nicht wahr sein. In solch einem Rock? Sie stellt einen Kassettenrekorder vor sich auf den Boden und legt ein großes, aufgeschlagenes Heft daneben.

«Es geht los», sagt Minqian. Wir bilden einen großen Kreis um die herausgeputzte Dame und stellen uns aufrecht in Positur. Die drückt derweil auf den Kassettenrekorder, doch nichts passiert. Sie versucht es noch einmal – nichts. Der Apparat scheint zu streiken. Schließlich beginnen wir ohne Musik. Sie schwingt den rechten Arm nach rechts und zurück. «Eins, zwei, drei, vier», kommandiert sie und wir machen ihre Bewegung nach, «zwei, zwei, drei vier; drei, zwei, drei, vier; vier, zwei, drei, vier», und nun dasselbe mit links, jede Bewegung sechzehn Mal. Sie schaut in ihr Heft, eine neue Bewegung beginnt, wieder zählt sie.

«Ich war schon mal in Deutschland», sagt jemand neben mir – der Exbotschafter. Wir schlagen die rechte Faust in die linke Handfläche.

«Eins, zwei, drei, vier; zwei, zwei, drei ...»

«Ich war in Ost- und in West-Berlin, in Frankfurt und in München.»

«Interessant», gebe ich zu verstehen. «Was halten Sie von Gaddafi?»

«Hm, problematische Figur, aber nicht so schlecht, wie ihn der Westen darstellt», urteilt er und schwingt im Takt beide Arme nach links und nach rechts.

Der Wind verschlägt die Seiten des Gymnastikheftes, ohne dass unsere Vorturnerin es bemerkt, und so wiederholen wir die ersten Übungen. Mir wird heiß, fünfunddreißig Grad sind für den heutigen Tag angesagt worden, jetzt sind es wahrscheinlich schon dreißig. Plötzlich schnarrt der Kassettenrekorder, schrille Musik ertönt und zugleich die quäkende Stimme einer Frau, die die einzelnen Übungen kommandiert. Wir fangen noch einmal von vorne an.

Es ist sieben, als Minqians Mann angeschlendert kommt. Das bedeutet, dass gleich das Duft-Qigong losgeht.

Verkehrslärm dröhnt zu uns herüber. Die Rushhour hat begonnen.

«Vor ein paar Jahren hat die Regierung die Bevölkerung ermutigt, Autos zu kaufen, und jetzt haben wir Probleme mit Parkplätzen, Abgasen und Staus», sagt der Exbotschafter und zuckt ratlos mit den Achseln. Dann drückt er mir die Hand und verabschiedet sich. «Bis morgen.» Auch Minqian geht. Von dem folgenden Duft-Qigong hält sie nicht viel. Ihr Mann und ich bleiben zurück, andere kommen hinzu. Erneut reihe ich mich in einen großen Kreis ein. Ein alter Herr mit glattem, freundlichem Gesicht und einem dünnen weißen Sportanzug stellt sich in die Mitte. Er legt eine Kassette in den Rekorder, gleich darauf erklingt harmonische traditionelle Musik. «Die Füße stehen schulterbreit, Fußspitzen zeigen nach vorn», ruft er und beginnt. Jeder kennt die einfachen Bewegungen. In Taillenhöhe fahren die Arme auseinander und wieder zusammen. Neunmal, dann kommt die nächste Bewegung. Die Zunge liegt am Gaumen, man soll sich entspannen und sammeln. Auf der gegenüberliegenden Seite des Kreises kommentieren zwei Teilnehmerinnen lautstark das gestrige Fernsehprogramm. Die anderen in der Runde scheint das nicht zu stören. Sie blicken still zu Boden mit ernsten, verschlossenen Gesichtern. «Ein Lächeln aus dem Herzen ergießt sich über den ganzen Körper», so hat es mir ein Qigong-Lehrer in Nanjing beigebracht. Hier lächelt keiner. Eine junge Frau in einem purpurroten Kleid kreuzt den Hof, marschiert quer durch unseren Kreis und verströmt den Duft eines teuren Parfums. Ihre Haare sind kunstvoll hochgesteckt, das Gesicht geschminkt. Sie sieht aus wie eine dynamische Karrierefrau, von denen es jetzt viele in China gibt, vor allem in Peking und Shanghai. Ich versuche, mich wieder auf die Bewegungen zu konzentrieren. Da kommt der Nächste und hastet über den Hof, ein Mann mit Handy in der Hand. Er tippt eine Nummer ein, und während er auf die Verbindung zu warten scheint, schaut er hinauf zu einem der Hochhäuser, als wollte er prüfen, ob ihm jemand hinterherwinkt. Scheint nicht der Fall zu sein. Er verschwindet. Auch er hinterlässt eine angenehme Duftwolke. Eine Frau mit Minirock kommt anspaziert und wieder eine. Eine hübscher als die andere. Ist das noch Peking? Ich schaue an mir herunter und komme mir vor wie ein Relikt aus Chinas siebziger Jahren. Die dunkelblaue weite Seidenhose flattert an meinen Beinen, die weiße Seidenbluse hängt über der Hose, alles sehr bequem, aber keine Spur figurbetont. So rannten damals die Chinesen herum. Anscheinend hat sich bis auf mich hier alles verändert. Mein Blick wandert zurück zu dem alten Herrn, unserem Lehrer. Auch bei ihm scheint die Zeit still zu stehen. Ob er die Welt noch versteht?

Die letzte Übung des Duft-Qigong beginnt. Der Duft einer Lotosblüte strömt aus unseren Händen, die wir in Form einer Knospe an die Nase halten. Ich bin abgelenkt und rieche nichts als die Abgase der zweiten Ringstraße. Wir gehen zurück ins Haus. Die Fahrstuhlführerin kennt uns und drückt sofort auf den vierten Stock.

Yuqian und Minqian warten schon auf uns mit dem Frühstück. Gleich neben Minqians Siedlung gibt es einen Markt, auf dem man schon in aller Frühe vielerlei Köstlichkeiten kaufen kann. Yuqian hat Sojamilch besorgt (sehr gesund), frittierte Teigstangen (ziemlich ungesund), und Mantous, Dampfbrötchen. Wenn ich Mantous sehe, muss ich immer an Schwiegerpapa denken, der ein Freund all dieser Teigwaren ist. Zu seinem neunzigsten Geburtstag flogen wir extra nach Peking, doch als wir ankamen, war er schon nach Südchina abgedampft. Der Neunzigste sei kein Anlass für eine große Feier, meinte er nach seiner Rückkehr, der hundertste Geburtstag, ja, den wolle er zünftig feiern. Mit fünfundneunzig hieß es dann plötzlich, es gehe mit ihm zu Ende. Yaping schickte uns ein Telegramm. «Vater liegt im Krankenhaus. Er will seine Kinder noch einmal sehen.» Wir stiegen natürlich sofort ins nächste Flugzeug, und als wir dann mit sorgenvoller Miene vor seinem Bett standen, rief er mopsfidel: «Schön, dass ihr da seid. Es geht mir schon viel besser. Ich glaube, ich kann das Krankenhaus verlassen.» Und das tat er dann auch am nächsten Tag.

Schwiegerpapa wird in einem Jahr hundert, genau wie er es immer prophezeit hat. Leider stürzte er vor drei Jahren, zog sich einen Oberschenkelhalsbruch zu und ist seitdem ein Pflegefall. Ein junges Bauernmädchen aus Anhui kümmert sich um ihn, doch sie allein kann die Pflege gar nicht schaffen. Deshalb ist Bao'er eigens aus Hongkong zurückgekommen, um bei der Betreuung zu helfen.

Als wir Schwiegerpapa besuchen, lächelt er uns freundlich zu, streckt die Hände nach uns aus und hält uns fest, als dürften wir ihn niemals mehr verlassen. Doch sein Blick ist merkwürdig leer, ich glaube, er erkennt uns gar nicht mehr.

Schon seit einigen Jahren ist er schwerhörig. Anfangs trug er ein Hörgerät, doch damit kam er nicht zurecht, es machte ihn nervös, deshalb pfefferte er es immer in irgendeine Ecke, und eines Tages fand man es dann nicht mehr wieder.

«Wie heißt du?», fragt ihn Yaping, Bao'ers Frau, immer wieder.

«Guan Xibin», brüllt er zurück und erntet dafür den Spott seiner Frau, Genossin Huang Fan. «Er ist verwirrt», entschuldigt sie ihn.

Schwiegerpapa hieß Guan Xibin, bis er sich Ende der dreißiger Jahre dem Widerstand gegen die japanische Besatzungsmacht anschloss. Damals änderte er seinen Vornamen und gab seinem Nachnamen ein anderes Schriftzeichen. Nun war er der Untergrundkämpfer und Revolutionär Guan Yiwen, wobei *Guan* nicht wie früher im ersten, sondern im dritten Ton gesprochen wurde. Mit diesem neuen Namen war es nicht so leicht, ihn mit seiner Familie in Verbindung zu bringen, wodurch diese geschützt war und einer Verfolgung entging. Allerdings gründete er auch unter diesem Namen eine neue Familie. Nach der Revolution blieb es dann dabei. Über fünfzig Jahre lang nannte er sich Guan Yiwen. Kaum jemand in Peking kennt seinen wirklichen Namen.

«Du heißt Guan Yiwen», brüllt ihm Genossin Huang Fan ins Ohr. Doch Schwiegerpapa schüttelt energisch den Kopf: «Guan Xibin.»

Yuqian betrachtet seinen Vater nachdenklich, und mich beschleicht ein merkwürdiges Gefühl. Der Name Guan Xibin wird in diesen Räumen anscheinend nicht gern gehört, denn er ist Teil von Schwiegerpapas erster Lebenshälfte, als er noch mit Yuqians Mutter verheiratet war.

«Guan Xibin», ruft der Schwiegerpapa erneut und ist ziemlich aufgebracht.

«So hast du früher geheißen», brüllt Yuqian. «Aber dann hast du deinen Namen geändert, damals, unter den Japanern, um uns zu schützen.» Dabei streicht er ihm beruhigend über die Hände. Schwiegerpapa scheint das verstanden zu haben, denn er lächelt wieder.

Bao'er seufzt. Seit er bei uns in Deutschland war, schätze ich diesen stillen Mann, der noch immer am liebsten an seinen Computern herumtüftelt. Irgendwann, wenn sein Vater nicht mehr da ist, wird er sicherlich versuchen, in die USA zu gehen, denn in Hongkong hat es ihm nicht besonders gut gefallen.

Aschenputtel wird Geschäftsfrau

Mit Bao'ers Frau Yaping verbindet mich inzwischen eine enge Freundschaft. Früher erschien mir diese Schwägerin immer wie ein Aschenputtel, das kaum wagt, den Mund aufzumachen, denn im Haus von Schwiegerpapa beherrschte stets Yilla die Szene. Sie war es, die das Personal herumkommandierte und jedes Gespräch dominierte. Yilla stand immer im Mittelpunkt, und wenn nicht sie, dann ihre Kinder. Yaping fiel unter «ferner liefen» und hatte nichts zu melden. Ich mochte diese freundliche junge Frau von Anfang an. Sie lachte gern und konnte gut zuhören. Das schmeichelt einem natürlich, wenn man jemanden hat, der einem an den Lippen hängt. Was immer ich erzählte, es interessierte sie. Außerdem konnte sie sich köstlich amüsieren, wenn ich irgendwelche Witze machte. «Komisch, dass ihr im Westen über dieselben Sachen lachen könnt wie wir», staunte sie manchmal.

Yaping ist kaum wiederzuerkennen. Sie hat sich zu einer forschen, selbstbewussten Frau entwickelt. Als Yilla 1985 zum Studium in die USA ging, begann Yaping in Peking auf eigene Faust Englisch zu lernen. Damals lernte ja jeder in China Englisch, warum nicht auch Yaping, dachte ich, obwohl es mir schleierhaft war, was sie damit in ihrer Fabrik anfangen wollte. Als Ingenieursassistentin musste sie meist nur Zeichnungen kopieren. Einmal hielt sie mir zwei Lehrbücher unter die Nase: Englisch für Anfänger I und II. «Das habe ich schon alles gelernt», sagte sie stolz und schlug ein Heft auf, in das sie mit unbeholfener Schrift englische Übungssätze gekritzelt hatte. Gar nicht so einfach für Chinesen, in lateinischer Schrift zu schreiben. Das ist genauso schwierig wie für Westler, chinesische Zeichen zu schreiben.

«Was willst du mal mit deinem Englisch anfangen?», fragte ich sie.

«Die Arbeit in der Fabrik ist mir zu langweilig. Ich möchte in Zukunft etwas anderes machen. Mit Englischkenntnissen eröffnen sich vielleicht ganz neue Möglichkeiten.»

Zwei Jahre später war sie plötzlich Assistentin in einer Kunstgewerbefabrik, deren Produkte hauptsächlich ins Ausland verkauft wurden. Deshalb kamen dort auch ständig ausländische Kunden vorbei. Da Yaping inzwischen leidlich Englisch sprach, übernahm sie sämtliche Preis- und Vertragsverhandlungen.

1990 überraschte sie mich dann mit einer sensationellen Nachricht: «Ich bin jetzt Repräsentantin einer englischen Firma.»

Ich traute meinen Ohren nicht: «Du bist was?»

Daraufhin erklärte sie mir alles ganz genau. Ein englischer Teppichimporteur, für den sie in ihrer Kunstgewerbefabrik häufig übersetzt hatte, beklagte sich eines Tages, dass er ständig Ärger mit den

Teppichlieferungen aus China habe. So gehe das nicht weiter. Er brauche dringend Hilfe. Ob Yaping jemanden wüsste, der seine Interessen in Peking vertreten könne? Yaping gab sich alle Mühe, fand aber niemanden. Da schlug er vor, dass sie diesen Job übernehme. Das Angebot war ihr nicht ganz geheuer. Für einen Ausländer arbeiten? Sie ging erst einmal zu ihrem Vorgesetzten, dann zum Parteisekretär, sie fragte Verwandte und Freunde. Alle fanden, dass dies eigentlich eine gute Chance sei. Doch was würde aus ihrer sozialen Absicherung? Sie hatte die zwanzig Jahre noch nicht voll, die sie rentenberechtigt machten. Mit dem Verlassen des staatlichen Betriebes würde sie alle Ansprüche verlieren. Sollte sie das riskieren? Sie verstehe nichts von Teppichen, sagte sie schließlich zu dem englischen Geschäftsmann. Noch nicht, korrigierte er sie. Aber das würde schon kommen, wenn sie fleißig wäre. Yaping wagte den Schritt. So gründeten sie gemeinsam eine Repräsentanz und kurz darauf saß sie in ihrem eigenen Büro. Von ihrem ersten Gewinn bestellte sie sich einen Mercedes 300, da war der Führerschein noch gar nicht gemacht.

«Wieso brauchst du gleich einen dicken Mercedes? Kann es kein kleinerer Wagen sein?», fragte ich sie.

«Ich muss bei den Teppichfabrikanten so auftreten, wie die sich die Repräsentantin einer ausländischen Firma vorstellen, nämlich souverän, erfolgreich, selbstbewusst. Wenn ich bei denen mit einem klapprigen Jetta vorfahre, wirke ich wie eine Bittstellerin.»

Fünf Jahre ist sie nun schon im Geschäft, und ihre Karriere ist atemberaubend. Aus Yaping ist eine erfolgreiche Geschäftsfrau geworden, die es sich leisten kann, Bao'er nach seiner Rückkehr aus Hongkong mal eben schnell ein Auto zu schenken, einen knallgrünen Škoda. In derselben Zeit schloss Yilla in den USA ihr Studium ab, fand aber keine angemessene Arbeit. Also machte sie sich selbstständig und versucht seitdem Geschäfte in der Touristikbranche und im Im- und Export zu machen. Das ist jedoch alles nicht so einfach. Was aus ihrer Ehe geworden ist nach zehn Jahren Trennung, kann ich nicht beurteilen. Ihr Mann hat in Peking Karriere gemacht, ist an die Spitze eines Verlages gerückt. Der älteste Sohn hatte weniger Glück. Er ist in der Schule gescheitert und Schlafwagenschaffner geworden. Den jüngeren Sohn hat sie nach Amerika geholt, noch rechtzeitig genug, um auf seine schulischen Leistungen einwirken zu können. Seinetwegen kann sie jetzt nicht nach China zurückkehren, obwohl sie in Peking beruflich weitaus größere Chancen hätte.

«Wie kommst du mit deinem englischen Geschäftspartner zurecht?», frage ich Yaping.

«Es dauerte eine ganze Zeit, bis ich mich mit ihm und seinen Mitarbeitern zusammengerauft hatte. Ich wollte als gleichberechtigte Partnerin behandelt werden, denn ich war bereit, mein Bestes zu geben, also verlangte ich von den Engländern dasselbe. Das haben sie nach einiger Zeit begriffen, und nun gehöre ich richtig zur Familie. Ich bin sehr glücklich über unsere Zusammenarbeit.»

«Wie kann man von heute auf morgen zur versierten Geschäftsfrau und Teppichexpertin werden?»

«Das war ein hartes Stück Arbeit. Gleich mein erstes Geschäft war ein Sprung ins eiskalte Wasser. Ich hatte von einer Fabrik eintausend Teppiche abzunehmen und deren Verladung zu überwachen. Vierzig Leute verstauten bis zehn Uhr abends eine Teppichrolle nach der anderen in drei Container. Als sie fertig waren, fehlten nach meiner Zählung fünfzehn Stück. Doch die Arbeiter behaupteten, ich hätte mich verzählt, weil ich neu sei und keine Erfahrung mit so etwas hätte. Sie waren nicht bereit, noch einmal von vorne anzufangen, und wenn überhaupt, dann erst am nächsten Tag. Was sollte ich tun? Einerseits sollten die Container am nächsten Morgen verschifft werden. Andererseits hatten mich die Briten ja eigens engagiert, um gerade solche Fehler zu unterbinden. Nun sollte gleich meine erste Lieferung danebengehen? Also bestand ich darauf, alle Teppiche wieder auszuladen und noch einmal durchzuzählen. Doch die Arbeiter streikten und gingen nach Hause. Daraufhin glaubte die Fabrikleitung, ich würde klein beigeben. Doch sie irrten sich. Ich nahm all meinen Mut zusammen, ging auf die Straße und sprach wildfremde Passanten an, ob sie nicht Lust hätten, sich über Nacht etwas Geld zu verdienen. Und weißt du was? Es kamen mehr, als ich je zu hoffen gewagt hätte. Sie rackerten bis zum Morgengrauen, und was soll ich sagen? Es fehlten tatsächlich fünfzehn Teppiche. Der Fabrikleitung war das ungeheuer peinlich. Das sprach sich in der Branche sofort herum. Es passierten noch viele ähnliche Dinge. Man versuchte mir minderwertige Qualität unterzujubeln oder zu hohe Preise zu berechnen. Doch ich war vorsichtig. Ich sprach mit Knüpfern, Webern, einfachen Arbeitern und Ingenieuren genauso wie mit den Fabrikleitern. Von jedem lernte ich etwas. Dadurch kam ich den Leuten immer wieder auf die Schliche. Es war nicht einfach, mich in diese Materie einzuarbeiten und mir als Frau Respekt zu verschaffen. Doch ich habe es geschafft. Niemand wagt es heute, mich übers Ohr zu hauen. Ich genieße den Ruf, zuverlässig und korrekt zu sein. Deshalb macht man inzwischen gern mit mir Geschäfte, und zwar immer zu günstigsten Konditionen. Ich feilsche nicht. Ich erwarte, dass ich optimal bedient werde, sonst haben sie mich als Kunden verloren. Das ist das Geheimnis meines Erfolges.»

Am 1. Oktober 1999 feiert die Volksrepublik China ihr fünfzigjähriges Bestehen.

Der fünfzigste Jahrestag

Ein Anruf von Michael. Schon seit drei, vier Jahren lebt er vorwiegend in Hongkong und kehrt nur noch gelegentlich nach Kalifornien zurück. Das Chinageschäft wird immer interessanter. Aus allen Teilen der Welt strömt Kapital in den Markt der Zukunft. Um von dieser Entwicklung profitieren zu können, muss man vor Ort agieren, sagt er, und dafür sei Hongkong ein idealer Standort. Viele junge Chinesen denken so wie Michael. Zu Beginn der achtziger Jahre gingen sie zum Studium in den Westen und nun kehren sie nach China zurück, weil sich dort ungleich mehr Chancen für sie bieten als in jedem anderen Teil der Welt.

Die Verbindung ist schlecht. Michael ist nur schwer zu verstehen. Um ihn herum scheint es ziemlich laut zu sein. Ich schaue auf die Uhr, es ist kurz vor sechs Uhr abends, das heißt, es müsste bei ihm bald Mitternacht sein. Eine ungewöhnliche Zeit für einen Anruf.

«Wo bist du? In Hongkong?», frage ich.

«Nein, in Peking, in einer Bar, zusammen mit meinen Cousins.»

«Hallo, Petra», rufen ein paar junge Männer lachend ins Telefon, als wollten sie ihre Anwesenheit bestätigen.

«Wir sind gerade auf eine tolle Idee gekommen», fährt Michael fort. «Wir veranstalten ein großes Familientreffen. Alle sollen kommen.»

«Wann?»

«In einem Monat. Zum fünfzigsten Jahrestag.»

«Um das fünfzigjährige Bestehen der Volksrepublik China zu feiern?», frage ich verwundert.

«Nein! Um den ‹Klub der Guans› zu feiern.»

«Den ‹Klub der Guans›?»

«Die jungen Guans haben kürzlich einen Klub gegründet – im Internet. Alle Mitglieder meiner Generation, egal ob sie in China, Japan, Deutschland, den USA oder in Kanada leben, sind dort vernetzt.»

«Aber die heißen doch gar nicht alle mit Nachnamen Guan.»

«Das ist mal wieder typisch deutsch», sagt Michael und lacht. «Ist doch egal, ob sie Sun, Zhu, Li oder Jiao heißen, Hauptsache, ein Elternteil kommt aus unserer Familie oder sie haben bei uns eingeheiratet. Also, kommt ihr?»

«Wohin?»

«Nach Peking, zu dem Fest. Unser Klub richtet es aus.»

«Aber warum wollt ihr gerade am fünfzigsten Jahrestag dieses Fest feiern?»

«Weil dann alle eine Woche frei haben. Außerdem feiern wir nicht am 1. Oktober, sondern am 30. September. Ihr kommt doch, oder?»

Die Volksrepublik China wird fünfzig Jahre alt. Schon vor einigen Monaten hat Yuqian darüber nachgedacht, ob das nicht ein Anlass wäre, nach Peking zu fliegen. Als junger Student hat er die Gründung der Volksrepublik miterlebt. Stundenlang harrte er damals mit seinen Kommilitonen auf dem Platz des Himmlischen Friedens aus, bis endlich Mao Zedong ans Mikrofon trat und die Gründung verkündete. Sie waren vor Begeisterung in die Luft gesprungen, hatten gejubelt und bis spät in die Nacht auf dem Platz getanzt. Die Erinnerung an diese Begeisterung lässt ihn heute nur noch bitter lächeln. Wie stolz und glücklich sie damals waren, endlich in einem freien Land zu leben, frei von ausländischer Bevormundung, von Hunger, Gewalt und Krieg! Sie wollten ein starkes China aufbauen, in dem alle friedlich zusammen leben können. Doch was ist seitdem alles passiert, wie viele Hoffnungen und Ideale sind zerstört worden! Trotzdem! Es sei ein historischer Tag, meinte Yuqian. Es würde sich sicher lohnen, dabei zu sein. Er dachte an ein riesiges Volksfest, an viele schöne Veranstaltungen, die in Pekings Zentrum stattfinden würden. Doch dann erfuhren wir, dass eine große Militärparade geplant war, von Volksfest keine Spur. Die Kommunistische Partei wollte sich wohl eher selbst feiern. Muss man dazu nach Peking fliegen? Nein. Also ließen wir den Gedanken fallen.

Ein Anruf von Nichte Jingjing aus Tokio: «Habt ihr schon von dem großen Familienfest gehört? Meine Schwester und ich werden dabei sein. Kommt doch auch!»

Wenige Tage später erreicht uns eine E-Mail von Minqian aus Peking. Schon seit zwei, drei Jahren läuft der Kontakt zwischen den Geschwistern nur noch per E-Mail, denn alle sind mit Computern ausgestattet.

Minqian findet es herrlich, dass die Jungen für den 30. September ein großes Fest planen. «Alle kommen: aus Japan, aus Hongkong, den USA. Ihr kommt doch sicher auch?»

Heute in Peking mit den Verwandten zusammenzutreffen, ist keine so einfache Sache mehr. Wenn wir früher kamen, standen die Leute sofort bereit, denn es passierte sowieso nicht viel um sie herum. Da war unser Besuch immer eine willkommene Abwechslung. Yuqian brauchte nur zu pfeifen, und alle kamen. Heute müssen wir erst einmal anrufen und fragen, ob die Leute überhaupt zu Hause sind, und wenn ja, ob sie auch Zeit haben. Zwar sind inzwischen alle Geschwister, Cousins und Cousinen im Ruhestand, doch der sieht bei vielen ziemlich unruhig aus. Wer es sich leisten kann, reist entweder allein, zu zweit oder in Gruppen nicht nur durch China, sondern inzwischen durch die ganze Welt. Außer der Shanghaier Cousine Yingqian waren inzwischen alle mindestens einmal bei uns in Hamburg gewesen, selbst «Schwesterchen». In China kann man mittlerweile gut Geld verdienen. Seitdem blüht die Reisebranche. Nach überall hin sind jetzt Chinesen unterwegs. Früher begrüßten die Portiers der feinen Hamburger Fünfsternehotels jeden asiatischen Gast auf Japanisch, heute schmettern sie ihnen ein fröhliches «Ni hao!» entgegen. Unter Yuqians zahlreichen Verwandten sind Bruder Diqian und Schwester Minqian die reiselustigsten. Minqian war inzwischen auf allen Kontinenten dieser Welt. Und Diqian? Seit ich ihn kenne, jammert er herum, dass er alt und sein Leben gelaufen sei. Doch kaum packt er sein Köfferchen, wird der Bursche wieder jung. Erst kürzlich kam er wieder nach Europa und reiste mit dem Zug in drei Wochen durch neun Länder.

Wer von den Verwandten nicht verreist ist, muss trotzdem nicht unbedingt Zeit haben. Cousin Shenqian etwa, der Mozart-Fan, ist als Containerexperte in seiner Branche ein gefragter, viel beschäftigter Mann. Früher, in seinem Staatsbetrieb, hatte er jede Zeit der Welt. Heute führt er einen genauen Terminkalender. Da sieht man mal, wie gemütlich es in den Staatsbetrieben zuging. Allerdings verdiente er dort in seiner gesamten Laufbahn als Ingenieur nicht so viel wie heute in einem einzigen Jahr. Deshalb hat er auch jedem seiner zwei Söhne eine Wohnung kaufen können, obwohl die auch nicht gerade am Hungertuch nagen. Der eine ist Chirurg, der andere in führender Position bei der chinesischen Fluglinie CAAC. Natürlich reist auch Shenqian durch die Welt: Australien, Europa, Amerika. «Seid ihr Weihnachten zu Hause?», fragte er uns einmal. Als wir nickten, kündigte er sofort seinen Besuch an. Er habe sowieso in Europa zu tun. Da könne er an seine Geschäftsreise noch ein paar Urlaubstage anhängen.

Manche Verwandte, zum Beispiel Cousine «Schwesterchen», sind ab halb acht Uhr abends nicht mehr ansprechbar, denn dann sitzen sie wie festgenagelt vor dem Fernseher, gefesselt von den endlosen Serien, in denen es wie bei Dallas und Denver um knallharte Themen geht: Ehebruch, Korruption und dickes Geld. Wenn man da die eine oder andere Folge verpasst, ist man natürlich rettungslos verloren. Deshalb kann man diese Leute nur noch vor- oder nachmittags treffen.

Sollte es wirklich möglich sein, mal alle Verwandten wie in alten Zeiten auf einen Rutsch zu treffen? Schließlich sitzen wir tatsächlich im Flugzeug und kommen am 29. September bei strahlend blauem Himmel an. Wir fahren sofort zu unserem Hotel im Zentrum der Stadt, nur einen Katzensprung entfernt vom Chang'an-Boulevard, über den die Parade laufen soll. Michael und ein paar andere Verwandte, die aus dem Ausland anreisen, werden ebenfalls dort wohnen.

Kaum sind wir in unserem Zimmer, klopft es an der Tür und Michael kommt hereinspaziert. «Ich bin schon gestern Abend angekommen, aber gar nicht erst hier eingezogen.»

«Wieso nicht?», frage ich irritiert. «Es war doch so ausgemacht, dass wir alle hier wohnen.»

«Wegen der Militärparade wird ab morgen Abend die ganze Innenstadt abgesperrt. Man kommt weder raus noch rein.»

Yuqian schaut ihn ungläubig an. «Die können doch nicht die ganze Innenstadt absperren. Wo sollen denn die vielen Leute hin, die hier wohnen?»

«Die bleiben zu Hause oder im Hotel.»

«Und wie sollen wir vom Hotel wegkommen?»

«Zu Fuß.»

«Da ist man ja Stunden unterwegs. Das glaube ich nicht. Irgendwelche Schleichwege wird es schon geben, auf denen man mit dem Taxi wegkommt. Ich ziehe hier jedenfalls nicht aus. Wenn ich schon mal da bin, will ich mir doch die Parade ansehen.»

«Wie bitte? Bist du naiv! Keinen Schritt darfst du vom Hotel aus in Richtung Chang'an-Boulevard machen. Ich habe die Absperrlinie selbst gesehen. Es wimmelt jetzt schon von Polizei und Militär. Jeder Gullydeckel wird bewacht. Was meinst du, was in zwei Tagen hier los ist! Ihr solltet lieber gleich mitkommen. Wir wohnen jetzt alle außerhalb des Sperrgebietes. Dort kann man sich frei bewegen.»

Yuqian ruft die Rezeption an und fragt, was Sache sei: «Wird unser Bezirk hier wirklich abgesperrt? Wie soll man sich dann bewegen ohne öffentliche Verkehrsmittel?»

Das weiß der Herr an der Rezeption auch nicht so genau. Wahrscheinlich wird man ab morgen Abend tatsächlich nur noch zu Fuß vom Hotel wegkommen, allerdings nicht in Richtung Süden, dort, wo der Chang'an-Boulevard verläuft. Denn dort darf niemand hin, schon jetzt nicht. Deshalb sei der Großteil der Gäste auch schon ausgezogen, bedauert er. Und daraufhin ziehen wir auch aus.

«Lächerlich», schimpfe ich. «Was soll die ganze Militärparade und noch der anschließende Festumzug, wenn keiner hingehen darf!»

«Die Bevölkerung wurde aufgefordert, zu Hause zu bleiben und die Feierlichkeiten am Fernseher zu verfolgen», erzählt Michael. «Nur ein paar Auserwählte dürfen auf dem Platz des Himmlischen Friedens und am Chang'an-Boulevard dabei sein. Ohne Sondergenehmigung darfst du dich dem Veranstaltungsort noch nicht einmal nähern.»

Am Abend des 30. September wird Peking von einem heftigen Unwetter mit sintflutartigen Regenfällen heimgesucht. Nur mit Mühe bekommen wir ein Taxi. Beim Aussteigen stehe ich knöcheltief im Wasser. Wenn es morgen Vormittag auch so gießt, wird diese unselige Militärparade buchstäblich ins Wasser fallen. Wäre ja gar nicht schlecht.

Das Restaurant besteht aus einem hallenähnlichen Hauptraum

und mehreren Séparées, die von beiden Längsseiten abgehen. Eins davon ist für uns reserviert. Drei große runde Tische stehen dort, festlich mit Blumen geschmückt.

Es ist noch keine sechs Uhr, dennoch sind schon alle vollzählig versammelt, fein herausgeputzt und mit strahlenden Gesichtern: Genossin Huang Fan mit Bao'er und Yaping, gleich neben ihnen Cousine Huishan mit ihrem Mann Weidong und Cousine «Schwesterchen» mit ihrer schon dreizehnjährigen Enkeltochter. Genau nach Plan hatte das junge Brautpaar bis zu «Schwesterchens» Pensionierung gewartet und erst dann den ersehnten Nachwuchs bekommen, der ab sofort von der frisch gebackenen Großmutter betreut wurde.

«Wie geht es deiner Tochter Bilou?», frage ich «Schwesterchen». «Warum ist sie nicht mitgekommen?»

Die winkt ab: «Sie macht schon seit ein paar Jahren Geschäfte. Da hat sie kaum noch Zeit.»

«Aber ich denke, alle haben eine Woche frei.»

«Sie ist selbstständig. Da gibt man sich nicht frei.»

«Was macht sie für Geschäfte?»

«Sie handelt mit Kaschmirwolle.»

«Interessant! Dann komme ich durch sie vielleicht günstig an Kaschmirpullover?»

«Du brauchst nur Bescheid zu sagen.»

«Da schließe ich mich gleich an», sagt eine hübsche junge Frau, groß und elegant gekleidet. Sie schaut mich lachend an. «Erkennst du mich nicht mehr?» Es ist Mingming, Cousine Huishans älteste Tochter. Und da kommen auch schon ihre Schwestern Honghong und Jingjing. Aus den blassen Zopfmädchen von einst sind attraktive, selbstbewusste Frauen geworden. Irgendwie wirken sie total japanisch auf mich, vor allem in ihren höflichen Bewegungen. Kein Wunder, sie leben ja auch seit vielen Jahren in Japan. Mingming, die Älteste, arbeitet als Börsenmaklerin in einer japanischen Investmentbank, und Jingjing, die Jüngste, ist als Pharmazeutin für einen großen japanischen Pharmakonzern tätig. Nur die Mittlere, Honghong, hat kürzlich ihre Zelte in Japan abgebrochen und unterrichtet nun in Peking Japaner in chinesischer Sprache. Für die drei hoch gewachsenen, emanzipierten Nordchinesinnen sei es schwierig, in Japan einen passenden Partner zu finden, hat mir Cousine Huishan kürzlich erzählt. «Die jungen Chinesinnen sind den japanischen Männern zu frech, zu selbstständig und unabhängig. Sie mögen sich keinem Mann unterordnen.» Nur ihre jüngste Tochter hat inzwischen geheiratet, allerdings keinen Japaner, sondern einen Chinesen aus Shanghai. Dort fand auch die Hochzeit statt. Längst sind die Zeiten vorbei, als man noch wie «Schwesterchens» Tochter auf revolutionär-bescheidene Art und Weise Hochzeit feierte. Einhundert Gäste hatte das Brautpaar zu einem Festessen in ein Fünfsternehotel eingeladen, eine relativ bescheidene Gesellschaft im Vergleich zu einem Hochzeitsessen mit zweihundert Gästen, an dem ich kürzlich teilnahm. Wer sich ein Fest mit allen Verwandten, Freunden und Geschäftspartnern nicht leisten kann, braucht sich deswegen nicht zu verschulden, sondern finanziert die Einladung durch Geldgeschenke, die die Gäste in roten Umschlägen mit Namensnennung abliefern. Jeder Gast gibt mindestens so viel, wie das Essen pro Person in etwa kostet. Nach oben hin sind selbstverständlich keine Grenzen gesetzt, nach unten hin tut der mögliche Gesichtsverlust seine Wirkung.

Die jungen Guans wieseln herum und führen die älteren zu ihren Plätzen. Sie haben alles genau organisiert und natürlich auch eine Sitzordnung ausgearbeitet. Das Klingen eines Glases ertönt. Michael erhebt sich von seinem Platz, und augenblicklich wird es still. Er ist der Stammhalter der Familie, der älteste Sohn, der den Namen Guan trägt, wenn auch nicht der älteste unter seinen Cousinen und Cousins. Er blickt auf die festliche Gesellschaft: Nur dreiunddreißig sind gekommen, vierzig sollten es ursprünglich sein. In knappen Worten berichtet er von der Gründung des Klubs der Guans.

Ich habe das zuerst überhaupt nicht begriffen. Ein Klub der Guans? Was soll das? Aber es handelt sich offenbar nicht nur um eine Plauderecke im Internet. Anvisiert wird vielmehr ein Informationsaustausch unter den jungen Mitgliedern der Sippe. Auf so einem Austausch basieren die beeindruckenden Erfolge der vielen Auslandschinesen. In allen Ecken der Welt sind Mitglieder der großen Familien zu finden, was nicht willkürlich gesteuert sein muss. Wie bei den Guans hat es den einen in die USA verschlagen, den anderen nach Kanada, Japan oder Europa, und dann gibt es noch die vielen angeheirateten Mitglieder, die über gute Kontakte nach Australien und Südafrika verfügen. Man vertraut einander. Wer mit einem interessanten Projekt allein nicht weiterkommt, schaltet die anderen ein. Von überall her kann man sich wertvolle Hilfe holen und von den Erfahrungen der anderen profitieren. Dadurch können sich viele Chancen ergeben.

«Und so etwas wollt ihr organisieren?», frage ich Mingming, die mit zu den Gründerinnen dieses Klubs gehört.

«Zunächst ist es nur eine spontane Idee, aber vielleicht wird mehr daraus.»

Auf jeden Fall findet die Idee große Anerkennung. Es gebe so viele kluge, gut ausgebildete Köpfe unter den Jungen und so viele Alte, die wertvolle Kontakte und Erfahrungen beisteuern können. Alle nicken zufrieden. Ja, die Familie sollte zusammenarbeiten. Der Kontakt untereinander muss gepflegt und der Zusammenhalt gesichert werden.

Michael erteilt das Wort an die Seniorin: Genossin Huang Fan. Seit Schwiegerpapas Tod hält sie den Vorsitz in der Familie.

Schwiegerpapa starb im Dezember 1995 im stolzen Alter von neunundneunzig Jahren, und zwar acht Monate vor seinem hundertsten Geburtstag. Er lag in einer Krankenstation für hochrangige Staatsdiener. Einmal verschluckte er sich und bekam keine Luft mehr. Bao'er war bei ihm und suchte sofort nach Hilfe, doch es war weit und breit kein Personal zu finden. So erstickte der Vater qualvoll. Er bekam ein Staatsbegräbnis, und seine Asche steht seitdem in der Urnenhalle für verdiente Funktionäre. Die Volkszeitung ehrte ihn als aufrechten Kämpfer für den Kommunismus und als herausragendes Mitglied der Kommunistischen Partei – klingt irgendwie abgedroschen und so gar nicht nach Schwiegerpapa, wie ich ihn kenne, aber Genossin Huang Fan ist glücklich damit.

Sie wischt sich gerührt die Augen. Michael möchte sie ans Mikrofon geleiten, das vor den drei Tischen an einem Ständer klemmt. Doch das will sie nicht.

«Ich fasse mich kurz», sagt sie und ruft den anderen zu: «Dass wir gerade heute, am Vorabend des fünfzigsten Jahrestages der Gründung der Volksrepublik China, zusammenkommen, macht mich besonders glücklich.» Die Jungen lachen, die Älteren nicken zustimmend.

«Wie selten hatten wir die Gelegenheit, uns so zahlreich zu versammeln …»

Ein Handy klingelt laut und penetrant. Genossin Huang Fan verliert den Faden. Es ist Michaels Handy, aber anstatt es auszuschalten, hält er es hoch und gibt es Genossin Huang Fan. «Ich glaube, das ist ein Anruf für Genossin Huang Fan», ruft er ihr zu.

Die schaut völlig irritiert. «Wieso für mich?» Sie nimmt das klingelnde Handy wie einen Fremdkörper. So schnell weiß sie gar nicht, welche Taste sie drücken muss. Ihr Sohn Bao'er springt ihr zu Hilfe, drückt die Taste und hält ihr das Telefon ans Ohr. Es ist Yilla aus dem fernen San Francisco. Sie konnte nicht kommen («geschäftliche Termine»), sendet aber herzliche Grüße an alle. Das Handy wandert von einem zum anderen. Jeder spricht ein paar freundliche Worte mit Yilla. An den Tischen wird getuschelt. Wieso ruft Yilla gerade jetzt an und ausgerechnet bei Michael? Er muss es wohl vorher mit ihr abgesprochen haben, deshalb hatte er das Handy auch so demonstrativ auf den Tisch gelegt – eine nette Geste von ihm, da sind sich alle einig.

Das Essen geht los. Fünfzehn Gänge sind angesagt. Das ist nicht viel, denn man isst ja immer nur ein klein wenig von jedem Gang. Natürlich ist an allen drei Tischen ordentlich was los, es wird gescherzt und gelacht, und es werden Nachrichten ausgetauscht. Wer ist zurzeit wo und macht was? Ein Cousin aus Tianjin ist nach Kanada ausgewandert. Seine beiden Kinder haben dort studiert, und nachdem sie berufstätig wurden, folgten ihnen die Eltern. In vielen Familien ist das jetzt so, dass die Eltern zu ihren Kindern ins Ausland ziehen. Nur fühlen sie sich nicht immer wohl dort drüben in der Neuen Welt, in Australien oder in Europa. Sie vermissen die Routine des chinesischen Alltags, die Freunde und Verwandten. Bleiben sie jedoch in China, fühlen sich viele regelrecht verwaist. Noch immer ist es üblich, dass sich die Kinder um die alten Eltern kümmern, auch wenn sie nicht unbedingt mehr zusammen wohnen. Betreutes Wohnen in einem Altersheim steckt erst in den Anfängen.

Ständig werden die Gespräche unterbrochen. Mingming, die leitende Organisatorin dieses Abends, bittet einen nach dem anderen ans Mikrofon, eine kleine Rede zu halten. Doch das wird im Laufe des Abends immer schwieriger, weil die Gäste im Hauptsaal anfangen, Karaoke zu singen. Gegen die können wir mit unserem winzigen Mikrofon kaum etwas ausrichten. Dann aber kommt die Reihe an Minqian. Sie stellt sich richtig in Positur und schmettert ein Revolutionslied ins Mikrofon, passend zum fünfzigsten Jahrestag.

Das verschlägt selbst den Karaokesängern nebenan den Atem, und als sie fertig ist, applaudieren die kräftig mit.

Minqian würde am liebsten noch ein Lied singen und fordert die anderen zum Mitsingen auf. Die können sich aber auf kein Lied einigen. Minqian schlägt einige aus der Revolutionszeit vor, die allen bekannt sein müssten. Die Jungen fangen an zu kichern und machen Witze. Wer singt denn heute noch Revolutionslieder, sagen sie. Sie können mit dem Idealismus ihrer Eltern nicht mehr viel anfangen. Da hat Minqian keine Lust mehr und setzt sich.

«Was macht eigentlich Feng?», will ein Cousin von Minqian wissen.

«Der arbeitet in einem Druckereibetrieb, und nebenbei spekuliert er auch noch an der Börse in San Francisco.»

«Er spekuliert?», fragt Mingming, die Börsenmaklerin, lachend. «Versteht er denn etwas davon?»

«Hoffentlich», sagt Minqian etwas skeptisch.

Spekulation ist zurzeit ein heißes Thema in Chinas Großstädten. Einige der jungen Guans haben deshalb auch große Ohren bekommen und wenden sich Mingming zu.

«Kannst du uns ein paar Tipps geben?», fragt einer von ihnen. «Das ist doch dein tägliches Geschäft.»

Mingming investiert japanisches Kapital auf dem chinesischen Markt. «Wie stellt ihr euch das vor?», spottet sie. «Ich kann euch doch nicht leichtfertig ein paar Tipps geben. Man muss doch etwas davon verstehen, wenn man spekulieren will.»

«Die Frau unseres Nachbarn spekuliert auch den ganzen Tag an der Börse», weiß die Frau von Diqian zu berichten. «Sie hat sich gerade eine neue Wohnung gekauft. Dabei ist der Mann nur Fahrer in einem Staatsbetrieb.»

«Vielleicht solltest du auch ins Aktiengeschäft einsteigen», meint Diqian nachdenklich zu seiner Frau.

Diqian rät zu Spekulation? Ob er das ernst meint? Die anderen scheinen genauso erstaunt wie ich.

«Halb China spekuliert, warum soll sie dann nicht mitmachen?», fragt er achselzuckend.

«Dann könntest du es ja machen», schlägt seine Frau vor.

«Das ist nichts für mich. Mit solchen kapitalistischen Dingen will ich mich nicht abgeben.»

Ein junger Mann tritt ans Mikrofon, der Mann von Nichte Lei, ein netter, sympathischer Typ. Durch Lei ist er zum Studium nach Deutschland gekommen. Nach seinem Abschluss fing er bei einem deutschen mittelständischen Unternehmen an, das er jetzt auf dem chinesischen Markt vertritt. So pendelt der gute Mann zwischen Deutschland und China hin und her, was anstrengend, aber wohl die einzige Alternative ist. Zwei Kinder haben die beiden, und die sollen in Deutschland aufwachsen.

«Wieso zieht ihr nicht wieder nach China? Dann wärt ihr nicht immer für Monate getrennt», fragte ich ihn bei unserem letzten Treffen.

«Wir glauben, dass es für unsere Kinder besser ist, in Deutschland aufzuwachsen, zumal wir in ländlicher Umgebung ein Haus gebaut haben. Dort können sie im Freien herumtollen. Was sollen sie in der Betonwüste einer chinesischen Großstadt, wo allein schon die Luft ein Problem ist? Nein, nein. Wir leben gern in Deutschland und fühlen uns dort sehr wohl. Deshalb pendle ich lieber und lasse die Familie dort.»

«Nun ist Petra dran», kündigt Minqian an, und sofort wird erwartungsvoll applaudiert. Da stehe ich nun vor dem Mikrofon und weiß nicht so recht, was ich sagen soll. Ich schaue mir unsere Gesellschaft an. Die Frauen, alle bunt gekleidet in Rot, Gelb, Grün oder Lila, während ich wie immer Dunkelblau trage, und die Herren in schicken Anzügen mit Schlips und Kragen. «Fast zwanzig Jahre ist es her, dass wir schon einmal so zusammen saßen. Es war mein erster Abend mit euch zusammen in Peking. Erinnert ihr euch noch? Und erinnert ihr euch auch an die Stimmung? Es war so still, so deprimierend. Ihr hattet gerade die schlimmsten Jahre eures Lebens hinter euch, die Kulturrevolution. Blass und traurig habt ihr ausgesehen in eurer blauen Einheitskleidung, und ich hatte das Gefühl, dass das Leben hier in Peking zu einem Stillstand gekommen war. Es gab keine Hoffnung, keine Perspektiven. Doch dann kamen die letzten zwanzig Jahre, die alles auf den Kopf stellten. Nichts ist mehr, wie es früher war. Allein ein Blick auf unsere heutige Abendgesellschaft bestätigt das. Alles hat sich in diesem Land verändert. Ihr auch. Nur ich nicht. Die einzige blaue Ameise, die in diesem Kreis noch herumläuft, bin ich.»

Als wir aufbrechen, gießt es noch immer. Zum Teil stehen die

Straßen unter Wasser. «Die Parade könnt ihr vergessen», meinen ein paar Junge schadenfroh. Doch am nächsten Morgen regnet es nicht mehr, und pünktlich um zehn beginnt die Militärparade. Ganz China – bis auf ein paar Auserwählte – sitzt vor dem Fernseher und schaut zu. Wir natürlich auch. Staatschef Jiang Zemin nimmt im Mao-Anzug die Parade ab. Aufrecht steht er im Auto, das langsam an den Soldaten vorüberfährt. «Genossen! Guten Tag! Genossen! Ihr gebt euch alle große Mühe!», ruft er, und die Soldaten brüllen zurück: «Dem Volke dienen!»

Dann setzen sich Militärparade und anschließender ziviler Festumzug in Marsch. Punkt zwölf ist die Show zu Ende. Sie wirkt, als käme sie aus einer anderen Welt, und will überhaupt nicht zu dem passen, was um uns herum passiert, abgesehen natürlich von den Absperrungen.

Kaum jemand in Peking, den wir treffen, findet das Theater mit den Absperrungen in Ordnung. Schon seit Tagen beeinträchtigen sie den Verkehr. Manche kommen kaum noch dorthin, wo sie eigentlich hinwollen. Selbst Genossin Huang Fan meint, dass hier entschieden übertrieben wird. Wir treffen uns mit den Geschwistern bei ihr. Zwei Dienstmädchen haben für uns gekocht: Süße rote Reissuppe, gefüllte Fladen, wie Schwiegerpapa sie so gerne aß, und vieles mehr. Bier in großen Flaschen wird auf den Tisch gestellt. Es gibt etwas zu feiern: Bao'er geht in die USA. Eine amerikanische Firma in Silicon Valley, die irgendwelche komplizierte Software entwickelt, möchte ihn unbedingt haben. Doch die amerikanischen Behörden spielten zuerst nicht mit. Zweimal verweigerten sie ihm das Visum. Verdacht auf Einwanderungsabsichten, hieß es. Wahrscheinlich konnten die Leute an der amerikanischen Botschaft in Peking Gedanken lesen. Aber dann legte die Firma scharfen Protest ein. Zwei Leute wollten sie haben: Bao'er und seinen Kollegen. Beide hatten dieselben Voraussetzungen, aber nur der Kollege erhielt ein Visum. Warum? Man brauche diese Leute dringend.

Yaping kann darüber nur lachen. «Wenn es jemanden treffen soll, dann bestimmt meinen Bao'er. Genau wie im Straßenverkehr. Niemand wird angehalten und wenn doch, dann Bao'er, obwohl er sich an alle Regeln hält.»

Bao'er war schon richtig sauer. Das heiß geliebte Amerika will ihn einfach nicht reinlassen! Doch dann kam der Anruf von der Botschaft. Man hätte seine Unterlagen noch einmal geprüft. Er könne sich sein Visum in den nächsten Tagen abholen.

So wird es still um Genossin Huang Fan: Yilla in den USA, Yillas Mann schon vor Jahren ausgezogen, und wenn Bao'er jetzt noch geht, bleibt nur noch die viel beschäftigte Yaping.

China, ein Land der Chancen

Die Economy-Class der British-Airways-Maschine von London-Heathrow nach Peking ist ausgebucht. Längst vorüber sind die Zeiten, als man sich noch auf zwei, drei Sitzen ausstrecken konnte. Was wollen die Leute bloß alle in China? Trotz schlechter Presse hinsichtlich Menschenrechtsverletzungen, Falungong-Sekte und anderer Probleme scheint das Land wieder attraktiv zu sein. Oder ist es nur das riesige wirtschaftliche Potenzial, das die Menschen anzieht? Manchmal ist es schon recht komisch: Kaum ein Bericht über China erscheint, in dem nicht mit erhobenem Zeigefinger darauf hingewiesen würde, wie viel dort noch im Argen liegt. Als wüssten das die Chinesen nicht selber. Aber da sich China noch immer kommunistisch nennt, urteilt man wahrscheinlich strenger. Fragt sich nur, was in China noch kommunistisch ist. Kapitalismus, Feudalismus, das ist es, was man überall sieht, aber Kommunismus? Schon lange haben manche Chinesen nach einem Besuch in Deutschland das Gefühl, dass nicht bei ihnen, sondern bei uns der wahre Sozialismus herrscht.

Ich stopfe mein sperriges Handgepäck oben ins Gepäckfach. Hinter mir murren einige Leute. Es geht ihnen wahrscheinlich nicht schnell genug. Endlich bin ich so weit. Zufrieden nehme ich meinen Fensterplatz ein, den ich mit viel Glück beim Check-in ergattert habe. Wenn es die Wolkendecke zulässt, kann ich vielleicht ab und zu etwas von den Ländern sehen, die wir in den kommenden neun Stunden überfliegen. Ich hasse diese langen Flüge. Gott sei Dank sind sie heutzutage wesentlich kürzer als früher, als man noch sechzehn Stunden in so einer fliegenden Kiste saß, weil man nicht über Sibirien fliegen durfte und deshalb auf der Südroute eine Zwischenlandung am arabischen Golf einlegen musste.

Vor mir nimmt eine junge Chinesin in einem todschicken Kostüm ihren Platz ein. Sie lächelt mich freundlich an. Wenn ich so flott gekleidet wäre, würde ich auch nur noch lächeln. Muss ein teures Designerkostüm sein. Ein chinesischer Freund hat mir kürzlich geraten, Designermode nur im westlichen Ausland zu kaufen, dort sei sie wesentlich günstiger zu haben als in China. Ich dachte erst, der will mich verschaukeln. Wollte er aber nicht. Er meinte das tatsächlich ernst, und das als Professor einer Universität im berühmten südchinesischen Hangzhou.

«Ich sitze neben der Lady in Blau», höre ich einen Engländer rufen. Damit kann nur ich gemeint sein, denn ich bin tatsächlich mal wieder von Kopf bis Fuß in Blau gekleidet. Ich blicke auf und schaue in das freundliche Gesicht eines korpulenten älteren Herrn. Mit Schwung wuchtet er zwei Reisetaschen in die Gepäckablage. Seine ebenso gut gepolsterte Begleiterin schiebt noch eine prall gefüllte Plastiktüte hinterdrein. Dann quetscht sich der Mann an dem Gangplatz vorbei und lässt sich mit einem tiefen Seufzer in seinen Sessel fallen. An dem komme ich nie mehr vorbei. Und wenn ich während des Fluges einmal aufstehen möchte, was dann? Wieso habe ich bloß einen Fensterplatz verlangt? Es wird ohnehin gleich dunkel.

«Ziemlich eng hier», kommentiert der Herr seine Situation. Wie wahr.

Eine Stewardess ermahnt uns, die Sicherheitsgurte anzulegen. Pünktlich um halb fünf Uhr nachmittags starten wir.

Lähmende Müdigkeit überfällt mich. Jedes Mal dasselbe Theater: Wenn ich mich auf den Weg nach China mache, sind vorher immer tausend Dinge zu erledigen. Am schlimmsten ist das Einkaufen von Geschenken. Früher konnte man mitbringen, was man wollte. Alles wurde gebraucht und machte Freude. Und heute? Da stehe ich manchmal genauso fassungslos in den Shanghaier und Pekinger Kaufhäusern wie früher meine chinesischen Verwandten in den Hamburger Konsumtempeln. Dieses Warenangebot! Allein an Bettwäsche oder Haarspangen oder ..., auf jeden Fall finde ich alles viel reichhaltiger und schöner als bei uns. Ich fahre jetzt immer mit halb leeren Koffern nach China, um sie voll zurückzubringen. Meist besorge ich mir dort noch ein weiteres Gepäckstück, weil ich regelmäßig zu viel einkaufe.

Noch bevor die Maschine abhebt, schlafe ich ein und wache erst wieder auf, als ein Steward Getränke und Nüsse verteilt. Meine Nachbarn verlangen Bier. Ich nehme Wasser. Vier Kilogramm habe ich mir in den letzten zwei Wochen abgehungert. Die will ich mir nicht gleich wieder anfuttern. Vor einem halben Jahr haben wir in Peking Yuqians Geburtstag gefeiert. Vierzig Leute waren gekommen. Auf den Fotos erkannte ich mich kaum wieder. Wie ein dicker Pummel sah ich neben meinen schmalen chinesischen Verwandten aus. Wenn ich daran denke, was ich mal für ein dünner Strich gewesen bin ...

«Und was nehmen Sie zum Dinner?» Der Steward steht noch immer da.

«Wie bitte?»

«Ich verteile auch gleich die Getränke fürs Dinner.»

Meinen Nachbarn hat er Wein gegeben. Prompt werde ich schwach.

«Rotwein bitte.» Ich bekomme eine kleine Flasche und ärgere mich sofort über meine Inkonsequenz. Schließlich lasse ich sie in meiner Reisetasche verschwinden, die zwischen meinen Füßen liegt. Ich werde den Wein mit Yuqian in Peking trinken. Bald darauf wird das Dinner serviert.

«Curryhuhn oder Fisch?», fragt der Steward.

«Fisch.»

«Einen Weißwein dazu?» Hat er denn schon vergessen, dass er mir gerade einen Rotwein gegeben hat?

«Ja, bitte!» Diesmal lasse ich die Flasche nicht verschwinden. Ein wenig Wein wird meiner Figur nicht schaden.

Der dicke Engländer hat Schwierigkeiten, auf dem engen Platz sein Essen einzunehmen. Ungeschickt piekt er mit dem zierlichen Besteck in den winzigen Plastikschalen herum und drangsaliert mich dabei mit seinem mächtigen Ellenbogen.

Nach dem Dinner krame ich aus meiner Reisetasche ein dickes Buch hervor: Yuqians Autobiografie. Fünf Jahre hat es ihn gekostet, sein Leben aufzuschreiben. Nun steht es da, auf sechshundert Seiten. Irgendwo im letzten Drittel tauche ich auf. Noch blutjung damals und nichts ahnend, was da alles auf mich zukommt.

Ich blättre ein wenig in dem Buch, lese hier und da ein paar Abschnitte. Wie es Yuqian wohl geht? Er ist schon vor zwei Wochen nach China geflogen. Lesereise! Denn das Buch ist nicht nur auf

Deutsch, sondern auch auf Chinesisch erschienen. Niemals hätte ich das für möglich gehalten. Ein derart kritisches Buch darf in China veröffentlicht werden? Eine Anklage gegen die Kommunistische Partei? Denn das ist es nach meiner Meinung. Yuqian ist da anderer Ansicht. «Ich habe nur geschrieben, was ich erlebt habe», sagt er, «unkommentiert und ohne Bewertung.» Das stimmt. Heute darf in China derart Kritisches veröffentlicht werden, solange es um die Politik von bereits verstorbenen Politikern geht.

In ganz China wird das Buch verkauft, wodurch es zu den interessantesten Kontakten kommt. Längst aus den Augen verlorene Bekannte melden sich bei ihm, darunter auch manche Leidensgefährten aus der Zeit der Verbannung. Sogar ein uraltes Fotoalbum seiner Mutter taucht wieder auf. Es war im Chaos der Kulturrevolution bei jemandem gelandet, der jetzt, nach fünfundzwanzig Jahren, Yuqians Leser wurde und ihm das Album wieder aushändigte. Darin sind Fotos enthalten, die über hundert Jahre alt und für Yuqian von unschätzbarem Wert sind. Neben solchen freudigen Ereignissen hat das Buch auch manchen Ärger gebracht, zum Beispiel mit Genossin Huang Fan. Yuqian schildert sie in dem Buch als Schwiegerpapas zweite Frau. Halbschwester Yilla fand das unerhört. Sie meinte, das würde so nach Nebenfrau oder Konkubine klingen, und berichtete ihrer Mutter davon. Die hatte das Buch noch nicht gelesen, war aber empört und erteilte Yuqian daraufhin Hausverbot. Am nächsten Tag fand Genossin Huang Fan das mit der zweiten Frau gar nicht mehr so schlimm und machte alles wieder rückgängig. Doch da war mein lieber Yuqian bereits beleidigt. Kompliziert, das Ganze!

Ich beneide die Leute, die im Flugzeug im Sitzen schlafen können. Ich kann es nicht und der dicke Engländer neben mir anscheinend auch nicht. Zum Glück trinkt er eine Menge Mineralwasser, was ihn immer wieder zur Toilette treibt, für mich die ideale Gelegenheit, ebenfalls aufzustehen und mir die Füße zu vertreten.

Nach durchwachter Nacht ist es so weit: Zwanzig Minuten vor der offiziellen Ankunftszeit legt der Pilot eine elegante Landung hin. Eine Röhre wird an die Tür geschoben, durch die wir die Maschine verlassen und direkt in das hochmoderne Flughafengebäude gelangen. Zwei Rolltreppen führen hinab in die riesige Ankunftshalle, wo an über dreißig Schaltern die Passkontrolle zügig abgewickelt wird. Minuten später gehe ich zur Gepäckausgabe. Schon von weitem sehe ich meinen Koffer auf dem Laufband angetuckert kommen. Nach einer guten halben Stunde sind alle Einreiseformalitäten erledigt. Wenn ich da an die endlose Warterei bei früheren Einreisen denke...

Ich schiebe meinen Gepäckwagen durch die Zollabfertigung. Niemand nimmt von mir Notiz. Hinter einer Absperrung drängen sich die Abholer und schauen uns Ankömmlinge gespannt an, manche halten große Namensschilder hoch, andere winken oder rufen. Zielbewusst marschiere ich an ihnen vorbei. Alles, was ich jetzt noch brauche, ist ein Taxi, das mich zu Yuqian bringt.

«Petra!», höre ich eine Frau rufen. Wer weiß denn außer Yuqian noch von meiner Ankunft? Eine junge, bildhübsche Chinesin stürmt freudestrahlend auf mich zu: Diana, Michaels Frau. Michael hat kürzlich geheiratet, eine Pekingerin, die wie er in den USA studiert hat. Sie ist keine Han-Chinesin wie zweiundneunzig Prozent der chinesischen Bevölkerung, sondern Mandschurin und gehört dem weit verzweigten Klan der letzten Kaiserdynastie an. Dann ist sie also eine Prinzessin?, fragte ich anfangs ganz begeistert. Nein, das nun leider auch nicht, hieß es. Schade! Das wäre doch mal was, eine mandschurische Prinzessin in der Verwandtschaft.

«Hast du einen guten Flug gehabt? Bist du müde?», bestürmt mich Diana. Allein dieser Name ist doch sensationell für eine Chinesin: Diana! Genau wie Michael bekam sie ihn an der amerikanischen Universität verpasst. Diana übernimmt meinen Gepäckwagen und schiebt ihn zielstrebig aus der Halle. Zwei breite Straßen führen an der Ankunftshalle vorbei. Taxis stehen Schlange, so weit das Auge reicht, es soll inzwischen fünfzehntausend davon in Peking geben.

Diana kreuzt die erste Straße und bleibt auf einem Gehsteig stehen.

«Bist du mit einem eigenen Wagen gekommen?», frage ich.

«Ja.» Sie zieht ein klitzekleines silbernes Handy aus der Handtasche und telefoniert. «Kleine Ma? Wo bist du? Wir stehen vor der Ankunftshalle.»

Wenig später kommt ein großer silberfarbener Mitsubishi vorgefahren. Ein junges Mädchen springt heraus und öffnet den Kofferraum. Pferdeschwanz, rote Wangen, sie sieht aus wie eine Bäuerin.

«Das ist unsere kleine Ma», stellt mir Diana das Mädchen vor. «Sie hat vor zwei Monaten ihren Führerschein gemacht.»

«Wie alt ist sie denn?»

«Neunzehn.»

Die kleine Ma verstaut das Gepäck, wir steigen ein, und schon braust sie los. Auf einer sechsspurigen Autobahn geht es in Richtung Innenstadt. «Ich fahre gern Auto», verkündet die kleine Ma. Das merke ich. Mir wird ganz schwindlig. Ich weiß nicht, ob das an der Erschöpfung nach dem langen Flug liegt oder an ihrer Fahrkunst. Viel zu schnell für eine Anfängerin fegt sie über die Piste hinweg, und wenn sich jemand erdreistet, uns zu überholen, schimpft sie ihm hinterher. Das ist eben die neue Zeit. Spätestens in solchen Situationen sehne ich mich nach den geruhsamen siebziger Jahren zurück, als man auf dem Weg in die Innenstadt noch eine gemütliche schmale Pappelallee entlangzuckelte. Das Tempo, mit dem sich China seit Beginn der neunziger Jahre verändert, ist atemberaubend. Man erkennt die Städte nicht mehr wieder. Sieben Wochen habe ich 1994 in Nanjing verbracht. Als ich sechs Jahre später wiederkam, war mir, als käme ich in eine mir völlig unbekannte Stadt. Supermoderne Hochhäuser, breite Einkaufsstraßen, elegante Wohnanlagen – nichts von dem hatte es vorher gegeben. Es verändern sich jedoch nicht nur die Städte, sondern auch die Menschen. Früher waren alle arm, heute gibt es Arm und Reich, und mancherorts begegnet man einem Wohlstand, den vor zehn, zwölf Jahren niemand für möglich gehalten hätte. Dieselben chinesischen Freunde, die nach den Ereignissen des 4. Juni niemals mehr nach China kommen wollten, bereisen heute begeistert das Land. «Sicher gibt es noch viele Probleme», sagen sie, «aber das Land befindet sich auf dem richtigen Weg.»

Diana ruft Yuqian an: «Petra ist gut angekommen. Alles in Ordnung! Wir sind bald zu Hause.»

«Ist Michael auch in Peking?», frage ich.

«Nein, er hat noch in Shanghai zu tun. Aber er kommt heute Abend mit der Siebenuhrmaschine.»

Michael ist schon vor zwei Jahren ganz nach China gezogen. Heute in China zu leben, heißt, Geschichte zu erleben, sagt er.

Niemals zuvor habe sich das Land freiwillig so weit dem Westen geöffnet und einen derart dramatischen Fortschritt erlebt. «Wir sind Augenzeugen einer Zeit, die einmalig ist in der gesamten Geschichte der Nation.»

Diana und Michael leben vorwiegend in Shanghai. Ihre Pekinger Wohnung wird nur gelegentlich genutzt, und dann häufig von Yuqian und mir. Sie umfasst, wie man in China sagt, einhundertfünfzig Bauquadratmeter, das heißt, anteilig hinzugerechnet werden gemeinschaftlich genutzte Flächen wie Fahrstuhl und Korridor. Die Wohnung umfasst zwei Schlafzimmer, zwei Wohnzimmer, eine geräumige Küche, zwei Bäder und einen verglasten Balkon, sie ist im westlichen Stil gemütlich eingerichtet und zudem noch verkehrsgünstig gelegen. In der Nachbarwohnung gibt es einen kleinen weißen Hund, der ab und zu kläfft, wenn er Gassi geführt werden will. Hundehaltung ist in chinesischen Städten zwar erlaubt, jedoch unerwünscht und deshalb teuer. In Peking zahlt man etwa fünfhundert Euro Hundesteuer pro Jahr. Trotzdem halten sich viele Pekinger einen Vierbeiner. Zwar heißt es immer, die Chinesen würden Hunde essen, was einige – vor allem im Süden des Landes – wohl auch tun, aber noch viel mehr Chinesen lieben Hunde als Hausgenossen. Einmal besuchte ich in Südwestchina einen riesigen Hundemarkt, wo es wohl jede Rasse zu teilweise horrenden Preisen zu kaufen gab. Außerdem wurde in unglaublicher Auswahl alles angeboten, was für die Hundehaltung angeblich dringend erforderlich ist. Vieles davon war natürlich Schnickschnack, zum Beispiel irgendwelche Hundekleidung – völlig nutzlos und grotesk. Trotzdem kaufte ich eine kleine karierte Baseballmütze für meinen eigenen Vierbeiner, der sie nach einmaligem Tragen gleich zerriss.

Yuqian strahlt: Die Lesereise war erfolgreich. Das Buch kommt nicht nur bei Lesern seiner eigenen Generation gut an, sondern auch bei jungen Leuten, die sich heute nicht mehr vorstellen können, dass es in China jemals so etwas wie eine Kulturrevolution gegeben hat. «Haben Sie das wirklich alles erlebt, was Sie in Ihrem Buch schreiben?», fragen sie ihn.

Zwei Wochen haben wir uns nicht gesehen. Für uns ist das eine lange Zeit. Über dreißig Jahre sind wir nun schon zusammen, davon fünfundzwanzig verheiratet, und da Yuqian meist zu Hause arbeitet, kann man sagen, dass wir von morgens bis abends zusammen sind, und trotzdem sind wir noch immer sehr glücklich miteinander. Ich glaube, so eine deutsch-chinesische Beziehung ist schon etwas Besonderes. «Hättest du das gedacht?», fragt Yuqian manchmal meine Mutter, denn dass sie am Anfang nicht besonders begeistert von ihm war, hatte er natürlich mitbekommen. Sie lacht dann immer nur: «Ja, ja, du bist schon eine tolle Nummer.»

«Was wollt ihr zu Mittag essen?», fragt Diana. «Hier im Viertel gibt es Dutzende von Restaurants, chinesische wie ausländische.»

Yuqian würde gern mal Russisch essen gehen, Diana zieht die Thai-Küche vor.

«Was haltet ihr von meinem Stammlokal?», frage ich.

Wenn ich nach Peking komme, führt mein erster Gang eigentlich immer in ein Jiaozi-Restaurant, wo es die typischen nordchinesischen Teigtaschen gibt. Gleich gegenüber von Michaels Wohnung befindet sich eins. Mit wackligen Tischen und Stühlen recht primitiv ausgestattet, bietet es doch Jiaozi vom Feinsten an. Selbstverständlich wird dieses Restaurant privat geführt, sonst wäre es wahrscheinlich nicht so gut. Der Besitzer, ein dicker, freundlicher Herr, betreibt in Peking gleich mehrere Lokale dieser Art, die angeblich alle gut laufen. Das kann ich mir gut vorstellen, denn ich könnte dort am laufenden Band die ganze Speisekarte rauf und runter essen. Einfach wunderbar!

Nur eine Viertelstunde per Taxi entfernt wohnt Cousine Huishan, ein Katzensprung also, wenn man bedenkt, dass Peking trotz vier sechsspuriger oder achtspuriger Ringstraßen täglich einem Verkehrskollaps zuzusteuern scheint. Cousine Huishan wohnt nicht mehr in ihrem frisch renovierten Hofhaus, denn ihr Viertel wurde natürlich doch abgerissen, wie wohl allmählich das ganze alte Peking platt gemacht wird. Trotz vieler Proteste blüht die Bodenspekulation. Was zählen schon Hunderte von traditionellen grauen Hofhäusern, wenn man an die gleiche Stelle Dutzende von Wolkenkratzern aus Glas und Stahlbeton setzen kann! Huishan und Weidong waren entsetzt, als die Entscheidung zum Abriss fiel, war ihnen doch nur zwei, drei Jahre vorher zugesichert worden, dass das Viertel erhalten bliebe. Selbstverständlich zahlte man ihnen eine Entschädigung, und natürlich bekamen sie auch eine moderne, großzügig geschnittene Ersatzwohnung zugewiesen, doch die sollte irgendwo am

Stadtrand liegen, fernab von jeder städtischen Anbindung. Da wollten sie nicht hin. Also legten sie zusammen, die Eltern und ihre drei Töchter, und kauften sich in einem modernen Neubauviertel im Zentrum der Stadt eine Vierzimmerwohnung. Dort leben sie nun mit Honghong, der zweiten Tochter.

Zu Huishan gehe ich besonders gern, denn sie hat immer irgendwelche interessanten Geschichten zu erzählen.

«Du wirst immer jünger und hübscher», schmettert mir Weidong entgegen, kaum dass ich ihre Wohnung betrete, und schüttelt begeistert meine Hand.

«Ja, und du kannst kaum noch gucken», gebe ich zurück. Seine Augen sind tatsächlich extrem schlecht geworden. Für einen Bücherwurm wie ihn ist das eine Katastrophe. Vor zwei Jahren brachten wir ihm eine große Leselupe mit, deren eingebaute Lampe den Text beleuchtet. Nur mit ihr kann er noch lesen.

Huishans Wohnung liegt im Erdgeschoss. Hell und sonnig ist es dort, und eine breite Fensterfront zeigt zum begrünten Innenhof. Kaum betrete ich das Wohnzimmer, lachen mich schon ein paar alte Bekannte an: die vielen Pappkartons, die mir bereits beim ersten Besuch in ihrem früheren Haus aufgefallen waren. Auch hier stehen sie voller Bücher und Papiere in den Ecken übereinander gestapelt, einige offen, andere geschlossen, daneben noch Stapel von Tageszeitungen und Zeitschriften.

«Ihr könnt wohl wirklich nichts wegwerfen», stelle ich fest.

Huishan kichert. «Das ist Weidongs Schuld. Zeitschriften, Bücher, Prospekte – er hebt einfach alles auf.»

«Wenn das sein einziger Tick ist, geht es ja noch.»

«Sein einziger Tick?» Sie winkt lachend ab. «Leider hat er mehrere. Er ist ein Geizhals. Ständig glaubt er, dass ich zu viel Geld ausgebe, dabei ziehe ich von allen Preisen, die ich ihm nenne, schon immer siebzig Prozent ab.»

«Und das fällt ihm nicht auf?»

«Nein, er vertraut mir, denn Lügen ist eigentlich nicht meine Art. Außerdem geht er kaum noch aus dem Haus und kennt die Preise nicht.»

Sie zieht mich neben sich auf das Sofa.

Vor dem Fenster steht ein Schreibtisch mit einem neuen Computer. «Ich stehe per E-Mail mit der gesamten Verwandtschaft in Kontakt», sagt sie. «Eine wunderbare Sache, diese moderne Technik. Egal, wo sie alle leben, ich korrespondiere mit allen.»

Weidong setzt sich zu uns. Er ist inzwischen Anfang achtzig und ein wenig starrsinnig. Wie immer fängt er an zu schimpfen. Die politische Lage gefällt ihm mal wieder nicht. Einige Verwandte kommen ihn deshalb schon gar nicht mehr besuchen, weil ihnen das ewige Gemecker auf den Geist geht.

«Wieso bin ich nach der Revolution von 1949 nur so dumm gewesen und nicht ins Ausland gegangen? Mehrere Leute haben mich aufgefordert, nach Taiwan zu gehen, aber Chiang Kaishek gefiel mir nicht. Mit dem wollte ich nichts zu tun haben. Ich Idiot bin nicht auf die Idee gekommen, dass ich von Taiwan aus in die USA hätte gehen können.»

«Nun lass es mal gut sein», brüllt Huishan, denn Weidong ist reichlich schwerhörig.

«Warum besorgt ihr ihm kein Hörgerät?», frage ich Huishan.

«Er will keins haben. Er sagt, er sei nicht schwerhörig.»

«Was ist los?», fragt Weidong.

«Petra sagt, dass du ein Hörgerät brauchst.»

«Unsinn! Ich bin nicht schwerhörig.»

«Eben», bestätigt Huishan. Ihre jüngste Tocher, Jingjing, sei zurzeit in Peking auf Geschäftsbesuch. «Sie wird gleich für einen Moment vorbeikommen. Ihr habt euch schon lange nicht mehr gesehen.»

Weidong gefällt es nicht, dass wir ihn nicht weiter beachten. Er räuspert sich und verlangt Gehör: «Sag mal, ist Lady Di denn nun ermordet worden oder ist sie wirklich einem Unfall zum Opfer gefallen?»

«Woher soll ich das wissen», rufe ich ihm zu.

«Also, ich glaube, dass sie ermordet wurde», sagt er und begründet seine Vermutung ausführlich.

Huishan wird ungeduldig, denn eigentlich besuche ich ja sie und nicht ihn, und deshalb soll er sich nicht ständig einmischen.

«Du hast doch sicher schon einiges über den Bodhisattva Guanyin gehört?», fragt sie mich und erntet Weidongs erbosten Blick.

«Was hast du gesagt?», fragt er.

«Natürlich habe ich schon viel über Guanyin gehört», antworte ich.

Huishan beugt sich etwas vor und flüstert mir zu: «Ich hatte da kürzlich ein unglaubliches Erlebnis. Davon muss ich dir unbedingt erzählen.»

«Kannst du mir denn wenigstens erklären, was mit dem Euro los ist?», poltert Weidong los. «Erst fällt er ins Bodenlose, und nun steigt er plötzlich wieder.»

«Weidong, ich habe jetzt keine Zeit», wehre ich ab. «Ich muss mich unbedingt mit Huishan unterhalten.»

«Über was denn?»

«Über Frauenangelegenheiten.» Ich weiß, das zieht bei ihm immer.

«Ach du liebe Zeit. Da mache ich doch lieber ein Nickerchen.» Er rappelt sich langsam aus seinem Sessel hoch und verschwindet im Schlafzimmer. Huishan erzählt derweil von einer Erscheinung der buddhistischen Heiligen Guanyin. «Ich saß im Bus und fuhr gerade mitten durch die Innenstadt von Peking. Da sah ich sie plötzlich am Himmel ...»

Die Wohnungstür fliegt auf, und Jingjing stürmt herein.

«Ich habe gehört, dass du heute kommst, darum wollte ich mal kurz vorbeischauen.»

Jingjing lebt noch immer in Tokio und ihr Mann in Shanghai. Weil beide sehr erfolgreich in ihrem Beruf sind, möchte keiner von beiden seine Stelle aufgeben und zum anderen ziehen – eine Ehe auf Distanz, schwierig zu führen, weil es auch noch eine gemeinsame fünfjährige Tochter gibt, die bei Jingjing lebt.

«Wie schaffst du das bloß, Beruf und Kind allein zu bewältigen?», frage ich sie.

«Nur durch strenges Zeitmanagement. Ich arbeite normalerweise von morgens neun bis nachmittags fünf Uhr. Um sechs hole ich meine Tochter von der Tagesschule ab. Samstags bringe ich sie zum Klavier- und zum Ballettunterricht und anschließend gehen wir mit Freunden schwimmen. Am Sonntag ruhen wir uns aus. Dann bleiben wir entweder zu Haus oder wir unternehmen zu zweit etwas, auf jeden Fall bleiben wir zusammen.»

«Und wie oft siehst du deinen Mann?»

«Selten. Das ist unser Problem. Aber was soll ich tun?»

«Zieh doch zu ihm nach Shanghai und such dir dort einen Job!»

Sie rümpft die Nase und schaut mich kritisch an. «Wieso zieht er nicht zu mir nach Tokio? So einen guten und sicheren Job wie in dieser Firma finde ich nie wieder.»

Damit hat sie wohl Recht. Doch ihr Mann sieht das anders. Er hat in den letzten Jahren eine eigene Firma aufgebaut. «Was soll ich in Japan?», fragte er mich, als ich ihn im letzten Jahr in Shanghai traf. «Ich spreche kaum Japanisch, und meine Kunden sind alle in China. Soll ich nach Japan gehen und dort den Hausmann spielen? Das kann ich nicht.»

«Was würdest du tun?», fragt mich Jingjing. «Natürlich wünsche ich mir, dass die Familie vereint ist.»

«Ich weiß es nicht», sage ich. «Früher beklagten sich die Leute, dass ihre Familien durch behördliche Willkür getrennt wurden. Heute könnte man zusammen sein, und wieder gibt es Hindernisse. Vielleicht kann man nicht alles haben.»

«Dass Ehepaare auf viele Jahre getrennt sind, ist in China ein altes Problem», meint Huishan. «Das hat es schon immer gegeben.»

«Geht das immer gut?»

«Natürlich nicht», sagt Jingjing. «Was meinst du, wie viele Männer in China inzwischen eine Geliebte oder Nebenfrau haben. Aber es gibt auch Frauen, die sich nach einem Geliebten umsehen.»

Schwägerin Yaping lebt in derselben Situation: Bao'er in Amerika, sie in Peking.

«Wie hältst du die lange Trennung aus?», frage ich sie bei meinem Besuch.

«Es ist ja nicht das erste Mal, dass wir für Monate getrennt sind. Doch früher, als er in Hongkong arbeitete, war es ein anderes Gefühl. Da lebte er in derselben Zeitzone, nur eben ein paar tausend Kilometer weiter südlich. Wir sahen praktisch zur selben Zeit die Sonne aufgehen und untergehen. Doch nun lebt er in Amerika in einer völlig anderen Zeitzone. Wenn er morgens aufsteht, gehe ich schon ins Bett. Manchmal frage ich mich, was dieser ganze Stress eigentlich soll. Wir sind schon beide Ende vierzig. Wann können wir endlich mal unser Leben genießen? Vor dreißig Jahren, als wir uns kennen lernten, arbeiteten wir in derselben Fabrik, er als Kranführer und ich als Mechanikerin. Wir trafen uns immer bei der Gruppenarbeit, wo wir neue Arbeitsprozesse entwickelten. Später machte er die Prüfung zur Universität, fing an zu studieren, und ich lernte Industriedesign. All die Jahre hindurch hat er mich in meiner Entwicklung unterstützt. Jetzt bin ich eigentlich dran, ihn zu unterstützen und an seiner Seite zu leben. Aber ich liebe meine Arbeit, und deshalb bleibe ich hier. Vielleicht passe ich auch besser nach China. Die USA sind für mich nur zum Urlaubmachen interessant.»

Bao'er hat sein Amerikabild aus den Filmen inzwischen relativieren müssen, dennoch gefällt es ihm sehr gut. Die Arbeitsatmosphäre sei ganz einmalig. Klar, wo sollte sie für Computer- und Softwarefreaks auch besser sein als in Silicon Valley? Jeden Tag telefoniert er mit seiner Yaping, und zwar per Computer und klitzekleiner Kamera, die oben auf dem Bildschirm installiert ist. Schon erstaunlich, auf welchem technischen Stand die Leute in Peking heute sind. Yaping wohnt seit zwei Jahren in einem luxuriösen Hochhauskomplex, in dem ihre Firma ein großes Wohnbüro gekauft hat. Mehrere Angestellte tanzen um sie herum. Sie hätte allen Grund, sich auf ihren Erfolg etwas einzubilden, tut sie aber nicht. Sie ist so natürlich geblieben, wie sie immer war.

Das Wohnbüro ist ein Traum. Halb Peking liegt ihr zu Füßen.

«Du wohnst hier fantastisch.»

«Das stimmt, aber auf Dauer ist mir das Leben hier zu unruhig. Es gibt unglaublich viele Freizeitangebote. Es ist immer etwas los. Ich denke aber, dass man lieber in schöner ländlicher Umgebung leben sollte, irgendwo außerhalb der Stadt, wo es Hügel und Bäche gibt. Ein bescheidenes Leben ist besser für Körper und Geist. Anfangs war es spannend für mich, Luxus zu kosten. Ich stieg in den teuersten Hotels ab, genoss bestes Essen und fuhr schicke Autos. Geld war sehr wichtig für mich. Doch inzwischen weiß ich, dass das nicht alles ist. Ich möchte mehr. Ich sehne mich nach Dingen, die man nicht kaufen kann.»

«Zum Beispiel?»

«Wissen. Meine Generation hat ihre Schulzeit im sinnlosen Chaos der Kulturrevolution vergeudet. Wir haben nichts gelernt. Das möchte ich nachholen. Nur so für mich und ohne Stress. Ich möchte mehr wissen über Geschichte, Literatur, Philosophie und Technik. Am liebsten würde ich eine Schule gründen, in der Menschen wie ich in ihrer Freizeit lernen können. Das wäre mein Traum.»

«Wieso habt ihr eigentlich kein Kind? Yilla hat gleich zwei und du nicht einmal eins.»

«Bao'er möchte keins haben. Kinder seien Zeitverschwendung, sagt er. Das ist mal wieder typisch für ihn. Außerdem gingen ihm die Kinder seiner Schwester immer auf die Nerven. Die endgültige Entscheidung überließ er dann aber mir. ‹Wenn du unbedingt ein Kind haben willst, habe ich nichts dagegen›, sagte er. Aber ich müsse mich allein darum kümmern, so ähnlich wie Jingjing es heute in Tokio macht. Dazu hatte ich keine Lust. Und deshalb habe ich lieber Karriere gemacht.»

«Eigentlich sehr ungewöhnlich für einen Chinesen, keinen Nachwuchs haben zu wollen.»

«Da hast du Recht. Aber mein Bao'er ist nun einmal ein ziemlich ungewöhnlicher Mann. So einen gibt's nur einmal. Die Leute schauen uns immer komisch an, wenn wir sagen, dass wir keine Kinder haben wollen. Das weicht von der Norm ab. Das finden sie merkwürdig.»

Yaping hat inzwischen ihren Mercedes verkauft. Mit dem gab es immer nur Scherereien, sagt sie. Ständig war etwas kaputt. Hinzu kam schlechter und viel zu teurer Service. «Sei mir nicht böse, aber von eurer deutschen Wertarbeit habe ich nicht viel gemerkt.»

«Vielleicht war es ein Montagsauto», gebe ich zu bedenken, doch sie will es beim nächsten Mal lieber mit einem Japaner versuchen. «Aber im Moment fühle ich mich ohne eigenes Auto viel freier. Ich kann mit einem Taxi fahren oder mit dem firmeneigenen Minibus. Ich brauche kein Statussymbol mehr. Meine Geschäftspartner vertrauen mir. Ich könnte mit der wackligsten Karre bei ihnen vorfahren, sie würden es sogar noch witzig finden. Meine Person steht heute für Erfolg, Qualität und korrektes Verhalten.»

Korrekt ist Yaping immer gewesen, nicht nur ihren chinesischen, sondern vor allem auch ihren britischen Geschäftspartnern gegenüber, und dafür erntete sie mancherlei Spott. Korruption blüht in China. Wieso sie nichts für sich persönlich abzweigt, fragten sie manche ihrer Freunde. Die Engländer könnten das doch gar nicht kontrollieren. «Ich verdiene genug, habe ich denen gesagt. Warum soll ich ihr Vertrauen missbrauchen? Daraufhin lachten sie mich aus, doch heute bewundern sie mich. Ich habe nämlich alles erreicht, wovon diese Leute immer geträumt, aber was sie mit ihren krummen Touren nicht erreicht haben. Mein Geld, das ich auf redliche Weise verdient habe, gibt mir Freiheit und Unabhängigkeit. Ich kann jetzt selbst entscheiden, wo ich leben will, ob in China oder in den USA, und wohin ich für wie lange verreise.»

Minqian hat wie immer viel zu tun. Sie sitzt in verschiedenen Komitees, singt in drei Chören und gibt noch immer Englischunterricht. Nebenbei hat sie noch zwei Bücher geschrieben. Auch ihr Mann ist ständig in Aktion, nach wie vor führt er den Haushalt. Heute hat sie Zeit, sitzt am Klavier und spielt Schubert. Ich falle fast um, als ich ihre Wohnung betrete. Sie ist nicht wiederzuerkennen. Ihr Schwiegersohn hat ganze Arbeit geleistet. Da sieht man mal, was chinesische Schwiegersöhne alles für ihre Schwiegermütter tun. Die ganze Wohnung hat er komplett renovieren lassen. Thermopanfenster, Holztüren, Kücheneinrichtung, Sanitäranlagen und Parkettfußboden – das meiste wurde aus Deutschland eingeführt, dazu neue Tapeten, neue Möbel, Klimaanlage: Die Wohnung ist ein Traum und still noch dazu, denn die neuen Fenster lassen den Verkehrslärm der zweiten Ringstraße kaum noch durch.

«Drei Monate lang haben wir in der Hölle gelebt», klagt Minqians Mann. «Es war nicht auszuhalten.» Doch zufrieden fügt er hinzu: «Es hat sich aber gelohnt.»

Minqian überrascht mich mit einer erstaunlichen Nachricht: «Feng ist nach China zurückgekommen.»

«Wie meinst du das? Nur mal so für zwei, drei Wochen oder für immer?»

«Zunächst für zwei Jahre. Er leitet für seinen amerikanischen Arbeitgeber eine Fabrik.»

«Wo? Hier in Peking?»

«Nein, in der Nähe von Shanghai.»

«So langsam kommen sie alle wieder zurück», meint ihr Schwiegersohn. «Wenn ich mich unter meinen chinesischen Kommilitonen umschaue, die mit mir in Deutschland studiert haben, kann ich sagen, dass die meisten heute in irgendwelchen Führungspositionen in China arbeiten, manche wie ich in ausländischen Firmen, andere in chinesischen, oder sie haben sich selbstständig gemacht. China ist eben der Markt der Zukunft, und vielen Firmen geht es so wie meiner. Nur in China verzeichnen wir noch Zuwachsraten. Überall sonst stagniert das Geschäft.»

«Aber Feng hatte doch einen guten Job in San Francisco.»

«Es ist die Herausforderung, die ihn anlockt», sagt Minqian. «Zum ersten Mal hat die Firma einen Chinesen als Geschäftsführer geschickt. Früher waren es immer weiße Amerikaner. Die sind jedoch alle gescheitert.»

«Es ist immer dasselbe», sagt der Schwiegersohn. «Die Ausländer vertrauen uns anfangs nicht. Sie glauben, wenn wir ihr Unternehmen in China vertreten, würden wir in unsere eigene Tasche wirtschaften oder ihnen anderweitig schaden. Das ist ein Irrtum. Nur durch uns, durch gut ausgebildete Chinesen, werden sie auf dem chinesischen Markt Fuß fassen.»

«Minqian, du kannst wirklich zufrieden sein mit deinen Kindern. Trotz so schlechter Ausgangsposition haben sie doch etwas erreicht.»

«Ja, das stimmt. Sorgen bereitet mir heute nur die Tatsache, dass sich in China die alten Übel wieder ausbreiten: Vetternwirtschaft, Korruption, Prostitution.»

«Dasselbe meinte kürzlich ein alter Parteisekretär zu Yuqian. Er sagte: Wir haben die Revolution gemacht und die Gesellschaft auf den Kopf gestellt, und dann haben wir uns gedreht und gedreht und sind wieder da angekommen, wo wir angefangen haben: unermesslicher Reichtum auf der einen Seite und Armut und Ausbeutung auf der anderen. Wir haben uns nur im Kreis gedreht.»

«Das ist aber wirklich übertrieben», fährt mir Minqian ärgerlich über den Mund, als wäre es meine eigene Behauptung gewesen. «Wie kannst du so etwas sagen! Die damaligen Zustände lassen sich mit den heutigen überhaupt nicht vergleichen. Wir haben inzwischen eine Mittelschicht, die zahlenmäßig stetig zunimmt. Schau dir unsere gesamte Verwandtschaft an: Wie ging es unseren Leuten früher, und wie geht es ihnen heute? Dennoch beobachten gerade wir vom Frauenverband mit großer Sorge die gewaltige Zunahme an Prostitution.»

«Was kann man tun?»

«Das ist die Frage. Wir müssen kämpfen. Wir dürfen die Frauen in ihrer Not nicht allein lassen, sondern müssen sie aufklären, informieren und ihnen helfen. Ich hoffe, dass ich noch lange lebe, um die chinesische Frauenschaft in diesem Kampf zu unterstützen.»

«Ich bewundere dich wirklich. Noch immer bist du voller Kraft und Engagement, ganz anders als die Generation deiner Kinder.

Viele von ihnen leben im Ausland, und wenn sie zurückkommen, dann wegen des Geschäfts und nicht wegen irgendwelcher Ideale. Soweit ich weiß, ist keiner der Jungen in die Partei eingetreten. Bist du nicht enttäuscht darüber? Ihr habt euer Leben der Partei gegeben, und die Jungen wollen von ihr nichts wissen.»

«Die Kommunistische Partei hat Nachteile, und sie hat viele Fehler gemacht, aber als starke Kraft ist sie wichtig. Wir können sie nicht einfach abwählen. Sie muss sich aus sich selbst heraus ändern. Es tut mir sehr weh, wenn ich die vielen Probleme in unserem Lande sehe. Aber es gibt keine Alternative. Wir müssen auf die Kraft der Partei setzen, dass sie sich selbst reformiert. Und solange ich noch gesund bin, werde ich dafür kämpfen, dass ihr dies gelingt.»

Für Yuqian gibt es nur einen Platz auf der Erde, der schöner ist als Hamburg im Sonnenschein, und das ist Shanghai. Er liebt diese Stadt. Dort ist er aufgewachsen, dort leben noch heute seine Jugendfreunde. Stattdessen verbindet er mit Peking nur unangenehme Erinnerungen an politische Unterdrückung. Dorthin will er nicht mehr zurück, auch wenn der größte Teil der Familie in Peking lebt.

«Hast du nicht Lust, ganz nach Shanghai zu ziehen?», fragt er mich, wann immer wir uns dort aufhalten, und das ist alle sechs Monate der Fall. «In Shanghai herrscht doch viel mehr Leben und Schwung.» Das ist wahr. Dagegen ist Hamburg ein verschlafenes Dorf.

Der wirtschaftliche Boom hat Shanghai zu einer Stadt der Superlative gemacht. Was sich in den letzten zehn Jahren hier an Veränderungen getan hat, kann sich keiner vorstellen, der nicht regelmäßig vorbeikommt. Wolkenkratzer, Ringstraßen, Tunnel, Brücken und einer der höchsten Fernsehtürme der Welt, wenn auch ein ziemlich eigenwilliges Ding: Es ist nicht zu fassen, wie schnell hier gebaut wird. Für den Bau einer auf Stelzen verlaufenden Stadtautobahn braucht man in Shanghai genauso lange wie in Hamburg für die Erneuerung einer Bahnüberführung über eine viel befahrene Straßenkreuzung. Eine spannende Stadt, das muss ich zugeben, und es wird sicher noch viel mehr passieren, seit feststeht, dass 2010 die Weltausstellung hier stattfindet. Shanghai ist auf dem besten Weg, die spannendste aller asiatischen Metropolen zu werden.

«Wann zieht ihr endlich nach Shanghai?», fragt auch Michael.

Natürlich steckt er mit seinem Vater unter einer Decke. Längst haben die beiden mich als das wahre Problem ausgemacht, als den Hemmschuh, der plötzlich Europa für sich entdeckt hat – was natürlich nicht stimmt. Ich mag Shanghai, und ich mag Hamburg, ich kann mich nur nicht für das eine und gegen das andere entscheiden.

«In Shanghai leben bereits über zweitausend Deutsche, und es werden immer mehr», weiß Michael zu berichten. «Die haben doch einen Grund, warum sie hier sind: Es gefällt ihnen. Die berühmtesten deutschen Unternehmen sind in Shanghai vertreten, Volkswagen, Siemens und wie sie alle heißen. Sogar euer Transrapid ist da, für den ihr Deutschen euch in eurem eigenen Land noch immer nicht entscheiden könnt.»

«Das stimmt natürlich.»

«Und du kannst doch nicht behaupten, dass es sich in eurer kleinen Wohnung in Hamburg besser leben lässt als hier!»

Ich muss lachen. Yuqian und ich leben noch immer in unserem geliebten Hamburg-Pöseldorf in einer Wohnung, die wir urgemütlich finden. Das fanden unsere chinesischen Besucher früher auch. Feudal wie ein chinesischer Minister wohnt ihr hier, meinten sie. Heute bedauern uns die meisten. Ziemlich eng die ganze Bude, sagen sie, und die sanitären Anlagen sind auch schon über zwanzig Jahre alt, eigentlich unzumutbar. Da war ich doch froh, als kürzlich eine Shanghaier Journalistin wenigstens eine recht stimmungsvolle Atmosphäre bei uns ausmachte.

Michael und Diana haben sich in einem hochherrschaftlichen Residenzhotel aus dem frühen zwanzigsten Jahrhundert eingemietet, wo sie ein nobles Fünfzimmerapartment bewohnen, das sie nach eigenen Vorstellungen eingerichtet haben. Ich frage mich manchmal, wo sie es bloß gelernt haben, sich so geschmackvoll und edel auszustatten, denn aufgewachsen sind sie ja nun wirklich in etwas anderen Verhältnissen. Manches finde ich aber auch reichlich übertrieben, zum Beispiel dass das Dienstmädchen ein schwarzes Kleid mit weißem Schürzchen trägt. Da weiß ich nie, ob ich im Kino bin oder in China. Fehlt nur noch das Spitzenhäubchen.

Genau wie er es sich gewünscht hat, ist Michael zu Wohlstand gekommen, doch das war ein harter Weg, und jedes Mal, wenn wir bei ihm wohnen, wird mir schwindlig, wenn ich sehe, wie er heute nach Hongkong, morgen nach Singapur oder Peking fliegt. Der

Mann sitzt im Flugzeug, wie andere täglich mit dem Auto zur Arbeit fahren. Ruhe und Entspannung findet er nur im Golfspiel. Golf ist sowieso ein absolutes Muss, jedenfalls in der Geschäftswelt. Michael sagt, nicht mehr am Esstisch, sondern auf dem Golfplatz werden die interessanten Geschäfte gemacht. Kürzlich besuchten wir einen solchen Golfplatz bei Hangzhou. Im Klubhaus traute ich meinen Augen nicht, als ich die feudale Wellnessoase und die anderen edlen Räumlichkeiten sah. In das inmitten von Teeplantagen herrlich gelegene Areal hatte man Villen integriert, die für eine Million amerikanischer Dollar zum Kauf angeboten wurden. Michael gefielen sie aber nicht besonders, und ich hatte auch einiges zu bemängeln. Ich meine, mitreden kann man ja ruhig.

Irgendwann will Michael sich zur Ruhe setzen, mit fünfzig oder so. Diana sucht derweil nach einem passenden Wohnsitz. Das tun zurzeit viele in Shanghai. Was in dieser Stadt an Wohnungen und Häusern gebaut und gekauft wird, ist unglaublich. Früher standen die Shanghaier Schlange, um irgendwelche Lebensmittel zu kaufen, heute kaufen sie Wohnungen. In unserem gesamten Bekannten- und Verwandtenkreis dasselbe Thema: Wohnungskauf.

Ab und zu begleite ich Diana und schaue mir dabei manches Apartment an. Eines Tages geraten wir in ein ziemlich feudales Hochhaus. Die Lage ist bestens, der Eingangsbereich mit Marmorfußboden und Stuckdecke pompös, an Luxus wurde nicht gespart. Wir schauen aus dem zwanzigsten Stock. Wie die Pilze schießen die Hochhäuser aus dem Boden.

«Damit ist irgendwann Schluss», sagt die Maklerin. «Die Leute mögen langsam nicht mehr in Hochhäusern wohnen. Der Trend geht zum Haus mit Garten.»

Gleich nebenan erspähe ich eine schattige Gartenanlage mit drei niedrigen alten Wohnblocks.

«Da müsste man wohnen», sage ich.

«Das ist die Siedlung der Akademie der Wissenschaften», erwidert die Maklerin.

«Wie bitte? Dann befinden wir uns ja direkt neben Cousine Yingqians Wohnung!»

Ein kurzer Anruf per Handy. Yingqian und Ruishen sind zu Hause. Also, nichts wie hin! Die beiden sind inzwischen schon über achtzig, stecken aber noch voller Pläne und strahlen eine solche Lebensfreude aus, dass man meinen könnte, es ginge mit ihrem Leben erst richtig los. Ruishen schließt gerade ein Buch ab, das Teil eines vierzehnbändigen Werkes über Biochemie wird. Professoren wie er gehen nicht in Pension, sagt er. «Wir arbeiten, bis wir irgendwann umfallen.» Mit dieser Vorstellung ist er glücklich. Noch vor einem halben Jahr lag er im Krankenhaus. Lag? Nein, er war der einzige Patient auf der ganzen Station, der umgeben von Büchern und Heften auf seinem Bett thronte und an einem Text arbeitete. Yingqian schlägt sich mit den Spätfolgen ihrer Verletzungen herum, die sie sich während der Kulturrevolution zugezogen hat. Sie kann kaum noch laufen. Mit einem kleinen Gehwagen rollt sie durch ihre Wohnung und durch den Hof der Wohnsiedlung. Vor einem Jahr haben sie ihre Wohnung von Grund auf renovieren lassen, nachdem sie sie der Akademie der Wissenschaften abgekauft haben zu einem Preis, für den sie nebenan in dem feudalen Apartmenthaus zweieinhalb Quadratmeter bekommen hätten.

«Da habt ihr aber ein gutes Geschäft gemacht», sage ich zu Ruishen. «Das ist ja ein Spottpreis.»

«Wieso? Mein Leben lang habe ich für die Akademie gearbeitet und dafür nur einen Hungerlohn bekommen. Da ist es doch mehr als gerecht, wenn uns jetzt diese Wohnung halbwegs geschenkt wird.»

Ruishens Lieblingsfarbe war schon immer altrosa, weshalb die meisten Räume jetzt ganz zart in diesem Ton gestrichen wurden. Bei der Küche hat er dann so richtig zugeschlagen. Alle Einbauschränke, Kacheln, Wände und Jalousien sind in einem kräftigen Altrosa gehalten.

Eine Zeit lang sah es so aus, als würden die beiden in den USA bleiben. Beide Söhne leben dort mit ihren Familien. Der erste arbeitet als Mikrobiologe in der Krebsforschung, der andere als Informatiker in der Chipindustrie. Jedes Jahr haben sie mit ihnen mehrere Monate verbracht, doch nun sind sie endgültig zurückgekommen.

«Wir fallen ihnen zur Last», begründet Yingqian diesen Schritt. «Sie stehen mitten im Berufsleben und haben auch noch Kinder, die sie versorgen müssen. Wie können sie sich da noch um zwei alte Leute kümmern? Hier haben wir wenigstens ein Dienstmädchen, das bei uns wohnt und uns rund um die Uhr betreut. Außerdem vermisst Ruishen sein Institut, wenn wir drüben sind. Ohne seine Arbeit kann er nicht leben. Shanghai ist wirklich besser für uns.»

«Vielleicht kommen deine Söhne, ähnlich wie Michael, irgendwann zurück.»

«Das glaube ich nicht», meint Yingqian. «Warum sollen sie zurückkommen in ein Land, in dem sie und ihre Eltern so viel gelitten haben? Nein, nein, es ist schon richtig, wenn sie dort bleiben.»

Wir treten auf den Balkon hinaus, der von Ruishen wieder schön bepflanzt wurde. Sie zeigt auf die benachbarten Wohnblocks, in denen fast nur Wissenschaftler leben. «Den meisten geht es wie uns. Ihre Kinder haben im Ausland studiert und sind dort geblieben. Nun ist es still geworden in unserer Siedlung. Fast könnte man sagen, es ist eine Altenwohnanlage geworden.»

Yingqian ist zwar gebrechlich, doch geistig noch immer fit. In ihrer Stimme liegt eine Jugendlichkeit, die eigentlich gar nicht zu dieser alten Frau passt. Noch immer vermischt sie Englisch und Chinesisch, und zwischendurch lacht sie und zwitschert dabei wie ein Vogel. Zurzeit ist sie dem Geheimnis der Blutgruppen auf der Spur.

«Welche Blutgruppe hast du eigentlich?», fragt sie mich.

«Keine Ahnung! Wieso fragst du?»

«Um etwas über deinen Charakter zu erfahren.»

«Aber du kennst mich doch.»

«Trotzdem wäre es interessant zu wissen. Menschen mit Blutgruppe A sind zurückhaltend, perfektionistisch und zweifeln ewig alles an. Das sehen wir ja an Ruishen. Der hat nämlich A. Ich habe O. Leute mit Blutgruppe O sind pragmatisch, anpassungsfähig und geduldig. Yuqian hat wahrscheinlich AB: emotional, großzügig und freundlich.»

«Wissenschaftler wie ihr glaubt an so etwas? Das hätte ich ja nicht gedacht.»

«Yingqian glaubt daran», meint Ruishen lachend. «Ich nicht unbedingt.»

Seit Minqian uns erzählt hat, dass Feng wieder in China ist und sogar ganz in der Nähe von Shanghai, lässt es uns keine Ruhe: Wir wollen ihn unbedingt besuchen. Vor dreizehn Jahren ging er in die USA. Voller Hoffnung, noch etwas aus seinem Leben machen zu können. Nun hat er es wohl geschafft, aber nicht in Amerika, sondern in China. Wer hätte das gedacht.

Zwei Stunden brauchen wir mit dem Auto bis nach Changshu. Vor etwa 2500 Jahren gab es hier einen klugen Mann namens Yan, der ein Lieblingsschüler von Konfuzius war. Bis heute ist die Stadt stolz auf diesen Herrn und hat ihm zu Ehren einen Tempel gebaut. Noch stolzer ist Yuqians Verwandtschaft mütterlicherseits, die von diesem Yan abstammt. Obwohl die Familie seit Generationen im Norden lebt, gilt für sie Changshu noch immer als der Platz ihrer Ahnen.

Feng lebt seit drei Monaten in Changshu. Die Stadt macht auf den ersten Blick keinen guten Eindruck, und auch auf den zweiten gefällt sie mir nicht. Wie in vielen chinesischen Städten scheint man hier von Stadtplanung noch nie etwas gehört zu haben. Moderne Bauten, wahllos zusammengewürfelt, stehen an superbreiten Straßen, auf denen der Verkehr entlangtobt. Mag sein, dass es anderen gefällt, mir jedenfalls nicht.

«Seit der neue Herr Direktor bei uns ist, geht es mit unserer Firma bergauf», sagt die hübsche, junge Assistentin, die schon seit zwei Jahren in diesem Betrieb arbeitet.

Ich kann es nicht fassen. Der neue Herr Direktor ist Feng. Unser Feng – ein erfolgreicher Geschäftsmann? Überglücklich fallen wir uns in die Arme. Wir haben ja wirklich schon manches gemeinsam durchgestanden. Er ist schmal geworden und sieht ziemlich faltig und gestresst aus, so als stünde er unter enormem Druck. Er führt uns stolz durch den Betrieb, der in einem imposanten weißen Gebäude untergebracht ist, irgendwo am Stadtrand auf einer grünen Wiese. Vor vier Jahren hat sein amerikanischer Chef mit einem chinesischen Partner dieses Joint Venture gegründet, einen Druckereibetrieb. Wir gehen durch eine riesige Fabrikhalle, in der mehrere Druckmaschinen stehen. Viel zu tun gibt es anscheinend nicht. Bis jetzt war das Ganze ein Zusatzgeschäft für den amerikanischen Geldgeber. Doch das hat sich mit Feng geändert. Der Betrieb schreibt keine roten Zahlen mehr, und es soll noch besser werden. Keine leichte Aufgabe. In dieser Provinz gibt es mehrere Tausend Druckereibetriebe, von denen die meisten versuchen, mit dem boomenden Shanghai Geschäfte zu machen. Das versucht Feng auch. Sein größter Konkurrent ist ein ehemals armer Bauer, der vor zehn

Jahren begann, kleine Druckaufträge für Shanghaier Betriebe zu übernehmen. Heute besitzt er den führenden Druckereibetrieb der ganzen Region.

Praktischerweise wohnt Feng in dem Betriebsgebäude. Wenn man aus dem Fenster schaut, könnte man meinen, dass sich dort abends Fuchs und Hase gute Nacht sagen. Welch ein Kontrast zu San Francisco!

«Wie hältst du es hier bloß aus? Bist du sicher, dass es richtig war, in dieses Nest zu kommen?» Eigentlich war es Feng in den USA recht gut gegangen. In Deutschland hätte er niemals Vergleichbares in so kurzer Zeit erreichen können. Seine Frau Bing führt das Putzkommando in einem Fünfsternehotel, die Tochter studiert, sie haben ein Haus, zwei Autos, was will der Mensch mehr?

«Das ist die Chance meines Lebens», sagt er. «Was meinst du, wie viele Chinesen mich in den USA um diesen Job beneiden! Wir haben zwar alle einen amerikanischen Pass in der Tasche, aber wer es schaffen kann, kommt nach China zurück und wird für ein ausländisches Unternehmen tätig. Selbst Yilla beneidet mich um diesen Job.»

«Yilla? Wie geht es ihr?»

«Die würde auch liebend gern so eine Stelle annehmen, aber sie will warten, bis ihr Sohn sein Studium abgeschlossen hat. Und das dauert noch einige Zeit.»

Feng ist begeistert von seiner neuen Aufgabe. Wir wünschen ihm Glück und fahren mit bangem Herzen nach Shanghai zurück.

Neujahr, das chinesische Frühlingsfest rückt heran. Schon eine Woche vorher bricht Hektik aus. Das Heer der Wanderarbeiter, das Tag und Nacht malocht, um das neue Shanghai aufzubauen, will für drei, vier Wochen nach Hause, ebenso die vielen Dienst- und Kindermädchen, die meist aus den Nachbarprovinzen stammen, und deshalb sind sämtliche Zug- und Busverbindungen längst ausgebucht. Für viele Fuhrunternehmer beginnt jetzt das Geschäft des Jahres, und sie setzen alles ein, was mindestens vier Räder hat, um die Leute aus der Stadt zu bringen. Ausgebucht sind auch die Flüge auf vielen Inlandsstrecken und natürlich ins nähere Ausland, denn viele Büros machen eine Woche dicht. Da bietet es sich an, ein, zwei Wochen Urlaub zu machen. Wer zu Hause bleibt, hat viel zu tun.

Freunde, Bekannte und Verwandte müssen besucht oder zumindest mit einem Telefonat bedacht werden. Ein neues Mondjahr beginnt, da muss man allen Glück wünschen.

Silvesternacht pünktlich um zwölf geht das Feuerwerk los. Böller krachen, Raketen fliegen, im Norden, Süden, Osten, Westen – überall erhellen bunte, prächtige Lichteffekte den Nachthimmel, und ein ohrenbetäubender Lärm erfüllt die Stadt. So etwas habe ich überhaupt noch nicht erlebt. Ganz Shanghai ballert eine Stunde lang herum, und jeder auf seine eigenen Kosten.

«Ist das nicht ein wenig übertrieben?», frage ich Yuqian. «Das ist ja ein Vermögen, was die hier in die Luft schießen.»

Doch der lächelt glücklich. «Das ist ein gutes Zeichen. Ich glaube, niemals zuvor in der chinesischen Geschichte ging es den Menschen so gut wie heute. Endlich können wir unser Leben genießen.»

«Nicht alle.»

«Nein, aber den meisten geht es wesentlich besser als früher.»

Vier Tage später geht es plötzlich wieder los. Wir stehen mit Freunden an den Fenstern des Grand-Hyatt-Hotels in Shanghais neuem Finanz- und Handelsviertel Pudong. Das Hotel ist das höchste der Welt. Seine Empfangshalle befindet sich im 53. Stock des Jinmao-Towers, eines Gebäudes, das sich nach oben hin wie Bambus verjüngt. Von seiner Bar im 87. Stock hat man einen atemberaubenden Ausblick auf die Stadt.

«Wieso gibt es heute schon wieder Feuerwerk?», frage ich irritiert.

«Morgen, am fünften Tag des neuen Mondjahres, kommt der Gott des Reichtums. Den musst du gebührend begrüßen, damit er dir im neuen Jahr wohl gesonnen ist.»

Wir schauen auf das funkelnde Spektakel, das noch um einiges prächtiger ist als das der Silvesternacht. Diese verrückten Shanghaier! Wie die Wahnsinnigen schießen sie ihre Raketen gen Himmel und tauchen die Sechzehnmillionenstadt in ein schillerndes Lichtermeer. Das wird dem Gott des Reichtums sicher gefallen – ein überwältigender Anblick!

«Ist Shanghai nicht eine herrliche Stadt?», fragt Yuqian.

Ganz in der Nähe erhebt sich jener eigenartige Fernsehturm, der Oriental Pearl Tower, der mit Kugeln und Spitze selbst schon wie eine Silvesterrakete aussieht.

«Irgendwie ist mir das mit der ganzen Glitzerwelt hier viel zu schnell gegangen. Da wird einem manchmal richtig schwindlig. Als ich vor fünfundzwanzig Jahren das erste Mal nach Shanghai kam, war dieser Bezirk noch flaches Land, und nun steht hier ein Wald von Wolkenkratzern. Das steht in keinem Vergleich zu den gewachsenen Städten Europas.»

«Hier ist auch alles gewachsen, nur eben ein bisschen schneller.»

Ein Wahnsinn, diese Stadt, die inzwischen zum Leitbild für den Wirtschaftsboom Chinas geworden ist und die mich trotz vielem Wenn und Aber fasziniert. Welch einen Sprung hat sie getan und nicht nur sie: Das ganze Land ist nicht wiederzuerkennen. Niemals hätte ich das für möglich gehalten, als ich damals, 1975, das erste Mal nach China kam. Mit den Augen einer «China-Schwiegertochter» beobachte ich diesen Wandel nicht ohne Stolz. «China-Schwiegertochter» – so bezeichnet man in China ausländische Frauen, die in chinesische Familien einheiraten. Ich habe es nicht bereut, Teil einer chinesischen Familie geworden zu sein, im Gegenteil: Es ist ein großes, endloses Abenteuer, auf diesem Weg in eine fremde Kultur einzutauchen. Fremd ist sie nur von außen betrachtet, wenn man sich nicht auf sie einlässt. Ich denke an Minqian, Diqian, Michael und Huishan und natürlich an Yaping und Feng und all die Menschen, die mir inzwischen so lieb geworden sind. Sie haben mich mit offenen Armen aufgenommen und es mir leicht gemacht, mich ihnen zugehörig zu fühlen. Durch sie lernte ich China sehr gut kennen, zugleich ließen sie mich jedoch auch meiner europäischen Wurzeln bewusster werden. So fühle ich mich heute in beiden Welten zu Hause, und dafür danke ich meiner ganzen chinesischen Familie.

Erläuterungen zur Umschrift

Zur Lateinumschrift chinesischer Zeichen hat sich mittlerweile das so genannte Pinyin durchgesetzt. Es wird auch in diesem Buch angewandt, wobei jedoch auf eine Wiedergabe der Tonakzente verzichtet wurde. Auf folgende Besonderheiten der Pinyin-Schreibung sei hingewiesen:

c sprich wie z in «Zange»
ei sprich wie eh in «Weh»
ch sprich wie tsch in «Tschechien»
j sprich wie dsch im englischen Namen «Jim»
q sprich wie tsch «Tschüss»
sh sprich wie sch in «Schach»
x sprich wie sch in «schief»
z sprich wie ds in «Dsungarei»
zh sprich wie dsch in «Dschunke»

In folgenden Fällen wurden, abweichend von Pinyin, historisch eingebürgerte Schreibweisen beibehalten:

Chiang Kaishek (Pinyin: Jiang Jieshi)
Jangtse (in China stets: Changjiang)
Kanton (Pinyin: Guangzhou)
Peking (Pinyin: Beijing)
Taipei (Pinyin: Taibei)

Inhalt

1

2

3

4